滄石文化

濤石文化

CONTENTS

CONTENTS

7

質性訪談

緘默的觀察之後

在長時間與世隔絕的學習之後,三名年輕人來到Halcolm面前,請教他如何能進一步增長知識和智慧。Halcolm察覺到他們缺乏真實世界的經驗,他希望他們從隱居生活逐漸轉換到接下來的階段。

第一個階段,他要求他們宣誓在六個月時間內嚴守緘默。他們穿上可辨識身份的衣飾,讓人們知道他是噤聲的真理尋求者,是禁止說話的。根據指示,每一天,他們進到任何一處村落裡,便坐在市場中靜靜地觀察,但從不說話。六個月之後,他們回到了Halcolm面前。

Halcolm問道:「你們回來了,你們保持緘默的階段已經結束了。而你們跨越研究之牆,轉換到真實世界的學習才剛開始。到目前為止,你們學到了什麼呢?」

第一位年輕人回答:「每一個村莊的生活模式幾無二致。人們來到市場購買他們生活必需品,與朋友交談,然後離開。我學到所有的市場都非常類似,而市場裡的人們也都是一樣的。」

第二位年輕人說道:「我也觀察到人們在市場裡來來去去。我瞭解到生活就是不斷的來來去去,人們來去匆匆只是為了食物與基本的物質需求。我現在瞭解到人類生活的單純性。」

Halcolm看著第三名年輕人:「那你學到了什麼呢?」

「我與我同伴們觀察相同的市場與相同的人們,然而我並不知道他們所知道的。我的心理充滿了疑惑。他們從哪裡來?他們來來去去時,心理在想些什麼?感覺到什麼?他們為什麼會在這一天來到這個市場?他們家中還有些什麼人?這天對他們有何不同或相同的?師父,我失敗了,我充滿了疑惑,而不是答案。我對我所觀察的人們充滿了疑惑,我不知道究竟學習到什麼。」

Halcolm微笑著:「你所學到的無疑是最多的了。你已經學習到去找出人們會對他們的經驗說些什麼的重要性。你已經準備好回到真實世界了,而這一次不需再保持緘默了。」

「去吧!去詢問你的問題!詢問並聆聽。這世界正為你開啟著大門。每一位你所詢問的人,都會帶你認識這個世界的一個嶄新部份。有技巧的詢問者與專注的聆聽者知道如何進入他人的經驗中。只要你詢問並聆聽,這世界永遠都有新鮮事等著你。」

 ---- 摘自Halcolm《認識論寓言》(*Epistemological Parables*)

嚴謹、有技巧的訪談

訪談可能是最受歡迎的研究方法了。在當代的「訪談社會」（interview society）中（Fontana & Frey, 2000: 646）中，許多訪談卻做得很糟糕，以致降低了訪談的信譽。電視、廣播、雜誌、報紙、網站等，無時無刻不在訪談。無所不在的訪談，使得由社會科學家們所從事的訪談，與電視上流行的脫口秀訪談，無法被一般大眾區分開來。於是，社會科學家們的訪談動機和這個方法，都不禁受到質疑。在知名商業雜誌《富比士》（*Forbes*）上，有一段話是：「人們成為社會學家是因為他們厭惡社會，而人們成為心理學家是因為他們厭惡自己」（引自Geertz, 2001: 19）。這樣的反諷、反智的舉動，提醒著我們身負重任，必須去證明我們的方法具有嚴謹性和技巧。訪談，看似簡單明瞭且舉世皆知，但可以做得很好，也可以很差勁。這章要討論的是如何做得很好。

內在視角

訪談就好比結婚，人人都知道它是什麼，一大堆人前仆後繼，但是在每扇關閉的門後，隱藏了一個秘密的世界。

-- *A. Oalley* （1981: 41）

我們訪談那些我們無法直接觀察到的事物。此處的議題，不在於觀察的資料是否較「自陳報告資料」（self-report data）更為可欲、有效或有意義；而係由於事實上我們無法觀察每一件事。我們無法觀察感受、想法和意圖；我們不能觀察到先前發生的行為；我們不能觀察到沒有觀察者在場的情境；此外，我們亦無法觀察到人們如何組織其世界，以及他們如何對世界中發生的事件賦予意義。我們必須詢問人們關於這些事項的問題。

於是，訪談的目的乃允許我們進入到他人的視角之中。質性訪談始於這樣的假定，即他人的視角是有意義的、可知的，且能使之顯明的。我們訪談乃用以瞭解在其他人的心中有些什麼，去蒐集他們的故事。

例如，方案評鑑中所進行的訪談，目的在瞭解方案參與者、工作人員及其他相關人員的視角。對這些相關人員而言，這方案看起來像什

麼呢？感覺如何？他們在方案中經驗了什麼？對於方案運作、歷程和成果，有些什麼想法？他們對方案有些什麼期待？參與者覺察到自身參與方案之後有些什麼改變？研究者的責任係提供一個訪談架構，在其中，人們可以自在地、正確地和誠實地回答這些問題。

研究者藉由蒐集高品質的質性資料，來提昇研究發現的使用。如同 Hermann Sudermann所說的，「當有智慧的人談話時，我知道如何聆聽，這就是你所謂我的影響力之秘密。」研究者必須學習如何聆聽有知識者的談話，這可能會是他們影響力的秘密。

一位研究者或訪談者所面臨的挑戰是，讓受訪者帶領他們進入他或她的世界中。**訪談資料的品質大部分取決於訪談者**。這章討論的是如何藉由與擁有資訊的人交談，來獲得高品質的資訊。我們稱之為「傾聽的藝術」（the art of hearing）（Rubin & Rubin, 1995）。

本章將始於討論三種不同的訪談類型；稍後再探討訪談的內容：詢問什麼問題，以及組織問題的方法；最後則討論如何記錄訪談中所獲得的回應。本章所要強調的是，技巧（skill）和技術（techniques）是促進訪談資料品質的方式，但同樣重要的是對於他人視角的真正興趣和關注。如果人們所要說的有關他們世界的事，令你感到無趣厭煩，那麼你絕不會成為優秀的訪談者。除非你對人類經驗的變化多端具有高度興趣，否則質性訪談將成為乏味而辛苦的差事。另一方面，向人們學習的深度及真正的興趣，若缺乏以技巧和技術為基礎的嚴謹訓練，終將一無所獲。

質性訪談的變異

Gertrude Stein在她臨終前詢問她摯愛的伴侶Alice B. Toklas：「答案是什麼？」。而無法回答的Alice仍然沉默著，於是Gertrude問道：「那麼，問題是什麼？」

這節的問題是如何設計問題。透過開放式訪談來蒐集質性資料，有三個基本的取向，涉及不同類型之準備、概念化和工具。每一個取向各有其長處與弱點，亦各有其所要達成的不同目的。這三項選擇為：

1. 非正式會話訪談法（informal conversational interview），
2. 一般性訪談導引法（general interview guide approach），
3. 標準化開放式訪談（standardized open-ended interview）。

　　這三個訪談的設計取向，在訪談發生之前的問題決定及標準化兩方面，具有程度上的差異。非正式會話訪談法（informal conversational interview）完全取決於互動的自然流程中，問題的自發性顯現。經常是參與觀察實地工作的一部份，談話的人甚至不知道他們正在接受訪談。一般性訪談導引法（general interview guide approach）包括在訪談之前即已設計好的一組綱要式（outline）的議題，用來與每位受訪者做深入的探索。訪談導引只單純作為訪談中的檢核表，以確定所有相關聯的議題均已被涵括於訪談之中。

　　相反的，標準化開放式訪談（standardized open-ended interview）包括一組經過字斟句酌和組織排列的問題，意圖讓每位受訪者都經歷相同的標準化程序，詢問每位受訪者同樣的問題。訪談中，探問（probing）的彈性多少受到限制，取決於訪談的性質和訪談者的技巧。標準化開放式訪談通常應用於將提問對受訪者所造成的變異減至最小。接著我們深入來檢視每一種方法所達成的不同目的，與訪談者可能遭遇到的挑戰。

非正式會話訪談法

　　非正式會話訪談法係為訪談中最為開放式的取向，亦稱為「非結構式訪談」（unstructured interviewing）（Fontana & Frey, 2000: 652）。會話訪談法提供訪談者最大的彈性，以從任何在談話當時適切的方向來追索資訊，其訪談方向係從觀察某一特殊場域或與該場域中人們談話時所浮現出來。大部分的問題係從立即性的背景脈絡中流洩而出。因此，會話訪談法是實地工作的重要研究工具，有時被稱為「俗民誌訪談」（ethnographic interviewing）。在此情況下，絕無可能存在任何預先設定好的問題，因為研究者事先並不知道即將發生些什麼、或所要詢問的要點為何。

　　從非正式會話訪談中所蒐集到的資料，因每一位受訪者而不同。同一個人可能會在許多不同情況下被採訪到，邀請其回答特定於該互動

情境或事件之問題。先前的回應有可能會再次被提及，且加深其回應內容。此法在研究者可在某一場域中停留一段時間時，將特別有用，不會只以單一次訪談機會來論斷。訪談問題會隨時間而改變，而且每一次新的訪談均奠基在已經完成的部分之上，擴展先前所擷取的資訊，轉換到新的方向，且向不同的參與者尋求更進一步的說明和詳盡闡述。

非結構式訪談並不意味訪談內容沒有焦點。既知概念（sensitizing concepts）和研究目的貫串於整個訪談之中。以此一研究目的為前提之下，訪談者可以自由地跟隨著資料及受訪者的引導來走。

會話訪談法必須「順勢而為」（go with the flow）。依據訪談者所界定之角色，受訪者在談話時可能並不知道訪談者正在蒐集資料。在許多案例中，參與觀察者在會話訪談中並不做筆記，多在結束後才寫下他們所學習到的重點。在另一些案例中，做筆記或錄音卻可能是適當且自然的。

非正式會話訪談法的長處，在於訪談者可對個別差異和情境變化保持彈性（flexibility）、自發性（spontaneity）和回應性（responsiveness）。所詢問的問題可以很個別化，以促進與受訪者的深度溝通，且運用周遭環境和即時情況，來增進訪談問題的具體化和立即性。

非正式會話訪談法的弱點，則在於它需要大量的時間才能蒐集到系統化的資訊，因為它需要與不同的受訪者進行數次的訪談，而每位受訪者的訪談內容可能均不相同。由於非正式會話訪談法的良窳相當大程度取決於訪談者的會話技巧，它顯得較易受到訪談者效應（interviewer effects）、指向式問題（leading questions）和偏見（biases）等之影響，特別當訪談者是新手時。會話訪談者必須能夠與許多不同場合中的人們輕易地互動，產生立即的洞察，迅速且流暢地提出問題，並提防所詢問的問題結構不會將詮釋強加諸於情境之上。

非正式會話訪談法所蒐集到的資料，較難以整理和分析。因為不同的問題會產生不同的回應，研究者必須花費相當多的時間在回應之間來回找尋，以找出這些差異甚大的訪談中所浮現出來的組型。相反地，較系統化和標準化的訪談有助於分析，但較缺少彈性，對個人和情境的差異也較不具敏覺力。

訪談導引法

訪談導引（interview guide）是一系列用來在訪談過程中加以探索的問題或議題。訪談導引的設計，乃確保以一組相同的訪談基準，來訪談每一位受訪者。訪談導引提供了一些話題（topics）或主題領域（subject areas），訪談者可以自由地探索、探問和詢問問題，以闡述此一特定研究主題。據此，訪談者在此一特定主題領域之內，自由地展開會話，自發地組織問題，並建立一種會話式風格，但仍焦點仍在此一預先決定的特定主題之上。

訪談導引的優點，在於它促使訪談者謹慎地決定，如何在訪談情境中將有限的時間作最佳的利用。訪談導引由於預先限定了所要探索的議題，有助於使對許多不同人所作的訪談能更有系統且更具綜合性。訪談導引更是進行焦點團體訪談（focus group interview）時所必要的，它使互動能集中焦點，同時允許個人的視角和經驗得以開展。

訪談導引的詳細程度，取決於研究者能夠預先明定重要議題的程度，以及對所有受訪者詢問相同問題的重要性程度。表例7.1提供一個運用於就業訓練方案參與者的訪談導引實例。訪談導引提供了一個架構，在其間，訪談者得以發展問題、安排問題順序，並決定何種資訊須更深入去探求。通常而言，訪談者不會進入一個訪談架構中所未涵蓋的全新話題。例如，訪談者可能不會詢問受訓者先前就業或教育的問題，他如何進入方案，此一方案與其他先前曾經歷過之方案的比較，以及受訓者的健康等問題。在訪談中，其他話題可能仍會浮現出來，然而，這些未明列於導引中的話題，亦通常不會與受訪者作進一步的探索。例如，某些受訓者可能會在訪談中提到他缺乏家庭支持或面臨個人危機等。但是，如果依據訪談導引，受訓者係被邀請針對方案長處、弱點等等來提供回應，而他並未提到任何有關家庭的事，則訪談者亦不會提出這些議題來。

此外，有關訪談導引法的較詳細實例，將敘述於本章結尾的附錄7.1中。此一附錄中的實例「一個描述性訪談」是由「教育測驗服務協同研究專案」（Educational Testing Service Collaborative Research Project）所發展的，顯示研究者如何運用詳細的導引，在歷時一年期間內，與一群相同的受訪者進行一系列的訪談。在我們探討質性訪談的第三項策略---標準化開放式訪談---之後，訪談導引法所容許的彈性，將會更為清晰。

表例 7.1　就業訓練方案參與者的訪談導引

- *受訓者在方案中做了些什麼？*
  - ✓活動
  - ✓課程
  - ✓團體
  - ✓工作經驗
- *成就爲何？*
  - ✓學到的技能
  - ✓產生的作品
  - ✓達到的成果
  - ✓獲得的知識
  - ✓完成的事項
  - ✓哪些是受訓者完成的可行銷的東西？
- *在工作技巧之外，受訓者如何受到影響？*
  - ✓關於自我的感受
  - ✓對於工作的態度
  - ✓未來抱負
  - ✓人際溝通技巧
- *方案的哪些層面帶來最大的影響？*
  - ✓正式的課程
  - ✓與工作人員的關係
  - ✓同儕關係
  - ✓方案中被對待的方式
  - ✓接觸聯繫
  - ✓工作經驗
- *受訓者經驗到哪些難題？*
  - ✓與工作有關的
  - ✓與方案有關的
  - ✓個人的
  - ✓家庭、朋友、方案之外
- *受訓者對未來的計畫爲何？*
  - ✓工作計畫
  - ✓對收入的期待
  - ✓對生活型態的期待與計畫
- *受訓者對方案的想法爲何？*
  - ✓長處，弱點
  - ✓喜歡的事，不喜歡的事
  - ✓最佳的成分，最差的成分
  - ✓應該改變的事項

標準化開放式訪談

　　標準化開放式訪談法要求在訪談之前需要謹慎組織每一個問題的措詞（wording）。例如，在表例7.1的就業訓練方案訪談導引，僅將「工作經驗」列舉爲一項探究話題，但在完全結式訪談（fully structured interview）工具中，問題的提出必須是很清楚明確的：

　　你已經告訴過我你在方案中所參與的課程，那麼，現在我想請教你有關這段時間以來的工作經驗。讓我們回到你最初進入方案的時候，回想一下從那時到目前爲止，你的每一個工作經驗。好嗎？所以，你的第一個工作經驗是什麼呢？

　　　探問：你爲誰/哪家公司工作？
　　　你的工作內容爲何？
　　　對於你從工作中所學到，你有什麼感覺？
　　　在這個經驗中，你特別喜歡的部分是什麼？如果有的話？
　　　在這個經驗中，你特別不喜歡的部分是什麼？如果有的話？
　　　轉換：好的，請告訴我有關你的下一個工作經驗。

　　爲什麼需要這麼多的細節呢？這是爲了要確定訪談中詢問每一位受訪者的問題都是相同的---相同的刺激---以相同的方式、相同的順序，包括標準化的探問（probes）和轉換（transition）。博士論文審查委員會在批准一份博士論文計畫書之前，可能想要看到完整的訪談流程圖（interview protocol）。人類參與者保護審查委員會（The institutional review board for protection of human subjects））可能會堅持只核准結式訪談，特別是當研究議題極具爭議性或侵犯性時。在方案評鑑中，主要資助者可能會想確定，方案參與者會被詢問到什麼樣的問題。多個分現場的研究中，結式訪談則可提供了不同駐所之間的相互比較。

　　在參與式或合作式研究中，缺乏經驗的協同研究者可能會在此一歷程中扮演訪談員的角色，如此，標準化問題即可彌補其在訪談技巧上的不足。有些方案評鑑會仰賴志工來從事訪談工作；其他時候方案工作人員也可能會做一些訪談；有些情況中，訪談者可能是新手、學生，或其他非社會科學家或研究人員。當一項大型方案中需要運用到大量不同的訪談員時，如果使用非正式會話訪談法或訪談導引法，都會因訪談員訓

練和技巧的參差不齊，而使得資料產生相當大的變異性。預防造成這些變異性的最佳方式，就是事前謹慎小心地組織問題的措詞和序列，然後訓練訪談員絕不能偏離此一預先擬定的問題格式。資料的蒐集依舊是開放式的，據此，受訪者仍是以他自己的言詞、想法、和洞察等來回答問題，只不過問題的精確措詞在事前就已決定好了。

　　在從事行動研究或方案評鑑時，對參與者的訪談可能在短時間內、或固定的時間內進行，例如半個小時，此時高度聚焦的問題有利於建立訪談的優先順序。有時候，研究者可能會對參與者進行多次訪談，例如在他們進入方案之前、離開方案之時，以及離開方案一段時間之後（如六個月後）。舉例來說，一項藥物戒治方案可能在方案實施前、實施期間、和結束之後，分別詢問參與者有關其如何節制藥物的議題。為了能比較受訪者在這些不同時段的回答，有必要在每一次都以相同的方式來詢問相同的問題。這些問題必須於訪談前就已設計好，且以其在訪談中提問的方式精確地書寫下來。在訪談之前需謹慎考量每一個問題的措詞。任何在訪談中會使用到的釐清（clarification）和詳細說明（elaboration）也都要寫進訪談流程圖中；探問也要放在訪談中的適當位置；藉由詢問每位受訪者相同的問題，來將訪談者效應（interviewer effects）降至最低。標準化開放式訪談亦使得資料分析更為容易，因為可以將每一位受訪者的回答迅速歸置於相同問題之下，且將類似的問題和答案加以組織。

　　在方案評鑑中，質性資料之正當性和可信性的潛在難題，使得採用標準化訪談在政治上是明智的，研究者可向決策者和評鑑使用者顯示這些是將要詢問參與者的問題。而且，藉由產生標準化的格式，評鑑使用者有可能更完全地參與於撰寫這項訪談工具，他們亦將明白什麼將會被詢問到，以及什麼不會被詢問到；資料的限制也可能在蒐集資料之前就能獲得充分討論，從而降低資料在後來受到攻擊的可能性。

　　相反地，在基礎性及應用性研究中，當研究者試圖要去瞭解一個群體的整體世界觀時，從每一個人蒐集到相同的資訊，則會導致這些資料是否具有可信性的難題。因為在此類研究中，每一位受訪者都被視為一個獨特的個體，擁有其獨特的視角，故跨越受訪者出現一致性訪談結果的可信性，並非基礎性研究所關心的議題。

　　標準化取向的弱點，乃其未容許訪談者去追索在訪談前未曾預料到

的話題或議題。甚至，結構式訪談法亦減低了進一步探討個別差異和環境變異的可能性和程度。

本章結尾的附錄7.2中，提供了三個標準化開放式訪談實例。這些訪談係用於在一項為身心障礙者所進行一項Outward Bound荒野方案中，從參與者蒐集資料。首次訪談於方案的一開始進行，第二次訪談在十天經驗結束時採用，而第三次訪談則於方案結束六個月後進行。

結合方法

這些相對的訪談策略當然也不是互斥的。

會話訪談策略可與訪談導引法相結合；訪談導引法亦可結合標準化格式，精確地詳述一些關鍵性問題，但保留其他話題讓訪談者自行斟酌去探索。此一結合策略給予研究者較大的彈性來探問，以及決定何時適宜更深入地探索某一特定話題，或甚至對於設計訪談工具時未曾預料到的嶄新領域提出問題。最常見的結合策略是，在訪談的初期，採用標準化開放式訪談格式；而在訪談稍後階段，則予訪談者追索任何感興趣話題的自由。另一項結合方式，包括於研究初期運用非正式會話訪談；中途採用訪談導引法；然後於結束研究時，或對參與者進行追蹤研究時，應用標準化開放式訪談，以從一組參與者樣本中，獲得系統化的資訊。

一項既知概念能夠提供橫跨訪談類型的橋樑。在對麥克阿瑟基金會研究獎勵案得主進行追蹤研究的訪談中，運用到一個既知概念「使能」（enabling），係為此一獎勵目的的核心，使我們的訪談聚焦於榮獲此一獎勵案如何為得獎者「增能」。「使能」或「增能」，從廣義上而言，乃給予受訪者一些空間去分享不同的經驗和成果，與此同時，也讓我更為小心地措詞用以訪談所有受訪者的標準化問題，一些訪談導引的話題，以及在訪談結束時的完全開放式會話中持續聚焦的話題。

訪談策略摘要

所有三項質性訪談方法的共通特點，乃詢問真正開放式的問題，讓受訪者得以其自己的言詞來表達其自身的個人視角。雖然三項策略在預先決定問題的措詞和呈現順序上有或多或少的差異，但不變的是受訪

者回應形式必須是開放式的。訪談者從不提供或先行決定一些要求受訪者使用來表達自己的詞彙或類別，像是固定式回應問卷那樣。質性訪談之目的，乃瞭解受訪者如何看待其所處的世界案，學習他們的詞彙和判斷，以及捕捉他們個別化知覺和經驗的複雜性。此一開放性，不啻是質性訪談與量化研究中所使用之封閉式問卷或測驗的最大區別。上述一些封閉式工具，迫使受試者將其知識、經驗和感受削足適履地放入研究者的類別之中，與質性訪談有甚大的差距。質性訪談之基本原則，乃提供一個架構，在其間，受訪者可以他們自己的言詞或話語，盡情表達他們自己的瞭解。

　　表例7.2摘要了訪談方法上的變異。在閱讀此一摘要表時，須謹記於心的是，這些被呈現得猶如純粹類型的方法，在實務上，是可能相互結合來應用的。

問題選項

如果你問我的話，我就會告訴你。

-- *Roseanne*（2001：164）

　　基本上，有六類問題可用來詢問受訪者。在談論任何一個特定的話題時，可能都會詢問到這些問題中的任何一類。區分問題類型，促使訪談者必須清楚所要詢問的問題，且協助受訪者適當地回應。

經驗和行為問題

　　經驗／行為問題（experience/behavior questions）是有關一個人正在做或已經做了什麼的問題，目的在於萃取出有關行為、經驗、行動和活動等之描述，這些是當觀察者在場時可被觀察得到的。例如：「*如果我跟隨你度過了典型的一天，我可以看到你做些什麼呢？我可以觀察到你會擁有什麼樣的經驗？*」或是「*如果我和你一起參與在方案中，我可以看到你做些什麼呢？*」

表例 7.2 訪談方法的變異

訪談類型	特徵	長處	弱點
非正式會話訪談	問題顯現於立即的背景脈絡中,並於事件自然發生的過程中被詢問;訪談沒有任何先前決定的話題或措詞。	增進問題的突顯性和關聯性;訪談基於觀察,且從中逐漸浮現出來;訪談能夠配合個人和環境氣氛。	以不同的問題,從不同的人,蒐集不同的資訊。如果特定問題並未自然地出現,較不具系統化和綜合性。資料組織和分析可能會相當困難。
訪談引導法	訪談所要涵括的話題和議題,係於事前以綱要形式明定;訪談者於訪談進行中決定問題的順序及措詞。	導引可增進資料的綜合性,並使對每一位受訪者所作的資料蒐集較為有系統。資料之間的邏輯性鴻溝,能被事先預測且將之消弭。訪談維持了相當的會話性和情境性。	重要的且突顯的話題,可能會因疏忽而遺漏。訪談者在問題順序和措詞上的彈性,可能會導致實質上從不同視角所發出的不同回應,因而減低了回應的可比較性。
標準化開放式訪談	問題所呈現的精確的措詞和順序,係於訪談事前決定好的。所有受訪者均被詢問以相同次序呈現的相同問題。問題仍係以完全開放的格式來措詞。	受訪者回答相同的問題,因而增進了回應的可比較性。每一位受訪者皆在訪談中陳述相同話題的話題,資料是完整的。當使用數個訪談者時,可減低訪談者效應和偏誤。促進資料的組織和分析。	訪談對特殊個人和環境覺相關的話許較小的彈性;問題的標準化措詞,可能羈絆和限制了問題和回答的自然性和關聯性。
封閉、固定回應式訪談	問題和回應類別均於事前決定好的。回應是固定的;受訪者僅能從這些固定回應中來作選擇。	資料分析甚為單純;回應可被直接加以比較和於核計;短時間內可詢問許多問題。	受訪者必須使其經驗和感符合事前決定的類別;可能被覺知為非關個人、不相干的,且機械化的。可能會扭曲了受訪者真正的意思,或完全限制了他們的回應選擇。

意見和價值問題

意見/價值問題（opinion/values questions）目的在於瞭解人們的認知和詮釋歷程，詢問有關意見、判斷及價值觀的問題---「腦裡的東西」，不同於行動及行為。對此類問題的回答，會告訴我們人們對某些經驗或議題有些什麼想法，以及人們的目標、意圖、欲望和期待等。例如：「你相信什麼？」、「你對＿＿有什麼想法？」、「你會想要看到發生了什麼？」、「你對＿＿有什麼意見？」等。

感受問題

腦部的情緒區可能與認知區不同。感受問題（feeling questions）係以萃取出情緒為目標，瞭解人們對其經驗及想法的感覺或感受。感受輕觸人類生活的情感面向。在詢問「你對此有什麼感覺？」等問題時，訪談者即在探求感受的形容詞，例如，焦慮、快樂、害怕、感到威脅、深具信心等等。

意見和感受經常會混淆不清。訪談者必須瞭解此二者之間的差別，以便能知道何時獲得了他們所想要的答案。假設一位訪談者詢問道：「你對此有什麼感覺？」而受訪者的回應是：「我認為這很可能是在這種情況下我們所能做的最佳方式了。」則此一關於感受的問題，並未獲得真正的答案。分析的、詮釋的和意見上的陳述，都不是有關感受問題的答案。

這種混淆有時係發生於訪談者在詢問問題時給予錯誤的線索。例如，在詢問意見問題時，使用了「你對此有什麼感覺？」的格式，而不是「你對此有什麼意見？」或「你對此有什麼想法？」。當研究者想要瞭解受訪者的情緒反應時，必須詢問及傾聽感受層次的回應。當研究者想要瞭解受訪者對某事有何想法時，所詢問的問題應清楚地告訴受訪者，所探求的是意見、信念及判斷---而非感受。

知識問題

知識問題 （knowledge questions）探求受訪者所擁有的事實資訊---

受訪者知道什麼。某些特定的事項是事實，例如酒醉駕車是否違反駕駛條例，以及法律如何定義酒醉駕車等。這些事項並不是意見或感受。對於一項方案的知識，可能包括知道有什麼服務是可利用的？誰有資格利用？方案的規則和約定爲何？如何報名參加方案？等等。例如Cooke（1994）曾探討且評量了許多萃取知識的方法和技術。

感官問題

　　感官問題（sensory questions）係關於看到、聽到、觸摸到、品嚐到和聞到了什麼。對於這類問題的回應，能使訪談者進入受訪者的感官之中。例如：「當你走進方案的大門時，你看到什麼？說說看如果我和你一起行經這個大門，我會看到什麼？」或者是「在你會見諮商師時，他詢問你什麼問題？他當時對你說了什麼話？」感官問題試圖讓受訪者描述他們所經驗到的刺激。技術上來說，感官資料是行爲或經驗型態的資料---它們捕捉了感官的經驗。然而，用來蒐集感官資料的問題類型，足以自成一格。

背景/人口統計問題

　　背景／人口統計問題（background/demographic questions）包括年齡、教育、職業、居處/流動性等等，都是標準的背景問題，界定了受訪者的特徵。對這類問題的回答，有助於訪談者定位受訪者與其他人的關聯。以開放式而非封閉式態度來詢問此類問題，可萃取出受訪者自身的類別化世界觀（categorical worldview）。例如，當詢問到年齡時，一個已經55歲的受訪者可能會回應：「我55歲」，或是「我是個中年人」，或是「我已經接近老年了」，或是「我內心還很年輕」，或是「我50多歲」，或是「我再過10年會退休」，或是「我介於40歲和60歲之間」等等。這些對於開放式、質性背景問題的回應，告訴我們人們如何以數不清的分類方式，來歸類他們自己。也許，詢問有關種族和民族的問題，是最爲重要的了。例如，專業高爾夫球員Tiger Woods具有非洲、泰國、中國、美國印地安人和歐洲後裔等血統，但他拒絕被歸類到任何單一的民族類別。他採用「Cablinasian」描述他的混和血緣。在這個愈來愈多樣化的世

界中，有著許多混和民族和不斷演化的標籤（如有色人種、黑人、非裔美人、非洲裔人）。質性研究可能特別適用於找出人們如何覺知和討論其背景。

區分問題類型

行為、意見、感受、知識、感官資料和人口統計學的問題，都是在訪談中可能被詢問到的問題類型。研究者所想要詢問的任何一項問題，均可被納入這些類型之一。將這些問題類型牢記於心，在規劃訪談、設計研究策略、和安排問題呈現順序時，可能會甚有裨益。然而，在考慮問題的順序之前，讓我們先來看看時間向度（dimension of time）如何與這些不同類型的問題相交錯。

問題的時間架構

任何問題均能以現在式、過去式或未來式來詢問。例如，訪談者可能會詢問受訪者現在正在做什麼，過去已經做了什麼，以及未來計畫做些什麼。同樣地，研究者可能會對人們現在態度、過去態度或未來態度感到興趣。藉由結合問題的時間架構（time frame）與問題的類型，我們可建構出一個包含十八項不同問題類型的矩陣。表例7.3即呈現此一問題選項矩陣（matrix of question options）。

針對任何特殊情境、事件或方案活動，來一一詢問所有這十八項問題，不免失之於冗長繁複，尤其當整個訪談之中要對不同的方案元素一而再、再而三地重複這些問題時，更似疲勞轟炸。矩陣實乃建構了一組選項，幫助訪談者思考哪些資訊是最重要且最需獲取的。為了瞭解這些選項如何應用於實際的訪談情境中，瀏覽一個實際的訪談可能會有所助益。附錄7.2所摘述的Outward Bound標準化訪談，即可達成此一目的。試著在該訪談流程中，辨認出哪一項問題可歸類在矩陣（表例7.1）的哪一個方格中。

表例 7.3 問題選項矩陣

問題的焦點	過去	現在	未來
行為/經驗			
意見/價值			
感受/情緒			
知識			
感官			
背景			

問題的順序

安排訪談的順序，並無固定的規則可循，但問題矩陣則提供了一些可能性。對於不同訪談策略而言，規劃問題順序的挑戰是不同的。非正式會話訪談相當具有彈性和回應性，所以預先決定問題的順序，幾乎是不可能，也是不可欲的。相反地，標準化開放式訪談則必須確立固定的問題順序，來符合其結構性格式。接下來，我提供一些有關安排問題順序的建議。

我偏好訪談以不具爭議性的現在行為、活動和經驗，來展開訪談。像是：「你現在學校中主要做些什麼？」這類問題詢問相對上較直接了當的描述，需要最少的回憶和詮釋，因此它們也相當易於回答。它們可鼓勵受訪者以描述性的方式來談話。探問的重點在於萃取出更多的細節---以填滿該描述性圖像。一旦某些經驗或活動已被充分描述之後，即可接著詢問有關意見和感受的問題，且以經驗為基礎，探問對於經驗的詮釋。唯有受訪者在言談中「重新經歷」該經驗之後，其意見和感受才有可能根基穩固，且更有意義。知識和技巧的問題亦需要一個背景脈絡。如果問得過於直接或突兀，知識和技巧的問題可能相當具有威脅性。訪談者絕不會想要像電視上益智遊戲節目主持人一樣，想要考倒一名競爭對手。所以，最好是將知識性問題安排得像是一個有關活動或經驗的後

續追蹤問題，例如：「你知道參加這項方案有什麼資格上的要求嗎？」或是「你如何成為這項方案的一員呢？」。一旦訪談中已建立起共融和信賴的氣氛，即能從受訪者明瞭到他們知道些什麼，以及他們擁有了什麼可做得最好的技巧。

有關現在的問題，對受訪者而言，似乎較有關過去的問題來得易於回答。未來導向的問題，則涉及值得考慮的推測，因此對有關未來行動或態度等問題的回應，一般而言亦較諸有關現在或過去的問題，較缺少信度。我通常偏好以詢問有關現在的問題來作為開端，繼而用現在作為一基準線，詢問有關過去之相同活動或態度的問題。然後，才會提出有關未來的問題。

背景和人口統計學上的問題基本上是相當無趣的，它們是人們在訪談中所厭惡的部分。對受訪者而言，它們也相當令人不舒服，取決於此類問題的個人秘密性如何。我將此類問題減至最少，且偏好在整個訪談中策略性地且非干擾性地提出來。我的建議是，絕不要在訪談一開始，就提出一長串例行的人口統計學問題。在質性訪談中，必須使受訪者能儘快主動地投入於提供描述性資訊，而不是被制約來對此類無趣的類別式問題提供簡短的答案和例行的回應。有些背景資訊可能在訪談之初即是必須的，以用來理解訪談的其餘部分，但此類問題應該盡可能與有關現在經驗的描述性資訊緊密連結。否則，就讓這些社會人口統計學問題（年齡、社經地位、出生序及類似問題）保留到最後吧！

問題的措詞

訪談問題是一項刺激，目標在激發或產生受訪者之回應。組織問題的方式，係決定受訪者將如何回應的最重要元素。如同Payne（1951）在其書中對詢問問題的觀察，詢問問題是一種藝術。為了質性研究之目的，好的問題至少應該是開放式的、中立的、單一的且清楚明白的。本節將對這些準則作更深入的討論。

詢問確實的開放式問題

質性研究的目的，係在蒐集資料時，盡可能不將預先決定的回應方式強行加諸於受訪者之上。當應用質性訪談策略時，問題應以確實開放的形式來詢問，讓受訪者能以自己的言詞來回應。

調查問卷中的標準固定回應題項，僅提供了有限的、預先決定的可能性清單。例如：「你對這項方案的滿意度為何？（1） 非常滿意，（2） 有些滿意，（3） 不太滿意，（4） 一點也不滿意。」此處問題的封閉性和有限性，對提問者和受試者都是顯而易見的。許多研究者以為使問題保持開放式的方式，僅是拋開結構性的回應類別。然而，這樣做並不能使問題確實地開放，它僅是掩飾了先決的回應類別，但仍侷限了可能的回應。

想想看這一個問題：「你對這項方案的滿意度為何？」當未提供固定回應選項時，這似乎是一個開放式問題。然而仔細檢視之下，我們就會發現受訪者可能回答問題的方向，已完全被界定好了---滿意的程度。受訪者可能會用許多修飾語詞來形容「滿意」這個字--- 例如，「十分滿意」、「有幾分滿意」、「大部分滿意」等等。然而，事實上，這些可能的回應詞彙均被問題的措詞所狹隘地侷限住了。典型的答案範圍，與先前固定回應選項僅有些微的不同，這些一開始就相當明顯的類別，使得分析更為複雜。

確實的開放式問題並不預先假定感受或想法的哪一面向會特別凸顯，而是容許受訪者從其可能回應的錦囊中來做出選擇。事實上，在質性研究中，要探究的事項之一，即是試圖判定是人們在描述其感受、想法和經驗時所使用的面向（dimensions）、主題（themes）和意象（images）／言詞（words）等。確實開放式問題多會採用下列的形式：

你對_____有什麼感覺？
你對_____有什麼意見？
你對_____有什麼想法？

確實的開放式問題容許受訪者從任何方向、使用任何他們想用的言詞，來表達他們想要說的話。而且作為確實開放式的問題，不能以二分化方式來措詞。

二分化的兩觸角

二分化回應問題 （dichotomous response questions），係提供受訪者以一文法結構上應回答「是」或「否」的問題。例如，「你對方案滿意嗎？」、「你參與方案的結果，讓你有所改變嗎？」、「這對你而言是一項重要的經驗嗎？」、「你知道報名參加該方案的程序嗎？」、「你與方案工作人員有相當多的互動嗎？」

相反地，深度訪談乃致力於讓受訪者談話---談談有關經驗、感受、意見和知識等。二分化的問題不但無法鼓勵受訪者談話，反而對受訪者造成了兩難困境，因為他們經常不確定他們是否被詢問了一個單純的「是否」問題，或是實際上訪談者期待了更進一步的回應。我發現，在訪談者報告他們很難以讓受訪者談話的許多案例中，他們事實上使用了二分化問題的路徑來導引訪談，使受訪者全然以二分化方式來回應。

二分化問題的典型例子常來自於父母與青少年子女間的對話。例如，一位青少年剛在約會後回到家。

你知道你回來晚了嗎？
是呀！
你過得很愉快是吧？
是呀！
你去看電影了嗎？
是呀！
那是個好片子嗎？
是呀，不錯。
所以，那片子值得看囉？
是呀，很值得看。
我聽到不少關於它的報導。你想我會喜歡它嗎？
我不知道。也許吧！
還有什麼事你想告訴我的呢？
沒有，我猜就是這些了。

青少年上樓就寢了。媽媽則轉頭向爸爸說：「實在很難讓他跟我們談話。我猜他這個年齡的孩子就是不想告訴父母任何事情。」

二分化問題可能會將訪談轉變成一個質問或審問,而不再是深度的會話。在日常會話中,我們與他人的互動對談中其實是充滿了二分化問題的,只不過我們都將之視爲開放式問題而沒有覺察到。若朋友問你,「你玩得愉快嗎?」你很可能會回答比有或沒有更多的內容。然而,在更爲正式的訪談情境中,受訪者經常會察覺到二分化問題的文法結構,很少會回答比是或否更多的資訊。事實上,在更爲深度的訪談情境中,受訪者愈有可能密切注意問題的「深度結構」(seep structure),且更謹慎來字斟句酌這些問題(Bandler and Grinder 1975a, 1975b)。

在訓練訪談員的時候,我最喜歡跟他們玩一個遊戲,就是我只依據所詢問問題的字面意思來回答問題,而不主動提供任何問題本身未清楚要求的資訊。我總在解釋詢問二分化問題所涉及的困難之前,先和大家玩這個遊戲,數百次的經驗下來,回應幾無二致。當訪談者從一般性的問題獲得二分化的回答時,他們將會詢問愈來愈多二分化問題,把洞愈挖愈深,最後使得整個訪談很難跳出二分化的窠臼中。表例7.4所呈現的是從一個訓練工作坊中所擷取的一次實際訪談逐字謄寫稿。左欄中,我記錄實際進行的訪談問題;右欄則試著寫出可替代該二分化問題的確實開放式問題。

表例 7.4　二分化問題訪談實例I

指導語：好的，現在在我們要來玩一場訪談的遊戲。我要你們輪流詢問我有關於我剛完成的方案評鑑工作的一些問題。該方案是一份有關工作人員專業發展的專案，將專業工作人員帶到荒野中生活一個星期。現階段我所要告訴你們的僅此而已。我會盡可能精確地回答你們的問題，但我只會回答你們所詢問的，我不會主動提供任何你們的問題未直接探詢的資訊。

實際的訪談	訪談者真正想要知道的：開放式問題
問：你做的是形成性評鑑嗎？ 答：大部分是。	問：你評鑑的目的是什麼？ 答：第一，記錄所發生的事項；之後提供回饋給工作人員，協助他們認清他們的「模式」；最後將報告提交給委託贊助單位。
問：你試圖要發現人們在荒野中是否會有所改變嗎？ 答：一部份是。	問：你試圖從這個評鑑中發現些什麼？ 答：許多事情。參與者在荒野中的經驗為何？他們如何談論他們的經驗？這些經驗對他們的意義是什麼？當他們返家之後，這些經驗對他們產生什麼影響？
問：他們改變了嗎？ 答：某些人是。	問：你發現了什麼？參與這個方案對參與者有什麼影響？ 答：有很多參與者報告了他們「轉化」的經驗—生活中發生了某些改變。其他人會更為投入於經驗性教育活動中。只有少數人說他們就只是玩得很愉快。你必須閱讀完整的個案研究報告，才能瞭解這些改變的深度與影響！
問：你在方案前後都進行訪談嗎？ 答：是的。	問：你在方案評鑑中蒐集了哪些資訊？ 答：我們在方案之前、之中和之後都和參與者進行訪談；我們從事參與觀察，同時也做會話式訪談；若他們願意的話，我們也會閱讀他們所寫的日誌。他們也填寫了一份有關方案各層面問題的開放式評鑑表。
問：你有沒有發現你參與這個方案中也影響了所發生的事？ 答：有阿。	問：你認為你的參與對方案產生了什麼影響？ 答：我們對這個部分有相當多的省思，也和工作人員及參與者談了很多。大多數人都同意這個評鑑過程使得每個人都更全神貫注且更具省察性---這對很多方向都產生很大影響。
問：你過得愉快嗎？ 答：是的。	問：你自己的荒野經驗是什麼呢？ 答：首先，我學到很多有關於參與觀察和評鑑的事。其次，我開始愛上荒野，且成為積極的健行者。第三，我與其中一位工作人員開展了一段我預期將會是深厚而長期的友誼。

　　很顯然地，左欄的問題是訪談中出現二分化問題的極端例子。右欄的開放式問題則產生了豐富的答案，迥異於二分化問題所能取得的資訊。此外，二分化問題也容易成為「指向式問題」（leading questions）。一旦訪談者遇到害羞與不情願回答的受訪者，訪談者很可能會以這種應變方法，猜測受訪者可能的回應，而實際上將這些回答加諸於受訪者身上。顯示這種情況的一項明確的訊號，是當訪談者所說的話明顯多於受訪者的話時。讓我們再來看看表例7.5這個摘述自一次實際訪談的記錄。受訪者是一位參與藥物依賴戒治方案的青少年。訪談是在該青少年參與該方案的期間所進行的。

　　進行該次訪談的人表示，她希望透過訪談來明白兩件事：什麼經驗對強恩來說是最為深刻，以及強恩在方案中的個人投入程度如何。她注意到「熱椅子」（hot seat）的經驗對強恩來說具有高度的重要性，可是她對於為什麼這項經驗如此重要的原因所知甚少。關於強恩個人投入程度的問題，她所蒐集到的唯一資料也是從他對指向式問題的默認中所獲得的。事實上，如果她將此次訪談所蒐集到的資料羅列出來，就會發現實在是寥寥無幾，少得可憐。

　　　可以。
　　　嗯，…熱椅子吧。
　　　是呀。
　　　那個人每天都做熱椅子。
　　　是呀，它因人而異。
　　　好吧，讓我想想，喔…昨天有一個人真的被釘牢了。我的意思是，他真
　　　　的在團體中受到許多責難。那是很嚴重的。
　　　沒有，是別人說的。
　　　是呀，對，那對他真的是很嚴重的事。
　　　他開始嚎啕大哭，而且氣壞了。那時有一個人走向他，然後他們開始談
　　　　話，看來他又還好了。
　　　對呀，就是這樣。
　　　那真的是非常嚴重。

表例 7.5　二分化問題訪談實例II

訪談	評論
問：你好，強恩。很高興再次見到你。我很想明瞭你發生什麼事。我可以詢問一些有關於你經驗的問題嗎？ 答：可以。	這開場白係由訪談者所主導。沒有非正式的施與受。受訪者被設定在一個被動的/反應的角色。
問：我希望你想想看你在這兒所經驗的一些對你而言很重要的經驗。你能否想一下什麼是最令你印象深刻的事呢？ 答：嗯，…熱椅子吧。	簡介的線索句之後，緊接著一個二分化問題。 強恩超出了二分化的回答。
問：熱椅子是指有一個人是整個團體的注意焦點嗎？ 答：是呀。	訪談者提供了定義，而非讓強恩說出自己對於熱椅子的定義。
問：所以，那像是什麼呢？這是你第一次看到「熱椅子」嗎？ 答：那個人每天都做熱椅子。	一開始是開放式問題，但隨即改變問題形式，變成是二分化問題。問題不再是單一的，或是開放的。 強恩的回答則超出了問題的範圍。
問：那對不同的人會有所不同嗎？ 答：是呀，它因人而異。	問題係依據先前的回答提出來，但仍是一個二分化問題。
問：好的，你可以告訴我一個最讓你難忘的事件嗎？ 答：好吧，讓我想想，喔…昨天有一個人真的被釘牢了。我的意思是，他真的在團體中受到許多責難。那是很嚴重的。	以陳述句的方式提出問題，但仍具有二分化問題的結構。 強恩在回答開放式問題之前，先回答了二分化問題。
問：你有沒有說什麼呢？ 答：沒有，是別人說的。	二分化問題
問：所以…，這對你來說像是什麼呢？你也受到影響嗎？你說這是很嚴重的，是指對你來說很嚴重，還是指對團體呢？ 答：是呀，對，那對他真是很嚴重的事。	多重問題。不清晰的連結。以模糊曖昧的、多重選擇形式來結束問題。 強恩的回答實際上無法詮釋所指的是什麼。
問：你認爲這對他是好還是不好？這對他有幫助嗎？ 答：他開始嚎啕大哭，而且氣壞了。那時有一個人走向他，然後他們開始談話，看來他又選好了。	二分化問題 強恩想要描述發生了什麼事。但訪談問題的狹隘性，限制了他的描述。

續表 7.5

問：所以那時候真是緊張啊？ 答：對呀，就是這樣。	指向式問題，設定了一個易於默認的回應。
問：而你也受到了影響？ 答：那真的是非常嚴重。	和前一個問題一樣。 強恩實際上並未回答這個問題。模糊曖昧的回應。
問：好的，我想要再詢問你一些有關方案的 　　授課部份。關於熱椅子，你還有什麼想 　　要說的嗎？ （強恩並未回答，坐在那兒等待下一個問 　題。）	轉換。強恩接收到熱椅子已經結束的線索。訪談者並非真的期待任何回答。

　　審視這部分訪談的逐字稿，訪談者所說的話顯然比受訪者的話還要多許多。訪談者的問題使得受訪者處在一個被動的立場，只能去確認或否認訪談者所提供的內容，卻並未真正獲得可提供深度的、描述性細節的機會。

詢問單一的問題

　　編製調查問卷的基本原則之一，是每一個題項必須是單一的（singular）；那就是，任何問題中不應包含多於一個的想法。想想看以下這個例子：

在這個方案中，你有多麼熟悉和喜歡方案中的工作人員？
（1）　非常多
（2）　有一些
（3）　不太多
（4）　一點也不

此一題項是不可能去分析和詮釋的，因為它詢問了兩個問題：
1. 你有多麼熟悉這些工作人員？
2. 你有多麼喜歡這些工作人員？

　　所以，這是一個很差勁的問卷題項。

　　當回到開放式訪談情境，很多人似乎以為再也不需要以同樣的精確性來詢問單一的問題了。我曾經看過一些由經驗豐富且知名的實地研究者所進行的訪談逐字稿，在其中好幾個問題常一起被拋出來，他們可能認為這幾個問題都是彼此關聯的，但它們真的會使受訪者非常困惑，不明白訪談者真正要詢問的是什麼。

　　為了協助工作人員改善這個方案，我們想請你談談你對方案的意見。你認為本方案的長處和弱點是什麼？你喜歡什麼？你不喜歡什麼？你認為哪些可能加以改善？哪些可以維持原貌？

　　通常在訪談中使用這類問題的研究者主張：藉由詢問一連串問題，可能會找出什麼對受訪者最為重要，因為受訪者能夠去選擇他所最關注的，來回答這個問題。研究者接著在那些獲得回答的初步問題領域中，提出更為特定的問題。然而，我自己的經驗是，多重問題（multiple questions）會使受訪者產生緊張和混淆，因為受訪者並不真的知道訪談者要詢問什麼。對方案長處和弱點的分析，並不同於對方案喜歡或不喜歡些什麼的報告。同樣的，對改善方案的建議，可能與長處、弱點、喜歡和不喜歡等沒有絲毫關聯。以下的訪談摘錄，受訪者是一位參與家庭教育方案的家長，該家庭教育方案係以協助父母成為更具效能的父母為目標。

問：基於你在方案中的經驗，你會說這個方案的長處是什麼呢？
答：其他的父母們。不同的父母能夠聚集在一起，談談他們做父母的經驗。這個方案真的是由父母來處理做父母的事。父母們真的需要和其他父母們談談有關要做些什麼和他們做了些什麼，以及什麼有效而什麼是無效的。方案最大的好處是父母本身，真的是這樣。
問：那麼弱點是什麼呢？
答：我不知道......我猜我不很確定方案真的讓最需要它的父母都參與其中。我不真的知道你們如何去做，但是我只是想可能有許多需要這方案的人仍未能參與......特別是那些單親家庭和父親們。的確很難讓父親們參與像這樣的活動。但它應該讓每個人都能參與，即使這真的很難。
問：現在讓我問你一些你對方案的感受。對於這個方案，你真正喜歡的是什麼？
答：我想將工作人員放在第一位。我真的喜歡方案的主持人。她受過很高的

教育，且知道許多事，但她從沒有讓我們感到自己愚蠢。我們可以說任何話或問任何問題。她以平等的方式來對待我們，像一般人一樣。我也喜歡其他的父母。而且我喜歡能帶我女兒一起來參加。他們將她帶到方案的兒童團體，但我們可以一起來。有些事我們可以一起做，而她有她的時間，我有我的時間。

問：那麼不喜歡的是什麼呢？對於這個方案你不怎麼喜歡的事是那些呢？

答：我不喜歡我們聚會的時間。我們在午餐後的下午聚會，對我來說這是午休時間，但對所有的父母來說，真的沒有任何更好的時間了，而且我知道他們也曾經試過要定在不同時間聚會。時間總是人們的爭端。也許他們可能在不同時間提供不同的東西。我們聚會的房間並不太大，但也沒有更大的空間了。

問：好的。你已經提供我們許多關於你在方案中的經驗，你觀察到的長處和弱點，以及你喜歡和你不怎麼喜歡的一些事。現在我想要問你的是關於你對這個方案的建議。如果你有力量改變方案的一些事，你會讓它有何不同呢？

答：這個嘛，我猜第一件事是錢。總是錢的問題最重要。我只是想他們應該，你知道的，政府單位應該把更多經費投入像這樣的方案中。我不知道主持人的薪資有多少，但我聽說她所獲得的報酬，甚至不及學校教師。她應該獲得專業人員的報酬。我認為，應該要有更多像這樣的方法，而且有更多經費投入其中。噢，我知道我要建議什麼了。我們曾經在團體中討論過一次，就是讓已經參與過方案的父母，有機會能回來向新的團體成員談談自從他們參與方案後他們對孩子們做了些什麼，你知道的，像是他們並未預料到的難題，或並未出現效果的事，或只是從已參與過方案的父母之經驗中獲得一些資訊，來協助新來的父母。有一天我們曾經討論過，而且大家認為這會是一件很棒的事。我不知道它是否可行，但它是很棒的。我想…. 我不會介意做這件事。

這些問題中的每一個都引發出不同的回應。長處、弱點、喜歡、不喜歡，以及建議---每一個問題意指一些不同的事，且可被分離地詢問。透過深思的、聚焦的和區分的問題，質性訪談可以更加地深化。

貫穿於問題設計討論中的最重要事項，是詢問問題所使用的措詞（wording），對於受訪者回應的品質會帶來極大的差異。訪談者如一次拋出一堆問題，看看那一個會被接住，不啻是將不必要的負擔加諸於受訪者身上，要他們自行去解讀所詢問的是什麼。此外，同時間詢問了多重的問題，經常意謂訪談者尚未計畫好在訪談的那個時機要詢問什麼問題，以至於訪談者採取最簡單的方法，即一次詢問好幾個問題。

詢問清楚的、單一的問題

現在，我想請問你第一個問題。讓我們開始吧。你如何發現這項方案的呢？就像是你第一次來到這裡⋯⋯你知道的，你現在對它有什麼感覺？以及它對你產生了什麼影響⋯⋯？

© 2002 Michael Quinn Patton and Michael cochran

　　一次詢問好幾個問題，也會導致訪談者失去對訪談的控制。在多重刺激的情況下，受訪者由於不確定問題的焦點，會自由地朝任何方向發揮，包括提供了與訪談者所欲探討之議題毫無關聯的資訊。進行訪談時，可利用的時間幾乎總是有限的，訪談者與受訪者都只有這麼多時間可用來作訪談而已。為了將時間作最佳的利用，準備高度聚焦的問題，實有助於萃取出真誠的和相關聯的答案。這意指訪談者必須知道什麼議題是相當重要的，以及他們必須以受訪者可明確辨認詢問什麼的方式，來詢問那些問題。

問題的清晰度

　　名不正，則言不順。

　　　　　　　　　　　　　　　　　　　　　　　　　　　　　　　--孔子

　　訪談者有責任向受訪者釐清所詢問的是什麼。詢問可瞭解的問題，是建立共融關係的重要部分。不清晰的問題，可能會使受訪者感到不舒服、被忽視、混淆困惑，或充滿敵意。詢問單一的問題，對釐清事項有

甚大的幫助。還有許多其他的因素可增進問題的清晰度（clarity）。

首先，**在準備進行訪談時，應先找出研究場域中的人們通常會使用到哪些特殊詞彙**。例如，全國性方案在地方層次實施時，常會使用不同的名稱或語言。在一項「綜合性就業和訓練行動」的全國性方案中，各地承辦單位係接受委託來在該地區內提供服務。我們就發現，參與者只知道地方承辦單位所使用的名稱，如「青年就業服務」、「青年工作」、「婦女就業機會」等。這些地方性方案中的參與者，其實並不知道它們是「綜合性就業和訓練行動」方案中的一個分支。與這些參與者進行訪談時，若使用「綜合性就業和訓練行動」一詞，將會混淆和干擾訪談的進行。

其次，**瞭解參與者彼此之間談論一個場域、活動或其他生活層面時，所使用的語言，有助於使問題更為清晰**。當我們訪談被少年法庭裁定安置於寄養團體之家的青少年時，我們必須花上許多準備時間，試圖找出這些犯行青少年如何稱呼團體之家的家長，如何指涉他們的自然父母、指涉他們的保護官，以及指涉彼此，以便能清楚明白地詢問有關那些人中的每一個。例如，在詢問有關同儕關係時，我們應該使用的字眼究竟是「非行青少年」、「青少年」、「年輕人」、「十幾歲孩子」，或是什麼呢？為了準備訪談，我們與許多犯行青少年、團體之家家長和保護官們共同找出正確使用的詞彙。他們的說法相當一致，即最佳的語言是「在團體之家的其他孩子們」。而至於「在團體之家的孩子們」如何稱呼團體之家的家長，則並不一致。所以，我們在每一次訪談中所必須詢問的問題之一，是「*你通常怎麼稱呼＿先生和＿太太？*」，然後我們就在訪談的其餘部分，使用該年輕人告訴我們的詞彙，來指涉團體之家的家長。

第三，**在訪談中提出清晰的問題，意指避免使用標籤（labels）**。意即，當詢問有關一特殊現象或方案成分時，最好是先找出受訪者所相信的該現象是什麼，然後再邀請受訪者提供有關該現象之描述。在一項有關「開放課堂」（open classrooms）的方案評鑑中，我訪談了學童的父母。然而，由於許多教師和地方學校行政人員並不使用「開放」一詞來指涉這些班級，因為他們想要避免其與「開放教育」（open education）連結而產生刻板印象。所以，當訪談家長時，我們不能詢問有關其對「開放教育」之意見；而是，我們必須以如同下列的問題來展開訪談：

你注意到孩子去年的班級課堂和今年的班級課堂有什麼不同呢？（請家長回應...）

好的，你已提到了一些不同之處。讓我就你所提及的每一件事，詢問你的意見。你對＿＿有什麼想法？

此一詢問策略，在於避免所蒐集的資料於日後無法詮釋的難題，因為研究者可能無法確定受訪者回答的意義是什麼。他們的意見和判斷必須紮根於描述之中，以他們的言詞，描述其所經驗到的和所評量的。

在訪談學童有關其班級課堂的問題中，也出現了一個類似的難題。我們希望找出開放課堂中教導哪些基本技能。在準備訪談時，我們才知道許多教師會避免使用一些像「數學時間」或「閱讀時間」之類的說法，因為他們想要將數學和閱讀統整到其他活動中。經過訪談家長之後，我們也才知道，學童並不會向父母報告他們在學校中做了什麼「數學」。這些學童會在一些專案活動上，如市鎮模型的建構中，使用到幾何、分數，和等比量尺，但他們並不會將這些活動視為「數學」，因為他們以為數學就是要做工作單或工作簿等。於是，為了明瞭學童們做了那些類數學活動，必須要仔細和他們談到特定專案或活動的細節，而不是單純詢問他們：「你在課堂上做了哪些數學呢？」

另一項與問題清晰度有關的難題，來自於與遭受性侵害兒童的媽媽們所作的追蹤訪談。訪談的一個主要部分聚焦於她們與兒童保護機構、警方、社會福利工作者、少年司法體系、學校諮商師、保護官，以及其他為處理兒童性侵害而建構之複雜體系的接觸經驗與反應。我們很快地發現到媽媽們甚少能區別這個龐大體系的個別部分。她們不知道她們所接觸的對象是法庭、兒童保護者、社會福利體系，或是其他的處遇方案。它就是「這個體系」。她們是對這個體系有強烈的感受和意見，所以我們的問題就必須保持一般性的「關於這個體系」，而非特定地詢問有關這個體系的個別部分（Patton, 1991）。

在這些增進問題清晰度的建議中，一項重要主題，是使用的語言必須是受訪者可理解的，且是其參照架構中的一部分。這意指研究者須特別小心去找出受訪者所使用的語言。那些使用了受訪者自身語言的問題，是受訪者最能清楚明白的問題。這意指敏銳覺察此一「語言文化」，能「帶領研究者超越言詞的意義，而進入說話者的世界」（Agar,

2000:93-94）。此一對於當地語言的敏覺力，及人類學中的主位視角，通常會在資料分析中加以討論，主要焦點則在於透過語言來闡述一個場域或文化。此處，我們對於語言文化的討論，並非只是一種分析的架構而已；而是藉由增進清晰度、表達尊重，且促進共融關係，可提升訪談資料蒐集的品質。

使用受訪者所理解的詞彙，以及能反映出受訪者世界觀的詞彙，可促進訪談資料的品質。若未能敏銳覺察特殊字眼對受訪者的衝擊，其回答可能是毫無意義的，或是不會有任何答案。一個蘇非教派（Sufi）的故事，可作為此點的註腳。

一個人倒在地下鐵站的鐵軌之間，周圍聚集的人們試著要在火車輾過他之前趕快拉他出來。他們全都大喊：「把你的手給我！」但這人卻無論如何不肯伸出手來。Mulla Nasrudin用手肘推開擁擠的人群，且彎身向這個人問道：
　　「朋友，你的職業是什麼？」
　　「我是所得稅稽查員」這人喘著氣說。
　　「這樣吧，」Nasrudin說，「抓住我的手！」
　　這人立刻抓住了Mulla的手，而被拖到安全之處。Nasrudin轉向驚異不已的旁觀人群，說：「永遠別要求一個稅捐稽查員給你任何東西，你們這群傻瓜。」（Shah, 1973:68）

在結束問題清晰度的議題之前，我還要提出另一個重要的建議：小心詢問「為什麼」（why）問題。

為什麼要小心詢問「為什麼？」

三位禪宗沙彌正在討論旗竿上一面隨風飄動的旗幟。
第一位觀察到：「是旗在動。」
「不」，第二位說，「是風在動。」
「不」，第三位說，「既不是旗動，也不是風動，而是你的心在動。」

「為什麼」問題預先假設任何事件的發生都有原因，而且那些原因都是可知的。「為什麼」問題先前假定了一個因果關係，一個線性及理性的世界。「為什麼」問題超越了所發生、所經驗、所感受和所知道的範圍，而意圖做出分析的和演繹的推論。

演繹性因果推論的難題，已有多位科學哲學家們詳盡地探討過（Bunge, 1959; Nagel, 1961）。在實務層次上，是當父母們使用「為什麼」來和子女對話時所遭遇到的困難，最能闡明訪談中所面臨的挑戰。想想看下面這段父母和子女間的對話：

> 爸，為什麼晚上天會變暗呢？
> 因為我們所在地球的這一邊會轉離太陽。
> 爸，為什麼我們所在地球的這一邊會轉離太陽呢？
> 因為這是世界被創造的方式。
> 爸，為什麼世界會被創造成那樣呢？
> 所以才會有明亮和黑暗。
> 爸，為什麼應該有黑暗呢？為什麼不能一直是明亮的？
> 因為那樣我們會太熱了。
> 為什麼我們會太熱了呢？
> 因為太陽會一直照耀著我們。
> 為什麼太陽不能有時候冷一點呢？
> 它是的，那是為什麼我們會有晚上。
> 但是為什麼我們不能有一個冷一點的太陽？
> 因為這個世界就是這樣。
> 為什麼這個世界就是這樣呢？
> 因為它就是這樣。
> 因為為什麼？
> 就是因為如此。
> 噢，
> 爸爸？
> 嗯，
> 為什麼你不知道為什麼天會變暗？

在一項方案評鑑訪談中，詢問「為什麼」問題的脈絡可能較為清晰。然而，如果某一特殊活動的精確原因真的是研究者所想要知道的，通常也可能以不包含「為什麼」這個字詞的方式來詢問問題。首先，讓我們來看看「為什麼」問題對受訪者回答問題的困難，再繼而省視一些可替代的詞彙。

「為什麼你會參加這個方案？」參加方案的實際原因很可能五花八門，包括其他人的影響、方案的性質、受訪者的特質、受訪者的期待，以及實務上的考量等。受訪者很難立即整理出所有這些可能性，所以他就得從許多可能性中挑選出一些易於回應的層次。

- ■　「因為時間正好方便。」（方案性原因）
- ■　「因為我是有什麼就會去參加的人。」（人格原因）
- ■　「因為一位朋友告訴我有這個方案。」（資訊原因）
- ■　「因為我的牧師告訴我有這個方案，他認為它會對我有幫助」
　　（社會影響原因）
- ■　「因為它不昂貴。」（經濟原因）
- ■　「因為我想要學習他們在方案中所教導的東西。」（成果原因）
- ■　「因為神指示我要參加這個方案。」（個人動機原因）
- ■　「因為它就在那兒。」（哲學的原因）

　　任何受訪者的回答可能都會落在這些層次上的其中之一。研究者在進行訪談之前所必須決定的是，這些層次中何者具有足夠的重要性，值得詢問有關的問題。如果主要的問題是有關吸引參與者的方案特徵，那麼，訪談者應該詢問一些像這樣的問題：「吸引你來參加這個方案的是什麼？」，而不是詢問：「為什麼你會參加這個方案？」。假使研究者所感興趣的是促使受訪者志願或非志願參與方案的社會影響力，則可以使用像是下列的問題：

　　其他人常常會影響我們所做的決定。有哪些其他人，如果有的話，在你參加這個方案時扮演了重要的角色？

　　有些案例中，研究者可能特別感興趣於參與者的特徵，所以問題可能以下列的方式來詢問：

　　我很有興趣想要知道更多關於你這個人的事，以及你在這個方案中的個人投入情形。你認為，有關於你的---你的情況、你的個性、你的期待和任何其他的---什麼促使你成為這個方案的一分子？

　　當用以作為探問時，「為什麼」問題可能暗示了受訪者的回答有些是不適當的。「為什麼你那樣做呢？」可能聽起來像在懷疑一項行動（或感受）的適當性。單純說「請告訴我更多，如果可以的話，有關你對於那樣做的思考。」可能會較不具威脅性。

　　我對「為什麼」問題所感受到的困難，尤其來自於試圖分析此類問題時。當回答包含了相當多元的向度時，顯然，不同的人回應了不同

的事項，這使得分析極其困難，而且經常會導致一些根本無法使用的資料。因此，此處的重點在於藉著審慎地思考你想要知道的是什麼，較有可能協助受訪者提供可理解的答案，而且也是較有關連的、可應用的和可詮釋的。

　　也許我對使用「為什麼」問題的保留態度，來自於我曾經在訪談兒童中詢問此類問題時像個傻瓜一般。在開放課堂的訪談中，好幾位教師提到開放課堂的學童非常投入於他們正在做的事，即使是休息時間，他們也會選擇不到外面去玩。我們決定與孩子們對此點作檢驗。

　　「在學校中你最喜歡的時間是什麼？」我詢問一位一年級學童。
　　「休息時間。」她很快地回答。
　　「為什麼你喜歡休息時間？」
　　「因為我們可以到外面去，而且可以玩盪鞦韆。」
　　「為什麼你要到外面去呢？」我問。
　　「因為鞦韆就在那裡呀！」她臉上掛著不可置信的表情，好像無法相信
　　　大人怎麼會問這麼愚蠢的問題，然後解釋著說：
　　「如果你想要盪鞦韆的話，你就必須要到外面去，那裡才有鞦韆。」

　　兒童會按照字面意思來回答訪談問題，以至於當問題未經過仔細思考即逕行提出時，它立刻會無所遁形。就是在訪談開放課堂學童的期間，我學到了使用「為什麼」問題的難處。

共融和中立

中立的問題

　　訪談者需與受訪者建立共融關係（rapport），但共融的建立，必須不損及訪談者對受訪者所訴說的事保持中立。中立（neutrality）意指受訪者能夠告訴訪談者任何事，而訪談者不曾對受訪者的任何回應內容表現出贊同或不贊同。訪談者不能被嚇到、不能生氣、不能感到難堪，不能悲傷。受訪者訴說的任何事，都不會讓訪談者對於這個人有更高或更低的評價。

　　共融是面對受訪者的立場，中立是面對受訪者所說之內容的立場。共融意指尊重受訪者，因為他在訴說，他所說的就是重要的。訪談者想要向受訪者傳達：他們的知識、經驗、態度和感受都是重要的。訪談者不會以他們所訴說的內容來評斷他們。共融係建立在傳達同理和瞭解、但不作判斷的能力之上。

　　在本章中，我們已經考慮過組織問題的方式，以透過相互瞭解來促進共融關係的建立。這一節，我想聚焦於特別能傳達中立意涵的問題措詞方式。

使用說明式實例

　　有助於建立中立性的問題措詞方式之一，是使用「**說明式實例**」（illustrative examples）的格式來組織問題。當我想要讓受訪者知道我已經聽過相當多了---無論好事及壞事---所以我不會只有興趣聽到一些特別

令人感動的、特別負面的或特別正面的事。我真的只是對於這個人真實的經驗感到興趣而已。我想要從受訪者萃取出開放的和誠實的判斷，而使他們不必擔心我對他們所說的會有任何判斷。

說明式實例的一個例子，是我們與被安置於團體之家的犯行青少年所進行的訪談中的一個問題。該訪談的一個單元，旨在於明瞭團體之家中的家長如何對待這些犯行青少年。

好的，現在我想要請你告訴我，你在團體之家中如何受到家長們的對待。有些孩子告訴我們，他們覺得他們受到的對待，就像是團體之家這個家庭中的一員；有些孩子告訴我們他們被團體之家的家長責罵和毆打；有些孩子說他們和家長們一起做了許多好玩的事，像是旅行之類；有些孩子感覺到他們真的受到很好的對待，而有些孩子說他們受到很差的對待。你怎麼樣呢？你在團體之家中受到如何的對待？

一個與此有關的策略是「說明式極端格式」（illustrative extremes formats）---給予極端回應的例子，來讓受訪者知道訪談者已經聽說過許多有關的事了。下面這一個問題出自於一項研究獎勵案得獎者的追蹤研究中。

這筆獎勵金中，有多大部分，如果有的話，你會花費在個人事項上，來犒賞自己呢？有些人會說他們會將大部分的獎勵金花費在購買新車、按摩浴缸、整修房子、個人旅遊和家庭上。其他人則幾乎沒有用在自己身上，而將之全部投入於工作中。那麼你呢？

說明式實例和說明式極端二種格式中，很重要的是避免詢問指向式問題。指向式問題與中立性問題正好相反，它們會給予受訪者有關什麼答案被期待或是適當的暗示。指向式問題將受訪者指引往特定的方向。典型的指向式問題，可能會如下列例子所示：

我們已經聽了很多關於這方案的正面評價，那麼你的評價呢？

以及

我們已經聽說這個地方有很多的麻煩事，所以，請你說說看你曾經看過哪些麻煩事呢？

以及

我可以想像，有一個受虐的孩子而且要去面對這整個體系，必定是相當恐怖的。所以，你可以誠實地告訴我。這情形有多糟嗎？

在這些問題中每一個都有一些回應偏差（response bias），訪談者在聽到受訪者的回答之前，已將其信念置入於情境中。這個問題之所以是「指向式」的，在於受訪者被指引去默從訪談者的觀點。

相反地，使用說明式實例的問題，包含了好幾個面向，在可能被建構為正向和反向的回應之間保持平衡。我自己偏好先以一單純、直接了當且確實開放式問題來展開訪談，如「你對於這個方案的看法是什麼？」或是「你在這整個體系中的經驗為何？」，之後再使用說明式實例來釐清問題或促進更為深度的回應，如此受訪者的回答才不會受到任何例子所侷限或影響。

角色扮演和模擬問題

為一系列問題提供一個背景脈絡（context），會有助於受訪者聚焦於相關連的回應上。背景脈絡提供一些線索，使受訪者瞭解何種回應是被期待的。提供此一背景脈絡的方式之一，是與受訪者做角色扮演（role-playing），請他們以就像是其他人的角色，來回答訪談者所詢問的問題。

假設我是個才剛加入這個方案的新人，我想請問你，我應該做些什麼才能在方案中有良好的表現。你會告訴我什麼呢？
　或者
假使我是這個團體之家的一個新來的孩子，而且我不知道有關這裡的任何事。關於我必須遵守的規定，你會告訴我什麼呢？

這些問題的效果，是為可能會相當困難的問題提供一個易於回答問題的背景脈絡，如「一個人如何在這方案中有良好的表現？」、「團體之家的規定是什麼？」等。角色扮演問題之格式將受訪者置於專家的角色中：他們知道一些對其他人有價值的事；受訪者是具備內部知識的局內人。而相反地，訪談者則是一個局外人，扮演新手或學徒的角色。這「專家」被邀請來與新手分享其行家意見。當詢問這類角色扮演的問題

時，我經常會觀察到受訪者顯著地變得生動活潑且充滿熱情。

角色扮演格式的另一項變化，是訪談者從詢問的問題中做某種程度上的抽離。這樣的效果，是使問題較不關乎個人和較不尖銳。想想看下面這兩個問題：

「你會給一個像你這樣年紀而打算自殺的人什麼樣的建議呢？」

或者

「想像一個你認識且喜歡的人，他最近心情悶悶不樂。假設這個人告訴你，他打算要自殺，那麼你將會給他什麼樣的忠告呢？」

第一個問題聽起來很突兀且令人不安，像是審問他們是否知道正確的答案；而第二個問題是柔軟的，且較為邀請式，允許受訪者建構其個人的背景脈絡。雖然如果訪談者不具有敏覺力，這項技術可能會被濫用，且讓問題聽起來像是一場預設陷阱的騙局；但謹慎而節制的使用，且巧妙地與角色扮演格式結合，則可能使困難問題的詢問較為輕易，且能使受訪者的回答較為深入，提升回應的品質。

模擬問題（simulation questions）則以不同方式來提供背景脈絡，請受訪者想像他們自己正置身於某一訪談者感興趣的情境中。

假設我和你一同出席工作人員會議。我會看到正在進行一些什麼呢？請帶我去到那裡吧！

或者

假設在學生第一天來上課時，我就在你的課堂中。當學生進來的時候，我會看到發生什麼事呢？請帶我到你的課堂中，讓我看看在學生到達課堂的最初十至十五分鐘內發生什麼事？你在做些什麼？那最初十五分鐘像是什麼呢？

這些問題的效果，是讓受訪者變成一位觀察者。因為對這些問題的回應，需要受訪者在腦海中描繪出所要描述的情景。當訪談者詢問一系列問題，讓受訪者得以重新經驗或模擬出某一經驗的一些層面時，受訪者常能提供最為豐富和最為詳盡的描述。

先前假定問題

先前假定問題（presupposition questions）被許多語言學家界定為一種文法結構，藉由假定人們之間共享之知識和假定，可建立共融關係（Kartunnen, 1973; Bandler & Grinder, 1975a）。自然的語言充滿了先前假定，如我們日常溝通活動的過程，我們經常自不知不覺間使用了先前假定。透過對訪談中先前假定問題之效應的覺察，我們可以更有策略地運用它們。有技巧的訪談者即會使用先前假定，來增進回應的豐富性與深度。

那麼，先前假定是什麼呢？語言學家Grinder 和 Bandler將先前假定定義如下：

當我們每一個人使用一種自然語言系統來溝通時，我們即假定了聽者能夠將複雜的聲音結構轉譯成意義，即是，聽者有能力從我們呈現在其聽覺上的表面結構，推衍出深度結構的意義。即使說話者和聽者皆未曾察覺到此一歷程，它仍一直在持續進行著。例如：假如有人說：「我想看今晚電視上的『功夫』」，我們必須瞭解『功夫』是今天晚上的電視節目，以便能處理「我想看…….」的句子，而理解其意義。這些歷程即被稱為自然語言的先前假定。（Bandier & Grinder, 1975a:241）

先前假定應用於在訪談中，傳達了受訪者有一些話要說，據此，增加受訪者事實上說出一些話的可能性。想想看下列的問題：「你在方案中所經歷的最重要經驗是什麼？」此一問題即先前假定了受訪者擁有最重要的經驗。當然，被詢問者有回應的選擇權，他也可以說：「我沒有任何重要的經驗」。然而，更可能的是受訪者直接思考有什麼經驗可被報告為重要的，而非優先處理有無重要經驗的問題。

與此一先前假定格式---「你在方案中所經歷的最重要經驗是什麼？」---相反的，是下列二分化問題：「你在方案中是否有任何重要的經驗呢?」此一二分化問題，要求受訪者決定什麼是重要的經驗，以及它是否已經出現。而先前假定的格式則跳過了最初步驟，直接詢求對重要經驗的描述，更非請其確認經驗是否存在。表例7.6的左欄是典型的二分化回應問題，右欄則是以先前假定問題來避開二分化的指向式問題，而加上「如果有的話」可創造更大的中立架構。

由於先前假定問題隱含著事情的發生是自然而然的，可能會讓一些

原本令人難堪或侵犯性的問題變得較為輕鬆。例如，方案中有一些衝突是自然的；方案中有些經費被誤用是自然的；而且人們從方案的參與中學到了一些東西，也是自然的。先前假定提供了一項刺激，使受訪者在心理上直接對問題提出答案，而不必去決定某事是否實際上發生。

我最初是從一位朋友那兒學到訪談的先前假定。他工作於紐約市的醫療機構，負責訪談性病的帶原者。訪談的目的，在於明瞭帶原者先前的性接觸，以使那些人可獲知他們可能得了性病。他從經驗中學習到在詢問一個男人「你和其他男人有任何性接觸嗎？」與詢問他「你和其他男人有過多少次性接觸？」兩者之間是完全不同的。前一個二分化問題，要求受訪者對是否承認同性戀做一決定，而後一個先前假定問題，意味著與其他男人有一些性接觸可以是很自然的，因而重點在於發生的頻率，而非是否發生同性戀接觸。性病訪談者發現，受訪者較可能對先前假定的問題做回應，而非對二分化格式做回應。

深度訪談的目的是去找出受訪者所要說的是什麼。藉由先前假定，促使受訪者真的有話要說，可以提升描述的品質。然而，訪談者宜警惕的是：先前假定如同任何詢問問題的格式，也可能會被濫用了。先前假定只是一個選項而已，很多時候，在進一步詢問深入問題（「你對這次演講有何想法？」）之前，先以二分化的探詢（「你去參加演講了嗎？」）來檢驗問題的關聯性，會較令人自在且較為適當。

前言陳述和宣告

另一項催化受訪者之回應的技術，是在詢問問題之前，先提醒受訪者接下來所要詢問的是什麼。前言陳述（prefatory statement）的目的，是簡介一個問題。可作為受訪者回答問題前的暖身，或是喚起心理準備的門鈴。前言陳述具有兩項功能。首先，它提醒受訪者將要面臨的問題之性質，引導他們的覺察，並集中其注意力。第二，對所要提出的事項作簡介式的宣告（announcement），給予受訪者幾秒鐘時間來組織其想法，以備實際的詢問。前言（prefaces）、轉換宣告（transition announcement）以及簡介陳述（introductory statement），有助於使訪談流程更為順暢。

轉換格式（transition format）宣告了訪談的一個段落或話題已經完成，而新的段落或話題即將開始。

表例 7.6　問題的替代格式	
二分化指向式問題	先前假定問題
你覺得你對方案已知道得夠多，足以評估其效果了嗎？	你認為這個方案的效果如何？（假定受訪者已可做判斷）
你從這個方案學到了一些東西嗎？	如果有的話，你從這個方案中學到了什麼？（假定可能會有一些學習）
你現在做了一些事是你在參加方案以前不曾做過的嗎？	如果有的話，有些什麼你現在做的事，是你在參加方案以前不曾做過的呢？（假定改變）
工作人員之間有任何衝突嗎？	工作人員之間曾經發生過什麼樣的衝突呢？〈假定衝突〉

我們已經談過有關方案的目標和所欲達成的事項等。現在我想請問你有關實際方案活動的一些問題。在這個方案中，提供給參與者的主要活動是什麼呢？

或者

我們已經談過你對這個方案的個人經驗。現在，我想請問你對這個方案的意見，尤其是，有關這個方案的優點和缺點。讓我們先從優點開始。就你自己的觀點來看，你會說這個方案的優點是什麼呢？

轉換格式本質上係向受訪者說：「這是我們已經過之處……而這是我們正要去的地方。」由轉換陳述所帶出的前言，有助於維持訪談的流暢平順。

另一項格式是**摘要式轉換**（summarizing transition），係藉由摘述受訪者已經說過的話，以及詢問有何要再補充或再作澄清的，來結束一個訪談段落，並轉移到新的話題。

在我們進行下一組問題之前，讓我確定我已經瞭解了你所說的關於方案目標的事。你說這方案有五個目標。首先，……第二，……。

在我請問你與這些目標相關的方案活動的一些問題之前，有任何你想要補充說明的嗎？

表例 7.7 前言陳述之實例

不具前言之訪談	具備直接前言之訪談
參加方案的結果，讓你有什麼改變呢？	現在我想請你想想看，因為參加了這個方案的結果，你看到自己有了什麼改變。（停頓）在參加過這個方案之後，你如何改變了呢？

摘要式轉換讓受訪者知道訪談者正積極地傾聽，且記錄他們所說的話。此一摘述允許受訪者可進一步釐清、修正和補充，之後才進入下一個新的話題。

直接宣告（direct announcement）格式，乃單純地陳述接下來所要詢問的是什麼。此一問題的前言宣告了它的內容，可軟化問題本身的尖銳性或突兀性。直接的前言陳述有助於使訪談更像是行雲流水的會話一般。表例7.7的逐字稿顯示了兩種訪談的順序。其中之一未有前言陳述，另一個則具備了直接的前言陳述。

喚起注意式前言（attention-getting preface）則不僅止於宣告下一個問題，而是對所要詢問的問題作一評論。評論有關問題的重要性、問題的困難度、問題的開放性，或者是任何訪談者認為應喚起受訪者注意的其他問題特徵。下列是幾個實例：

下一個問題對方案工作人員特別重要。你認為這個方案可以如何改進呢？

或者

下一個問題是故意模糊的，所以你可以用任何對你有意義的方式來回答。這個方案為這個較大的社區帶來什麼樣的不同？

或者

下一個問題可能特別難以肯定回答，但我想知道你對它的想法。思考去年一年你是如何改變，相較於你生活中其他方面的影響力，這個方案如何促使你發生了改變？

或者

下一個問題的目標，是想要瞭解你的觀點。作為這個方案的參與者，你覺得這個方案怎麼樣呢？

或者

如你所知，下一個問題特別具爭議性。經營像這樣的一個方案，需要什麼樣的工作人員？

這些例子中的共同元素，是對問題作了一些前言評論（prefatory comment），以提醒受訪者有關問題的性質。喚起注意格式告訴受訪者所將詢問的問題具有一些獨特的品質，使它特別需要被謹慎回答。

陳述所要詢問的問題，是使訪談者能以會話方式來進行訪談，而不對受訪者所提供的答案作任何評論。以此方式，可使訪談較為有趣、較具互動性。然而，所有這些格式都必須謹慎選擇且策略性地運用。若一直重複使用相同的格式，或是機械式地運用某項特定的方法，反倒會阻礙訪談的流暢性。

探問和追蹤問題

探問（probes）被用於深化對問題的回應，增加回應的豐富性，且提供受訪者關於所被期待之回應層次的線索。「探問」這詞本身則最好避免於訪談中使用。「讓我更進一步探問……」的說法，聽起來像訪談者要調查審問一些不正當或違法的勾當一般。探問單純就是一個追蹤問題（follow-up question），用於深化受訪者的回應，因此，探問應該是會話式的，以自然的風格和語氣提出，且用來追蹤最初的回應。

一組自然的會話式探問，包括詳實導向的問題（detail-oriented questions）。這些是填補回應空白部分的基本問題。

那何時（when）發生的呢？
還有誰（who）涉入其中呢？
那時你在那裡（where）呢？
你個人對那情況的涉入是什麼（what）？
那是如何（how）發生的？
那在何處（where）發生的？

這些**詳實導向的探問**（detail-oriented probes）即是詢問基本的「誰／何人」、「那裡／何處」、「什麼」、「何時」以及「如何」等問題，用來獲得一些活動或經驗的完整和詳實圖像。

訪談者亦可使用詳細說明的探問（elaboration probes），讓受訪者針對某一話題談得更多。鼓勵受訪者繼續談話的最佳線索，是以身體語言---溫和地點點頭---來作為正向增強物。然而，過度熱烈的點頭，經常會被認為是對回答內容表示贊同；或被認為想要受訪者停止談話，因為訪談者已經知道受訪者要說什麼了。溫而策略性的點頭，目標在於傳達你正在傾聽，而且希望繼續傾聽。

與點頭具同樣作用的語言訊號，是安靜的「嗯哼」（uh-huh）。二者結合可能是必須的；當受訪者似乎要停止談話，而訪談者想要鼓勵受訪者提供更多的評論時，結合「嗯哼」與溫和的點頭，可能會傳達希望受訪者詳細說明的興趣。

詳細說明的探問也有直接的語言格式：

可以請你再詳細說明這一點嗎？
關於這點，你可以再多說一些嗎？
那很有幫助。我會很感激你提供我更多的細節。
我開始要看到這幅圖像了（暗示我尚未看到整個圖像，所以請繼續
　說）。

有時候由於受訪者所說的事仍相當模糊，或顯得前言不接後語，此時**釐清式探問**（clarification probe）可能是有用的。釐清式探問乃告訴受訪者，訪談者需要他提供更多資訊、重述其回答，或提供更多的背景脈絡。

你說這個方案相當「成功」。你說「成功」指的是什麼呢？
我不確定我瞭解你所謂的成功是指什麼。能否請你再詳細說明一下？
我想要確定我瞭解你所說的話。我想如果你能就這點多說一些，那會
　幫助我瞭解。

訪談者應該自然地且溫和地來使用釐清式探問，傳達出無法瞭解受訪者的話是訪談者的失誤，而非受訪者的失敗。訪談者不應讓受訪者感到自己說話不清楚、愚笨，或雜亂無章。在一或兩次嘗試釐清之後，通常最好是離開那個令人混淆困惑的話題，轉移到其他的問題，也許稍後再回到那個話題上去。

另一類用於釐清的追蹤問題，是**對照式探問**（contrast probe）（McCracken, 1988:35）。對照式探問的目的，是藉由詢問「X如何與Y作比較？」來促使受訪者澄清其異同。這用來協助劃定一個回應的界限。例如，這個經驗／感受／行動／詞彙，相較於一些其他的經驗／感受／行動/詞彙，有何異同？

探問不同於一般訪談問題的一項主要特徵，是探問很少在訪談導引中被書寫出來。**探問是一項技巧，出自於明白訪談中所要尋找的是什麼，謹慎傾聽受訪者所說的和所未說的，且敏銳覺察受訪者所需要的回饋。**探問結合了語文和非語文線索。在回應結束時保持沈默，可能有效地指出訪談者想要受訪者繼續多說一些。因此，探問可被用於傳達訪談者所想要的。更多細節？詳細說明？更加釐清？

探問既為受訪者提供導引方向，亦為訪談者提供對訪談流程維持控制的方式。

訪談中歷程的回饋

前一節強調謹慎措詞的重要性，以致使訪談問題清晰明白。清楚的措詞所關注的是訪談的內容。這一節則強調如何提供有關訪談歷程的回饋（process feedback）。

一個良好的訪談會在雙方面建立起連結的關係，使溝通自然暢通。因此，質性研究訪談不同於一般的審問式或偵探式的調查。訪談者有責任去清楚地溝通所期待獲得的資訊，與為何該資訊是重要的，而且要讓受訪者知道訪談進展的情形。

一項訪談就是一種互動，為了強調這點，Kvale（1996）將質性研究訪談稱為「相互觀照」（Inter-Views），來凸顯出所發生的交流，及暫時性的相互依存關係。訪談者提供刺激來產生反應。而這個來自於受訪者的反應，也成為了訪談者要去回應的刺激。**身為一位訪談者，必須覺察到訪談是如何流動著，受訪者如何對問題做出反應，以及何種回饋將有益於維持溝通的流暢性。**

支持和認可的回應

新手訪談者常犯的共通性錯誤，是失於提供**增強**（reinforcement）和**回饋**（feedback）。這意指隨時讓受訪者知道訪談的目的即將達成。感謝、支持和甚至是讚賞等言詞，都有助於使受訪者感覺到訪談的歷程是極有價值的，且促進持續的共融關係。

你對方案缺點的評論，特別有幫助。我認為，體認到你所描述的這些缺點，真的有助於來改變這個方案。

或者

對方案的面貌獲得這樣清晰的陳述，真的很有幫助。這就是我們試著要獲得的資訊。

或者

　　我們現在已進行到訪談的中途，從我的觀點來看，一切進行得很順利，你告訴了我許多很重要的事情。到目前為止，你覺得如何呢？

或者
　　我真很感謝你願意表達你對此的感受。你幫了我非常多的忙，這正是我想要訪問您的原因。

　　藉由觀察受訪者，訪談者可以覺察到何種增強是適宜的。當語文和非語文行為指出受訪者正在掙扎著、努力想要擠出一些答案，在他的回應之後，訪談者就可以這樣說：「我知道那是一個很難回答的問題，我真的很謝謝你盡力完成了，因為你所說的非常有意義，且非常清楚。」

　　其他時候，訪談者可能會知覺到受訪者只提供了表面和膚淺的答案。這時，可能適宜說一些像這樣的話：「我不想在尚未請你作更多的思考之前，讓問題就這樣結束，因為我感覺到你已在其他問題上提供了一些很重要的細節和洞察，我希望能知道更多你對於這個問題的省思。」

維持控制與提升回應品質

　　在訪談中，時間是極其珍貴的。冗長的回答、不相干的閒話，以及離題的談話等，都會減少訪談聚焦於關鍵問題的可用時間。當訪談者沒有在訪談歷程中維持合理程度的控制，這些問題會更加惡化。維持控制的方法包括（1）知道所想要明瞭的是什麼，（2）詢問聚焦的問題，以獲得相干的答案，（3）仔細聆聽，以評估回應的品質與關聯性，以及（4）提供受訪者適當的語文和非語文回饋。

　　知道於訪談中所想要明瞭的是什麼，意指訪談者能夠辨認和區分適當的和不適當的回應。光只是詢問正確的問題是不夠的。訪談者必須仔細小心地傾聽，以確定其所接收到的回應，係為所詢問問題之答案。想想下列的對話：

問：在你所帶領的一個典型的訪談員訓練場次中，會發生什麼事？
答：我試著敏銳覺察到每個人對於訪談的立場。我試著確定我能夠探觸到每一個人所立足的基石，以便能夠明瞭他們對其訓練有些什麼回應，且大概瞭解到每一個人將會如何去做。
問：你如何展開一個訓練場次？

答： 我相信一開始就充滿熱忱是重要的，可以使訪談產生一些趣味。

　　在此一互動中，訪談者詢問的是描述性、行為性的問題；然而受訪者的回應則是有關信念和希望。這回答並未描述「實際上」發生什麼事，而是描述受訪者認為「應該」發生什麼事。如果訪談者想要行為的資料，首先就必須能夠辨識出該回應並未提供所期待的行為資料，然後再詢問會指引至行為回應的適當問題。就像是：

訪談者： 好的，你試著與每一個人建立連繫，並且在一開始即激發熱忱。現在我想請你實際上帶領我進入一個訓練場次中。幫我描述那個房間的樣子，受訓者在那裡？你在那裡？告訴我，如果我就在那個場次中的話，我會看到和聽到些什麼？我會看到你做些什麼？我會聽到你說些什麼？我會看到受訓者做些什麼？我會聽到受訓者說些什麼？請帶領我進入一個場次，讓我能夠實際上經驗它的情形。

　　訪談者有責任和受訪者共同努力，來催化出所期待的回應。有時候，對已經接收到的資訊以及所期待的資訊，給予較直接的回饋，是必要的。

訪談者： 我想，我現在瞭解你在一個訪談訓練場次中，試著要做些什麼。你已向我說明你希望去達成和激發的。現在我想請你描述你實際上會做的事，而不是你所期待要做的事。如果我參加了那個場次，我會看到實際上發生什麼事？

　　僅僅詢問格式完備且焦點明確的初步問題，並不足夠；擁有一份計畫周延的訪談導引也是不足的。訪談者必須積極而謹慎地傾聽受訪者的回應，以確定訪談正有效地進行。我曾看過許多撰寫得極佳的訪談導引，結果是獲得一大堆無用的資料，這是因為訪談者並未小心地傾聽，所以未能辨識出回應並未提供所需的資訊。維持訪談控制的首要任務，是明白所要尋找的是那一類資料，並導引訪談去獲取該類資料。

　　給予受訪者適當的回饋，在調整訪談的步調和維持訪談歷程之控制上，是相當必要的。點點頭、做筆記、「嗯哼」和沈默的探問（當受訪者停止說話時，保持安靜，以讓他們明白訪談者等待更多的陳述）等，都是受訪者的談話切合話題的訊號，這些技巧能刺激更深層的回應。不過，訪談者也需要有技巧來阻止滔滔不絕但偏離正題的受訪者。阻止滔

滔不絕受訪者的第一步，是停止給予常用於鼓勵談話的暗示線索：停止點頭、當受訪者停頓呼吸的空檔立即插入新的問題、停止做筆記；或藉由整理書寫的紙張、往後坐、等待等動作，來喚起受訪者注意到訪談者的暗示。當這些非語文線索都未能奏效時，就只能打斷喋喋不休的受訪者了。

> 我想請你在此處暫停一下。我要確定我完全瞭解你先前所說的一些事（然後詢問使回應更切合標的之問題）。

或者

> 我得請你暫停一會，因為你現在所談的一些東西，是我想稍後再請教的。首先，我需要從你這兒明瞭......

訪談者常會擔心，打斷受訪者是不禮貌的。這誠然可能會令人難堪，但以尊重和敏覺力來處理時，打斷實際上能有助於訪談的進行。若讓受訪者一直說個不停，而對其所說的話未付予任何注意，則無寧是自以為施了莫大恩惠，而實際上卻極不尊重。將短暫可用的談話時間作最好的利用，是對受訪者和訪談者雙方的尊重。訪談者有責任協助受訪者瞭解何種資訊是其所需要的；且有責任去建立一個架構和背景脈絡，以蒐集到所期待的該類資料。

提供受訪者瞭解整個訪談目的及特殊問題之關係的資訊是很重要的，才不會侷限在只問問題而已。雖然訪談者相當清楚詢問一個特殊問題的理由，但不能假定受訪者也是清楚明瞭的。藉由禮貌地解釋為什麼要如此詢問問題，可傳達對受訪者的尊重。瞭解問題的目的，會增進受訪者開放地和詳細地回答問題的動機。

訪談的整體目的，可由開場白（opening statement）來傳達。訪談內的特定問題應該與這整體目的有所關連（我們將在稍後處理知會同意和參與者保護之倫理議題時，說明與如何告知研究目相關的開場白）。雖然訪談一開始的開場白，提供了對於訪談目的的概述，但在整個訪談過程的特定時點上，策略性地解釋某些特殊問題的目的，仍是適宜且重要的。此處是一些實例：

> 下一組問題是關於方案的工作人員。工作人員告訴我們，他們並未有機

會去明瞭方案中的人們對他們所做的事有何感受,所以訪談的這個部分,目標在於給他們一些直接的回饋。但就如我們一開始所同意的,工作人員並不會知道誰說了什麼。你的回應仍將是保密的。

或是

下一組問題乃詢問有關你的背景和經驗。這些問題的目的,是幫助我們明瞭具有不同背景的人對這個方案有何反應。

一擊中的問題

非正式的、會話式訪談典型上係為實地工作的一部分。它純屬機緣巧合,且經常是無法排定時程的。當機會來臨時,即可與某人談話,而訪談也就順理成章。較結構式和排定時程的訪談,則多發生於正式約見和現場訪視時,工作人員和方案參與者知道訪談將要於預先約定的訪談時間和地點舉行。然而,即使最完善的計畫,也可能會出錯。如,研究者在約定的時間到達預定的地點,卻發現受訪者並不願意合作,或須忙於處理一些預料之外的難題。當面臨此一狀況時,若心中儲備了一個可以一擊中的問題 (one shot question),可能有助於至少搶救一些東西。這是當受訪者只給你幾分鐘時間時,可以詢問的一個問題。

在評鑑一個農業推廣方案時,我訪談了在明尼蘇達鄉村的農民。該地區的農民在經濟上生活困頓,且許多人對政治人物和專業人士皆避而遠之。我為一場已排定時程的訪談,來到一個農場,但那農民拒絕與我合作。起先,他甚至拒絕走出他的穀倉去驅離那些圍繞在我車子四周的狗群。最後,他終於出現了,且說道:

今天晚上我不想和你談話。我知道我說過我會,但是我跟我太太發生了一些口嘴,而且我已經很累了。我一直都有幫忙政府的調查。我填寫了所有政府單位寄來的問卷。但我實在厭煩極了。我不再做這些事了。我不想說話。

我開車了很長的一段路,來做這次訪談。這個實地工作的時程排得很緊湊,我知道我不會再有其他機會對這位農民來發射問題了,即使他後來會改變心意。而且我不認為去向他解釋我不是政府單位派來的,會有太大的幫助。為了試圖搶救這個情況,我詢問了我的一擊中的問題,

一個由他的行爲態度和外顯敵意所激發的問題。

我很抱歉在這樣一個不妥當的時間來造訪你。但是我既然來了，且讓我很快地只請問你一個問題。有沒有什麼事是你想要告訴城裡的那些傢伙呢？

他只遲疑了一會兒，隨後就開始激動的長篇大論，最後成爲一場完整的、歷時兩個小時的訪談。我並未離開車子，但仍完成這個訪談（雖然從未提及或拿出已寫好的訪談計畫）。在這場會話式訪談結束時，我蒐集到的資料已相當令人滿意了。他說：「現在我很高興和你談話。我很抱歉拒絕填寫你的問卷，我今晚就是不想做調查問卷。」

我告訴他我能瞭解，而且詢問他是否同意我使用他所告訴我的話，但他不會被指認出來。他欣然地答應了，並且簽署了同意書。我謝謝他的談話。這場原本排定時程的結構式訪談，在遭遇到訪談困境時，從一個最後機會的一擊中的問題，發展成爲了一次非正式的會話式訪談。

另一個不同的例子，是由一位年輕的俗民誌學家所講述的，他研究一個先前被人類學研究歸類爲具有攻擊傾向且好戰爭的部落。他在那天結束時坐在學校外面，詢問每個走出校門的男孩一個一擊中的問題：「這兒的男人們都在做什麼呢？」他所獲得的答案幾乎全盤指向耕種與捕魚，沒有一個提到戰爭。在一個小時之內，他對於這個部落社會有了與先前研究者描述的全然不同的觀點。

最後或終結問題

在開放式的正式訪談中，訪談者可在訪談即將結束之前，提供受訪者一個最後說法的機會。例如：「我已經問完了我想要詢問的問題，有什麼是你想要補充的嗎？」我常會從這個問題中獲得非常豐富的資料，有些受訪者會帶領我進入未曾想探勘過的領域。或者試試看這一個問題：「有什麼是我應該要問你，卻還沒有想到要問的問題呢？」

技術之外

我們已經仔細檢視了不同種類的問題，來增進訪談的技術和問題的精確性。接下來，我將提供關於資料整理機制的建議，像是記錄資料和

做筆記等。在轉移到下一節前,讓我們先後退一步,想想質性研究較大層次的目的,如此我們才不至於變得過度技術導向。質性研究者試著去瞭解一個人的世界和其世界觀,那是爲什麼訪談者要以敏覺的態度來詢問焦點明確的問題。訪談者希望能引導出有助於瞭解受訪者內在視角的答案。這就是訪談所要做的事。

這一章提供關於如何從事質性訪談的想法,然而,最終,並沒有最正確訪談方法的教戰手冊。沒有任何單一的問題格式適合所有的情況,也不會有放諸四海皆準的問題措詞方式。特定的訪談話題、受訪者的需求,和訪談者的個人風格,全都爲每一次訪談創造出獨特的情況,這使得質性訪談充滿高度的挑戰性。

聚焦於蒐集有用的、相干的、和適當的資訊,有賴訪談者全神貫注、不斷演練,以及鍛鍊出區分無用與重要事項的能力。Cervantes(1964)曾在其名著《Don Quixote》描述了一個場景,Don Quixote譴責Sancho試圖藉著重述從別人那兒聽來的一些深度哲學問題和答案,來讓他姪子以爲這些哲學見解是Sancho自己的洞察。

「這些問題和答案」Don Quixote說,「並不是你的呀!Sancho,你是從別人那兒聽來的。」

「噓!小聲點,先生」Sancho回答,「如果要我開始提問和回答,等到明天早上我也沒轍。是的,如果那只是問一些白痴問題和給一些愚蠢的答案,我就不必去向鄰居們求助了。」

「你所說的超過了你所知道的,Sancho」Don Quixote說,「有些人疲於奔命地去學習和證明一些對於心靈和大腦而言毫無用處的事。」(p. 682)

無論採用何種訪談策略---非正式會話訪談、訪談導引法,或標準化開放式訪談---問題的措詞都會影響回應的性質和品質。所以,要謹慎地管理訪談的程序,持續地注意由訪談目的所揭示的內容(content)和歷程(process),將可減少Cervantes所提到的情況,訪談者「疲於奔命地去學習和證明一些對於心靈和大腦而言毫無用處的事。」

蒐集訪談資料的機制

記錄資料

　　無論使用何種訪談型態，且無論如何謹慎地組織問題的措詞，如果訪談者無法捕捉受訪者實際上所使用的言詞，終將空無所獲。訪談的原始資料，即是受訪者實際上所說的話。沒有其他的格式能夠代替這些資料。由真實的人們所說的真實發生的事，即是質性研究者的無上至寶。

　　資料的詮釋和分析，涉及到去理解人們所說的話，尋找組型，將某處所說的話與另一處所說的話彙聚在一起，以及統整不同的人所說的話。這些歷程發生於資料蒐集後的分析階段（analysis phase）。在訪談歷程本身---亦即，資料蒐集階段（data collection phase）---訪談者需儘可能完整且持平地記錄受訪者的獨特視角。識此之故，一些用來記錄受訪者的逐字回應（verbatim responses）方法，即甚為必要。

　　正如一隻好木槌是成為好木匠的必要工具，一部好的錄音機也是優秀實地工作者必不可少的工具。錄音機不會「調整」會話使其聽不見雜音，不會因為詮釋（有意識或無意識）而改變所說的內容，也不會以比實際說話慢的速度來記錄受訪者的話（除非錄音機壞掉或發生故障）。很顯然地，以會話式訪談從事內隱性實地工作的研究者，不會攜帶一部錄音機到處走動。然而，大部分的訪談安排方式，只要適切地向受訪者解釋，應可適當地使用錄音機。

　　我想要將你所說的錄音下來，這樣我就不會遺漏任何內容。我不想冒險全憑筆記，以至於遺漏一些你所說的事或不慎改變了你所說的話。所以，如果你不介意，我很希望能使用錄音機。假如在訪談中的任何時刻，你想要關掉錄音機，你只要按下麥克風上面的這個鍵，錄音機就會停下來了。

　　在表例7.8裡列舉出一些能得到高品質錄音和逐字謄寫稿的提示。這些提示是由那些已經處理過數百個小時訪談逐字稿的謄寫員所提供的，他們估計有20%的錄音帶---通常是研究生做的訪談錄音---錄得極為差勁，幾乎或根本沒辦法正確謄寫出來。如果你能親自謄寫全部或部分你的訪談逐字稿---通常會如此建議---以更為深入地沈浸在資料中，來展開分析

的第一步,這些提示將會相當有幫助。

當由於一些敏感的情況、受訪者的要求或錄音機故障,而無法使用錄音機時,筆記就必須做得更為詳盡和面面俱到。記錄實際上說了什麼話,就變得相當關鍵。當受訪者說了一些似乎特別重要或相當具有洞見的話時,訪談員可能必須要說:「恐怕我必須請你在這點上暫停一下,以讓我能夠精確地記下你所說的話,因為我不想遺漏你所說的這段特別的話。讓我將我所記下來的讀給你聽,以確定這正是你所說的話。」這點再次強調以人們自己的言詞來捕捉他們所說的話之重要性。

但是在大部分人都熟悉且習於使用錄音機後,諸如此類的逐字筆記已經成為例外狀況了。使用錄音機,不只是為了增加資料蒐集的精確性,更允許訪談者能更加專注傾聽受訪者的談話。如果訪談者試圖寫下每一個字詞,將很難適當地回應受訪者的需求和線索。諷刺的是,逐字筆記甚至會干擾到聚精會神地傾聽。訪談者僅能將焦點放在筆記上,而無法全神貫注於這個說話的人。事實上,每一次訪談也是觀察的好時機,一旦將目光固定在筆記本上,就幾乎沒法做任何仔細的觀察。簡而言之,企圖做逐字筆記將嚴重損及深度訪談的互動性質。Lofland(1971)提出一個強而有力的論點:

> 研究者必須全神貫注在受訪者身上,研究者必須思考如何探求更進一步的闡述或釐清其所說的話;提出與受訪者目前所說的話有關連的探問;向前思考如何提出一個浮現腦海但未在綱要中考慮到的問題(並且在此時筆記下來,才不至於忘記這個問題);以及以專注的態度向受訪者傳達你正聚精會神地傾聽。所有這些的每一項都相當困難,何況還有將之書寫下來的難題---即使研究者是速記專家---於是如你所見,在訪談中做筆記的過程,確實會減低研究者的訪談能力。所以,如果可能的話,錄音;然後,研究者才能進行訪談。(p.89)

那麼,如果做逐字筆記既不被期待,也幾乎不可能,在一個錄音的訪談中可以做哪些札記呢?

表例 7.8　錄音訪談的提示：如何讓謄寫員保持清醒

1. **設備**
   a. 盡可能使用電器插座和外部麥克風；它們會更加可靠。
   b. 如果你使用電池，切記定期檢查，並攜帶備用電池。
   c. 錄音機必須要清潔，且機能良好---在訪談之前務必檢查。
   d. 使用高品質的六十分鐘錄音帶或是更少時間的；太長時間的錄音帶，很容易會在謄寫時斷掉或壞掉。
   e. 攜帶多餘的空白錄音帶。

2. **訪談之前**
   a. 選擇一處安靜且不受干擾的地方來訪談。
   b. 將麥克風放靠近受訪者，然後說大聲一些，使問題也可以聽得清楚；最重要的是，要能聽到受訪者的回應。
   c. 將錄音機放置在穩定的桌面上。
   d. 測試這整個錄音系統。

3. **訪談期間**
   a. 清楚地說話，且不要太快---然後，受訪者較有可能也會如此做。
   b. 如果受訪者的聲音太弱，請受訪者說大聲一些。
   c. 與受訪者做一個測試，然後將錄音機迴轉和聆聽，讓受訪者聽聽看他說的話是否清楚。無論是機械上或個人上的問題，在繼續錄音前都必須趕緊修正。
   d. 不要將靠近麥克風的紙張、茶杯、或瓶罐等弄得颯颯作響。
   e. 在長時間離題的會話、休息或被打斷時，關掉錄音機。
   f. 注意看錄音帶是否損壞或纏成一團。
   g. 如果必須換錄音帶，重複測試一遍。
   h. 訪談結束時，請說「我們的訪談到此結束」。

4. **訪談之後**
   a. 注意聽錄音帶的開始、中間、結束的部分；列舉出適當的名字和不熟悉或不常用的詞彙，來幫助謄寫者。
   b. 標示錄音帶，且將之放回適當的容器內。
   c. 保持錄音帶和錄音機的機能良好，不要碰觸錄音帶，或將之暴曬於極端的氣溫中。
   d. 給謄寫員一個合理的時間，以做好這份工作。

資料來源：美國明尼蘇達州的「明尼蘇達社會研究中心」的謄寫員

在訪談中做筆記

　　使用錄音機並不排除做筆記的需要，而是讓你能專注做出策略性和焦點式的筆記，但非逐字筆記。筆記至少可達成四項目的：

1. 在訪談中做筆記，能幫助訪談者在訪談進行中提出新的問題，尤其當時機適當時，可檢核受訪者稍早所說的內容。
2. 在謄寫逐字稿之前仔細檢視實地札記，有助於確定研究係朝向所期待的方向開展，且能激發出初期的洞察，可在後續訪談中進一步提出來詢問。這是質性研究的逐漸顯明性。
3. 將受訪者所說的話記錄下來，將有助於稍後的分析，包括從錄音帶中找出重要的談話段落。
4. 當錄音機發生故障時，或者在謄寫過程中不慎消去錄音時，筆記可作為備份。

　　一旦訪談中使用了錄音機時，筆記基本上只要包括關鍵片語、列出受訪者的主要論點，或是以引號來捕捉受訪者自己語言時的關鍵字詞。研究者可自行發展一些縮寫和非正式的速記系統，對筆記有莫大的幫助。例如：領導力的訪談時，用「L」來表示領導力，而不必寫整個字。有些重要的常規也是可用的：（1）用引號來指明完整且實際的引述；（2）發展一些機制，以指明訪談中閃現於心中的詮釋、想法或念頭，例如：使用中括弧，以將研究者自己的想法和受訪者的回應區別開來；以及（3）追蹤所詢問問題和回答。問題為詮釋回答時提供了必要的脈絡。

　　此外，做筆記還有超乎筆記本身的功能，藉由對受訪者所說的事何者重要、何者值得記錄下來等非語文線索，有助於調整訪談的步調。相反地，沒有做筆記，似乎暗示著受訪者並沒有說出什麼重要的事。所以，當某人喋喋不休時，千萬不要羅列你的購物清單。他們會以為你正在做筆記，會很興奮，然後繼續說個不停。

訪談之後

　　訪談或觀察之後的期間，對質性研究之嚴謹性和效度而言，甚為關鍵。這是確保資料品質的時間。

　　在結束錄音訪談後，立即要檢查錄音帶，以確定其運作正常。如果

由於一些原因，而發生故障，訪談者應立即將可能記得的每一件事記錄下來。即使是錄音帶運作良好，訪談者也應該仔細檢查訪談筆記，以確定理解所記下的內容，且發現一些模湖不清或不確定的地方。假如你發現有些事不太能理解，應盡快與受訪者檢核澄清，這通常可以透過電話來完成。在我的經驗裡，受訪者會很感謝這樣的追蹤訪談，因為這表示訪談者很慎重地看待他們的回應。猜測受訪者回應的意義，是相當不明智的；如果沒有任何方式可以追蹤受訪者對這些模糊段落的說法，則最好將之作為流失的資料了。

訪談後立即檢視的時間，亦是用來記錄訪談場域之細節，以及對於訪談情形的觀察。訪談在何處進行？在什麼情況下？受訪者如何回答問題？你認為你的問題問得如何（有關訪談態度和技巧）？共融關係如何？

對於這些問題的回答，有助於建立詮釋的背景脈絡，並理解訪談的內容。所以，一定要省察所獲資料的品質。你真的找到了你真正想要尋找的東西嗎？如果沒有，那麼難題在哪裡？問題的措詞太糟？問錯了題目？關係不佳？當訪談經驗仍然鮮明時，立即省察這些議題，將訪談歷程書寫在札記中。這些歷程札記（process notes）將可在研究報告或學位論文的方法論單元中呈現出來。

在訪談或觀察之後的期間，是省思（reflection）與詳細說明（elaboration）的關鍵時刻。它是品質控制的時刻，以確保所得到的資料是有用的、可信的和真確的。此一訪談之後的儀式也需要訓練。訪談或觀察後，研究者通常已精疲力竭，所以會很容易就放棄、拖延或完全的忽略這段省思與詳細說明的時間。這樣做會嚴重地損及質性研究的嚴謹性。訪談或觀察後應安排足夠的時間，來做資料的釐清、對歷程做詳細說明等。當團隊一起工作時，整個團隊需要定期開會，分享觀察和簡報執行任務的情況。這是分析的開始，因為當情況和資料尚鮮明時，洞察就會逐漸浮現，否則就有可能流失了。訪談或觀察後所產生的想法和詮釋，應該立即書寫下來，並清楚標示，以留待稍後進一步檢視。

我有時會將訪談後的時刻，視為省思階段，仔細思考我發現了什麼，或生產了什麼。仔細檢查，以確定是否每件該做的事都做好了。對於要將訪談資料轉化成學位論文、研究報告和對知識有所貢獻的研究者而言，更應安排好訪談後的時間，來對訪談做觀察、省思，並從中學習。

迄今，我們聚焦於提升標準化一對一訪談品質的技術。緊接著，我們要轉而討論訪談中某些重要的變異，例如思考流程圖（think-aloud protocols）、焦點團體訪談（focus group interview），和跨文化訪談（cross-cultural interviewing）。

特殊的應用和議題

思考流程圖

流程圖分析（protocol analysis），或更正確地說，**思考流程圖**（think-aloud protocol）的方法，旨在萃取出內在思考或認知歷程，闡明當一個人在執行一項任務時，如繪畫或解決問題時，腦中在想些什麼。重點是盡可能接近行動的時間，來進行訪談。當某個人從事一項活動時，訪談者詢問問題，邀請此人談一談當他正在做那項任務時，腦中在想些什麼。在醫院的臨床教學中，資深醫師一邊行醫，一邊向醫學院學生說明如何診斷，而醫學院學生藉由聆聽資深醫師在行動中的思考歷程，學習到專家的思考和行動。詳細描述思考流程圖方法，可參見Pressley & Afflerbach（1995）和 Ericsson & Simon（1993）。

Wilson（2000）在他的博士論文中使用思考流程圖研究設計，他研究大學生在物理學課堂中的理解和問題解決。有20名學生參與研究，每個人都有45分鐘的錄影時間，要求他們在嘗試解決三個中等難度、關於牛頓第二定理的基礎物學難題時，一邊將他們的想法大聲說出來。行動與想法是**同時發生的**（concurrent），而不是**回溯的**（retrospective）。因為學生同時進行思考和解決問題，而不是在問題解決後去回溯解釋他們的思考和理由。Wilson注意到同時發生的設計一般而言更具信度，因為語文資料和流程圖的產生，並不依賴於參與者認知歷程的短期記憶。Wilson也指出當學生試圖要以特殊的參考架構來擷取向各方向加速度移動的分子時，所面臨的認知挑戰。

思考流程圖的基礎策略，是使正在做某事的人，能以語言表述出他們行動當下的思考和感受。可以讓參與者接受某些訓練，使他們能以言語表述他們與自己的內在對話。

焦點團體訪談

焦點團體訪談（focus group interview）是與一小群人針對某一特定話題所做的訪談。典型上，團體有6到10人，具有相似的背景，共同參與歷時一至兩個小時的訪談。運用焦點團體訪談法的研究中，通常會舉行一系列的焦點團體，以獲得多樣化的視角，並增加對任何浮現出組型的信心。焦點團體訪談的發展，係由於體認到人們所做的許多決定是在社會背景脈絡中形成，經常出自於其他人的討論之中。所以，市場行銷研究者於1950年代開始運用焦點團體，作爲刺激消費者團體決定歷程的方法，以對消費者對產品的偏好性獲得更準確的資訊（Hogginbotham & Cox, 1979）。在學術領域，社會學家Robert K. Merton及其同事於1956年撰寫《焦點訪談》（*The Focused Interview*）一書，探討研究導向的焦點團體訪談。

焦點團體訪談基本上即是訪談，既不是用於問題解決，亦不是做決定的團體。雖然參與者之間會有直接的互動，但它也不是討論。它就是一項訪談。但不同於一對一訪談的是，在焦點團體中，參與者會聽到其他人的回應，而且當他們聽到他人的說法時，會超出原始的回應之外，做出額外的評論。無論如何，參與者不必贊同彼此的說法，或達成任何共識性的意見，亦不必表示反對。訪談目標是在社會背景脈絡中獲得高品質的資料，此時，人們可能以在其他人觀點的背景脈絡之下，來考慮他們自己的觀點。

焦點團體專家Richard Krueger（1994）解釋道，焦點團體應該被「謹慎的規劃」，以便「在一個寬容的、不具威脅性的環境下，獲得對某一特定興趣領域的覺知。它是由一位有技巧的訪談者所主持的。當參與者分享其想法和覺知時，討論氣氛通常是舒適自在且愉悅的。團體成員在討論中藉由回應彼此的想法和評論而彼此影響」（p.6）。Krueger偏好以主持人（moderator）一詞來替代訪談者，因爲

「主持人」一詞強調訪談者的特定功能---即主持或帶領討論的功能。「訪談者」一詞則傾向於傳達一個較有限的雙向溝通印象。相較之下，焦點團體提供了更多樣化的互動機會，不止發生於訪談者和受訪者之間，而是發生於團體中所有的參與者。焦點團體亦非個別訪談的集合，而是一項團體討論，由於主持人的催化，會話在團體中自然流動著。（p.100）

　　由於結合主持與訪談不啻是相當複雜的，Krueger即建議，由兩人一組來帶領團體，使其中一人能聚焦於催化團體討論的進行，而另一人則記錄詳細的筆記，及處理諸如錄音機、相機等機制和其他參與者的特殊需求。即使訪談是錄音的，一份好的筆記確能有助於謄寫逐字稿時，分辨出誰說了什麼。

　　焦點團體訪談用於質性研究上有幾項優點：

● 資料蒐集符合成本效益。在一個小時內，可以獲得八個人的資料，明顯地增加了樣本數量。「焦點團體訪談被廣泛應用於市場行銷研究中，因為它可以合理的成本，產生相當可信的結果」（Krueger, 1994:8）。

● 參與者間的互動，可提升資料的品質。參與者傾向於彼此檢核且平衡報導，可去除錯誤或極端的看法 （Krueger & Casey, 2000）。

● 參與者能產生相對一致性且共享的觀點，或是觀點之間的差異性亦能很快地獲得評估。

● 焦點團體奠基於人類是社會性動物的傾向，能讓參與者樂在其中。

　　焦點團體也像所有的資料蒐集格式一樣，有其限制：

● 在團體場域中，所能詢問之問題數量受到很大的限制。最高守則是：在一小時之內與八個人訪談，可詢問的問題不會超過十個。

● 為了能聽到每一個人的回答，任何特定個人的可回應時間，相當有限。

● 催化和帶領焦點團體訪談，有賴主持人具備相當的團體歷程技巧，而不只是單純詢問問題而已。主持人必須管理訪談，以使其不受一或兩個人所主導，而且使那些不擅長說話者也能分享他們的看法。

● 對那些理解其觀點屬少數意見者，可能會不想要說出來，而甘冒遭致負向反應的風險。

● 焦點團體似乎在團體成員彼此陌生時，即使擁有相似的背景，可以有最佳的運作。一旦團體參與者已建立了先前關係，團體動力會相當不同且複雜。

● 爭議問題與高度個人性議題，是焦點團體的不良話題 （Kaplowitz, 2000）。

● 在焦點團體中，保密性（confidentiality）可能無法確保。事實上，在市場行銷研究中，焦點團體經常要錄影存證的，以使行銷人員可以自

行觀看消費者反應的情緒強度。

● 「焦點團體有益於辨認出一些重要主題項，但並不宜針對細微差異作微觀分析」（Krueger, 1994:x）。

● 相較於大多數質性實地工作取向，焦點團體的不利點是在常態互動的自然場域之外舉行 （Madriz, 2000:836）。

　　如同上述的長處與限制所建議的，**焦點團體的力量來自於它的焦點明確**。狹隘焦點的話題，通常尋求對於某事項的回應（產品、方案及共享的經驗），而非深入及詳盡地探索生活中複雜的議題。這類團體藉由團體的同質性來聚焦，主持人的催化亦是焦點明確的，使參與者的回應維持在一個標的事項上。因此，參與者之間的互動相當聚焦於話題上。儘管焦點團體因必須焦點明確而有許多的限制，但焦點團體的運用仍愈來愈廣泛且急遽增加 （Krueger & Casey, 2000; Madriz, 2000: Fontana & Frey, 2000; Academy for Educational Development, 1989; Morgan, 1988）。焦點團體依然在市場行銷研究中佔有一席之地，用於探索消費者對於新開發或現有產品的反應。焦點團體在品質管理研究上亦扮演重要角色，以瞭解消費者對於服務或方案的回饋。這些來自於焦點團體的回饋，一般而言，相較於個別填寫消費者問卷和調查的資料，更為具體明確、有意義且生動自然。焦點團體可作為需求評估歷程的一環，以潛在當事人群體和瞭解當事人需求的專業人員為對象，來探索及評量當事人對於服務的需求。焦點團體也常用於方案評鑑中，分別與當事人和工作人員舉行焦點團體訪談，來指認出方案的長處、缺失和需要改善之處。有時使用於方案結束時，或數個月後的追蹤階段，來蒐集參與者對於方案成果或影響的覺知。關鍵性社區成員也可能在團體中接受訪談，蒐集他們對於某項政策的觀點，提供給政策規劃者參考。在行動研究中，焦點團體可用於特定標的人口群，例如，方案的中輟者，或社區領導者。此外，組織發展顧問也廣泛使用焦點團體，來界定組織文化的重要內涵意旨。

焦點？沒有焦點。就是訪談彼此，無論你心中想到什麼，你就問吧。

© 2002 Michael Quinn Patton and Michael cochran

　　私立市場行銷研究公司以發展出很多實用的科技來支持焦點團體訪談的進行。Krueger（1994），就他主要與公立機構、教育和非營利團體合作的經驗，認為：

　　有趣的設施和科技設計常常被會過度評價了。私立機構的市場行銷研究環境，經常認為這些電子和物理儀器是品質的水準標記。但真正的水準標記是討論的品質。一旦參與者被這些設計，像是單面鏡、電視攝影機和一大堆按鈕等，弄得心神不寧或分散注意力，討論的品質就會受到戕害。

　　相對於焦點團體在企業行銷上的應用，另一端是社區團體中應用焦點團體作為社區文件紀錄的一種格式。在質性研究與方案評鑑的參與式研究中，焦點團體也是一項常用的技術。在社區研究、合作式行動研究及參與式評鑑中，以當地人作為協同研究者，他們並非專業研究者，但亦可透過成功的訓練來操作焦點團體（Krueger and King, 1997）。

　　由於焦點團體是「一種集合式、而非個人式的研究法」，它也逐漸在合作式和增能式女性主義研究取向中受到歡迎 （Madriz, 2000:836）。社會學家和女性主義者Esther Madriz（2000）解釋道：

　　焦點團體讓那些對於一對一、面對面互動感到「恐怕」或「威脅」的研究參與者，亦有機會進入訪談中。藉由創造出多元化的溝通途徑，團體訪談提供參與者……一個安全的環境，使他們在其他具有相同社經、民族和性別背景者的陪伴之下，得以分享其想法、信念和態度…..

　　許多年來，有色人種女性的聲音，在大多數研究案中是靜默的。焦點團體藉著讓女性不至於暴露在壓抑女性表達的宰制環境下，且運用其日常的抗拒形式來對抗這些宰制，可以催化有色人種女性「一起書寫文化」。在這個方面，我認為焦點團體是提升女性之社會正義的重要元素，因為它有助於女性探索其被宰制的日常生活經驗，並驗證其個人的和集體的生存和抗去策略。（pp.835-36）

　　我對於焦點團體在人們處於脆弱易受傷害情境時得以為其提供安全感，曾有第一手的經驗。我曾以接受法律扶助的低收入戶為參與者，主持數場焦點團體，以評鑑一項大型公共房屋補助計畫案為人們所提供的服務成效。訪談一開始，那些來自於計畫案的不同服務區域且彼此戶不相識的參與者，對於他們所遭遇到的難題，採取非常保留的態度，且謹慎地不做評論。當一位婦女以模糊不清的言詞分享其維修房屋問題的歷史時，另一位女性插話進來，支持她說：「我非常清楚你在說什麼，以及你說的是誰。那真的很差勁，很差勁，很差勁。」接著，她分享了她的故事。很快地，其他人也訴說了類似的故事，而且經常會說他們原來並不知道這麼多其他人也遭遇到同樣的問題。有幾個人在訪談結束時說道，如果這是一對一的訪談，他們可能不會與我分享這些故事，因為他們會覺得對個人很有威脅感；但是在團體訪談中，他們較有信心，且有安全感。

　　另一方面，Kaplowitz（2000）研究一些敏感的話題，是否較有可能在焦點團體中提出，而不是個別訪談中。在墨西哥Yucatan城的Chelem Lagoon區居住了97年的居民，參與12個焦點團體訪談之一，或是19個個別的深度訪談。一位專業的主持人使用了相同的訪談導引，來引導參與者對於當地社區生態系統的反應。這共計31個場次的訪談，產生了超過500頁的逐字稿，然後以討論敏感話題的事例來加以編碼。其研究發現顯示，個別訪談中所提及的社會敏感話題頻率，是團體訪談的18倍。此外，研究發現這兩項質性訪談策略，可彼此互補且相輔相成，各自產生些許不同的資訊。

　　電腦本位的網路互動，也產生了新形式的焦點團體。Walston 及

Lissitz （2000）評鑑電腦媒介之焦點團體 （computer-mediated focus groups）的可行性和效能。他們以學術上的不誠實爲題，分別舉行電腦媒介和面對面焦點團體訪談，發現電腦媒介的環境顯然可減低參與者對於主持人如何看待他們的焦慮感，讓他們較容易分享一些令人尷尬的資訊。

　　隨著焦點團體愈來愈廣泛應用於需求評估、組織發展、和評鑑研究中，許多新興的方法也會採取此項技術來達成這些目的。例如，Rossman & Rallis（1998:135）與青少年兒童從事焦點團體。《焦點團體工具箱》（*Focus Group Kit*）（Morgan, 1997a, 1997b; Krueger, 1997a, 1997b, 1997c; Krueger & King, 1997），以及《焦點團體研究手冊》（*The Handbook for Focus Group Research*）（Greenbaum, 1997）都提供了有關焦點團體之應用的許多有用資源。

　　下一節我們將較廣泛地省視團體訪談。

團體訪談

　　並非所有的團體訪談，都屬於焦點團體的一員。在實地工作上，非結構式會話訪談經常發生於團體之中，但並沒有明確的焦點。在評鑑一項社區領導力方案時，最重要的資訊來自於正式訓練的休息時間裡，與一群人的非正式談話。在荒野教育方案的實地工作期間，非正式團體訪談成爲資料蒐集的重要工具，有時與二或三位成員，有時是在晚餐桌上與十位成員的談話。

　　Parameswaran（2001）發現，在她於印度從事的實地工作中，從團體和個別訪談蒐集到資料，具有重要差異。而且，她發現她必須先與那些年輕女性進行團體訪談，之後她才有可能一對一地訪談她們。她研究印度大學女生對於西方愛情小說的閱讀。她報告說：

　　讓我感到驚訝的是，有幾位年輕女孩並不願意立即單獨與我相處。當我在第一次女性團體之後，詢問他們能否在課堂之間的休息時間與我個別會面時，我對於他們冗長的沈默感到驚訝和不舒服。
　　當我在其他女性團體也面臨到類似的問題，他們也顯然抗拒與我單獨會面的邀約，我才理解到我傲慢地侵犯了他們日常友誼的親密的儀式……我清楚地知道，如果不從這些頑強抗拒者蒐集資料的話，我就不用做研究了，

而我也不願意改變我的計畫來接受他們的要求。我開始先在團體中和他們談話，漸漸地，有超過30位女性同意接受我的個別訪談了。稍後，我發現他們偏好先以團體的方式來回應我，因為他們會憂慮我計畫要詢問有關他們性關係和閱讀愛情小說的事。團體討論的公開性質，意味著那是個安全的地方，我可能比較不會詢問一些具有侵犯性和個人思密性的問題。

在團體訪談中，女性談到西方愛情小說中的愛情、求愛、和異性戀關係等，且對於印度許多性別化的社會議題，諸如公共場合對女性的性騷擾、與單身女性有關的污名化，對女性要待在家中的期待，已婚女性應該遵從丈夫家中長者的壓力，以及媒妁之言相較於自由選擇/戀愛婚姻之優缺點等，會較有機會去爭辯、詰問或附和彼此的意見…….在這些集體場次中，年輕女性的討論多圍繞著性別歧視的議題，將女性視為一個群體；相反的，在個別訪談中，許多女性談得較多的是對於性關係的限制，而且有幾位女性與我分享了他們對於這個難題的挫折，尤其是與家庭成員對其行動的控制有關的部分。（Parameswaran, 2001:84-86）。

Parameswaran的研究工作，證實許多不同種類的資料均可能從團體相對於個人中蒐集得到，而兩類資料在長期性或密集性實地工作中，均甚為重要。我在非洲的Burkima Faso和Tanzania 兩地也有過類似的經驗，村民們比較喜歡正式且有結構性互動的團體訪談，唯一可以取得個人訪談的機會，就是當和某村民一起散步或做某事時的非正式訪談。在一些場合中，我只有在有許多人在場時，我才會試著安排個別訪談的時程。此類重視個別或團體互動的跨文化差異，讓我們可以接著討論下一節「跨文化訪談」之議題。

跨文化訪談

> 文化和場地需要我們的注意，不只是因為我們對於它們的概念是限定的和權威的，而是因為它們是脆弱的且充滿爭議性的。

-- *Jody Berland* （1997:9）

「跨文化訪談」（cross-cultural interviewing）對訪談這項已經相當複雜的互動，增加了更多層次的複雜性。許多以增進跨文化敏覺性（cross-cultural sensitization）為目標的訓練教材和模式中，都記錄了誤解的可能性（例如，Brishn et al. 1986；Stewart, 1985；Casse & Deol, 1985；Harris

& Moran, 1979）。諷刺的是，正當經濟和文化邁向全球化發展之時，誤解的可能性並未減少，卻可能由於對某些常見詞彙之通用意義的錯誤假定，導致錯誤溝通情形更是微妙，且難以偵察得到。Whiting（1990）在他的著作《玩要有法》（*You Gotta Have Wa*）中探討跨文化的差異，像是美國和日本在玩棒球這個看起來相同的賽事時，玩法卻大不相同，並運用此一差異作為進入這兩種文化的入門。當新世紀「文化」概念不斷變遷的當下，Frow和Morris（2000）試圖捕捉跨文化參與的挑戰：

> 對於文化限制和潛力的一個溫和的專業共識，並不會輕易的浮現出來，即使現下新的奮力掙扎和同盟關係，正在克服政治、地理、甚至語言的界線，也很難使之浮上台面。同時，舊的殖民統治集團、空間競爭、情感結構等，在這個經濟全球化趨勢的環境下，仍持續形塑了事件的社會意義。對於現在的許多學者而言，有關個人身分和社群的認定問題，不僅是由種族、階級和性別等議題所框架住，更是與該地域、文化記憶和受西方意識和英語所主導的「國內」空間論辯等深層次政治議題有所關連。（p.319）

「俗民誌訪談」（Ethnographic interviewing））根植於跨文化場域中，其利基乃建立在長期關係和深度參與觀察之上 （Tedlock, 2000）。在此節中，我們先鎖定幾個有問題的短期研究上，包括交換學生方案，以及由國際發展機構所贊助的短期評鑑現場訪視。後者，由一個西方人士團隊進入開發中國家，以一個星期到一個月的時間，來評量一項由當地文化合作伙伴所從事的計畫案。這些迅速的評估都以跨文化訪談為中心，而比起傳統長期性人類學實地工作，更容易遭遇到錯誤詮釋和錯誤溝通的問題。我希望本節中所呈現的潛在難題，能有助於增進學生、短期限場訪視者和評鑑人員的敏覺力，在從事跨文化訪談時能更為小心謹慎。Rubin 和Rubin（1995）曾說過：

> 你不需要是一個女性，才能去訪談女性；也不需要是一個相撲選手，才能去採訪相撲選手。但是，如果你想要跨越社會的鴻溝，去到你所不瞭解的地方，你就必須能體認且去因應溝通上的障礙。還有，你必須接受一項事實，那位你所訪談的人對於你的看法，將會影響他所說的內容 （p. 39）。

語言差異

訪談所蒐集到的資料是「言詞」（words）。即使人們使用了共通的語言，要確定一個人的意思已夠難的了，何況在其他文化中，言詞可能還蘊涵了非常不同的意義。我曾到瑞典參加了一場討論政策評鑑的國際研討會。這研討會係以英語進行，但我在那兒的兩天中，大部分時間感到非常困惑，直到兩天後才恍然大悟他們所使用的「政策」（policy）一詞，與美國所使用的「方案」（program）一詞意思是一樣的。從美國的背景脈絡中，我將「政策」一詞詮釋為相當一般性的指令，由於模糊曖昧，它們經常是很難加以評鑑的；然而在瑞典，「政策」卻是公諸於世且立法通過，其具體明確的程度就如同「方案」的規約，而不是美國立法程序上典型而言相當模糊的「政策」。

當由於語言的差異而必須使用翻譯人員或詮釋人員時，情況會變得更不確定。對翻譯人員作特殊的且精確的訓練是極為必要的。翻譯人員必須準確地瞭解你想要他們詢問的問題，而且你也需要他將受訪者的回應盡可能逐字地且完整地翻譯出來。詮釋人員經常想要更有幫助於你，而摘要和解釋回應。受訪者的實際回應若混雜了詮釋人員的解釋，你可能再也無法確定到底你所獲得的是誰的覺知—詮釋人員的或受訪者的。

有一些言詞或想法，就是無法直譯出來。慣於使用某種語言的人，明白特定詞彙的獨特文化意義，但他們不見得能將之翻譯得好。我最喜歡舉的例子之一就是加勒比海人所謂的「閒晃」（liming），它意指某些事像是在外遊蕩，就停留在那裡、什麼也不做，而且沒有任何罪惡感。在一場為加勒比海方案評鑑而進行的訪談中，許多參與者說他們只是在方案中「閒晃」。但是這並非意謂著批評，因為閒晃是高度被期待的狀態，至少對參與者而言如此。當然，資助單位可能會對此情況有些不同的看法。

RheingoId（2000）對其他文化中具有特殊意義卻「無法翻譯的言詞和語彙」，出版了一整本書。下列是四個與評鑑研究者特別有關聯的例子。

Schlimmbesserung（德語）--- 一種所謂的改善，但會讓事情更糟。
biga peula（新幾內亞語）--- 具潛在破壞性的、不可收回的事實陳述。
animater（法語）--- 係為對能將困難概念向一般聽眾溝通者的尊敬之語。
ta（中國語，「達」）--- 瞭解事情而淡然處之。

注意跨國際間的語言差異，希望能使我們更敏銳覺察到這個障礙，且瞭解到即使說的是相同的語言，也可能會發生語言上的障礙。Joyce Walker從事一項合作式研究方案，從1968年至1993年的25年期間，18位參與的女性每年定期寫信給對方。她邀請她們積極主動地參與這項研究，包括由她們來確認這項研究發現的真確性。有一位參與者對研究中所使用的語言表示其看法：「為什麼要稱我們為一個「世代」（cohort）呢？應該有更好的用詞，也許是一個「團體」（group）？」（Walker, 1996:10）。

區辨規範和價值

西方國家對科學的高度尊崇，使得以學術研究之名，在幾乎任何話題上來進行訪談，都是可以被接受的。但這並非全世界通用的。研究者不能單純地假定他們擁有詢問干擾性問題的權利。許多可以在西方世界自由談論的話題，在世界的其他部分則是絕對的禁忌。我經歷過一些文化，在那兒，向一位下屬詢問有關其上司的問題，就單純是不適當的；由陌生人所詢問的任何話題可能都令人避之猶恐不及或感到無禮，例如家務事、政治觀點、誰擁有什麼、如何獲得某項特定職位，和收入來源等。

在中美洲的農業推廣計畫案中，要訪談農民幾乎是不可能的，因為它們的主要收入都是在於種植非法農作物。在研究非洲獨裁政府時，我們的需求評估團隊發現幾乎無法詢問關於地方領導權的問題，因為這個國家只有一個領導者；任何以「地方領導」自居或被賦予此一名號者，都會陷入危險當中。受訪者和天真的訪談者，都可能由於一些缺乏敏覺力或不適當的問題，而使自己陷入危險當中。我知道有一個案例，是一位美國女學生在外國晚上從事訪談之後被強暴的事件，因為該位受訪的年輕男子將她問到關於當地性行為習俗和個人約會經驗等問題，詮釋為發生性行為的邀請。

此外，如同前一節所談到的團體訪談，不同的規範支配著跨文化的互動。我記得有一回我到一個非洲村落訪談酋長，發現整個村落全部聚集在一起。在簡短的歡迎儀式之後，我問道是否我們可以開始進行訪談。我期待著一次私下的、一對一的訪談，而他卻期待在整個村落之

前、全村民參與之下表演。我花了一些時間才瞭解到此種情況。在這期間，我一直問他我們是否可到其他地方去，以便開始訪談，可是他絲毫不在意我對隱私的關注和偏好；於是我所預期的個別訪談，即變成整個村落的團體對話。

在許多文化中，要求一位女士單獨與一個不熟悉的男士會面，是違反禮節的。即使是一位女性訪談者，意欲訪談一位村落中的女士時，也可能需要獲得其丈夫、兄弟或父母的許可。我的一位女性同事，曾經因為請求一位女士作個別訪談卻未徵得其男性戶長的同意，造成了極大的騷動，且置該女士於危難之中。

即使跨文化訪談十分困難，但向不識字村民蒐集資料時，它仍遠優於標準化的問卷。Salmen（1987）描述一項由世界銀行（The World Bank）所支持的水資源計畫，以需求評估調查為基礎。這項計畫失敗了，因為當地居民群起反對其使用的研究方法。他對該計畫失敗的檢討，包括調查和質性方法之比較。

雖然很難重新建構那些導致這計畫案被排拒的事件和動機，但無疑地計畫案官員和潛在獲益者之間缺乏充分的溝通，至少該負部分責任。在計畫案開始著手之前，該計畫案預備團隊已在Guasmo Norte進行過挨家挨戶的調查，主要是蒐集基本的社經資料，諸如家庭規模、就業和收入等。然而，在此一初期階段，並未提及該計畫案本身。以此項調查為基礎，世界銀行和當地官員決定，當地人會較擔負得起蓄水塔，而非家中連接管線。現在，由後見之明觀之，顯然這項問卷調查無法萃取出人們對蓄水塔的負面態度，他們自己對擔負能力的標準，或他們對領導人的反對意見。他們對於當地領導人的負面感受，更可能削減了該計畫案的可接受性。質性訪談和開放式的討論，則非常可能洩露人們的偏好和政治氣氛，遠優於預先建構好的問卷。（Salmen, 1987:37）

由世界銀行所出版的Salmen這本書，稱為《傾聽人們》（*Listen to the People*），倡導以質性方法來進行國際間計畫案的評鑑。

投入於實地的訪談者，並非要去評判或改變當地人們的價值觀和規範。研究者是要去瞭解其他人的覺知。在跨文化環境中，要獲得有效的、可信的、有意義的和有用的資訊，有賴研究者具備特別的敏覺力和尊重差異。對跨文化研究和評鑑的進一步討論，請參見Patton（1985）及Lonner和Berry（1986）。至於以跨文化質性訪談為基礎的博士論文，則見McClure（1989）及Sandmann（1989）。

在國際間和跨文化研究上的最後一項觀察，可能有助於強調此類經驗的價值。Connor（1985）發現，進行國際間的評鑑，使他在從事國內的評鑑工作時，更具敏覺力和有效能。在異國、跨文化場域中所需要的高度敏覺力，能使我們在自己本身的文化中做得更好。對其他人之價值觀、規範和世界觀的敏覺力和尊重，無論在國內或國外都是必須的。

創造性訪談

迄今，本書對訪談的討論乃聚焦於「詢問問題」。然而，對於其他人之生活和世界的洞察，可以許多方式來引發。

投射技術

投射技術（projection techniques）被廣泛應用於心理評估量，以從人們來蒐集資料。最知名的投射測驗，也許是羅夏克（Rorschach）測驗，其一般原則是讓人們對某些事來作反應，而非對一個問題，這些刺激可能是墨漬、圖片、繪畫、相片、抽象畫、影片、故事、卡通漫畫，或任何有關聯的東西。這方法在訪談兒童時特別有效，但也有助於與任何年齡者作訪談。例如，我發現在對某一方案作兩年後的追蹤訪談時，某些方案場域和方案活動的相片，非常有助於促進回憶。

學生可以用其所完成的作品來做訪談。在荒野教育方案中，我們用參與者願意分享的日誌標題來訪談他們。Walker（1996）研究美國新一代的婦女，使用他們和朋友之間的書信交流為基礎。Holbroo（1996）比較官方社會福利紀錄與社福受領者的日誌，呈現出兩個截然不同的對實在之建構。Hamon（1996）使用了諺語、故事及傳說，作為研究巴哈馬人家庭生活的起點。Retting, Tam 和Magistad（1996）從兒童支持指導原則公聽會的逐字稿節錄段落文字，來作為其實地工作的基礎。Laura Palmer（1988）以華盛頓越戰紀念碑上為國捐軀戰士所遺留的物件，訪談其愛人和朋友對他們的記憶。俗民音樂學家，會訪談人們聆聽一段音樂後的回應。創造性訪談（creative interviewing）的可能性像是無邊無際的海洋般，取之不絕用之不盡，某些已知，更多則等待我們去開發和創造。

　　Robert Kegan及其同事成功地以受訪者對於十個詞彙的反應，來建構其所謂「主體-客體訪談」（subject-object interview），用以瞭解受訪者如何組織其人際間和個人內在的經驗，使真實生活情況可從這十個詞彙中萃取出來。受訪者對以下十個索引卡片來回應，列出其想法、概念或情緒請：

憤怒	焦慮/緊張
成功	堅定/信服
悲傷	身心折磨
感動	失落/失去
改變	至關重要

　　受訪者對於這些詞彙的回應，爲訪談者提供可進一步探索的資料，以發覺受訪者潛在的認識論，或Kegan（1982）在其著作《演化的自我》（*The Evolving Self*）中所提到的「意義一致性原則」（principle of meaning-coherence）。主體-客體訪談是一個相當複雜精妙的方法論，需要廣泛的訓練才能正確的使用和處理理論上的詮釋。我簡介於此處的目的，在於說明一個長時間和廣泛的訪談互動，可以僅奠基於對十張卡片上簡單想法的反應，不見得需要完整架構的訪談問題。

　　主體-客體訪談方法論，闡示了訪談的另一項基礎：將書寫納入於訪談中。在訪談之前，參與者有15至20分鐘的時間，針對十個想法，在卡

片上記下要點，接下來，由受訪者自行選擇所要談的卡片順序，並使用其要點記述來協助語言回應。此一方法使受訪者有機會在其語言回應之前，即能預先思考一些事。

另一項可替代訪談中直接問題的方法，是詢問受訪者對某些關鍵事例（critical incidents）的解釋或回應，這些關鍵事例可由訪談者從實地工作或先前訪談中篩選出來；訪談者描述這些關鍵事例，請受訪者提供有關其意義的視角，以及與其個人經驗的關連 （McClure, 1989）。受訪者亦可受邀來界定他們認為「關鍵的」事例，以確定何者是這些關鍵事例的決定因素。

以上這些實例說明，質性訪談並不需侷限於訪談的流程圖和書寫實地札記。研究者有莫大的自由度可以創造性地調整質性方法來適應特定的情況與目的，並使用任何心中所想到的，來作為進入其他人世界和世界觀的方式。

參與者訪談鏈

擔任成人教育學者荒野教育訓練方案的參與觀察者，我所從事的工作是：（1）記錄參與者的經驗，（2）蒐集有關這些經驗如何影響參與者及其工作情境的資訊。簡言之，該項評鑑的之目的乃是提供形成性的洞察，用以瞭解成人教育學者的荒野經驗對其個人、專業與機構上的成果。但是我們二人小組在時間與資源上均無法對40個人作深度追蹤。於是，我們和工作人員討論，可以參與者同時從事資料蒐集方式，來符合方案與評鑑上的的需求。工作人員也同意這種做法，並向參與者介紹觀察與訪談方法，以擴展他們的視野和深化其覺知。

參與者在實地活動中被分成兩組。我們就利用此一事實來設計一項資料蒐集方法，讓兩組成員彼此分享其實地經驗和資訊，來符合方案的需求。參與者也以兩組一組方式，來彼此訪談。在第一次實地旅行的一開始，在成員彼此認識之前，我們就給所有參與者十個問題，讓他們二人一組，彼此進行簡短的開放式訪談。工作人員也告訴他們，他們有責任在一整年之中，記錄彼此的實地經驗。他們接受了一些訪談訓練，鼓勵他們彼此探問，並盡可能完整地記錄對方的回應，據此協助建立了有關個人經驗的團體記錄。於是他們二人一組，在兩小時內，完成訪談和

記錄。

　　當十天實地經驗結束時，分別旅行的兩個團體再度聚集在一起，兩團體的伙伴們再度配對組合，拿著一份訪談導引，訪談彼此這十天來的經驗回溯。此一設計一方面符合方案的需求，讓參與者彼此分享資訊；二方面符合評鑑的需求，由參與者來蒐集資訊。當然，這樣做的代價是：由於參與者接受訪談訓練甚少，無法給予督導、控制和標準化資料蒐集程序，因此所蒐集資料品質差異甚大。此一資料蒐集模式，也意味保密可能性很小，部分資訊無法被分享出來。但我們蒐集到大量的資料，遠非我們自己從事所有訪談所能克竟全功的。

　　此項作法當然也有其限制，研究者如何能促使參與者投入於資料蒐集和分析，而不會干擾方案之進行，或增加參與者的負擔。但在這些限制出現之前，藉由使方案參與者投入於資料蒐集歷程，可獲得大量有用的資訊，產生甚佳的研究結果。其竅門在於將資料蒐集程序整合於方案活動之中。

由工作人員蒐集資料

　　方案工作人員是資料蒐集的另一項資源，卻常受到忽視。反對讓方案工作人員來蒐集資料，主要是工作人員的主觀，資料會相互混雜，喪失保密性，只對特殊類型成果有興趣，以及工作人員可能對當事人或學生所加諸的威脅等。平衡這些反對意見，是方案工作人員參與資料蒐集歷程會獲得的好處，包括：增進工作人員對評鑑的使命感，促進其對資料蒐集歷程的訓練和瞭解，增強對於方案參與者之覺知的瞭解，強化工作人員與參與者的共融關係而增加資料的效度，以及節省資料蒐集的花費等。

　　我第一次訓練教師來投入方案研究歷程，是在North Dakota大學的開放教育方案中。教職員很有興趣想要評鑑這項方案之良窳，但苦無可利用資源進行正式評鑑，當然亦無足夠經費邀請外部評鑑小組來設計研究、蒐集資料、和分析結果。於是，這項研究的主要資料蒐集工具，包括與來自North Dakota不同學校和班級的24名實習教師作深度訪談，以及與子女就讀於該班級的300名家長作結構式訪談。唯一可用的經費，僅限於交通費用和資料蒐集的操作費用。工作人員與實習教師均同意從事訪

談，作爲其教育經驗之一環。我發展了一份結構式訪談表來作爲教師和家長訪談之工具，並以一整天的時間訓練所有的訪談員來對老師及家長從事結構式訪談。訪談員被分派到非自己學區的學校，以確定不會訪談到自己學校內的實習教師。這些訪談都被錄音下來，且謄寫成逐字稿。我則對5%的樣本進行追蹤訪談，以檢驗工作人員和實習教師所蒐集資料的效度和信度。

在資料蒐集之後，學校則爲安排了幾場座談會，讓工作人員和實習教師分享其從訪談經驗所形成的覺知。顯然訪談對工作人員與實習教師們都是極大的衝擊。一項主要的成果是增加他們對於家長的敬意，他們發覺家長都是有覺知力的、知識豐富、充滿關懷，且對其子女的教育具深度的興趣。在訪談之前，許多訪談者對North Dakota的家長們有相當負面和不良的印象。此一系統性的訪談被迫使他們要去傾聽家長所要說的話，而非告訴家長有關他們（教育人員）對事情的想法，在如此傾聽之中，他們學到了許多寶貴的經驗。資料的正式分析也產生許多有趣的發現，並用於改善這項方案，且用於訓練未來的方案參與者。不過，訪談經驗對於工作人員和實習教師的影響，則比正式研究發現，更爲有力而持久。例如，「評鑑歷程之運用」（patton, 1997a）即是運用評鑑歷程，來促進參與者和整個組織的學習。

此類參與式行動研究仍有爭議。Kemmis和McTaggart（2000）在其對參與式研究的多方面評論中提到：

大多數行動研究，包括參與式行動研究，犧牲了方法論和技術上的嚴謹性，以交換表面效度的立即收穫，不論他們所蒐集到的證據是否對他們有意義。因這理由，我們有時將參與式行動研究稱為「低度科技」的研究。它為了產生可於真實轉換歷程中利用且進一步發展的即時性的證據，犧牲了方法論的複雜度。

犧牲方法論的複雜度是否值得，取決於研究的目的和研究結果的意圖使用者。表例7.9描述了一項研究案，訓練曾經從娼者來協助主持已從良婦女的焦點團體。參與式研究對外部讀者而言---尤其那些拿著嚴格準則來評判品質的學者們---有較低的可信性。然而，對於改善其工作和生活的參與者而言，實用主義仍是最高指導原則，何者有用決定了何者爲真實。如同Kemins and McTaggart（2000）所作之結論：

　　對參與者來說，由於他們無可避免地必須生活於此一轉化的結果之中，對其轉化中工作的品質，提供了非常具體的「實在檢核」（reality check），所依據者即為其實務工作是否更有效率、其瞭解是否更為清楚明白，其工作的場域是否更為合理且具有建設性，如其所預期達成的結果一般。對參與者來說，蒐集充分的證據，乃為了達成這些目標，或更精確地說，為了避免其有意識或無意識地被其行動所挫敗。作為「實在檢核」的證據，可能常常是低度科技的（就研究方法和技術上而言），或者是印象派的（從缺乏背景脈絡知識的局外人視角觀之）。然而，參與者無疑是其背景脈絡中具有優勢特權的觀察者，從參與者之視角來看此一轉化的特殊介入形式之性質和結果，它仍是具有高度傳真性的證據。（p.592）

互動式團體訪談和對話

　　使方案工作人員或參與者投入成為行動研究或方案評鑑中的同事或協同研究者，改變了研究者和工作人員之間的關係，使之更為互動式和合作式，而非單一向度和敵對的。William Tikunoff（1980）將一項「互動式研究」（interactive research）取向應用於教育研究和發展中。他發現，讓教師、研究人員和訓練人員/發展人員等組成一個團隊，可增進研究發現的意義性和效度，因為教師在研究中的合作與對研究的瞭解，使得研究較不具干擾性或侵入性，於是可減少，而非增加，其反作用力。他們的討論即是一種團體訪談的形式，他們彼此詢問問題。

　　研究對象或方案當事人，如何對參與資料蒐集的工作人員來作反應，則是需要小心細究和謹慎考慮的難題。反作用力（reactivity）在正規和非正規的設計中，均是一個潛在的難題。信心的裂痕，和/或因反作用力而偏差的資料，都不能以創造性之名義來合理化。另一方面，如Tikunoff的經驗顯示，互動式設計可能藉由使評鑑研究較為公開可見，而增加資料的效度且減低反作用力，而使參與者或當事人較不那麼抗拒或猜疑。

　　這些取向可以從一個二元化（訪談者－受訪者）的對話（dialogue），來重新界定研究，使參與其中者皆為協同探究者（co-inquirers）。Miller和Crabtree（2000）提倡合作式取向，甚至是在通常較封閉且具有層級區分的醫學和臨床研究上：

表例 7.9　　訓練非研究者擔任焦點團體訪談者

彩虹研究（Rainbow Research）意圖探討為從娼女子發展中途之家方案（transitional housing program）的可能性。我們招聘五位曾經從娼的女性，訓練他們成為焦點團體的訪談員，幫助我們訪談離開從娼生活的女性。對她們來說，這是個增能展權且成長蛻變的經驗。他們對學習新的技術感到興奮，為能拿到酬勞感到高興，且認為這對從娼女性會很有助益。尤其在訪談過程中，獲得過去工作上的同儕的認可與鼓勵，更是讓她們非常雀躍。我們的工作，也會有輕鬆的時候。在團體訪談的模擬時，我們的訪談員大聲地、挑逗地彼此戲謔，如同他們還在街上一樣。

我們的訪談員對於自己的貢獻感到驕傲。在計畫案結束後，他們要求一份證書，證明他們曾經接受過訓練以及成功地執行訪談。因為他們表現的很好，我們很高興地授予證書。在模擬過程中，他們批評我們的訪談導引、帶領我們修正語言、內容、次序和長度，導入新的問題和剔除其他的問題。因為有共通的語言表述和共享的經驗，讓他們能夠彼此蒐集資訊；這對沒有從娼經驗的人來說，可能很難達到同樣的工作成果。這顯示我們的資料是可信賴的。比較其對相同問題的訪談回應，我們發現了高度的一致性。從各方面考量，這都是一次很正向的經驗。研究發現更有助於形成我們的建議。

資料來源：Barry B. Cohen，彩虹研究計畫主持人。個人通訊，2000。

我們建議臨床研究者研究的問題，是從與臨床參與者的臨床經驗裡逐漸開展出來，關注且顯露出底涵的價值觀和假定，並產生可裨益臨床參與者和政策制訂者的直接結果。此一將臨床研究者注意焦點重新聚焦於臨床經驗，且重新界定其界限範疇，乃為了回答三個問題：這是誰的問題？可以顯露出臨床世界的潛藏假定嗎？研究結果的意圖使用者是誰？…. 病患和臨床醫生被邀請來探索他們自己的和/或彼此的問題，且關注任何必須的方法。臨床研究者與臨床參與者分享研究的所有權，如此則削弱主導派典的尊長式偏見，並使其假定可公開被檢視探究。這是落實於情境的知識，…. 被創造來發現一個較大的、較具包容性的臨床研究願景。（p.616）

創造力和資料品質

創造性訪談或研究法不勝枚舉。創造性方法多具有情境回應力、對於意圖使用者是適當的且可信賴的，而且對於開展新的理解是很有用處的。我們所探討的這些方法，多偏離了傳統的研究實務。應用時，如未考慮到其對資料品質可能造成的影響，每一個想法都易於被誤用和濫

用。我尚未討論此類威脅和可能的錯誤，因為我相信不可能在事先即指認出所有為了獲得正確性、實用性、可行性和適當性而必須付出的代價。例如，在一項成果評鑑中，讓方案工作人員從事當事人之訪談，可能會：（1）嚴重地減低資料的效度和信度，（2）實質上增加資料的效度和信度，或是（3）對資料品質沒有任何顯著的影響。影響的性質和程度，取決於工作人員與當事人的關係、如何分派工作人員去訪談當事人、詢問問題的種類、訪談員所受的訓練、當事人對方案的態度等等。研究者必須要掌握住這些關乎資料品質的問題，特別在非傳統的方法中尤然。

務實且具有創造性的資料蒐集，包括使用任何可利用的資源，以盡可能將工作做到最好。然而，這有著許多的限制。可替代的方法是有限的，資源也總是有現的。這意謂著資料蒐集總是不完美的，所以對於想要攻擊研究方法的反對者而言，總能找到一些足以發動攻擊和批評的立足點。讓意圖使用者更積極投入於方法的決定，一項主要原因即在於：在資料蒐集之前，即處理一些設計上的弱點，和考慮對資料品質的威脅。藉由策略性地核計對實用性的威脅，以及對效度和信度的威脅，即可能對創造性的和非正規的資料蒐集程序之長處，做出務實的決定（Patton, 1987a, 1997a）。

具創造力且運用多樣化的技術的研究者，可能會被視為一個「拼布藝術家」（bricoleur）。這個詞由Levi-Strauss（1996）所提出，他將「拼布藝術家」界定為「多才多藝的能手，或是專業的自己動手做者」：

> 質性研究者即為「拼布藝術家」，或擅長使用其工藝之美學素材或工具的作手，能應用手邊任何可就地取材的策略、方法或經驗性素材來創作。如果新的工具或技術尚未被發明出來，或尚未被聚合成器，研究者就會這樣去做。（Denzin & Lincoln, 2000b:4）

跨越多個學科的科際整合學者和藝術家Jose Cedillos亦採用此一拼布藝術家（Bricoleur）的身份，且以其個人詞彙來解釋他如何以這項拼布藝術（bricolage arts）作為創造性的探究方法。

> 拼布藝術家（Bricolage）意指從所處環境中就地取材，把一些奇奇怪怪、零零碎碎、破破爛爛的東西，拼湊成有用的藝術成品。這個字來自於法

文的"Bricoleur"，這種人到處旅行，蒐集各種奇奇怪怪、零零碎碎的東西或材料，創作其藝術作品。成為一位有創造力的拼布藝術家，有賴於覺察力，及在環境中找出任何可利用素材的能力。成為拼布藝術家始於不受資訊和認知常規所框限住的覺知，不墨守成規，不拘泥於大腦對環境的成見。所以很多新的資訊、有創意的點子就會流洩出來。（Cedillos, 1998:18-19）

創造力始於對任何新的可能性保持開放性，就像拼布藝術家以嶄新的方式來組合破舊的東西一樣，包括多元的和新興的資料蒐集形式，轉化中的觀察者-被觀察者之關係以及重新定位的訪談者-受訪者之相互連結關係。自然式探究需要對實地中和訪談期間任何可能顯現出來的事項保持開放性。此一開放性意指避免將新的可能性強行塞進舊有的模型之中。這個保持開放性和創造性的忠告，適用於整個自然式探究的過程，從研究設計、資料蒐集、以迄資料分析。失於保持開放性和創造性，可能會遭遇到如Halcolm所說的故事中一位首次遇見孔雀的旅人所犯的錯誤。

一位旅人來到一個新的國度，遇見了一隻孔雀。由於他以前從不曾見過這類的鳥，他將牠當作一隻先天畸形的鳥。他確信這隻可憐的鳥不可能以這樣的異常形式生存太久，他非常同情牠，著手去糾正這自然界的錯誤。他修剪牠長長的、色彩繽紛的羽毛，切斷他的鳥嘴，而且將牠染成了黑色。「好了」，他因順利完成一件工作而驕傲地說：「現在你看起來較像一隻正常的雌珠雞了。」

專門化與目標群體訪談法

本章探討了深度質性訪談的一般原則。然而，大多數研究者、評鑑者、實務工作者都有其專門知能，能應用精緻的訪談技術，與特定目標群體來工作或從事研究。訪談「精英」（elites）或「專家」（experts），通常需要互動式風格。

精英人士善於回應關於廣泛話題的研究，且對於能容許他們自由地運用其知識和想像力的知識性、激發性和開放式問題，可以做出很好的回應。要與他們工作，最重要地是訪談者的能力，必須藉由展現出對於該話題的透徹知識來建立職能。若缺乏此類知識，則需透過精明的提問，來將此一難題的

精確概念化投射於受訪者。（Rossman & Rallis, 1998:134）

Robert Coles（1990） 擅長於訪談兒童，如同Guerrero-Manalo（1999），Graue and Walsh（1998），Holmes（1998），以及 Greig和Taylor（1998）等人。Rita Arditti（1999）發展特殊文化與政治敏覺力取向，來接近與訪談一些孩子在阿根廷軍人政權下「消失」的祖母。Guerrero（1999a, 1999b）和他的同事發展特殊參與法，來訪談開發中國家的婦女。Judith Arcana（1981, 1983）利用她自己身為母親的經驗，訪談了180位母親，而變成母職的專家，寫出兩本關於母職經驗的書（一本為母親與女兒；另一本為母親與兒子）。另一方面，Jane Gilgun與男性性侵害犯罪者訪談，而Angela Browne則密集訪談監禁於高度安全戒護監獄中的女性囚犯。Gilgun（1991, 1994, 1995, 1996, 1999）在與男性性暴力犯罪者所做的數百個小時的生命史訪談中，她學習與這些人建立關係，但無法裝作原諒他們的行為，並且有時候會挑戰他們所描述的圖像。她提供了兩個實例，讓我們可以瞭解到從事如此長時間和深入詳盡的工作，對她帶來的挑戰。其中一個男性在他被捕時，已經訂婚並準備結婚，他自白犯下七件強暴案。Gilgun在前後12 次總計超過14小時的訪談中，包括了許多他描述其性暴力行為的細節。另一個人則是侵犯超過20個男童，在他被逮捕時，他已經結婚並且是兩個孩子的繼父。她在超過11次的訪談後得到近20個小時的錄音帶。這些案例特別的吸引人，是由於他們都是立意取樣而來，兩位都是白人，大學畢業，30多歲的年紀，位居經理人負督導職責，來自於中上階層、父母不曾離過婚的雙親家庭，父母親均是專業人士。Gilgun與同事一起工作，來謄寫和詮釋這些訪談：

這些資料讓我們情緒非常激動，我們必須花許多時間來整理我們自己的情緒和反應。在我們找出任何設施來理解這些受訪者言談中的意義之前，幾乎有兩年的時間，我們都在辨認這些受訪者的談話內容。他們思考的方式大部分都超出我們的參考架構之外。在我們努力掙扎於詮釋的歷程中，我們記錄下我們自己的回應…..。最讓我們難以置信的是，這些男人相信他們有權利取得任何他們想要的東西，而且以他們所希望的方式來界定人們和情境…. 來適合他們自己。整體而言，他們的言談訴求一種宰制的霸權。我們也發現這些男人在將他們的意志強行加諸於年紀較小的、體能上較弱的人時，他們的經驗是冷漠的、刺激興奮的、和激烈的情緒滿足。（Gilgun and McLeod, 1999:175）

　　Angela Browne的工作也顯示了相當類似的情形。她以深度生命史訪談 （in-depth life history interviewing）方式，來訪談那些孤立於主流社會之外的受訪者，他們的經驗甚少被一般文化所瞭解。1987年她是第一個開始研究因爲自衛而殺害伴侶的婦女（《當受虐婦女殺人時》），Browne從監禁於高度安全戒護監獄的女性，蒐集生命史敘事（life history narratives）。這些訪談都是在一個監所的小房間裡進行，長達六個小時，包含婦女在其生命史中所遭受的創傷、大多由早期童年中的家庭成員所造成。一些人曾目睹兇殘的殺人事件，其他人爲其所犯下的暴力罪行監禁終身。他們的故事對於說者和聽者都帶來莫大的痛苦，訪談通常充滿了強烈的情緒激盪，使Browne在離開時都已精疲力盡，有時必須向督導簡報訴說她在訪談中所受到的衝擊。有許多次，當她剛結束訪談，還在監獄圍牆之內，就必須立刻透過電話來向我訴說她的情況，來平復她的情緒。儘管Browne一整週的每一天時間都花在訪談上，回到家中已精疲力盡，但她對於訪談的熱愛，以及對於受訪者力量的欣賞從不曾止息。

　　Gilgun和Browne的工作顯示了深度的和生命史訪談方法的密集度、使命感及長時間投入的困難任務。Robert Atkinson（1998）於1988年在南緬因大學 （the University of Southern Maine）建立了生命/生活研究中心（the Center for the Study of Lives），來捕捉生命故事，並進一步發展出「生命故事訪談」（life story interview）的方法。沿著這些故事線的其他方法論貢獻，包括Cole和Knowles（2000）的《反思生命史研究》（*Doing Reflexive Life History Research*），Denzin（1989a）的《詮釋性傳記》（*Interpretive Biography*），以及Sara Lawrence-Lightfoot和Jessica Hoffman Davis（1997）的《肖像畫法的藝術和科學》（*The Art and Science of Portraiture*）：

　　肖像畫法（portraiture）是質性研究的一種方法，使美學和經驗主義的界限模糊不清，努力去捕捉人類經驗和組織生活的複雜性、動力和微妙之處。肖像畫家試圖記錄和詮釋所研究人們的視角和經驗，以文件記錄他們的聲音和他們所見的事物── 他們的權威、知識和智慧。肖像的描繪是被放置在社會和文化的脈絡中，以及透過肖像畫家和研究對象之間的對話而形成的，彼此協商其言談表述，並形塑出演化的意象。此兩者間的關係在意義上和共鳴上是豐富的，成為一個範疇，沿著實徵經驗、美學和倫理面向，來導航真確的和撼動人心的敘事。（Lawrence-Lightfoot and Davis 1997:xv）

藉著明確地結合「藝術和科學」（*art and science*），使得肖像畫法在社會科學家和被描繪對象之間成爲一種協商的共同創作。肖像畫法被當作是質性研究的一種方法，易受攻擊的是其太多的藝術性和太少的科學性（English, 2000）。

Holstein和Gubrium（1995）將之概念化爲「主動的訪談」（the active interview）。他們採取建構論視角（constructivist perspective），強調訪談是在訪談者和受訪者之間的社會互動，共同分享以建構出故事和其意義；換言之，兩者在此一意義創造的歷程（meaning-making process）中都是參與者。他們的工作提醒我們，研究者的理論導向（第三章）對於他／她如何思考和投入於資料蒐集中，有相當具體的方法論啓示。

關於如何管理深度訪談所蒐集到的大量資料，有一項不同的挑戰。Grant McCracken（1988）提供如何在「長程訪談」（the long interview）中維持焦點的方式：

> 「長程訪談」是具有明確焦點的、快速的、高度密集的訪談歷程，試圖減少非結構訪談歷程中的無法預料和冗言贅述。長程訪談需要特別的準備和結構，包括使用開放式的問卷，因此，研究者可以使花費在受訪者身上的時間擴增其價值⋯⋯換言之，長程訪談是設計來提供研究者的一項高效率的、建設性的、「流線性的」研究工具。（p.7）

質性研究也包含特定學科所採取的方法，像是心理學（Kopala & Suzuki, 1999），及其次專業領域，像是健康心理學（Murray & Chamberlain, 1999）、人本心理學（Moustakas, 1990b, 1994, 1995, 1997），以及強調使用直覺、同理和自我覺察的「超個人探究」（transpersonal inquiry）的方法（Braud & Anderson, 1998）。質性研究的特殊取向也在組織研究中開展著（Van Maanen, 1998; Lee, 1998; Symon & Cassell, 1998）、社會工作（Padgett, 1998）、家庭研究（Sussman & Gilgun, 1996）、健康研究（Grbich, 1998; Morse & Field, 1995）、護理（Morse, 1991）、老化研究（Gubrium & Sankar, 1993），以及文化研究（McGuigan, 1998; Alasuutari, 1995），族繁不及備載。

質性研究的應用和方法，特別是針對特定目標人口群和特殊學科的訪談技術，有愈演愈烈的趨勢，呈現指數型成長（一項隱喻，而非統計的估算）。當應用和技術均急遽擴增時，更應該關切質性研究的倫理挑戰，這是下一節的主題。

質性訪談的倫理挑戰

　　訪談即是一種介入，對人們有或多或少的影響。一場好的訪談，對訪談者和受訪者而言，都可開啟其想法、感受、知識和經驗。受訪者經歷過此一導向的省思歷程，會受到影響，知道一些有關自己、但在訪談前並不知道的事---或至少未全然覺察到。以兩個小時或更長時間，對一項經驗、方案或個人生活，作深思反省，會激發一個人的改變；而10、15或20個小時的生命史訪談更可能使受訪者的生命發生轉化。在這裡有一個難題，其實研究者和受訪者都不知道，事前甚至事後，訪談經驗將會影響或已經影響了什麼。

　　研究性訪談的目的，最首要者乃蒐集資料，而非改變人們。稍早，在中立性一節，我主張訪談者並不是法官。而訪談者亦非治療師。將焦點維持在訪談的目的上，對於蒐集到高品質的資料，是相當緊要的。當然，訪談中仍有著許多誘惑會使之偏離目的，如受訪者通常會請求忠告、尋求贊同或肯定。若屈從於這些誘惑，訪談者即可能易位變成受訪者了---回答的問題比詢問的更多。

　　另一方面，訪談者在建立共融關係中，絕非一塊冰冷的花崗岩板石---對訪談中可能提及的諸如重大災難和苦痛等人性議題，毫無回應。在一項為1980年代中期遭遇農場危機的受創農家發展農業推廣方案的農耕系統需求評估計畫中，我是一個由十位訪談者所組成之團隊（兩人一組）中的一員，我們訪談了五十戶農家。這些農家中，許多仍處於重大的苦難之中。他們失去了農田，子女到遠離他們的城市去，他們的婚姻也面臨危機。兩小時的訪談追溯了他們的家庭歷史、他們的農作情況、他們的社區關係，以及他們對未來的希望。有時候，問題會帶到夫妻間的衝突。訪談會掀開舊有的創傷、提及很久以前所做的決定，或喚起對從不曾實現之夢想的苦痛記憶。人們經常會請求給予忠告建議---如何處理他們的財務情況、他們的子女、政府補貼方案，或甚至是他們的婚姻。我們到那兒去，主要的任務是蒐集一些協助建構方案的相關資訊，並不是來提供忠告建議。我們能在僅僅詢問問題後離開之外，做更多的事嗎？不過，作為研究人員，我們能以任何方式來合理化我們的介入是恰當的嗎？再者，我們的訪談已無疑是一種介入了。這些是從訪談的力量衍生出來的倫理兩難困境。

在這個農家訪談中，我們所決定做的，是留給每戶家庭一袋有關協助資料和方案的資料，從農業參考諮詢到財經和家庭諮商。為了避免去決定那些家庭真正需要此類協助，我們將這些資訊留給所有家庭---分別給丈夫和妻子不同的資料袋。當受訪者在訪談之中尋求忠告時，我們即告訴他們，我們會在訪談結束時留給他們一些可供參考的資訊。

雖然在重新掀開舊有的創傷時，訪談可能會受到干擾，它們也可能很快地痊癒。在與經歷過兒童性侵害的家庭進行追蹤訪談時，我們的工作團隊發現大部分的媽媽們感謝有機會談談她們的故事、宣洩她們對抗制度的憤怒，而且與一位中立的但關心的聆聽者分享其感受。在一項以協助年老居民留住家中而非至養老院公共收容的方案中，與年老的參與者訪談，一般來說要花上比原定計畫更長的時間，因為這些年老的受訪者渴望有人陪伴他們且和他們說話。當受訪者是開放的、且願意談話時，訪談的力量也出現新的危險。人們會告訴你一些他們從不打算告訴你的事，即使是不情願或充滿敵意的受訪者亦然。事實上，某人決定不說的事，也經常是他們所說的第一件事，只是為了紓解秘密或欺瞞所加諸於心中的心理壓力。

我再重述一次，受訪者會告訴你一些他們從不打算說的事。訪談可能變成招認罪狀，尤其是在保密的承諾之下。然而，要小心那個承諾。社會科學家可能會被傳喚至法庭作證，而我們並無如牧師和律師所擁有的法律保護。此外，某些資訊必須要向警方報告，例如，兒童受虐的證據。所以，訪談的力量可能會使受訪者冒很大的風險。**訪談者必須要有一個倫理的架構，以處理此類議題。**

訪談對訪談者也有一些直接的衝擊。前一節描述了令人痛苦的訪談，如Jane Gilgun對男性性侵害犯的訪談以及Angela Browne對被監禁婦女的訪談。當訪談者連續地暴露於暴行和虐行的可怕細節中，這些訪談會對他們造成生理上和情感上的傷害。在一個家庭性侵害研究案（Patton, 1991）中，實地工作主持人發現，訪談者必須要廣泛地簡報其心得，有時是和支持團體一起，協助他們度過和處理他們所聽到的事。他們可能一味地吸納進心中，而未作任何紓解，以至於為自己累積了沈重的憤怒和悲傷。中產階級的訪談者，若進入貧困的區域，可能會因他們所見所聞而受到驚嚇和感到憂鬱。僅在此類訪談之前做好準備訓練是不足夠的，訪談者可能需要簡報心得---他們的觀察和感受可能成為團隊資料的

一部分。

這些實例可用來說明訪談的力量，以及為什麼預先準備和處理質性研究中的倫理兩難困境是重要的。**因為質性方法具高度的個人性和人際性，因為自然式探究帶領研究者進入人們生活和工作的真實世界，以及因為深度訪談開啟人們內在心門---質性研究可能比調查、測驗和其他量化取向，更具侵入性，且蘊涵較大的反作用力。**

表例7.10呈現了倫理議題的檢核表，可作為思考研究設計、資料蒐集和分析中倫理議題的起點。接下來將詳細說明一些應該受到特別關注的議題（有關質性研究倫理的較完整討論，參見 Christians, 2000; Kvale, 1996:109-23; Rubin & Rubin, 1995:93-105; Punch, 1986,1997；在評鑑和應用研究中的考量可參見 Newman & Brown, 1996; Kimmel, 1988）。

知會的同意和保密

訪談中的知會同意書（informed consent protocol）和開場白（opening statements），典型上須包含下列幾個議題：

* 蒐集這些資訊的目的是什麼？
* 這些資訊是要給誰的？它將如何被使用？
* 在訪談中，將會詢問些什麼？
* 受訪者的回應將會如何處理，包括如何保密？
* 受訪者將會涉及到什麼樣的風險和／或利益？

訪談者經常在訪談之前就提供了這些資訊，而且在訪談一開始時會再次告知受訪者。然而，提供這些資訊不是要進行一場冗長的演說。有關目的的陳述應該要簡單明瞭、直接了當且可以理解。在訪談一開始，對訪談將會是什麼樣以及資料將如何使用等做出冗長說明，通常會令人覺得乏味無趣，且會引起焦慮感。受訪者很快會明白訪談中會詢問什麼樣的問題，從這些問題的性質，就可以判斷此類資訊可能如何被使用。在開場白中所要傳達的基本訊息是：（1）這些資訊是很重要的，（2）其重要性的理由為何，以及（3）由於對受訪者的尊重，訪談者願意解釋訪談的目的。以下這個例子從一項評鑑研究所摘述的訪談開場白：

我是這項方案的研究人員，是要來幫助改善這項方案。由於你參加了這項方案，你得以站在獨特的位置上，來描述這項方案做了些什麼，以及它如何影響人們。因此，這就是這個訪談所關注的：你在方案中的經驗，以及你對這些經驗的想法。

我們將訪談大約二十五個人，我們會將所有受訪者的回答結合起來，放在我們的報告之中。你說的任何事都是保密的，不會被指認出你個人的身分來。當我們進行訪談時，如果你對我詢問的任何事有疑問時，請隨時提出來。或者，如果有任何事是你不想回答的，也請告訴我你不想回答。訪談的目的，是要獲得你個人對於方案如何運作和如何影響人們的洞見。

在我們開始訪談之前，你有任何問題嗎？

這似乎夠直接了當了，但是，處理真實世界中的真實人們，時常會產生各式各樣的複雜性。因此，近年來，在一般研究和特別是質性研究的倫理議題上，產生了某些實際的倫理困境。

訪談的事前核准

在觀察和實地工作的那一章，我討論到由於自然式探究的逐漸顯明和彈性的設計，要在事前核准工作流程的難題。機構審查委員會（IRB）為了保護人類參與者，偏好核准實際的訪談問題，應用本章先前所討論到的標準化訪談格式；較少核准訪談導引法；但幾乎不會核准會話式訪談，任由問題浮現於背景脈絡之中。可以妥協的是，明確指出研究者可能預期到哪些問題會被提出來，列舉出其他可能的話題，將會話性元素視為探問。然而，在完全自然式探究之設計中，當訪談者愈加瞭解情境、且發現一些提問的新徑路之後，訪談問題可能或應該要隨之改變。在事前明確指陳問題來獲得核准，和允許問題自然浮現於實地脈絡之中，二者之間的拉拒，使得Elliot Eisner（1991）詢問道：「質性研究可能是預先知會的嗎？……因為我們很難預測有些什麼是必須要預先知會且取得同意的？」（p.215）一個替代的作法是，明確指陳研究中所要避免觸及的領域，亦即，先料想到可能會置受訪者於風險之中的情形，且確保訪談員會避免踩到這些地雷。

表例 7.10　倫理議題檢核表

1. **解釋目的**（explaining purpose）--- 你將如何以精確和可理解的方式，來解釋研究的目的，以及所使用的方法？
   - 對研究參與者，什麼樣的語言是他們可理解的？
   - 必須分享的重要細節是什麼？什麼是可以省略的？
   - 你的工作對於這個社會和多數人有些什麼可被期待的價值？

2. **承諾和互惠**（promises and reciprocity）--- 受訪者能獲得什麼？
   - 為什麼受訪者應該要參與這項訪談？
   - 切勿輕易承諾，例如，承諾給予一份錄音帶或報告的副本。如果你做了承諾，要謹守諾言。

3. **風險評估**（risk assessment）--- 參與這項訪談，會使人們遭致什麼風險，如果有的話？
   - 心理壓力？
   - 法律責任？
   - 受同儕、方案工作人員或其他人所排斥？
   - 政治上的壓制？
   - 你如何對受訪者描述這些潛在的風險？
   - 如果它們出現的話，你如何處理它們？

4. **保密**（confidentiality）--- 對保密所作的合理的且可兌現的承諾是什麼？瞭解保密（confidentiality）和匿名（anonymity）兩者之間的差異。（保密意指你知道，但是會說出來。匿名意指你不知道，如同在調查問卷中的不具名。）
   - 什麼是你不可以承諾要保密的，例如，非法活動、兒童受虐或忽視的證據？
   - 是否要改變姓名、所在地和其他細節呢？或者參與者可以選擇是否要標明身分？（見本文中的討論）
   - 資料會被儲存在哪裡？
   - 資料會被存放多久？

5. **知會的同意**（informed consent）--- 何種知會的同意是相互保護所必須的？
   - 當地機構審查委員會（IRB）的指導守則和／或要求條件為何？或是有無類似的委員會機構來保護研究中的人類參與者？
   - 如果需要申請的話，在　定的時程上，什麼是一定要提交給IRB或類似機構審查核准的？

續表 7.10

6. 資料取用和所有權（data access and ownership）--- 誰將取用這些資料？爲了何種目的？
   ● 在一項評鑑中，誰擁有這些資料？（在契約中須明載此點。）
   ● 在發表前，誰有審查的權利？例如，個案研究中，是此一個案所描述的個人或組織；整體報告中，是提供經費或贊助的組織？

7. 訪談者心理健康（interviewer mental health）--- 你和其他訪談者可能會如何被從事訪談所影響？
   ● 聽到、看到或學到些什麼，可能值得簡報心得和資訊處理？
   ● 在不違反保密原則之下，你可以和誰談談關於你所經驗到的？
   ● 你將如何照顧你自己？

8. 忠告（advice）--- 誰是研究者在研究期間可諮詢倫理事務的知己好友和諮商師？（並非所有的議題皆能在事前預料得到。知道遇到困難時，你可去找誰求助，會節省危急關頭的寶貴時間，而且會帶來更需要的舒適感。）

9. 資料蒐集的界限（data collection boundaries）--- 你將如何用力推進資料？
   ● 在試著獲得你所想要的資料時，你會嘗試多長時間？什麼是你不會去嘗試的？
   ● 一旦受訪者對某些問題顯現出不舒服感，你會多麼用力推進他們對於問題的回應？

10. 倫理相對於法律（ethical versus legal）--- 何項倫理架構和哲學觀在引導著你的工作，以確保對你所研究之人們的尊重和敏覺力，而不只是法律上的要求而已？
    ● 有哪些學科上或專業上的倫理守則，在引導著你的工作？
    ● 有哪些是法律上的要求？

未知會的同意

會話式訪談更為知會的同意帶來一些特殊的難題：

　　猛然拿出一份訪談同意書，請求簽名，可能是非常令人尷尬的事。由於訪談是會話的延伸，且是關係的一環，同意書的適法性和正式性，可能會讓你的會話伙伴感到困惑，或打斷了研究。一方面，你告訴會話伙伴有關匿名和保密的問題；另一方面，卻請他們簽署一份法律文件說明他們正在參與此項研究。如果他們後來為了保護自己而否認了對你說過的話，那會如何呢？難道你要拿著這份簽署的文件去說他們當時願意參與這項研究嗎？（Rubin & Rubin, 1995:95）

　　Rubin和Rubin繼續警告我們：「機構審查委員會並不適用於質性

研究。質性研究者通常無法寫出委員會所要求的詳細的研究計畫。」
（p.96）他們接著指出在法律所要求的對人類參與者之保護，和有意識的
倫理行為之間，有著重要的區分：

　　你不能光憑遵守一系列預先建立的正確程序，來達到合於倫理的研究。
然而，質性訪談中，對於合於倫理之行為的要求，實和其他類型的研究一樣
強烈---可能更為強烈一些。你必須為你的工作，建立例行的倫理常規。你
必須謹慎地研讀倫理守則，和非屬倫理行為的案例，來使自己對於情境更
具有敏覺力，使倫理的使命踐諾可以更為彰顯出來。在整個研究期間，要
不斷地思考和判斷你的所作所為是否符合你的倫理義務。（Rubin & Rubin,
1995:96）

知會同意的新趨勢：人們擁有自己的故事

　　保密的規範在質性研究的新趨勢上遭遇到了挑戰。傳統上，研究
者被告誡要偽裝其實地工作的地點，改變參與者的姓名，或給他們一個
假名，以保護其身份。此一先決假定在於，研究對象的隱私權一定要受
到保護。這雖然還是主導性的先決假定，但已受到來自研究參與者的挑
戰，有些參與者堅持他們「擁有自己的故事」。某些政治上相當主動積
極的團體，以他們的身份為榮，拒絕在研究中偽裝他們的身份。某些以
使參與者增能展權為目標的方案，強調參與者擁有他們自己的故事，且
應該使用他們的真實姓名。我在方案中遇到一些女性，幫助她們度過長
期的受暴和受虐史，她們藉由敘說自己的故事來奮戰過去的污點，而用
真實姓名來呈現她們的故事，則是其療癒、增能展權的一環，且是她們
引以為傲的。在這些案例中，難道研究者有權將保密性強行加諸於受訪
者的希望之上嗎？如果以大學為本位的人類參與者保護委員會堅持這些
婦女並不瞭解拒絕被保密所可能涉入的風險，這不是過於自以為是且弱
化參與者的能力嗎？
　　有一位博士研究生在研究地方教會時，精心設計一份訪談同意書，
讓整個教會決定是否要在其學位論文中被指認出來。個別的教會成員也
有權選擇使用真實姓名，或選擇匿名。另一位研究另類健康實務工作者
的研究生，則提供參與者自行選擇要在其個案研究中保密和匿名，或者
使用真實姓名。某些選擇公開姓名，某些則要求匿名。一項對於組織領
導人的研究，也提供了類似的選項。在這些案例中，研究參與者亦有權

在其個案研究公諸於世之前，先行審查和核可其個案研究的最後版本和逐字稿。而在合作式研究中，研究者與「協同研究者」一起工作，且蒐集資料，涉及到大量的對話，而非訪談。此時，協同研究者可能也是研究報告的協同作者，當然會公開其身份，並在公眾場合分享其經驗。這些都是顯示保密的規範如何改變或受到挑戰的實例，顯示保護人們隱私權之重要倫理議題，與人們擁有其故事之期望，二者之間存在著拉拒關係。如此一來，知會的同意並不等同於保密。知會的同意亦可能意指參與者瞭解到在報告中揭露其真實姓名的風險和利益，而仍選擇如此去做。對於人類參與者的保護，堅持知會的同意是相當適切的，但並不自動等同於非保密不可。

互惠：受訪者之補償

這個議題是受訪者是否應該獲得補償（compensation），或者如何補償，同時涉及到倫理和資料品質的問題。付費（payment），即使是很小的數目，是否會影響人們的回應、促使其勉強同意？或是誘因（incentives）能提升深思熟慮和誠實回應嗎？最好的訴求應該是以人們對知識的貢獻為基礎，而不是人們對金錢的興趣嗎？在問卷調查上，適量的付費可增加回應率，以確保足夠的樣本規模。相同的情形適用於深度訪談和焦點團體訪談嗎？訪談者經常會獲得工作酬金。難道受訪者所付出的時間不應該受到同等的尊重嗎？尤其是低收入者，難道不能補償他們所付出的時間？除了付現金來補償受訪者之外，有其他的替代選項嗎？在西方資本主義社會，補償的議題愈來愈受重視，因為來自於經濟不利社區的人們一再反應出他們被過度研究但卻不受重視，而且私立市場行銷公司慣例會提供焦點團體參與者一些補償，因此，此一實務情形擴展到公立單位和非營利組織。美國評鑑學會（American Evaluation Association）的網路郵件服務EvalTalk上，充斥著有關這些議題的討論：

● 我相信該付費給人們，尤其是在人群服務的領域上。我想到有關親職和青少女的方案，根本很難找到人參與訪談。如果她們給你的資料是相當有價值的，我認為你應該付錢讓他們開口說話。不過，我會很清楚地告訴受訪者，雖然他們所付出的時間是付費的，但他們的回應則否，所以要請他們盡可能坦率和直截了當地回應。

- 有一個內陸城市的研究案，提供給參與焦點團體訪談的家長一張購物券，讓他們可以買書給他們的孩子，這對於某些低收入父母而言，可能是第一次擁有自己的書，而不只是幫子女借書。
- 以現金支付給訪談參與者，應該被視為收入，所以要課所得稅。如果這些付費來自於公立機構，可能會造成一些問題。因此，我們「付費」給參與者，但不用現金，比如用一些當地零售商店或超級市場的購物卷和禮券等。這似乎更為有效。
- 如果你邀請一個人進行面對面訪談，而那並非友善的會話而已，而是資料蒐集的行動，那麼你最好付費給受訪者，以感謝他們所付出的時間和心力。這不會妨礙，而且肯定是有幫助的，去解釋他們的貢獻的重要性。

John Reed，維吉尼亞州TecMARK的負責人，在這項議題上有豐富的經驗，他在EvalTalk上提供了以下的觀察：

我們曾經付費，但已經停止提供給焦點團體受訪者任何獎勵金，無論他們是低收入戶或是專業人員。在大部分案例中，獎勵金並不會讓參與率產生多大的不同，尤其是如果你有一位訓練有素的訪談員，和設計精良的資料蒐集程序的話。

我的關注之一是，我們似乎假定（具有甚少的實質基礎）人們只有在給予誘因時，才會回應。但我們的研究告訴我們，人們參與焦點團體最常提到的理由是「對社區有幫助」。有時候，我認為獎勵金只是為了安撫研究案主持人的心，而不是為了增加對於研究或方案的參與。我很關心研究社群可能過於依賴獎勵金來交換好的方法，而如此做卻得到糟糕的結果。

我們已經停止提供獎勵金給專業人員及企業的焦點團體訪談，除非在非常特殊的情況之下。但這並不影響參與率。我們發現，在許多情況下，獎勵金會為專業人員帶來兩難困境。許多專業人員認為他們是代表公司參與活動，而且他們的薪水已經支付他們來參與這些活動了。我們曾經遇到拒收這些獎勵金，因為他們沒有管道可以呈遞給公司，所以不知道如何處理，而且收受獎勵金可能會違反其工作倫理。有些人收下後捐作公司的基金，也有些人會收下放入自己的口袋。有些專業人員每小時的收費是幾百美金，對這些人而言，付給他們來參加焦點訪談的車馬費和出席費至少要在1000美元以上，區區100美元的獎勵金起不了多大的作用。我們的結論是，如果我們所做的事讓這些專業人員感覺到是重要的，而且我們以非常專業的態度在做這件事，他們就會參與。否則的話，那就表示我們所做的事並不被認為是有用的，我們可能得重新檢視我們的方法和研究案。我認為這項結論也可以沿用到其他的社群。如果你正在做的事被認為相當有價值，而且你以相當專業和敬業的方式來從事，人們就會有所回應。

過去我們付費給人們（低收入或專業人員），我們並未看到任何證據顯

示這些人會因我們付費而說出我們想聽的話。再度重申,我們認為這項議題是要保持平衡的,精良的問題設計,對回應者言而有信,及確保回應者的回答是保密的。

至於低收入者,若你要求低收入者前來接受訪談,而他們並沒錢支付交通費、兒童照顧費等等時,獎勵金就會帶來很大的好處。在這些情況下,獎勵金就可用來協助這些人因應資源短缺的窘境。在最近一個案例中,我們就感覺到我們必須在一低收入社區發給獎勵金,因為該地區已被很多公司做過調查,且他們都提供獎勵金。有人告訴我們此地居民已期待他人付費才會提供資訊。結論是,就我們所使用的方法而言,我們不見得一定要付費,除非當事人認為我們必須要付費。

關於付費給低收入社區來進行訪談,也浮現了許多問題。我們也遇過一些人將給予低收入居民的補助一毛不漏的都計算入低收入居民的收入裡。而訪談者帶著支票或現金出入這些地區,也潛藏著一些安全上的議題。

我並非反對提供誘因。在某些情況下,例如小額的、適宜的誘因,的確很有效。我的主張是研究同儕們不應該陷入使用誘因的框架中,而是應不斷地檢核使用誘因的所有議題,而非只是單純地假定這是有效或需要的。(Reed, 2000)

替代現金的其他誘因,常常可以激發更深度的互惠感(sense of reciprocity)。我在從事家庭史訪談(family history interview)時,發現給予受訪家庭一份訪談錄音帶備受喜愛,且能增加回應的深度,因為他們不只是對我(訪談者)說,他們也對他們的子子孫孫訴說著他們家族的故事。在一個鄉村地區的研究案中,我們隨車攜帶一台錄音帶拷貝機,訪談一結束就立刻給拷貝一卷錄音帶留給他們。提供受訪者一份完整的訪談逐字稿,對受訪者而言更有吸引力。在一項幼兒親職教育方案中,蒐集的資料包括有父母和其子女玩耍的錄影帶,這些錄影帶拷貝就被父母視如珍寶。支持這些交換的基本原則,就是互惠。研究參與者提供給我們非常有價值的東西---他們的故事及他們對世界的視角,我們也應該提供一些回饋,來表現我們看重他們的付出。

訪談者應多用力推進敏感性資訊?

有技巧的訪談者能使人們說出一些事,也許他們在受訪後會覺得後悔說出這些事來。也許在訪談中分享一些秘密,會使人們減輕心理的負擔,使他們一吐胸中的鬱悶。既然我們無法確定知道訪談後之狀況,訪談者時常面臨應否推進敏感性資訊的倫理挑戰。Herb和Iren Rubin

（1995）描述其訪談一名泰國行政人員的經驗，那人在他們訪談工作結束兩個月之後自殺了。「這使得我們開始懷疑，如果我們當時鼓勵他多談一些他的難題，或許會使他更清楚那些難題。」（p.98）

訪談者要多用力推進敏感性資訊的決定，必須在對受訪者可能造成的壓力及可能獲得答案之價值，二者之間取得平衡。這有賴研究者的敏覺力，但並非訪談者要獨自承受的重擔。當我見到受訪者掙扎著擠出答案，時而遲疑，時而困惑，我就知道這個問題使那人感到痛苦或不舒服，此時我偏好將受訪者視為伙伴，一起決定要多深入來追索這個問題。例如我會說：「我理解要去談這些是很困難的，有時人們說出來後心情會變得好一些，有時則不然。由你去決定你要與我分享多少。如果你告訴了我一些事情及你的感覺，但之後你後悔了，我保證將它從訪談記錄裡刪除。這樣可以嗎？事實上，我真的很有興趣想要知道發生了什麼事，所以請你告訴我你覺得可以告訴我的事情。」

小心！危險！

在我們的教學及著作中，我們常向學生推銷一種平順、近乎理想化的研究歷程模式，乾淨、整齊、沒有任何難題……或許我們應該更為開放，且誠實告知從事研究時會經歷的痛苦，以使滿懷抱負的研究者能及早準備和提防警戒。

— *Maurice Punch* （1986）

在《藍色街道》（*Hill Street Blues*）這部電視影集中，警局巡官在每日集會簡報後，對其他警員說：「到外面去要小心一點。」這說法也可用來告誡從事實地工作和訪談的質性研究者。對於那些參與我們研究，告訴我們他們的故事的人，我們應該予以慎重保護。而且我們也應該保護自己。

我曾經在一個咖啡廳訪談一名年輕人，從事累再犯的研究，這時有另一人出現了，一場交易就發生在面前，然後我才明白我被他利用來作為毒品交易的掩護。在從事直接了當的成果評鑑時，我也曾發現了一些非法和不道德的活動。當我們團隊在明尼蘇達州受創農村家庭作需求評估時，我們得事先警覺的通知郡中警局我們在何處訪談，以預防發生任何問題。一名警長回電話說他們在郡中發現有人行騙，有一對情侶開著卡車乞求幫人裝修房屋，然後拐騙頭期款之後逃跑。因為我們正是以兩

人一組且開著卡車，警長在確認我們工作一切合法之後，提供給我們一封介紹信，我們當然欣然接受。

我指導了一份博士論文研究，涉及到訪談一些年輕男妓。我們向地方警方及檢方說明該項研究，並取得受訪者同意，且承諾遵守保密原則，使研究發現的貢獻能有助於減低男妓猖獗及愛滋病的傳播。此外，這也是不適合付費給受訪者的案例。而該位研究生所提供給受訪者的互惠誘因，則是爲他們解釋其人格測驗的結果。

那些看似單純的實地工作也可能變得非常危險，一個以紐約市區餐廳文化爲主題的博士論文，就是一個很有名的例子。博士研究生Mario Brajuha透過深度訪談，從在餐廳工作和用餐的人員那兒，蒐集到詳盡的資料，有關於他們的生活及他們對與該餐廳有關的其他人的看法。他如常般承諾保密。在實地工作中期，餐廳遭遇火災，警方懷疑有人縱火，在得知他的訪談之後，警方要求調閱他的訪談札記。他決定要履行保密的承諾，並因而入獄服刑，而非交出他的札記。這個案子纏訟數年，打斷了他的學業及生活。再度確定了研究者在涉及法院傳喚時，缺乏像神職人員和律師那樣的保護，儘管承諾要保密（詳見Hallowell, 1985; Brajuha and Hallowell, 1986）。

在蒐集資料前事先考量潛在危機會有幫助，但Brajuha也無法預知此一縱火事件，而事先作好準備。如同Maurice Punch（1986）所觀察到的，像是他曾經身歷其境一般：「無論你在之前的訓練做了多少事前準備，如何能在上膛的左輪手槍掉在大腿上時做出應變，就是你必須在當下就解決的問題。」

對訪談的個人省思

雖然有著危險，但也有許多酬賞。

我發現訪談人們可以是令人振奮且相當刺激的。這是一個機會，使我們能在短時間之內，進入其他人的內心世界。如果參與觀察意指「以我的雙足行遍四方」，則深度訪談即意指「以我的頭腦行遍四方」。這些旅程帶領著訪談者開啓了嶄新的世界。

我個人相信，要成爲一位優秀的訪談者，你必須喜歡這份工作。這

意指對人們所要說的話很感興趣。你自己必須相信,受訪者的想法和經驗很值得你去瞭解。簡言之,你必須對那些願意與你分享他們的時間、協助你瞭解他們世界的人們,抱持最高度的敬意和謝意。有一個蘇非教派的故事,描述了當訪談者失去了基本的敏覺力和尊重時,會發生什麼事。

與猴王的訪談

有一個人曾經花上數年光陰去學習猴子的語言,以便他能與猴王訪談。在完成猴語的學習之後,他很仔細地訪查,以發現猴王的棲身之處。在尋找猴王的旅程中,他和許多下屬的猴子們談過話,他發現一般說來,他所談過話的猴子既不有趣也不聰明。他開始懷疑是否真能從猴王身上學到東西。

終於,他來到猴王的處所,且安排好了訪談。然而,由於他的懷疑,他決定在進入他真正感興趣的較深度問題之前,先以一些基本的問題來作為開場。

「樹是什麼呢?」他問道。
「樹就是樹。」猴王說,「我們用樹來盪鞦韆,使我們在叢林中移動。」
「那麼香蕉的目的是什麼呢?」
「目的?為什麼?它們是用來吃的。」
「動物如何尋找樂趣呢?」
「藉著做一些他們喜歡做的事。」
此時,這人決定這猴王的回答相當膚淺無趣,於是非常失望地踏上歸途。
稍後,一隻貓頭鷹飛到猴王身邊的一棵樹上。「那人在這兒做什麼呢?」貓頭鷹問道。
「噢,他只是另一個愚蠢的人類。」猴王說。
「他問了一些簡單且毫無意義的問題,所以我也給他簡單且毫無意義的答案。」

並非所有的訪談都是有趣的,也並非所有的訪談都可順利進行。訪談中當然會有不合作的受訪者,如好誇大其辭的人、過度敏感且易於羞赧的人、具攻擊性和敵意的人、膽怯的人,以及喋喋不休、一點小事可

說上長長一大串話的人。當訪談進行不順利時,訪談者很容易提出這些刻板印象中的任一個,來解釋受訪者如何破壞訪談。然而,此類對受害者(受訪者)的指責,對於改善資料的品質,實無甚助益;它亦不會改進訪談的技巧。

　　一個不同的取向,是相信一定有方法可以開啟每一位受訪者的內在視角。去發現那一種訪談風格和那一種問題格式對特殊的受訪者有效,是訪談者的任務和責任。訪談者亦有責任建立一種可促進開放式回應的訪談氣氛。當訪談進行不順利時,那是訪談者的責任,而非受訪者的罪過。

---

*Halcolm*對訪談的至理名言

　　詢問。

　　聆聽和記錄。

　　詢問。

　　聆聽和記錄。

　　詢問是莊重的責任。

　　聆聽是特別的恩典。

　　研究者,聆聽和觀察。記住,你的問題也正在被你所研究的人們研究著。評鑑者,聆聽和觀察。記住,你也正在被你的問題所評鑑著。

　　詢問是尋找進入另一個人之世界的入口。所以,要以尊重和真誠來詢問。不要浪費問題於瑣事和詭計之上,因為你所接受的回答禮物之價值,將是你問題之價值的反映。

　　有技巧的詢問者受到祝福,他們將在言詞上登峰造極。

　　智慧的詢問者受到祝福,他們將開啟潛藏的知識長廊。

　　聆聽的詢問者受到祝福,他們將獲得觀視洞察的能力。

附錄 7.1 詳細的訪談導引之實例

描述性訪談的指導原則

指導原則的精神

　　這份指導原則並非一張檢核表。如果它是的話，它將會妨礙研究的基本策略---充分利用教師或其他團隊成員的觀察和思考。這項指導原則係作為在全年課程中討論話題的索引。

指導原則的組織和使用

　　這項指導原則中的討論話題可分成三大類別：
1. 明顯重要之觀察（Salient Observations）
2. 一般性行為之話題（General Behavior Topics）
3. 語言和閱讀之話題（Language and Reading Topics）

　　這與每一次訪談的組織大略一致，雖然其呈現順序不一定相同。亦即，每一次訪談皆始於教師從觀察中所衍生的鮮明印象---即教師認為重要且可做報告的有關兒童之事。憑藉著那些印象，訪談者會在這項指導原則中選取相關的話題。例如，如果教師以描述兒童所做的一些有趣的工作來開始訪談，訪談者可能會配合他們談話的結語，而詢問有關兒童工作方法的問題。在探索了其他似乎與討論旨意適切相關的話題之後，訪談者才會轉而去談論在其他類別中的一些話題。另一方面，如果教師的鮮明印象，主要是關於閱讀，則訪談者將直接進行與閱讀相關的話題，最後才會回到綱要中稍早的話題上。

　　在整個訪談之中，教師應盡可能力求描述性，而訪談者應藉由詢問具體的事例，來致力於促進其描述。

指導原則中涵蓋的話題

　　沒有一場訪談可涵蓋這份指導原則中的所有話題。然而，在一整年五次訪談的過程中，我們將能夠獲得與每一個話題有關的資訊。

　　某些話題（如，生理／動作特徵）可能只被討論過一次；其他話題（如，活動和閱讀能力）無疑地將會在每一次訪談中觸及到，以更新對兒童的文件記錄。教師和訪談者的判斷，將為任一次訪談決定最有關聯的討論話題。

1. 教師對兒童工作的重要觀察

　　這基本上涵蓋教師自身在常態授課中對兒童的觀察所獲得的印象。包括：

　　　任何適當之處
　　— 對持續性／改變／波動的評論
　　— 對兒童工作樣本的評論
　　當日的組織（只針對第一次訪談）
　　— 組織中的任何改變（後續的訪談）

2. 一般性行為之話題

　　A. 生理／動作特徵
　　　— 典型的姿態舉止
　　— 移動的速度
　　— 生理體格相貌
　　— 姿勢動作特徵
　　— 眼光接觸
　　— 聲音品質（如，大聲、柔軟、流暢、沙啞）
　　　　— 聲調/抑揚頓挫
　　B. 情感表達
　　　— 性格傾向／氣質，以及如何表達？
　　— 如何表達或控制憤怒？
　　　　— 如何表達情感？
　　　　— 精力能量的一般水平
　　C. 關係
　　　— 兒童與整個班級的關係（融入於班級）？
　　— 在工作／遊戲中，兒童會尋求何種社會情境？
　　— 其他兒童會和該兒童來往嗎？

　　　— 與成人的關係
　　　— 在不同場合、不同時間，其互動會有變化嗎？
　　D. 活動
　　　— 當有機會做選擇時，兒童會在教室中做什麼？
　　　— 活動的廣度和深度
　　　— 兒童會從事的不尋常活動是什麼？
　　　— 兒童在教室中從未從事／嘗試的事是什麼？
　　E. 工作的方法
　　　— 兒童如何為工作而組織自己？
　　　— 兒童如何持續進行工作？
　　　— 兒童會尋求有關工作的回饋嗎？何時？向誰？
　　　— 兒童會請求工作上的協助嗎？何時？向誰？
　　　— 兒童會運用他人所提供的協助嗎？如何運用？
　　　— 兒童「知道他所知道的」之證據
　　　— 兒童能判斷自己能力之證據
　　　— 兒童如何證明其能力？
　　F. 學校相關工作（除閱讀之外）之進步情形的摘要
　　　— 差異的/平均的進步情形
　　　— 不尋常的成就、活動
　　　—不尋常的困難、阻礙
　　（限於篇幅，本指導原則的其餘部分省略）

資料來源：Bussis, Chittenden & Amarel （1973）. Educational Testing Service
（ETS）.

附錄 7-2 標準化開放式訪談實例

下列所載之訪談，係使用於評鑑一項爲身心障礙者而設計的Outward Bound方案。Outward Bound是連用荒野作爲經驗性教育媒介的一個組織。此一特殊的方案包括在Minnesota荒野地區的十天經驗。這個團體係由一半身心健全的參與者和一半身心障礙者所組成。身心障礙參與者包括半身不遂者、腦性小兒麻痺患者、癲癇患者或其他發展性障礙、盲者和聾者，以及一位綜合性障礙者。第一次訪談於方案開始之初進行，第二次訪談則進行於七天經驗結束之時，而第三次訪談於六個月之後進行。爲節省篇幅，許多探問和詳細說明的問題已被刪除，而書寫筆記的空間也省略掉了。僅保留訪談的整體形式。

課程前訪談：明尼蘇達Outward Bound學校課程

這項訪談將於課程開始之前進行，作爲評鑑歷程的一部分，有助於我們規劃未來的課程。你已簽署了一份訪談同意書，表示你同意接受這項訪談。訪談將會錄音且作成紀錄。

1. 首先，我們很有興趣想知道你如何投入於這個課程中。你如何知道有關這個課程的？
  （1）這課程吸引你的地方是什麼？
  （2）你先前有什麼戶外經驗嗎？
2. 某些人很難以決定參與Outward Bound的課程，而其他人則可輕易地決定。在你思考是否參加時，你經歷過什麼樣的決定歷程？
  （1）你曾經關心到什麼特別的事？
  （2）現在你的生活中發生了什麼，刺激你決定參加這個課程？
3. 現在你已經決定要繼續參加這個課程，你對它有何感受呢？
  （1）你會如何描述你現在的感受？
  （2）你有什麼猶豫遲疑的懷疑或掛慮嗎？
4. 你對這個課程將如何影響你有什麼期待？
  （1）你希望這經驗爲你自身帶來什麼改變？
  （2）你希望從這經驗中獲得什麼？

5. 在這課程期間，你將會與同一群人共度一長段時光。對於成為像這個
   團體中的一員並共度整整九天，你有什麼感受？
   （1）根據你過去的團體經驗，你如何看自己融入你在Outward Bound
   的團體？

只對身心障礙者

6. 我們想要對課程結果有更多瞭解的事項之一，是身心障礙者的日常經
   驗。我們感興趣的一些事項是
   （1）你的身心障礙如何影響你所參與的活動類型？
   （2）你未曾做而你希望能夠做的事是什麼？
   （3）你的身心障礙如何影響你所交往的人群類別？（釐清：）某
   　　　些人發現，他們的身心障礙意指他們只能與其他也是身心障
   　　　礙的人交往。其他人發現，他們的身心障礙並不影響他們與
   　　　人們的接觸。在這方面你的經驗是什麼呢？
   （4）有時候，身心障礙者會發現他們在團體中的參與受到諸多限
   　　　制。在這點上，你的經驗是什麼呢？

只對身心健全者

6. 我們想要對課程結果有更多瞭解的事項之一，是身心健全者對與身心
   障礙者相處的感受。過去，你有何種與身心障礙者相處的經驗？
   （1）你個人對與身心障礙者一同工作有何感受？
   （2）當你與身心障礙者相處時，你發現你自己在什麼方面不同於你
   　　　平常的自我？
   （3）在Outward Bound課程中，你期望在與身心障礙者相處時，扮演
   　　　什麼角色？（釐清：）是否有任何特別的事情，是你預期必須
   　　　要做的？
   （4）當你考慮參與這項課程時，你對於成為Outward Bound中的一員
   　　　與身心障礙者相處，有何特別的感受？
7. 這項課程中，大約一半的參與者是身心障礙人士，而大約一半則非身
   心障礙人士。你期待你與身心障礙者的關係如何不同於你與非身心障
   礙的課程參與者的關係？

8. 我們很想知道有關你典型上如何面對新情境的一些事。有些人喜歡直接投入新的情境中，無論是否有些冒險。其他人則對進入新情境較為謹慎，直到他們對新情境知道更多為止。在這兩者之間，你會如何描述你自己呢？

9. 好的，你給予我們莫大的幫助。現在，有其他你想要與我們分享、以協助我們瞭解你如何看待這課程的想法或感受嗎？任何你想要補充的事？

課程後訪談

我們是在你Outward Bound課程結束時，進行這項訪談。我們希望這會有助於我們更加瞭解你所經驗的，以使我們能改進未來的課程。你已簽署了一份訪談同意書，同意這項訪談中的材料可被使用於對這課程的書面評鑑中。訪談將會錄音且作成記錄。

1. 在什麼程度上，這課程符合你的期待？
    a. 它與你所期待的有何不同？
    b. 在什麼程度上，你於課程之前所關心的事情成為事實？
        b-1. 什麼事情成為事實？
        b-2. 什麼事情未成事實？
2. 這課程對你個人有何影響？
    a. 參加這課程的結果，你看到或感覺到自己有何改變？
    b. 你會說你從這經驗中獲得了什麼？
3. 前九天中，你一直與同一群人在一起，你對於那段時間中成為同一團體中的一員，有何感受？
    a. 你對這個團體有什麼感受？
    b. 你覺得你在團體中扮演什麼角色？
    c. 你與這個團體相處的經驗，如何不同於你與其他團體相處的經驗？
    d. 這個團體如何影響你？
    e. 你如何影響這個團體？
    f. 在團體中你與身心健全者的關係，如何不同於你與身心障礙者的關係？

4. 這個課程產生效果的是什麼？使這個課程不同於其他的是什麼？

    a. 你所見到這課程的重要部分、並使Outward Bound成其所是的是什麼？

    b. 對你來說.這課程的高峰是什麼？

    c. 這課程的低潮是什麼？

5. 你認為，當你回到家中時，這課程將會如何影響你？

    a. 這個星期中，你所經驗的什麼事情，會持續影響你的正常生活？

    b. 這課程的結果，使你有什麼計畫要去改變任何事或做任何不同的事？

只對身心障礙者

6. 在課程之前，我們曾問過你有關你作為一位身心障礙者的經驗。現在，對於作為一位身心障礙者，你有什麼感受呢？

    a. 你的身心障礙如何影響你在課程中所從事的活動類型？

    （釐清：）什麼事情你是因為身心障礙而未去做？

    b. 你在團體中的參與，如何受到身心障礙的影響？

只對身心健全者

6. 在課程之前，我們曾問過你有關你對與身心障礙者相處的感受。過去九天的經驗結果，你對身心障礙者的感受有何改變？

    a. 你對自己與身心障礙者之關係的感受，有何改變？

    b. 你個人從與身心障礙者相處或工作之中獲得些什麼？

    c. 你在與身心障礙者相處時，扮演什麼角色？

    d. 這角色如何不同於你通常與身心障礙者相處所扮演的角色？

7. 在課程之前，我們曾問過你典型上你如何面對許多不同的新情境。過去的九天之中，你已面對過許多不同的新情境。就你處理這些新情境而言，你會如何來描述你自己？

    a. 這與你通常處理事情的方式有何不同？

    b. 你認為此項經驗會如何影響你處理未來的新情境？

8. 假設政府機關就是否應資助像這樣的課程來請教你的意見，你會說什麼？

    a. 你會提出什麼論證來支持你的意見？

9. 好的，你已給予我們莫大的幫助。我們仍很感興趣於任何其他你想要與我們分享的感受或想法，以協助我們更瞭解你的課程經驗，以及它如何影響你。

六個月後追蹤訪談

這次訪談是於你Outward Bound課程結束之後約六個月進行，以協助我們更加瞭解參與者的經驗，使我們能夠改進未來的課程。

1. 回顧你的Outward Bound經驗。我想請你描述你所認為的課程之主要元素為何？使Outward Bound課程成其所是的是什麼？

    a. 你記得這個課程對你最重要的部分是什麼？

    b. 這個課程的低潮是什麼？

2. 這個課程對你個人有何影響？

    a. 你參與這個課程的結果，你看到或感覺到自己有何種改變？

    b. 你會說你從這項經驗中獲得了什麼？

3. 你曾與同一群人相處了九天，自此之後，你在Outward Bound團體中的經驗如何影響你對團體的參與投入？

只對身心障礙者（訪談之前檢核先前的回應。如果其態度似顯改變，詢問他們是否覺察到態度上的改變。）

4. 在課程之前，我們曾請你告訴我們作為一位身心障礙者是如何的情形。現在，你對作為一位身心障礙者的感受是什麼？

    a. 你的身心障礙如何影響你所從事的活動類型？（釐清：）因為你是身心障礙者而未做的一些事是什麼？

b. 你的身心障礙如何影響你所交往的人群類別？（釐清：）某些人發現，他們的身心障礙意指他們只能與其他也是身心障礙的人交往。其他身心障礙者則發現他們的身心障礙不會限制他們與人們的接觸。你的經驗是什麼呢？

c. 參與Outward Bound的結果，你相信你已如何改變處理自身障礙的方式？

只對身心健全者

4. 在課程之前，我們請你告訴我們與身心障礙者一同工作是如何的情形。現在，你對與身心障礙者一同工作的感受是什麼呢？

a. 你個人感覺你從與身心障礙者一同工作中獲得了什麼呢？

b. 當你與身心障礙者相處時，你發現你自己與你平常的自我有何不同？

c. 當你想到你的參與課程時，你對成為課程中的一分子與身心障礙者相處，有什麼特別的感受？

5. 課程中大約有一半的人是身心障礙者，而另一半則非身心障礙。在什麼程度上，你發現自己與身心障礙者相處的行動不同於你與身心健全參與者相處的行動？

6. 在課程之前，我們曾問過你，典型上你如何面對新的情境。例如，某些人喜歡直接投入新的情境中，即使有些冒險；其他人則較為謹慎等等。現在，在這方面你會如何描述你自己呢？

a.在什麼程度上，你處理新情境的方式是你Outward Bound經驗的結果？

7. 是否有任何方面是Outward Bound課程影響你，而我們尚未討論到的？（如果是）如何？你能詳細說明嗎？

a. 有什麼事是你在課程的那星期中所經驗且持續影響著你的生活？

b. 課程的結果，使你做了什麼計畫，如果有的話，以改變任何事或以不同方式來做任何事？

8. 假設政府機關就是否應支持像這樣的課程來詢問你的看法。你會說什麼呢？

 a. 誰不應該參加像這樣的課程？

9. 好的，你已給予我們莫大的幫助。是否有任何其他的想法或感受是你可能與我們分享，以協助我們瞭解你對課程的回應以及它如何影響你的呢？

 a. 任何事你想要補充的？

8

質性分析和詮釋

完全的分析

只有當你停止觀察、收拾起背包、離開實地時，你才會特別清楚地看到，有一個關鍵的活動，你應該要觀察......但你卻沒有。

只有當你關掉錄音機，和受訪者道完再見，離開時，你才會立刻清楚地意識到，有個關聯整樁事件的至關重要問題，你應該詢問......但你卻沒有。

只有當你開始對資料進行分析時，你才會完全明白，你遺漏了最重要的資訊，沒有這些資訊，根本就無望對你已經擁有的資料做出任何有意義的結論。

識此之故，完全的分析是不存在的。

分析只能使研究者終於明白，什麼才是最重要且必須要研究的，如果我們能夠事先知道的話。

評鑑報告只能使決策者終於瞭解，什麼才是他們真正想知道的，但總是無法在當時就說得清楚。

分析所帶給我們的，是當發現毫無結果時的恐懼，和當確定發現終極真理時的狂喜。而在這兩端之間，是長期的艱苦耕耘、深入的思考，以及堆積如山的資料。

--摘自Halcolm《評鑑研究法則》 (*Laws of Evaluation Research*)

挑戰

質性分析將資料轉化為研究發現（findings）。此一轉化並無公式可循。指導原則則是有的，但並無標準作業程序。有一些可資依循的方向，但終點則因每一位探究者而異，只有在探究者抵達終點時，他們才會知道。

中古世紀的煉金術，目標在於從鐵器提煉出金子。現代煉金術，目標在於將原始資料（raw data）轉化為知識（knowledge）。稀有性增加其價值。精緻的質性分析仍然是相當罕見且困難的，所以，極其珍貴。

隱喻（metaphor）饒富趣味。分析開始於幼蟲時期，一旦充分發展，不起眼的毛毛蟲就會「完全變態」蛻變成為斑斕美麗的蝴蝶。或者，探究者處理原始資料的行動，像是化學接觸劑，透過互動，會從接觸轉化中合成，而產生全新的物質。或者，研究發現的逐漸顯現，就像是以馬賽克磁磚拼貼來創作一幅壯觀的壁畫，必須從整體來觀看，才能瞭解每一部份的意義。

　　想想看貫穿於這些隱喻的組型和主題。蛻變，轉化，轉變，合成，從部分到整體，理解意義。這些貫穿質性分析的意旨，就像是皇袍上金黃色的絲線，裝飾了皇袍，提升其品質，賦予皇袍身份地位的表徵。而這件金光閃閃的皇袍，則是製作師傅的技巧、知識、經驗、創意、勤勉和努力等交織而成的。

　　分析中，沒有任何抽象的歷程---無論賦予多麼堂皇的名字和多麼細膩的描述---可以取代質性分析者的技巧、知識、經驗、創意、勤勉和努力。識此之故，Stake（1995）將此稱為個案研究的「藝術」。Van Maanen（1988）在其神話傳說的俗民誌著作中，亦強調故事敘說的質性書寫。Golden-Biddle和Locke（1997）以「故事」作為其《書寫質性研究》（*Composing Qualitative Research*）一書的中心主題。Corrine Glesne（1999），一位研究者和詩人，以故事之類比，來描述質性分析為「發現你的故事」（finding your story），且將此一分析歷程表徵為「即興創作一首世界的歌」。Lawrence-Lightfoot（1997）則將質性分析的形式稱為「肖像畫」（portraits）。Brady（2000）探索「人類學之詩詞」（anthropological poetics）。Janesick（2000）在其《質性研究設計之舞碼》（*The Choreography of Qualitative Research Design*）以「舞蹈」來表徵，且建議我們必須要做些「伸展活動」來「暖身」。Hunt和Benford（1997）則想到劇場，使用「演劇法」（dramaturgy）來檢視質性研究。Richardson（2000b）提醒我們，質性分析和書寫不只是讓我們能理解世界的意義，更能夠理解我們與世界的關係；在我們發現一些有興趣探究的現象時，我們也發現有關於我們自己的事。在此一複雜和多元層面的分析統整之中，熔學術科學、創造藝術和個人反思於一爐，而我們也將訪談、觀察、文件和實地札記鑄鍊成為研究發現。

　　質性分析的挑戰，在於要去理解大量資料的意義。這包括減少原始資料的數量，從瑣碎中萃取出顯著意義，辨認出顯著的組型，並建構出

可用以溝通所發現之資料本質的架構。問題在於：「在質性資料分析上，很少有能夠被一致接受的準則。像是被共同認可的基本規則，以得出結論，並驗證結論的確定性。」（Miles & Huberman, 1984:16）。沒有任何公式，可據以斷定顯著意義。沒有任何方式，可完美地複製研究者的分析思考歷程。沒有直截了當的測驗，可應用於信度和效度之檢驗。簡言之，沒有絕對的規則可循，除了：盡力且充分地發揮你的智慧，持平地且再現你的資料，且基於特定的研究目的，溝通資料所要呈現的訊息。附錄9.1「一位文件紀錄者的視角」會帶你進入一位新手分析人員的經驗，體會她如何嘗試去理解她從觀察和訪談中所蒐集到的大量資料。

分析質性資料的指導原則多得不勝枚舉，仔細研究質性分析的實例可能會特別有幫助，可參見Miles和Huberman（1994）的著作。然而，指導原則、程序建議和實例，都不是必須遵循的規則。應用指導原則有賴判斷和創造力。因為每一項質性研究都是獨特的，其所運用的分析取向也是獨一無二的。因為，在每一個階段，質性研究的品質均取決於研究者的技巧、訓練、洞察和職能。質性分析最終則取決於分析者的智識和風格。質性研究和分析的這項人類因素，具有最大的長處，和根本的弱點---這是刀劍的雙面刃。

本章所要提供關於分析的策略、指導原則和想法，只是建議，僅供參考，但不宜被其所侷限住。在實際從事分析時，研究者必須加以調整，以適合特定的情況和研究。無論如何進行分析，**分析者都有責任盡可能完整和真實地監控和報告自己的分析程序和歷程**。這意味著，質性分析是實地工作的一個嶄新階段，分析者在進行分析時，也必須觀察自己的分析歷程。分析者的最後一項任務，是要在其研究報告中，分析和報告其分析歷程。這類報告的程度則端視研究目的而定。

目的即背景脈絡

目的指引了分析。第五章呈現了研究目的之類型：基礎性研究、應用性研究、總結性評鑑研究、形成性評鑑研究和行動研究。這些不同的研究目的，對分析具有重大影響，因為它們涉及到結論些什麼和如何呈現的規範和期待。

<u>基礎性研究</u>的特點，是其以學術論文和論文發表的方式提出報告。

這類研究報告基本上關注的是，該研究對社會科學理論之貢獻。研究所奠基的理論架構（theoretical framework）強烈地形塑著分析。如同第三章所論述的，俗民誌研究的理論架構，迥然有別於俗民方法論、啓思研究或詮釋學等。

應用性研究的學術性之強弱，則端視研究報告的主要讀者群是誰。如果主要讀者群是學者，那麼，應用性研究就會以基礎性研究的標準來檢驗，也就是說，以學術研究的嚴謹性和其對理論的貢獻來衡量。但如果其主要讀者群是政策制訂者，那麼，研究發現的關聯性、清晰度、實用性和可應用性，就會變成最重要的因素。

對於**學術性質性研究**（scholarly qualitative research）而言，有關該研究主題的已出版文獻，有助於使該項研究焦點明確。學術社群會對於某些特殊問題進行持續性的對話。因此，分析的焦點可以從這些研究領域之現有文獻中衍生出來。文獻也很可能對該項研究的初期設計有所貢獻（隱諱地或公開地），因此，重新造訪這些文獻，會有助於凝聚分析的焦點。

評鑑研究的焦點，則衍生於評鑑歷程初期所產生的問題，理想上，是透過與研究發現的意圖使用者互動而產生出來。在展開資料蒐集之前，需花費很長的時間與委託單位人員溝通評鑑問題的概念化和聚焦。早期對於評鑑目的的協商，經常涉及到重要的細微差異。一旦開始蒐集資料並進行分析之後，重新檢視這些目的上的細微差異，會有助於使分析集中焦點。此外，亦可與評鑑之意圖使用者重啓討論，以確定評鑑的最初焦點仍維持不變。首先，這有助於評鑑研究者確定分析能聚焦在所需要的資訊上；其次，亦讓意圖使用者對可能的結果先有心理準備。在開始正式分析時，研究者對於所蒐集到的資料回答了哪些問題，要有較清楚的瞭解，並檢核哪些問題要在研究報告中優先呈現出來，且指出實地工作中浮現了哪些新的可能性。

總結性評鑑是以其對一個方案的決策或介入措施的貢獻程度，來加以衡量，通常這些判定係有關於其整體效能、連續性、擴展性和/或對其他地區的可複製性。一份完整的總結性評鑑報告，必須能呈現資料、詮釋和建議。相反地，*形成性評鑑*則用於改善方案，甚至不會有書面報告，研究發現主要以口頭報告方式呈現，摘要性的觀察會以綱要的形式列舉出來。由於形成性回饋的即時性要求，以及正式書面報告的高昂成

本，使得完整的書面報告並非如此必要。不過，在某些情況下，資助單位亦可能要求謹慎地記錄、完整地發展和正式書寫的形成性報告。多數時候，工作人員和資助單位想要的是一位有經驗的局外人對於方案的洞察，有效地訪談參與者，觀察方案中所發生的事，而且提供真正有用的回饋。研究方法是質性的，但研究目的則是相當實務性的，分析在整個實地工作持續進行，書面報告則可有可無。學術理論在瞭解方案的行動理論上，扮演次要的角色。此外，對工作人員的形成性回饋必須持續提供，而非只在方案結束時報告而已。書面報告僅止於對所觀察到的情形和觀察結果所顯示的涵義做提綱挈領的說明。

　　行動研究報告的形式，也是各有千秋。**在許多行動研究中，歷程本身就是研究的產物**，因此不必為外界的需要提出一份報告。另一方面，有些行動研究是用來檢驗組織和社團的發展理論，因此會要求提出一份相當具有學術性的報告和發表。然而，由一群人為解決某個特殊問題而進行的行動研究，需由這群人共同參與和分享分析的過程，以產生彼此都能明瞭和接受的解決策略，並不需要呈現永久性的書面分析紀錄。

　　撰寫**學位論文**的學生會被要求按照非常正式和明確的分析程序來產生專題論文，而且高度關注研究方法的嚴謹性，經常必須以一整章來詳細報告方法論的所有層面，包括詳細討論分析的程序、難題和限制等。

　　此處的要點在於，根據不同研究目的和研究報告之讀者群，分析的嚴謹性、持續性及其程序即有相當大的變異。同樣地，研究報告的形式也就各取所需。因此，最重要的是，分析有賴於對研究目的之明確認識（如同研究的所有其他方面一樣）。

展開分析

　　研究文本很難在資料蒐集和分析之間做一個清楚的區分。以調查、標準化測驗和實驗設計為基礎的資料蒐集，資料蒐集和分析之間的界線，是相當清楚明確的。然而，自然式探究的流動性和逐漸顯明性質，則使得資料蒐集和分析之間的區分，沒那麼絕對。在實地工作期間，有關分析方向的想法就會出現。一些組型開始成形，可能的主題在腦海中流轉，假設也逐漸浮現出來，指引後續的實地工作。雖然實地工作早期

階段也是逐漸開展的，跟隨著資料的指引，稍後階段接近結束時，則朝向能驗證資料蒐集的方向移動，以深化對於已顯現之組型的洞察，並尋求驗證（或否證）這些組型。

當研究者仍在實地中時，即試圖理解這些顯現的資料，構成了分析的開端。它們也同時是實地札記中的一部份。有時候，洞察也幾乎同時浮現。當我訪談麥克阿瑟基金會研究獎勵案的得獎人時，我正好訪談到一些人都正經歷著專業和個人的轉換期，從前一個較穩定的階段轉換至下一個階段。訪談的時程安排也讓我們做了一個在分析上的重要區分，區分獎勵案對於那些從穩定情況發生轉換之得獎人的影響。

記錄和追蹤在資料蒐集期間所發生的分析式洞察，是實地工作的一部份，而且也是質性分析的開端。我曾經聽說過，有研究生被教導在實地工作中要壓抑所有的分析想法，專心致力於資料蒐集。此項建議其實忽視了質性研究設計的逐漸顯明性質，以及實地本位分析式洞察（field-based analytical insights）的力量。當然，這也可能被過度使用。當實地工作持續進行中，放了太多注意力在分析上，也會妨礙自然式探究的開放性。絕對要避免太快做出不成熟的結論。然而，壓抑了分析式洞察，也可能會永遠失去這些洞察。壓抑這些實地中的洞察，亦可能喪失深化資料蒐集、檢驗那些洞察之真確性的機會，而無法在實地工作的結束階段視察到驗證的機會。在麥克阿瑟研究獎勵案的研究中，我在接近訪談結束前，增加了一些轉換期的個案樣本，以瞭解獲獎經驗之後發生轉換的不同情形，這就是一個由實地本位分析（field based analysis）所驅使的逐漸顯明、立意取樣的形式。某些資料蒐集和分析上的重疊性，也有利於改善二者的品質，只要實地工作者小心謹慎地不讓這些初步的詮釋侷限了分析的可能性。事實上，與其聚焦於驗證初步的實地假設，更應該特別敏覺於尋找其他可替代的解釋，和可能證實初步洞察無效的組型。

本質上，當資料蒐集正式結束，也是開始正式分析的時候了。**研究者有兩項基本的資料來源，可用於組織分析：（1）在實地工作之前的概念化和設計階段所產生的問題，以及 （2）從資料蒐集之中所浮現的分析式洞察。**

即使如此，當分析和書寫展開之後，實地工作也未必結束。有時候，分析時發現了一些鴻溝或模糊不清之處，亟需蒐集更多資料，只要有可能，會再次聯繫受訪者，以釐清或深化其回應；或是要做一些新的

觀察，來擴充描述。當我在書寫一本以大峽谷為基礎，描述現代男性成年禮的書時（Patton, 1999a），我前後四次回到大峽谷，來深化我對於峽谷地理景觀的瞭解，使我的描述更具有深度，而且我也與兩位關鍵報導人做了數次追蹤和釐清的訪談。每一次我都以為實地工作已經結束，我可以專心致力於書寫工作了，然而我又會膠著在某些點上，如果沒有更多資料，就沒辦法繼續書寫下去。這些就是質性研究中統整的、反覆不斷的提煉歷程。

　　最後一項警告：完美主義要為不完美付出流血代價。額外的實地工作經常是不可能的，因此，鴻溝和未解決的模糊之處，會在最後的報告中註明出來。學位論文未能跨越的最後期限也阻礙額外的驗證性實地工作。而且沒有任何額外的實地工作，可用來強行將真實世界的捉摸不定塞進固定的類別或匆促的結論中。完美主義者和強求終極分析者，都會損及歸納式、質性分析的真確性。發現了組型，只是分析的一種結果。發現了捉摸不定、反覆無常、模糊不清，則是分析的另一種結果。

厚實的描述

　　厚實的描述（thick description）提供了質性分析和報告的基礎。良好的描述，帶領讀者進入其所描述的場域之中。在William Foote Whyte（1943）經典著作《街角社會》（*Street Corner Society*）帶著我們進入他從事實地工作的貧民窟，向我們介紹那兒的特點。在Constance Curry（1995）對1960年代密西西比州Drew郡學校整合的口述歷史（oral history），述說一位非裔美國媽媽及其七名子女的故事，他們日日夜夜要面對來自頑抗的、憤怒的美國白人的威脅和恐嚇。透過深度個案研究，Angela Browne（1987）幫助我們去經驗和瞭解一位被暴力丈夫控制生活的受虐婦女之孤立和恐懼。透過深度的描述和豐富的引述，Alan Peshkin（1986）向讀者顯示「一所基本教義派基督教學校的總體世界」，如同Erving Goffman（1961）早期對其他「總體機構」（total institutions）如監獄、軍隊、寄宿學校、護理之家和精神病院等封閉世界的研究一般。Howard Becker（1953, 1985）描述一個人如何學習成為大麻煙的使用者，其描述的細節使得讀者像是可以從其書寫中聞到大麻的煙味一般。

　　這些經典的質性研究，都藉由對人物和地方做豐富的、詳細的和具

體的描述---「厚實的描述」（Geertz, 1973; Denzin, 2001） ---來向讀者開啓一個世界，讓讀者能瞭解到所研究的現象，並在閱讀分析結果後，能對於現象之意義和重要性做出自己的詮釋。

描述形式是所有質性報告的基石，無論其是學術性研究或方案評鑑。在評鑑研究中，基本的描述性問題包括：方案的目標是什麼？方案的主要活動爲何？人們如何進入該項方案中？方案的場域像什麼？參與方案的人們發生什麼事？對方案的參與者產生了什麼影響？厚實的描述帶領那些需要使用評鑑發現的人，能進入方案的經驗和成果之中。

研究的一項基本教義，諄諄教誨著要小心地將描述（description）與詮釋（interpretation）區分開來。詮釋包括解釋研究發現、回答有關「爲什麼」的問題、指出特定結果之重大意義、並找出分析架構之組型。在努力將前後一致的答案統整起來以回答描述性問題之前，即很快地跳進詮釋資料這項創造性的工作，是很誘惑人的。然而描述還是應該要優先完成。

現存某些用來組織和報告描述性發現的選項，如表例8.1所示，依據其是否敘說故事、是否呈現個案研究、或是否闡明其分析架構等，呈現一些選替性的策略。

這些用來組織和報告質性資料的方式，都不是互斥的，也不是窮盡的。在一項報告中的不同部分，可能會使用到不同的報告取向。重點在於，研究者必須有些初步的架構，來組織和管理實地工作中所蒐集到的大量資料。

例如，如果個人經驗的變異情形是研究的焦點，即適合使用這個人的所有資料，開始書寫個案研究。之後，才是跨個案分析（cross-case analysis）和比較分析（comparative analysis）。例如，如果研究者研究了十位犯行青少年，分析可能始於對每一位犯行青少年做個案描述，然後才進行跨個案分析。另一方面，如果研究焦點是一向以服務犯行青少年爲主的刑事司法方案，分析即可能始於描述其對於共通問題的回答有些什麼差異，以瞭解主要方案經驗的組型爲何，他們所喜歡和不喜歡的部分是什麼，以及他們認爲他們有些什麼改變等等。

表例 8.1　組織和報告資料的選項

故事敘說取向（*Storyterlling Approaches*）

編年史和歷史 (Chronology and history)	描述歷年來發生了什麼事，敘說從開始到結束的故事。焦點在於隨著時間推移的發展性，來描繪一個人的生命/生活，一個組織或社區的歷史，或一個家庭的故事。
倒敘(flashback)	從結局開始，然後回頭描述這個結局如何顯現出來。例如，一項方案的個案研究，可能始於其所達成的成果，然後呈現可用以闡述此項成果的歷年發展或故事。

個案研究取向（*Case Study Approaches*）

人物(people)	如果個人或團體是主要分析單元，則對人物或團體的個案研究即是報告的焦點。
關鍵事例 (critical incidents)	關鍵事例或主要事件可能構成自給自足的描述性分析單元，通常是以重要性的順序呈現，而不是其發生的時間順序。
場域(settings)	描述不同的地方、處所、場域或地點，從事每一個場域的個案研究，然後才進行跨場域之組型分析。

分析架構取向（*Analytical Framework Approaches*）

歷程(processes)	研究資料的組織，是用以描述重要的歷程。例如，對於方案的評鑑，可描述其成員招募歷程、社會化歷程、決定和溝通歷程等等。
議題(issues)	分析的組織係用以闡述關鍵議題，經常等同於主要的研究問題。例如，在領導力培訓方案上，可以衝突管理、協商技巧、提升創造力和有效溝通等議題，來組織質性報告。
問題(questions)	對於訪談的回應，可逐項依據訪談問題來加以組織，尤其是使用標準化訪談格式時。
既知概念 (sensitizing concepts)	當既知概念如「領導力」扮演導引實地工作的重要角色時，資料即可藉由這些既知概念來加以組織和描述。

分析訪談時亦然，分析者可以選擇從個案分析開始，或跨個案分析開始。以個案分析開始，意味著為每一位受訪者或每一個研究單元（如每一個關鍵事件、每一個團體或每一個方案現場）書寫一份個案研究。從跨個案分析開始，則意味著將不同受訪者對於共通問題的回答彙集在一起，或以一個中心的議題來分析不同的視角。如果使用了標準化開放式訪談，那就很容易為訪談中的每一項問題，進行跨個案或跨訪談的分析。如果以訪談導引法，不同受訪者的回答，可以依據訪談導引上的話題來分類，但須明白與該話題相關的資料不會出現在相同的地方。一份設計精良的訪談導引，實際上即構成一個描述性分析架構（descriptive analytical framework）。

質性研究經常包括兩類資料---個別個案和跨個案分析---研究者必須先從某處展開分析。試圖兩者同時進行，很可能會導致一團混亂。

組織資料

以質性方法所蒐集到的資料會相當龐大。我發現根本無法使學生們對大量資訊的蜂擁而至做好心理準備。當資料蒐集完成之後，他們往往發現自己困坐於繁雜龐大的資料堆中。要在無數頁的訪談紀錄中和所有的實地工作札記檔案裡尋找出其中的意義所在，是件工程浩大的工作。組織和分析這些堆積如山的資料，似乎是一項不可能完成的任務。

這座資料山有多高呢？想想看以下這個由美國疾病控制中心（Center for Disease Control）有關HIV疫苗試驗的社區研究。在一項稱為「連結社區與科學家」（Linking Communities and Scientists）的大型、複雜、多現場的研究案中，總共與238位參與者進行了313場訪談，產生了超過10,000頁的逐字稿文本，涵蓋了廣泛的話題（MacQueen & Milstein, 1999）。這是個極端的案例，單平均而言，一個小時的訪談，會產生10-15頁單行排版的文本；10場兩小時長度的訪談，就會產生200至300頁的逐字稿。

要組織資料來進行分析，第一件事是逐一檢視你的資料清單。實地札記完整齊備嗎？有哪些部分是你延宕未寫、但在開始分析之前必須補齊的？資料中有無任何明顯的遺漏，需要在開始分析之前蒐集更多資料來補充的？資料是否給予適當的標籤（如日期、場所、辨認受訪者身

份之資訊等），以便於擷取？訪談逐字稿完整嗎？研究者對所獲得的資料須瞭然於胸，對蒐集到的資訊之品質更要仔細檢視。**理解其整體**的意義。

一位學生的經歷讓我們看到了資料不完整的難題。她曾經在一項特殊的方案中和參與者進行了三十場「事前」與「事後」的深度訪談。訪談紀錄的謄寫過程就花掉了好幾週時間。她複印了其中三份謄寫稿，以便帶到討論會上請我們協助她的分析。可是當我閱讀這些訪談紀錄時，我感到我的心頓時沈到谷底。當其他學生正在看這些紀錄時，我把她拉到一邊，問她當時是怎樣對謄寫員交代的。因為剛讀了幾頁，我便清楚地意識到，這些並不是按照訪談原貌逐字逐句謄寫的紀錄---質性分析必要的原始資料。在其謄寫稿中，每個訪談的用語都是一樣的，句子的結構也完全相同，而且受訪者對問題的回答在文法上也都是正確無誤 的。可是，人們在自然的會話中根本不可能這樣說話。人們在自然的會話中的文法是粗糙隨意的，往往一個句子開了個頭，但還沒談完就被新的句子所打斷。謄寫員在這個學生不知情下，當然也沒有得到允許之下，自做主張地摘述受訪者的回答，因為「他們所說的那麼多內容只是毫無意義地聊啊聊的。」在這種情況下，我們必須將所有的訪談紀錄依其原貌再重新謄寫一次，才能開始分析。

先前我已討論過從實地工作到分析的轉換。謄寫逐字稿是資料蒐集和分析之間的另一個轉折點，是資料管理和準備的一環。研究者自行完成所有或部分訪談逐字稿（而不是將它們全都交給謄寫員），是一個深入沈浸於資料之中的機會，這經驗常能產生逐漸顯明的洞察。將手寫的實地札記打字出來，會是另一個促使研究者沈浸於資料之中的機會，亦是實地工作到正式分析的轉換。完成你自己的逐字稿，或至少藉由聆聽錄音帶來檢核逐字稿的精確性，會比只是處理由別人謄寫好的逐字稿更有助益。

保護資料

當訪談者確信所有資料都已蒐集齊全，已對資料的品質仔細檢視，並對漏失部分做了彌補之後，正式的分析就可以開始了。

如果是做學位論文和重大的學術性研究，嚴謹的做法是備份所有

的資料，將原稿真跡放在最安全的地方好好保存。確實，如果資料蒐集已進行了很長一段時間，明智的做法是一邊蒐集資料便一邊複印這些資料，並確信把一份副本放置於安全之處，不至於被損壞、遺失或毀滅。你所蒐集到的這些資料是獨一無二的，非常珍貴。你所進行的那些觀察、人們在訪談中對你說的那些話，都無法用同一種方式再次獲得的，即使你又進行了新的觀察和新的訪談，亦無法獲得完全相同的內容。而且，你曾經承諾要保密，你確有義務要保護這些資料。實地札記和訪談都必須被視爲無價珍寶，善加保護。

我在這方面所提出的忠告是因爲曾經歷了兩次災難。我在威斯康辛大學時，反戰示威者炸毀了物理系大樓，摧毀了好幾位教授一生工作的心血結晶。我還曾經有過一位讀心理學博士學位的學生，他把畢業論文包括所有的原始資料都放在他的汽車上。結果他所工作的精神療養診所中的一位憤怒的精神病患者，放火將他的汽車燒毀，也毀掉了他一切的工作成果。這兩起事件雖然並不常見，但其他許多喪失了所有研究成果的悲劇故事仍時有聽聞。所以我們必須有萬全的防備，以防萬一。

當一份完整的資料被放置於安全處後，其餘的一份將用於整個分析過程，一份用來在其上塗寫和做記號，還有一份或更多份則用來做剪貼。質性分析的大量工作涉及到創造性地剪貼資料，甚至用電腦操作時亦然。存有資料的磁片應作有足夠的備份，而主要的磁片原件是尋找材料和保持原始資料脈絡的關鍵資源。

電腦輔助質性資料處理與分析

電腦和軟體是**輔助**分析的工具。軟體不會真的分析質性資料。質性軟體程式（qualitative software programs）有利於資料的儲存（storage）、編碼（coding）、擷取（retrieval）、比較（comparing）和連結（linking），但由人類來從事分析。電腦軟體大幅度減輕舊時由手工歸位特殊編碼段落的辛苦勞力。分析程式加速了歸位編碼主題（coded themes）的程序，以類別（categories）來將資料彙集在一起，使逐字稿中的談話段落或實地札記中的事例可利於比較。然而，從事內容分析的分析人員，仍然必須要判定哪些事情可以放在一起，以形成一個組型，何者可以構成主題，如何命名，從個案研究可以推衍出什麼意義。人類，

而不是電腦軟體，必須判定如何架構一個個案研究，包含些什麼、要包含多少，以及如何敘說故事。當然，電腦還是可以在質性分析中扮演重要的角色，如其在統計分析中一般。

> 量化程式藉由更為精確、迅速地處理數字，使研究在很多方面產生了演化…許多冗長單調、乏味無趣、容易出錯的資料操弄程序，都被排除了。這使得研究者可以花更多時間於探究資料的意義。
> 　　與此雷同，QDA（質性資料分析）程式，亦排除了管理質性資料的辛苦勞力，而改善研究工作之品質。拷貝複製、重點強調、交叉參照、剪貼逐字稿和實地札記，滿地的索引卡、反覆分類卡片，以及找出被錯置的卡片等，都不再是質性研究的重點。使用質性程式來處理冗長單調的任務，就像〔量化研究〕那些人不必再用手計算數字一般。（Durkin, 1997:93）

　　質性資料分析涉及到創造力、智能訓練、分析的嚴謹性和大量辛苦的工作。電腦程序可能有利於分析的工作，但無法提供能使每一項質性分析具有獨特性的創造力和才智。而且，嶄新的軟體不斷被開發出來，且不斷更新，我們僅能提供採取電腦輔助分析的一般性指導原則。本章大部分內容仍將聚焦於涉及分析的人類思考歷程，而不是電腦可以解決的技術性資料管理策略。對於質性分析中應用電腦軟體的不同理論與實務議題，請參見Fielding and Lee（1998）的著作。

　　表例8.2 呈現一些電腦輔助質性分析軟體（computer-assisted qualitative data analysis software）的實例。有些一開始相當獨特的軟體，在愈來愈多軟體融合了類似的功能之後，變得愈來愈標準化了。他們都可以用來促進標示文本（marking text）、建立符碼冊（building codebooks）、索引（indexing）、類別化（categorizing）、建立備忘單（creating memos），以及呈現多元化文本入口（displaying multiple text entries）。某些可支持團隊工作和多個使用者。繪製圖表（graphics）和矩陣（matrix）的能力有別，但都愈來愈複雜精妙。所有這些軟體都需要花一些時間來學習操作和運用。如果研究者有愈大量的資料有待分析，這些軟體程式就愈有幫助。此外，在資料蒐集之前，知道你會使用哪一種軟體程式，將會有助於以特殊程式可得最佳效果的方式來蒐集和輸入資料。

　　Fielding（1995, 2000）勤勉地追蹤這些質性軟體之後，區分出質性分析軟體的三種主要類型：（1）文本擷取者（text retrievers），（2）符碼-

和-擷取套裝（code-and-retrieve package），以及（3）理論建立者（theory-builders）。他建議套裝軟體實質上皆有差異，研究者必須依據其特殊的分析任務，小心挑選適當的軟體。例如，是否需要從事團隊分析。事實上，他慎重警告，研究者在選擇套裝軟體之前，必須先熟悉資料分析。此外，他也指出質性分析軟體的七大差異點（Fielding, 1995）：

● 如何輸進資料（直接打字，從打字機輸入，掃瞄；彈性或固定的格式）
● 儲存處的差異（內部vs.外部資料庫）
● 編碼上的差異（螢幕上編碼vs. 先行分派符碼）
● 組織、重新組織和重新標籤符碼的難易度差異
● 備忘單和註解能否附加於符碼之上的差異（這對團隊分析尤其重要）
● 資料連結機制和難易度（連結不同資料來源或片段）
● 導航和瀏覽的難易度
● 搜尋和擷取的難易度、速度和歷程
● 重要呈現方式上的變異（有或沒有背景脈絡）
● 追蹤細節（記錄所做的各項工作，以供檢視）

　　網路上的質性討論團體會定期討論、評定、比較和論辯不同軟體程式的優缺得失（參見表例8.3的實例）。即使個人偏好各異其趣，這些討論也經常會得出相當的共識，即這些主要程式並不能滿足大多數質性研究者的需求。而這些區分端視「感受」、「風格」、「使用難易度」，多是個人品味的問題，而非功能上的差異。期待嶄新的發展有可能解決現存的一些限制。

　　幾乎所有的質性軟體中，資料管理都是一個黑箱子，既看不到也很難一窺究竟。程式在一些特定的元素上有所差異，如底涵的資料庫（設計）、這些元素的組合方式（建築），使用者和在螢幕上處理資料庫的機制（圖示介面），以及資料庫元素可從軟體程式區分開來的程度。（MacQueen & Milstein, 1990:30）

　　為了解決這項難題，MacQueen & Milstein（1999）提議一項「質性資

498

料管理和分析的系統取向」，聚焦於資料元素，以發展出共通的作業流程，有利於軟體程式之間的資料轉換。他們注意到「以共通的基礎，質性研究者可以採用多個程式來工作，而不會受罰」（p.30）。他們的提議係以資料庫（database）爲中心，這些元素需符合質性研究的基本資訊類型，以及產生這些資訊的歷程。有四類基本資訊類型，對於建構質性分析的發現甚具貢獻：「（1） 資訊來源的特徵，（2） 從這些來源所蒐集到的初級資訊或物件，（3） 被創造來輔助詮釋初級資訊的次級資訊或物件，（4） 建構次級資訊的編碼者的特徵」（p. 31）。

他們的提議被涵蓋作爲建立一項公共領域軟體程式的基礎，稱爲「AnSWR」「言詞本位紀錄之分析軟體」（Analysis Software for Word-Based Records），由美國疾病控制中心所贊助（詳見表例8.2）。從資料庫管理的視角觀之，他們將編碼活動區分爲兩類：分裂式活動（segmenting activities）和後設資料活動（metadata activities）：

> 分裂式活動：任何可直接處理文本或其他數位化物件的分析行動，均可歸類爲分裂式活動。實例包括劃定一個敘事段落的界限範圍，將一個段落賦予符碼，使用標籤或其他標示物來指明物件之重點，在段落或物件重點之間建立網路連結。
> 後設資料活動：後設資料活動包括創造關於資料之資料。此處，我們將「資料」的意義延伸至包括所有資訊或意義的符號式表徵（symbolic representation）。受初級物件之意義所激發，編碼者以符碼、評論、備忘單和註解等形式來產生後設資料，以及對所詮釋物件的圖示摘述（如流程圖、網絡、群聚和地圖），以顯示編碼組型的多元面向結構。（MacQueen & Milstein, 1999:35-36）

關於電腦輔助質性資料管理和分析的詳細討論，請詳見Ryan & Bernard（2000）、Fielding & Lee（1998）、及Gahan & Hannibal（1998）。在考慮是否運用電腦軟體來輔助分析時，請切記這可能是關乎個人風格、電腦使用的熟悉度、分析的資料量和個人偏好等問題。對於那些不習慣長時間坐在電腦螢幕前的人來說，電腦分析並非必要，且可能阻礙分析的歷程。某些自我描述爲「具體」類型者，喜歡資料具有形體感，電腦也是不可能做到的。質性電子郵件服務的參與者，對於一連串有關軟體分析討論，張貼一篇如下的回應：

我曾聽過的有關編碼的最佳忠告是：一而再、再而三地反覆閱讀我所蒐集的資料。我愈常與這些資料互動，更多的組型和類別就會開始「躍現」在我面前。我從來沒用過電腦裡所裝置的軟體程式，因為我發現用手工來編碼，更是容易多了。

我發現手工編碼，比使用電腦程式，更為容易和更具有生產力。對我而言，以具體的形式來看到資料，在辨認正顯現中的組型時，甚為切要。我實際上印出多份資料副本，將之切割成個別的「塊狀物」，一邊編碼一邊塗上顏色，將這些塊狀物依據明顯的主題來分成幾組，放進有顏色的文件夾，如此，我可以實際上操作這些有形的資料。當資料似乎可以放進不只一項主題時，這項技術尤其有用，有利於我將初步印象聚攏在一起，使主題更為鞏固。有些凌亂，但對我們這些具體的人而言，非常重要。

所以，雖然電腦軟體分析已相當普遍，許多人堅信它會讓使用者的生產力大幅提昇，但仍非質性研究的必要工具。我們現在要說明在實際上分析質性資料時，如何來思考，重點放在這項工作真正發生之所在---你的頭腦。

個案研究

個案研究並不是一項方法論的選擇，而是關於要研究什麼的選擇……我們可以分析式地或完形地研究它，完全依賴重覆的測量，或是從詮釋學上、有機體上、文化上來研究它，或藉助混合方法，但我們必須要專心致力於，至少在當下，這個個案上。（Stake, 2000:435）

個案分析（case analysis）係指依據特定的個案來組織資料，以做深度研究和比較。建構良好的個案研究是完形式的、對背景脈絡具有敏覺力。個案可以是個人、團體、鄰里、方案、組織、社區、文化、區域或國家。「在俗民誌個案研究中，只有一個分析單元---這個社區或村莊或部落」（Bernard, 1995:35-36）。個案也可以是關鍵事例、個人或方案生命中的階段，或任何可被定義為「特定的、獨特的界限明確的系統」（Stake, 2000:436）。個案即是分析單元。用以建構個案或分析單元者，通常都在研究設計階段即已決定好，且成為立意取樣之基礎（參見第五章，特別是表例5.5）。有時候，新的分析單元，或個案，會逐漸顯現於實地工作或資料蒐集完成後的分析之中。例如，研究者可能以學校作為取樣的分析單元，期待以三所學校來進行個案研究，然後，在檢視其

實地工作時，發現班級可能是更爲有意義的分析單元，並轉而已班級來做個案研究；或增加對於特殊教師或學生之個案研究。相對的，研究者亦可始於取樣班級，而終於以學校作爲個案研究。這顯示，我們對「個案是什麼？」這個問題更爲謹慎思考，是相當重要的（Ragin & Becker, 1992）。

　　質性分析中的*個案研究取向*（case study approach），是一個蒐集、組織和分析資料的特定方式，以呈現分析的*歷程*（process）。目的在於蒐集有關每個個案的綜合的、系統性的和深度的資訊。因此，分析歷程的*產物*（product），即是個案研究。識此之故，個案研究一詞可能指涉分析的歷程，或是分析的產物，或者二者皆是。

　　個案研究可能是階層式（layered）或類聚式（nested）。例如，在評鑑研究中，單一方案可以是一個個案研究。在單一方案的個案（N＝1）中，研究者也可以對幾位參與者進行個案研究。依據此一取向，分析可以從對個人（individuals）的個案研究開始；然後，對這些個人個案進行跨個案組型分析（cross-case pattern analysis），亦可能成爲此一方案個案研究之重要資料。同樣，如果一個全國性方案或地區性方案涉及幾處分現場，分析也許就會包括個案研究的三個階層：將各分現場的個別參與者之個案研究組合成方案現場之個案研究；將方案現場之個案研究組合成區域方案之個案研究；將區域方案之個案研究組合成全國性方案之個案研究。表例8.4闡明了此一階層式個案研究取向。

　　這類階層式分法體認到研究者總是能將較小的個案結合成較大的個案單元，也就是說，研究者總是要組合個人的研究，來完成方案的研究。但是，如果研究者只有方案層次的資料，則絕無可能將之細分以建構個人個案。

　　　切記此一規則：無論你研究什麼，總是盡可能要在較低層次的分析單元上來蒐集資料…..
　　　例如，如果你有興趣研究生產力和消費力的議題（可在家戶層次上來理解的事項），仍要蒐集關於個人的資料，而不是整戶家庭。在資料分析期間，你總能將個人資料組裝成對於家戶的資料……你總是能將從個人蒐集到的資料匯集起來，但你絕不能將以團體蒐集的資料細分成個人。（Bernard, 1995:37）
　　　雖然學術上或評鑑上的研究案可能包括數個個案，以及跨個案的比較，分析人員最首要的責任，在於證立每一個個別個案。所有其他的都取決於此。

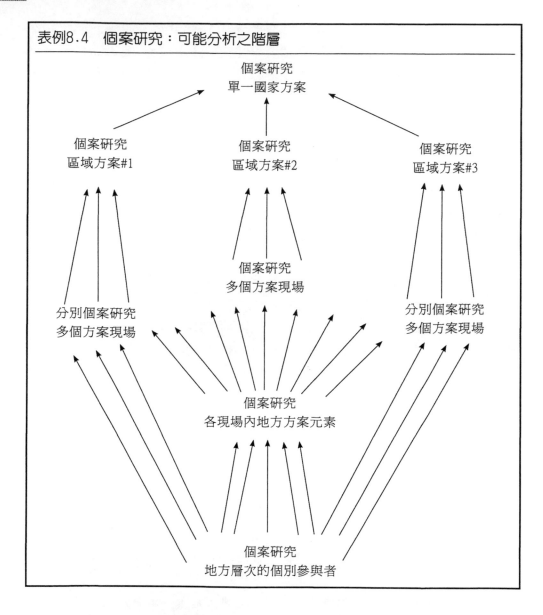

表例8.4　個案研究：可能分析之階層

個案研究
單一國家方案

個案研究
區域方案#1

個案研究
區域方案#2

個案研究
區域方案#3

個案研究
多個方案現場

分別個案研究
多個方案現場

分別個案研究
多個方案現場

個案研究
各現場內地方方案元素

個案研究
地方層次的個別參與者

　　最終而言，我們可能有興趣於一個一般現象或個案人口群，而不是個人個案；而且如果我們不知道其他的個案，我們也無法瞭解這個個案。然而，當我們研究這個個案時，我們的心力資源都要專注投入於試圖瞭解其複雜性。那時，我們可能還不會研究比較個案。我們必須同時從事不只一個個案研究，而每一個個案研究都要被視為一個單一個案來詳加探究。（Stake, 2000:436）

個案資料包括研究者所擁有的關於每個個案的所有資訊：訪談資料、觀察資料、文件紀錄資料（如個案紀錄或檔案）、其他人對個案的印象和陳述，以及背景脈絡資訊。總之，研究者所累積的關於每個特別個案的所有資訊，都要用於個案研究中。這些多樣化的資料來源，都是個案分析的原始資料，可以彙聚成大量的資訊。在個人的層次上，個案資料可以包括與此人的訪談、與那些認識他/她的人訪談、臨床紀錄、任何有關此人之背景或統計上的資訊、生活史檔案、個人的作品或產物（如日記、相片、作文、繪畫等）等，以及人格測驗或其他測驗結果（量化資料亦可成為質性個案研究之部分）。在方案的層次上，個案資料可以包括方案文件、統計檔案、方案計畫書和報告、與方案參與者和工作人員的訪談、對方案的觀察，以及該方案的歷史等。

從資料到個案研究

一旦原始的個案資料已積累到相當程度以後，研究者便可以寫出個案紀錄（case record）了。這個個案紀錄將大量個案資料匯集和組織成一個綜合性的初級資源庫。個案紀錄包括所有將會被用來做最後個案分析和書寫個案研究的主要資訊。資訊須加以編輯，剔除多餘的資訊，使資訊的各部分相互連結且彙整起來，並將個案紀錄組織成可按時間順序或按話題取用的系統。個案紀錄必須是完整且便於管理的，它應該包括進行後續分析所需的所有資訊，但必須是在原始個案資料之外的層次來組織整理。

一項個案紀錄不應因為使用者的興趣或為了溝通而作任何讓步。個案資料的精鍊程度，要使任何詮釋者都無法超越原始資料之外來形成其詮釋。當然，這個準則是無法完全達到的：有些個案紀錄會優於另一些個案紀錄。一所學校的個案紀錄，係試圖藉由資料的組織本身而形成對實況的描繪，而非基於理論上所期望的描繪。（Stenhouse, 1977:19）

個案紀錄被用來建構個案研究，且與意圖使用者，如學者、政策制訂者、方案決策者或實務工作者等來分享。最終個案報告呈現的語調、長度、形式、結構和格式等，端視讀者群和研究目的而定。最終之個案研究報告必須在公開場合發表和溝通。完整的報告可能包括呈現幾個個

表例8.5　建構個案研究之歷程	
步驟一	彙整原始個案資料
	原始個案資料包括與所要書寫之個案研究有關的這個人、方案、組織或場域的所有資訊。
步驟二 （可選擇的，視資料和個案的複雜度而定）	建構個案紀錄 這是原始個案資料的精鍊，經過組織、分類和編輯成便於管理和可查詢的檔案。
步驟三	書寫最終之個案研究敘事 個案研究是有關一個人、方案、組織等，具有可讀性的描述性圖像或故事。它必須能向讀者提供所有必要的資訊，使讀者能夠瞭解到這個個案的獨特性。個案故事可以按時間序、或按主題方式來敘說（有時兩者併用），並呈現出必要的背景脈絡，以提供一個整體的面貌來瞭解這個個案。

案研究，然後將這些個案加以比較和對照，但此類比較性研究的基本分析單元仍是個案本身，且整體研究發現的可信性亦取決於個別個案研究之品質。表例8.5顯示了從原始個案資料移動到書面個案研究的流程。第二個步驟---在書寫實際個案研究之前，將原始資料轉化為個案紀錄---是可供選擇的。只有當從訪談、觀察和文件紀錄中產生大量未經編輯的原始資料，必須先經過編輯和組織，始能寫出最終個案研究報告時，才需要先行建構個案紀錄。否則在許多研究中，分析者會直接且選擇性地處理原始資料，據以寫成最終之個案研究報告。

　　個案研究應該要帶領讀者進入到個案的情境和經驗之中，包括一個人的生命/生活、一個團體的歷史，或一個方案的歷程。在研究報告中，每個個案都是獨立的，使讀者能夠瞭解這個個案的獨特性和整體性。在分析的稍後階段，對這些單一個案進行相互之間的比較和對照是有可能的；但是在最初階段，每個個案必須被當作和理解成為研究現象的個殊性表現。對個案的描述應該要提供充分的細節，且綜合來闡述研究的焦點，但不會過於繁瑣而令人感到乏味無趣。一個作工精巧的個案，讀起來像是一幅精緻的織錦畫。如何做出這幅織錦畫？如何敘說故事？如何判定最終個案報告時要放進哪些內容和刪除些什麼？端賴經驗和巧思。

在從事傳記或生活史個案研究時，Denzin（1989）發現了他稱之為「主顯節」（epiphanies）的特別價值---「個人生命中關於存在的關鍵時刻」（p.129）

要在個人生命中辨認出四種關於存在的關鍵時刻或主顯節的主要結構或類型，無疑是可能的。第一，一個人生命中存在著一些重要的、觸動生命每個層面的時刻，其影響是立即的和長遠的；第二，有一些主顯節，具現了一個人生命中的突然爆發、不尋常反應或長期且持續存在的事件；第三，有些事件雖然細微、但卻象徵性地具現了關係中的關鍵時刻。第四及最後，某些情節的影響是立即性的，但是其意義卻在後來回溯或再次經驗事件時，才會顯現出來。我賦予這四種關鍵性經驗的結構如下名稱：（1）重要主顯節（major epiphany），（2）累積性主顯節（cumulative epiphany）；（3）闡述性的細微主顯節（minor epiphany）；以及（4）重新經驗主顯節（relived epiphany）。（當然，任何主顯節都可被重新經驗，並賦予新的回溯性意義。）這四種類型可能是層層相疊的。在個人生命或關係的不同階段所發生的特定事件，可能首先是重要的、然後是細微的、再後來是重新經驗的。而無庸置疑的，累積性主顯節亦會在一個人的生命中突然爆發成重要事件。（Denzin, 1989:129）

方案、組織和社區亦有相當於主顯節的類型，這些通常被稱為關鍵事例（critical incidents）、危機（crises）、轉換（transitions）或組織所要學習的課題（lessens learned）。在企業學術傳統上，一個經典的組織發展個案研究，可見諸對於麻塞諸塞州Nut Island穢水處理植物之分析，這是一個複雜的故事，描述一個卓越的團隊，擁有高度的職能、優越的實踐力、聚焦於組織的宗旨，且勤奮工作，而最後結局仍然是「災難式失敗」（Levy, 2001）。

研究這些實例，是學習如何書寫個案研究的最佳方式。第一章呈現了成人識字方案中一些個案的小品文。第四章（表例4.2）呈現一位參與者個案研究之重點，以闡述一位越南女性參與就業訓練方案的經驗，並描述工作安置對她的意義。此個案係建構來闡述甚難測量的成果，如「瞭解美國職場文化」和「為自己發聲」，而學習到這些對於新移民的長期工作成功而言，卻是相當關鍵的。另一個完整的個人個案研究實例，則將於本章之後的附錄8.2呈現。這個個案最初是為一項評鑑報告所準備的，包括數位參與者的個案研究，述說每個人在一項生涯教育方案中參與經驗的故事。這個個案例證了如何聚合多元化的資訊來源，來

對一個人的經驗，提供綜合性的圖像，瞭解學生在方案中參與經驗的改變，以及態度和行為隨著時間發展的改變。在這項個案研究中，從每位學生蒐集到的資料，包括下列數項：

（1）在一年中對所篩選的學生在其受雇單位進行三次觀察；
（2）在一年觀察期間，與該學生的雇主或上司做三次訪談；
（3）與該學生的家長進行一次訪談；
（4）對該學生進行四次的深度訪談；
（5）與方案工作人員做非正式的討論；
（6）從每位學生的檔案蒐集23份紀錄，包括雇主對學生的評鑑、學生的作品、測驗分數和方案工作人員對學生進步情形的評鑑。

研究者把並準備了一組導引問題，用以分析和檢視每筆資料來源。從所有這些來源所蒐集到的資訊被統整起來，以書寫成一份具有高度可讀性的敘事，提供給決策者和資訊使用者，使他們能夠更加瞭解此方案的情況 （Owens, Haehnn, & Fehenbacher, 1987）。西北地區教育實驗室的評鑑工作人員很努力且審慎地驗證這些個案研究中的資訊。應用這些不同的資料來源來交叉驗證研究發現、組型和結論。兩位評鑑人員則獨立來檢視每個個案研究的材料，以對個案研究材料的內容和意義分別做出判斷和詮釋。此外，還邀請了一位外部評鑑人員來檢視原始資料，以排除任何偏見的和不夠嚴謹的結論。研究者也要求每位學生閱讀自己的個案研究，並對其中的事實和詮釋的精確性做出評語。最後，為了確保個案研究報告的可讀性，研究者還聘請一位報社記者來幫助整理和編輯報告的最終定稿。這 樣一個嚴謹的個案研究方式，大大增強了讀者對這個個案研究的精確性和綜合性之信心。這個西北地區教育實驗室的個案研究，無論在其研究內容上、還是在其研究程序上，都是對個別質性個案研究如何準備和呈現的最佳典範。

同樣嚴謹的研究程序也可以應用在團體或方案的層次上。例如，教育上的個案研究，可參見Brizuela et al.（2000）、Stake, Bresler & Mabry（1991）、Perrone（1985），以及Alkin, Daillak & White（1979）；家庭研究，參見Sussman & Gilgun（1996）；國際發展的研究，參見Salmen（1987）及Searie（1985）；政府績效責任的研究，參見Kloman（1979）；而從事和呈現評鑑個案研究的實例，則參見Hebert （1986）。

如何對個案做比較和對照，端視研究目的和個案如何取樣而定。

如同第五章所討論到的，關鍵個案、極端個案、典型個案和異質性個案，都有其不同之目的。其他質性個案分析的卓越資源，包括：Stake（1995）、Merriam（1997）、Yin（1994）、Hamel（1994）等。將個案研究視爲故事，探討如何呈現良好的故事敘說者，請參見Glesne（1999）。

　　一旦個案研究被書寫成書面報告之後，本章接下來所討論的分析策略，即可用於作進一步的分析、比較和詮釋，以產生跨個案的主題、組型和研究發現。

組型、主題和內容分析

　　使用主題分析的能力顯然涉及到許多底涵的能力或職能。其中一項職能，可被稱爲組型辨認。那是在看似隨意散亂的資訊中找出組型來。（Boyatzis, 1998:7）

　　質性分析的多樣化和歷程，尙未有精準或普遍贊同的詞彙可以來描述之。內容分析（content analysis）有時意指搜尋文本（text），以找出重覆出現的字詞或主題。例如，政治人物的一場演說，可加以分析，來看看有哪些有哪些主導性的詞彙或概念；兩位政治人物的演說則可加以比較，看看他們他們在什麼樣的背景脈絡下將常會出現諸如「全球化經濟」、「家庭價值」等詞彙，以及出現的頻率。內容分析通常意指分析文本（包括訪談逐字稿、日誌或文件），而非觀察本位的實地札記。不過，**一般而言，內容分析係用於指涉使任何質性資料得以縮減（reduction）和理解意義（sense-making）的努力，處理大量的質性材料，試圖指認出核心的一致性和意義**。個案研究，亦可從內容上來加以分析。

　　透過內容分析所發現的核心意義（core meanings），經常稱爲組型、主題或類別。尋找組型或主題的歷程，也可能分別區分開來，稱爲**組型分析**（pattern analysis）或**主題分析**（theme analysis）。我經常被問到有關組型和主題二者的差異。事實上，二者並無截然不同的區分。「組型」一詞通常指涉一個描述性的發現，如「幾乎所有參與者都說當他們從山崖上懸垂而下時，感覺很恐懼」；然而，「主題」會以較爲類別化或話題形式來表達，如「恐懼」。將這些名詞放在一起，一個對於荒野教育

方案的報告可能會這樣陳述：

內容分析顯現出參與者的組型是當他們從山崖上懸垂而下和溯溪時，感覺到恐懼。某些人會在團體歷程中分享其個人這些恐懼的感受。這些組型使得「因應恐懼」成為荒野教育方案經驗中一項重要的主題。

歸納式和演繹式質性分析

Francis Bacon因其強調歸納法而甚具知名度。使用直接觀察法來證實其想法，且將觀察的事實連結起來，形成對於自然現象如何運作之理論或解釋。Bacon未曾告訴過我們，他如何獲得這些想法，或是如何經這些實徵性的事實連結起來。這些活動本質上是人本的———你必須用力思考。（Bernard, 2000:12）

Bacon（1561-1626）被公認為提倡科學思考和實徵主義（empiricism）的創始者之一（Bernard, 2000）。在他65歲時仍致力於思考關於宇宙的問題，有一天當他駕著車行駛在倫敦北部農場區的雪地時，他突然有個想法。他想到，冰冷可能會延遲腐化的生物歷程，所以他停下車，向一位農民購買了一隻母雞，請他立刻宰殺後，用雪塞滿了母雞的肚子。他的想法是有效的，冰雪確實延遲腐化的歷程，但他卻得了支氣管炎，於一個月後病逝。如同我在第六章中提及的，實地工作可能是相當冒險的。另一方面，投入於資料分析則很少會有生命威脅，雖然有時會有被打斷的風險，且有時對某些人會得到完全相反的結論感到不可思議。

歸納分析（inductive analysis）係指從研究資料中**發現**（discovering）組型、主題和類別。透過分析者與資料的互動，研究發現從資料中逐漸浮現出來；相對於**演繹分析**（deductive analysis）之依據現有理論架構來分析資料。質性分析在早期階段，典型上是歸納式的，尤其是在為內容分析發展符碼冊（codebook），或正努力找出可能的類別、組型和主題之時。這程序有時被稱為「**開放編碼**」（open coding）（Strauss & Corbin, 1998:223），以強調對於資料保持開放的重要性。紮根理論（grounded theory）（Glaser & Strauss, 1967）強調沈浸於資料之中———紮根於資料———以使意義和關係能顯現出來。分析者將分析歷程根植於資料，從此一紮根性培育出分析的結果———紮根理論。

　　一旦組型、主題和／或類別經由歸納分析被建立起來，最後，質性分析的驗證階段則可以是演繹式的，以考驗和證實歸納式內容分析的真確性和適切性，包括謹慎小心地檢視未符合已建立之類別的偏差個案或資料。在歸納式地指認出類別之後，產生理論命題（theoretical propositions）或正式假設（formal hypotheses），亦被視爲演繹分析。如Strauss & Corbin（1998）所述：「無論何時當研究者從資料衍生出假設，因爲那涉及詮釋，我們認爲這就是一個演繹的歷程。」（p.22）。於是，紮根理論涉及歸納和詮釋兩項歷程。「理論化的中心，即在於歸納（從資料中衍生出概念、屬性和面向）和演繹（對概念之間的關係提出假設）之間的相互作用。」（Strauss & Corbin, 1998:22）。

　　相對於紮根理論，**分析式歸納**（analytic induction）則始於分析者的演繹式命題，或理論導出的假設，且「是以質性資料爲基礎來驗證理論和命題」（Taylor & Bogdan, 1984:127）。有時候，就像是分析式歸納所言，質性分析一開始是演繹式的，然後才是歸納式的。例如，分析者始於依據理論導出的既知概念（theory-drived sensitizing concepts），或應用有某人所發展的理論架構（theoretical framework），來檢視資料（如以兒童的個案研究來考驗Piaget的發展理論）。在此一演繹式分析階段之後，研究者亦可能致力於找出資料中尙未被發現的組型，以及逐漸顯明的理解（歸納分析）。本章稍後會再詳述紮根理論和分析式演繹法。

　　由於歸納分析是質性研究的基本特徵之一，我們要先聚焦於歸納式思考和工作的策略。有兩種歸納式分析質性資料的策略。第一，分析者可以指明、界定、和闡明由研究參與者所發展和敘述的類別，來聚焦其分析；第二，分析者可能覺察到一些類別或組型，而參與者尙未有相關的標籤或說法，則分析者可以發展一些詞彙來描述這些歸納式產生的類別。茲說明如下。

本土概念

　　展開歸納式分析的一個好起點，是調查和界定一些由研究場域中的人們所使用的關鍵短語、詞彙和實務，找出一些**本土概念**（indigenous concepts）。有哪些本土類別，是受訪者所使用或建立來理解其世界的呢？有哪些日常的實務，只能從參與者的世界觀來瞭解？人類學者稱此

為主位分析（emic analysis），以與客位分析（etic analysis）有所區辨，後者即是由研究者所加諸的標籤。（請參見第六章實地工作中關於二者之源起和區分的討論）。「指認出由報導者本身所使用的類別和詞彙，亦稱為實境編碼（in vivo coding）」（Bernard & Ryan, 1998:608）。

分析此類本土概念，需始於從參與者的視角來瞭解，在其所處的本土背景脈絡中，以當地居民的言詞，用他們的語言，進入其世界觀。

> 依據此一觀點，文化行為應該要依據對於人類事件的局內人觀點---行動者的定義---來研究和歸類。這是人類學理論中的概念化單元，應該透過分析研究參與者的認知歷程，來「發現」之；而非將對行為的跨文化分類方式「強行加諸」於上。（Pelto & Pelto, 1978:54）

從跨文化視角來工作的人類學者，長期以來一直強調保留和報告被研究人們之本土概念的重要性。Franz Boas（1943）對此一方向甚具影響力：「如果我們的目的確實是要瞭解一個族群人們的想法，對於人們經驗的全部分析，都要以他們的概念為基礎，而不是我們的。」（p.314）

在一項介入方案中，參與者可能會開展或建立特定的用語來捕捉方案的本質。在我所評鑑的荒野教育方案中，「解毒」（detoxification）的想法變成一個有力的方式，參與者得以共同分享在荒野中的意義（Patton, 1999a:49-52）。而加勒比海農業推廣方案中，「閒晃」（liming）一詞，亦對參與者具有特殊意義。這個用詞目前還難有恰當的譯法，但它的基本意思是消磨時間、遊手好閒、無所事事，及到處兜風等---但這樣做起來又如此地自在愜意、沒有罪惡感、沒有壓力、也不覺得應該把時間用來做些更有產能的事情。「閒晃」一詞有著正向的、可欲的意涵，及社會群體的意義---人們只是享受同樂在一起，不用非得去成就什麼事。以加勒比海地區這個獨特的用語為例，當方案參與者將一個訓練場次，或一個教學性實地旅行描述成主要是「閒晃」時，這究竟是什麼意思呢？一項訓練方案可以包括多大程度的「閒晃」，才能使參與者滿意，同時又能使訓練有些成效？一項方案可容許多大程度的「閒晃」呢？這些都是形成性評鑑的關鍵議題。

在對一項領導力培訓方案的評鑑中，我們蒐集了參與者和工作人員對「領導力」（leadership）一詞之涵義的大量資料。在訓練之前和之

後，我們請參與者寫下關於領導力定義的一段話。這個書寫是方案課程的一部份，並非爲評鑑目的而特別設計的，但結果提供了非常有用的質性評鑑資料。這整個訓練還包括領導力的講座和團體討論，我們則參與觀察這些部分。此外，我們也參與了非正式的討論，並作筆記。因爲「領導力」這個概念是此方案的一個中心課題，所以瞭解參與者在談到「領導力」時所指涵義的變化，至爲切要。結果顯示，參與者對「領導力」涵義的混淆和困惑一直存在著，而這是該方案的難題之一。「領導力」對於工作人員和參與者而言，是本土概念，在整個訓練經驗中被廣泛地使用著；然而，它也是一個既知概念，因爲我們在進入實地工作時就知道那是個相當重要的研究議題。

既知概念

不同於純粹的本土概念，既知概念是分析者帶入資料之中的概念或類別。有經驗的觀察者經常會使用既知概念來引導實地工作，第六章中曾討論到此一取向。這些既知概念出自社會科學理論、研究文獻，或研究之初即已提出的評鑑議題。既知概念給了分析者「一般性參照理解」，並且提供「省視的方向」（BIumer, 1969:148）。使用既知概念，涉及到檢視一個概念在一個特定場域或一群人中，其意義有多麼簡單明瞭。

Conroy（1987）曾使用「受迫害」（victimization）這個既知概念來研究警察人員。無辜的公民們常常自認爲是粗暴而冷酷的警察單位的受害者。Conroy把受害者這個概念逆轉了過來，看看這個概念對於當警察人員作爲執法經驗下的受害者時，究竟意味著什麼。他發現，「受迫害」這個既知概念，對於理解他在警察人員中觀察到的孤立、缺乏人際間相互影響互動、玩世不恭、壓抑的憤怒和悲傷等情緒是有幫助的。他用「受迫害」這個概念與警察人員的下述言論連結起來：

作爲一個警察和一個人，我想我已經失去了對人的感覺和同情人的能力。我處理過一個被公共汽車碾過的小女孩，當時她媽媽也在現場，小女孩還遺留一個小書包。當時的情形真是十分悲慘。但我記得我當時沒有任何感覺，好像倒在街上的不是一個小女孩，只不過是個人體模特兒。我真希望我能夠爲這個小女孩的不幸痛哭一場，真希望我能對這件事有所感覺，但就是

做不到。我對自己這麼缺乏情緒感到害怕，且我沒有辦法使自己鬆弛下來。

我正在為自己總是緊張不安、總是孤獨自處而付出代價。我已經與老朋友們疏遠了。我們已經變得形同陌路。我感到我與人們之間異常疏離。我與他們不同，我不合群。我感覺到和其他警察相處起來要容易得多，因為他們對我所置身的環境有著與我相同的和基本的理解。我們使用相同語言、粗鄙的行話。剛開始時我並不想用「社會渣滓」和「賤民」這類的說法，但是用這些詞來描述這些人卻又是如此恰當。

我已經與過去的自己隔離了，因為我看到了很多我不希望看到的事。看見了別人沒看見、不想看見、也不會看見的東西，使我感到灰心喪氣。有時我希望我沒有看見這些事。我需要變得很果決，但我並不喜歡這樣。我必須戴上我的警察面具才能做到，但現在我想要摘下這個面具已經變得越來越困難了。我開始把工作帶回家去做。我並不願意讓工作侵佔我的個人生活，但我發現我越來越需要獨處了。我需要給自己這個電池充電的時間。我並不願意孤獨，但卻必須這麼做（Conroy, 1987:62）。

在上述引文中，有兩點是值得指出來的。首先，將分析所奠基的資料如實地呈現出來，讀者就能對「受迫害」這個概念是否能用於理解這些資料，做出自己的判斷。Conroy是用警察自己的話來道出他們自己的反應，如實報告作為詮釋基礎的真實資料，從而使讀者能夠做出自己的分析和詮釋。分析者的建構不應該凌駕於分析本身，而應該有益於讀者對所研究的世界之理解。

其次，這三段引述文例證了質性資料之力量。分析的要點不在於簡單地找出一個概念或標籤，然後巧妙地把資料連結起來。重要的是理解你所研究的人們。概念永遠不能替代描述性資料所呈現的直接經驗。**人們實際說了些什麼和對被觀察事項的描述，才是質性研究之本質。分析歷程是組織和闡明資料本身所訴說的故事**。一個技巧嫻熟的分析不會擋住資料的路，而是讓資料自己來訴說自己的故事。分析者使用概念來理解和呈現資料，而不是限制或壓迫分析。讀者常常能夠分辨出，分析者究竟是對提供某個概念的適用性和效度感興趣，還是在讓資料自行揭示參與者的視角和世界的內涵。

說明如何將單一概念帶進歸納分析之後，下一個分析層次---建構類型架構（constructing typologies），可能會更加複雜。

本土化類型架構

類型架構（typology）即是由類別所組合而成的分類系統（classification sysyems），沿著一個連續向度（continnum），將世界的一些層面區分成不同部分。他們不同於分類學法（taxonomy），透過彼此互斥且窮盡的類別，來完全分類某個現象，像是以生物系統來分類生物物種一般。類型架構則是建立在理想的類型或具有闡述性的特點上，而不是一組完全區隔的類別。一些甚為知名且廣泛使用的社會學類型架構，包括Redfield的俗民-都市連續向度，以及Von Wiese & Becker的神化-非神化連續向度（詳見Vidich & Lyman, 2000:52）。社會學家典型上會區分被賦予的特性和獲得的特性；心理學家區分心理疾病的程度；政治科學家以民主-權威的連續向度來分類政府系統；系統分析師區分開放式和封閉式系統。這些案例中，區分皆涉及程度和詮釋的問題，而不是絕對的。上述這些實例都從社會科學理論衍生而來，且具現了由分析者所建構出的理論本位之類型架構。那麼質性分析中的本土化類型架構如何辨認呢？

闡明本土化類型架構（indigenous typology）有賴於分析場域中人們用以將實在（reality）的複雜性分解成可區辨的部分，所使用的區分方式。一群人會使用語言來命名某些事項，且以不同的命名來指涉其他事項，使之有所分別或能加以區分時，以顯露出對他們而言什麼是重要的。一旦這些標籤能夠在分析歷程中被指認出來，下一步驟即是要指認出這些標籤能將不同事項區分開來的屬性和特徵。　在描述這類分析時，Charles Frake（1962）舉了一個「漢堡」的例子。漢堡可以有很大不同，有許多製造漢堡的方法，也可以在漢堡裡添加很多東西，而 仍然把它們稱為「漢堡」。但是，當把一塊起司加進肉裡時，人們就不再把它叫做「漢堡」了，而把它叫做「起司堡」了。分析者的任務就是要去發現什麼是使「漢堡」不同於「起司堡」的東西。這個分析的目的在於辨認和報告「人們是如何以其談論經驗的方式，來建構出其經驗世界」（Frake, 1962:74）。

我們在評鑑一個降低高中生中途輟學率的方案時，有些這類分析的實例。在觀察和訪談我們所研究的中學時，我們發現，瞭解教師如何把學生分類的方式甚為重要。針對學生曠課、缺席、怠惰和逃課等問題，教師把學生貼上了諸如「慣性曠課生」（chronics）或是「邊緣曠課生」

（borderlines）等標籤。一位教師描述慣性曠課生是「那些始終不到校上課，無論對他們用什麼辦法都不起作用」的學生。 另一位教師說：「你總是能夠分辨哪些是慣性曠課生，他們常常總是這些孩子。」至於邊緣曠課生「會逃一些課，然後等著看看學校有沒有反應，如果學校有反應，他們就會收斂。他們與典型的初中學生沒有太大的區別，但是當他們看到那些慣性曠課生並沒有受到懲罰，他們對自己的所作所為就會臉皮厚起來了。」另一位教師說：「邊緣曠課生是那些你也許在一天中看到他們逃兩、三次課，但不像慣性曠課生那麼經常地逃課的學生。」

並不是所有的教師都用同一種標準來區分「慣性曠課生」和「邊緣曠課生」的，但所有的教師都用這種標籤來談論學生。質性分析的一項任務，就是描述和理解教師對中輟學生的看法，而教師們的看法在我們用的這些本土化類型架構中已經表現了出來。事情已經變得很清楚了，要瞭解這一項方案對學生的影響，瞭解這個爲降低高中生中途輟學率而實施的方案的實質，很重要的是要觀察在該方案中「慣性曠課生」和「邊緣曠課生」之間的不同處。在很多情況下，教師很難平等地嘗試處理慣性曠課生的問題。

若未對「慣性曠課生」和「邊緣曠課生」這些本土化類型架構有所理解，要想充分瞭解這項由教師構思出來，並由學生經驗到的方案情境是不可能的。此外，這個類型架構對如何組織該方案和如何發展不同的策略，以用來處理這些不同類別的學生，也有重大的意義。然後，這些類別在資料分析和最終報告中變成至關重要的主題。

還有另一個從荒野教育方案中所浮現的本土化類型架構實例。在這個方案實施的第二年，一群參與者結合成了一個次級團體，並自稱爲「烏龜」。他們把自己和「卡車司機」做對此。從表面上來看，這些術語只是爲了區分他們在健行和整理裝備上的不同風格，一個慢、一個快。但在這表面之下，這些術語代表了對待荒野的不同方式，以及對荒野和該項方案的不同經驗風格。

團體、文化、組織和家庭都會發展出自身的語言系統，來強調出他們視爲重要之區分。每個方案都會產生特殊的用語，工作人員和方案的參與者就用這些用語來區分不同的活動種類、參與者類型、參與風格、以及有價值的成果。這些本土化類型架構提供分析者一些線索，瞭解該標籤所指涉的現象，及對人們的重要性。若想充分理解場域，很有必要理解這些用語及其涵義。

分析者建構之類型架構

一旦本土化概念和類型架構已然浮上台面，分析者就要邁入下一項不同的歸納任務---尋找組型、類別和主題，使分析者能夠建構出一個類型架構來進一步闡釋這些研究發現。此類建構必須謹慎為之，以避免創造出一些資料中所沒有的東西來。生物學家John Maynard Smith（2000）的忠告，相當值得注意：尋找可以理解世界的模型，而不是「用一個你所不瞭解的世界模型，來取代一個你所不瞭解的世界，這一點都不先進。」（p.46）

建構理想類型（ideal-types）或可選替的派典（alternative paradigms），是呈現質性比較的一種簡單形式。第一章中的表例1.3呈現了我對於成人禮派典的理想類型比較，將部落啟動的主題，與現代成人禮主題加以對照（Patton, 1999a）。一系列組型分解為相對照的主題，創造了可選替的理想類型。「理想類型」的詞義已揭示出分析者建構且詮釋了一些事，取代了純粹的描述性分析。

當透過歸納分析來創造分析者建構之類型架構（analyst-constructed typology），研究者的任務在於指認且揭示出已存在但參與者並未覺察的組型。分析者建構之類型架構的危險，在於分析者將自身的意義世界強行加諸於參與者身上，那可能只反映出觀察者的世界，而非所要研究的世界。考驗分析者建構之類型架構的一項作法，是將這些類型架構呈現給研究場域中的人們，看看他們能否理解這些類型架構的意義。

> 對觀察者建構的最好和最令人信服的考驗，就是看它們能否得到參與者本身的認可。當參與者說：「是的，就是這樣的。我只是以前從來沒有注意到它們。」這時候，觀察者就可以相當有信心地認為自己已經觸及參與者現有的組型中了。（Lofland, 1971:34）

分析者建構之類型架構的一個好例子，是對Smithsonian機構的國家自然歷史博物館所做的評鑑。這個評鑑是由Roben L.Wolf和Barbara L.Tymitz （1978）完成的，已成為博物館研究領域的經典作品。他們將參觀訪客對於博物館「冰河期哺乳動物和人類的出現」一項展覽之反應，從事一項自然式探究。從觀察中，他們區分出前來參觀展覽的訪客有四種不同的類型。這些描述是漸進式的，每個類型都指認出這類人更為認真嚴肅地看待這項展覽。

* *通勤族* （The Commuter）
這類人僅僅是把展覽廳當做一個工具，可以從入口處進入，再從出口處走
出去。

* *閒逛族* （The Nomad）
這是隨意瀏覽的訪客，在展覽廳逛來逛去，對某些事物的興趣是開放的。
閒逛族並不真的清楚他或她為什麼要到這個展覽廳來，不能真的確信他或
她是否能夠在這個特別展覽廳裡，發現任何感興趣的東西。閒逛族偶爾會
停下來，但這並不是因為他們在這個展覽廳裡，發現了更有興趣的東西。

* *自助餐廳族*（The Cafeteria Type）
這是滿懷興趣的訪客，想在這個展覽廳找到他或她感興趣的東西，所以整
個博物館和這個展覽廳被當成了自助餐廳。於是，這些人向前走著，希望
找到感興趣的標的物，希望「在餐盤上放上點什麼」，常常在展廳裡駐
足。當這個展覽廳有些東西自發地點燃了這訪客的興趣，我們可以覺察到
這訪客感到趣味盎然。展覽廳提供了許多可以從中選擇的東西。

* *非常感興趣族*（The V.I.P.—Very Interested Person）
這訪客走進展覽廳時就已對某些內容區域懷抱著高度興趣。這位訪客也許
並不是專為這個大廳而來的，但當走進展覽廳後，展覽廳裡的陳列品吸引
了他。事實上，他們對這個展覽廳的某些東西真的很感興趣。他們在展覽
廳參觀時十分仔細、速度非常緩慢、態度也非常認真。也就是，他們一點
一滴地觀賞、駐足，比一般人更加詳盡地察看展覽廳的各個層面。（Wolf
& Tymitz, 1978:10-11）

　　這個參觀訪客類型的類型架構，在整個評鑑中變得十分重要，因為
這分析了不同類別的博物館經驗。另外，研究者亦建議，當訪談博物館
訪客以獲得其對於展覽品的反應時，訪談資料應根據受訪者所歸屬的類
型，而對訪談結果做出差別的評價。
　　另一個不同的類型架構也被建立來區分訪客在博物館中的學習：
「第一、第二和第三類博物館接觸」，命名來自於一部廣受歡迎的科幻
電影《第三類接觸》（*Close Ecounters of the Third Kind*），意指人類與
來自外太空訪客的直接接觸。

* *第一類博物館接觸：*
這類接觸發生在將各種展覽品當做樣品展示的展覽廳裡。基本上，訪客是
這些展覽物件的被動觀察者。互動是視覺上的，且可能只發生在可覺察的
層次。訪客可能不會受到激發去思考，或考量一些超越視覺陳列之外的想
法。

* 第二類博物館接觸：
這類接觸發生在應用許多方式來吸引訪客注意力和投入學習的展覽廳裡。
訪客有幾種選擇，可讓他/她主動地參與其中......訪客有可能會覺察、
提問、比較和形成假設等等。

* 第三類博物館接觸：
這類接觸發生在可激發出高層次訪客參與的展覽廳裡。此類接觸邀請訪客
去觀察現象的歷程、去創造、去詢問專家，並有所貢獻等等。互動是個人
化的，且在訪客的控制範圍之內。（Wolf & Tymitz, 1978:39）

　　由社會學家Rob Rosenthal（1994）從無家遊民之實地工作，發展出一
個「地域地圖」（a map of terrain），是另一項分類系統的例子。

* 流浪族（Skidders）：
大多數為女性，典型上在30歲左右，成長於中產階級家庭，但在父母離婚
或分居之後，到處「流浪」成為無家遊民。

* 街頭族（Street People）：
大多數為男性，通常是退伍老兵，很少結過婚。非常清楚如何運用街頭的
資源。

* 瘋子族（Wingnuts）：
這些人有嚴重的精神問題，有時是導因於長期的酗酒，相當常見的次團
體。

* 游牧族（Transitory Workers）
具有工作技能和全職工作歷史，經常四處旅行，在某處停留數個月到數
年，然後又出發尋覓較為青綠的牧草。

　　這些實例都例證了類型架構的第一個目的，是以描述來區分所觀察
到之組型或現象之面向。一旦類型被指認和區分開來，這些類型在稍後
階段即可用於詮釋，並關連到其他的觀察來做出結論。但首要目的，仍
是以對資料中所呈現的組型進行歸納分析為基礎，來提供描述。

分析的智識性和機械性工作

編碼資料、發現組型、標示主題和發展類別系統

　　到目前為止，本書已提供了許多質性研究的水果之實例：組型；主題；類別和類型架構。讓我們回頭來思考如何在質性資料中辨認組型，並將這些組型轉化成有意義的類別和主題。本張大可從這一節開始說明，但我認為讀者在進入分析機制之前，先瞭解質性分析可能產生的研究發現，會甚有助益；因為不同學科領域、從多元化架構來工作的分析者，所採取的分析機制，實有甚大差異。我們只能提供一些指導原則。

　　原始實地札記和逐字稿中所呈現的實在，是相當多元而複雜的。簡化和理解此一複雜性，即是內容分析的挑戰。**發展一些便於管理的分類系統**（classification system）**或編碼基模**（coding scheme），**是分析的第一步驟**。如果無法分類的話，就會充滿混亂和困惑。**內容分析**（content analysis）**指涉的是指認**（identifying）、**編碼**（coding）、**類別化**（categorizing）、**分類**（classifying）**和標示**（labeling）**資料中的基本組型**。這本質上即意指分析訪談和觀察的核心內容，來斷定何者具有重要意義。為了解是這些歷程，我會以不用電腦軟體的傳統作法來描述之，以強調其中所涉及的思考和機制。電腦軟體程式提供編碼的不同工具和格式，但無論以手工操作或以電腦程式輔助，分析歷程的原則都是相同的。

　　我以遍讀所有的實地札記或訪談作為開始，在筆記本的空白處寫下評語，甚至附加空白紙或便利貼來寫下關於我將如何處理這些不同部分資料的想法，這是第一次分割，將資料依據話題和檔案來加以組織。這些用以歸類資料的話題，就像一本書的索引，或是一個檔案系統的標籤一般。審視手邊的資料內容，然後加以命名，並標示出來。寫上話題名稱和加註標示的資料，就變成了實地札記和訪談記錄的索引了。表例8.7呈現了一個我在評鑑荒野教育方案時，用來整理實地札記的符碼。

　　這些縮寫的符碼被直接書寫在相關資料的段落上，可以書寫在該頁面旁的空白處，或在該頁上黏貼一張小標籤在書寫上去。許多資料段落可用於不同的組型或主題之下。第一次閱讀資料的目的，即在於發展編

表例 8.7　初次分割編碼實例：實地札記的樣本符碼

Code: Ps Re Prog （參與者對方案的反應）

Code: Ps Re Ps （參與者對其他參與者的反應）

Code: Ob PP （對參與者之間互動的觀察）

Code: Ob SS （對工作人員之間互動的觀察）

Code: Ob SP （對工作人員／參與者之間互動的觀察）

Code: Phil （對方案哲學的陳述）

Code: Prc （方案歷程的實例）

Code: P/outs （方案對參與者之影響／成果）

Code: S-G （次團體之形成）

Code: GPrc （團體歷程）

Code: C! （衝突）

Code: C-PP （參與者之間的衝突）

Code: C-SP （工作人員和參與者之間的衝突）

Code: C-SS （工作人員之間的衝突）

備註：P ＝ 參與者，S ＝ 工作人員。這些符碼乃取自於慌業教育方案實地札記。這些縮寫式的符碼被直接書寫於相關資料段落或引述的邊緣空白處。分層次的標示設計，是爲了將包含所有類似符碼段落的資料，分別歸檔。

碼類別或分類系統。緊接著新的閱讀，要以系統化的方式，實際展開正式的編碼。在實地札記或訪談逐字稿可以完全編列索引和編碼前，反覆數次的閱讀可能是有必要的。某些人發現使用不同顏色的螢光筆，也非常有用---以顏色來編碼不同的想法或概念。使用自黏式便利貼也是另一項選擇。某些人會用彩色印表機，來將逐字稿用不同顏色列印出來，使其在剪貼不同的引述匯集成主題之後，較容易追蹤一個引述的來源。

　　當有多位分析者一起工作時，可讓每一個人（或大型研究案中的每一個小團隊）獨立發展其編碼基模，然後再比較和討論其相似和相異處，這會很有幫助。兩個人以不同的方式來省視一組相同資料，可產生重要的洞察，這亦是分析三角檢證的形式。

　　在編碼時，一個概括性的分類系統會逐漸開展出來，尤其在大型研究案中，通常必須由多位訓練有素的編碼員來建立正式的分類基模。這是《實用焦點評鑑》（Patton, 1997a）一書的基礎。在該項由University of Minnesota所進行的評鑑方案中，與共計60位研究案管理人員、評鑑人員、和政府決策者，進行長時間的訪談。我們建立了一個綜合性的分類系統，使任何想用這個系統的研究生或研究人員都可容易取得資料。但如果只有一位研究者在使用這些資料，建立這樣一個詳細的分類基模就沒有必要了。不過，為了提供其他研究人員便於利用資料，我們使用一個包含15個類別和次類別的系統化和綜合性編碼基模，來將每一份訪談紀錄的每一個段落加以編碼。本章之後的附錄8.1即呈現該評鑑研究所使用的部分符碼冊。這份符碼冊乃從四個來源建立起來：（1）訪談中所使用的標準化開放式問題；（2）實用性相關文獻之探討，以得到一些可以檢驗的想法，和可以探討的假設；（3）我們對於訪談的初步量表式檢視，由兩個人閱讀所有的資料，加上編碼的類別；以及（4）當編碼期間發現某些段落並不符合現有的類別時，增加額外的類別。

每一份訪談紀錄都由兩位獨立編碼員做兩次編碼。而每一個符碼，包括多出來的部分符碼，都進入分析資料庫中，使我們能以任何分類系統中所包含的主題，來擷取所有的資料段落，且對該段落有些簡要的描述。分析者即可從這個抽取出來的段落，直接進入完整的訪談，來瞭解這段引述的背景脈絡。此外，電腦的資料處理系統能使跨越多場訪談紀錄的複雜分析，變得更為容易，使段落之間可以交叉分類（cross-classification），和交叉比較（cross-comparison）。

此一精心製作的編碼系統，宜用來對大量資料做非常嚴謹的分析。這樣一個由多位編碼員對每場訪談內容的每一段落進行分類的複雜編碼系統，是非常費時費力的一種編碼形式，不會用於小型的形成性評鑑或行動研究中。但是，當許多人要用到這些資料時，或當這些資料會被使用很長一段時間，包括還要不時地往資料庫裡增加新的內容時，建立這樣一個綜合性的和電腦化的系統就會非常有用且值得一試。

Kibel（1999）也發展出一個非常精巧和綜合性的系統，來將獲致成功成果的故事，來加以編碼，他稱之為「結果地圖」（results mapping）。他的系統允許將個人化的故事轉變為標準化的類別，以進一步彙整、比較，甚至量化。雖然，這有賴密集的訓練來使用之，且相當麻煩且耗時費力。

分類和編碼質性資料，提供了一個組織和描述資料的架構。更多有關編碼系統的實例，請參見Bernard, 1998; 2000; Boyatzis, 1998; Strauss &

Corbin, 1998; Mile & Huberman, 1994。這個分析的描述性階段，為詮釋階段建立起穩固的基礎，使意義可從資料中抽取出來，加以比較，建構可用以詮釋的創造性架構，做出結論，以及在某些案例中，產生理論。

編碼和分類中的聚斂性和擴散性

在發展編碼和類別時，質性分析者必須首先處理*聚斂*（convergence）的挑戰（Guba, 1978）。聚斂是要找出哪些事項可以放在一起，它始於尋找資料中*復發的規律性*（recurring regularities）。這些規律性即顯露出可歸諸於類別的組型。類別接著應該由兩項準則來加以判斷：*內部同質性*（internal homogeneity）和*外部異質性*（external heterogeneity）。第一項準則關注的是，屬於某個類別的資料在多大程度上可以彙聚在一起，或能夠以有意義的方式相互「吻合」。第二個準則關注的是，不同類別之間的差別在多大程度上是鮮明且清晰的。「*如果存在大量無法歸屬的和彼此重疊的資料項目，是類別系統出現一些基本錯誤的一個明證。*」（Guba, 1978:53）。然後，分析者在資料和分類系統之間反覆斟酌，以驗證類別的意義性和精確性，以及資料安置於此類別中的適當性。當發展出幾個不同的分類系統後，就必須建立一些優先順序，來判定何者較重要及能闡明資料的意義。優先順序乃根據分類基模的實用性、重要性、可信性、獨特性、啟思性價值及可行性等來決定。最後，類別系統或一組類別的完整性亦須經過檢驗。

1. 整個類別系統應該具有內部的和外部的合理性，此一屬性或可稱為「統整性」（intergratability）。從內部來看，個別的類別應該具有一致性；從外部來看，這組類別應能組合成一整幅圖像……
2. 這組類別應該合理地包涵所有現存的資料和資訊。這個特點可由沒有任何無法歸屬的個案來部分考驗之，亦可由其能關聯至研究者所探究之研究問題，來進一步檢驗。如果這組類別在邏輯基礎上並不足以涵蓋研究問題的各項層面，這組類別很有可能是不完整的。
3. 這組類別應該是可以被另一位有能力的判斷者所複製之……第二位觀察者應該能夠驗證：（1）這些類別可用於理解現存資料之意義；（2）資料可以此一類別系統來適當地組織整理……可能邀請類別系統稽核員來再次檢核該類別系統是否「符合」資料，且資料亦被適宜地「安置」在其中了。
4. 這組類別對於提供資訊的人而言，應該是可信的，將資料吸納進系統

中……除了這些提供資料的人們，還有誰更適宜來判斷類別能否反映出他們的議題和關注呢？（Guba, 1978:56-57）

分析完聚斂性之後，另一項如鏡子反射般的分析策略，是檢驗其擴散性（divergence）。Guba認為，分析者必須從資料中「萌發」（flesh out）組型或類別。他建議，這點可以藉由延伸（extention）（建立在已知的資訊項目上）、連結（bridging）（在不同的項目之間建立聯繫），和表面化（surfacing）（提出應該被包容進類別系統且有助於驗證的新資訊）等歷程來達成。當資料來源已被挖掘殆盡時，當一組類別已經飽和以致任何新的資料都已多餘時，當清楚的規律性已經顯現且具有統整感時，以及當分析開始「過度延伸」且超出所關注議題之界限時，分析者就可以結束這個歷程了。擴散性也包括小心謹慎和深思熟慮地檢驗似乎並不符合類別系統的資料，包括並不符合已指認出之組型的**偏差個案**（deviant cases）。

這個先聚斂後擴散的次序，不應以機械化、線性化或僵化的方式來恪遵不移。質性分析的歷程，包含技術性的和創造性的面向。如本章稍早所述，沒有任何抽象的分析歷程，無論你要賦予它多麼堂皇的名稱或多麼精緻地描述它，可取代質性分析者的技巧、知識、經驗、創造力、勤勉和努力。「將實地札記和對關注議題的觀察，轉化為系統化的類別，是一項艱難的工作。正確無誤的分析程序是絕無僅有的。」（Guba, 1978:53）

判定實質顯著性

替代統計顯著性（statistical significance）的說法，質性研究發現乃依據其實質顯著性（substantive significance）來判斷。分析者在呈現研究發現和結論時，需論述其實質顯著性，但讀者和分析之使用者，會自行判斷和評價研究發現之顯著性。在判定實質顯著性時，分析者需回答下列這些問題：

● 有哪些鞏固的、連貫的和一致的證據，以支持研究發現？例如，三角檢證可被用於判定證據足以支持研究發現的強度。
● 研究發現能增進和深化對於研究現象之瞭解的程度和方式為何？（深

思博見）

● 研究發現與其他知識一致的程度如何？研究發現需有其他已經被證實的顯著性來支持。前所未有的新發現，則有創新的顯著性。

● 研究發現對某些意圖目的是否有用的程度（如，對理論、政策、總結性或形成性評鑑、問題解決等有所貢獻）？

　　質性分析者致力於應用創造性和關鍵性的技能，對於資料中真正具有顯著意義者做出謹慎小心的判斷，發現組型、主題和類別。尤其質性分析者並無統計測驗來判定某一觀察或組型是否具有顯著性，他們首要的是必須仰賴自身的智識、經驗和判斷來為之；其次，他們應該慎重考慮那些參與此一研究者的反應；三者，研究者亦應該考量那些可能閱讀和審查此一研究結果者的反應。一旦這三者---分析者、參與者、和審查者---的反應是一致的，研究者即對研究發現的實質顯著性具有「共識性驗證」（consensual validation）。一旦出現許多的不一致，這是常見的狀況，研究者則需展開論辯，而這是相當有趣的。

　　判定實質顯著性也可能使分析者陷入相當於統計上的第一類型和第二類型錯誤：分析者可能會將某些實際上具有顯著性的事項判定為不具顯著性；或相反地，將某些沒有意義的事項歸類為具有顯著意義。有一個故事可以闡述此一判斷何者具有真正顯著意義的難題。

　　Halcolm遇到一位女士，她拿給他某樣東西。Halcolm毫不遲疑地將這個東西交還給她。追隨Halcolm學習的多位年輕門生，開始論辯這項交換的特殊意義。他們提出了許多不同的詮釋。

　　當Halcolm聽到了這些年輕門生的爭論後，他召集他們，詢問每一個人有關他們所觀察到這事件的顯著意義。他們也報告了各式各樣的詮釋。當他們的報告結束時，他說，「這項交換的真正目的，是讓我向你們顯示，你們還沒有精通觀察，足以判斷你們所見證者僅是一項毫無意義的互動。」

邏輯分析

　　當進行歸納分析時，分析者尋找資料中逐漸浮現的組型。這些組型，可以用面向（dimensions）、分類基模（classification schemes）、主

題和類別等來加以表徵。一旦某些面向被建構出來，無論是應用參與者建立的構念，或是分析者建立的構念，將不同的面向進行交叉分類，以對於如何組織資料產生嶄新的洞察，並尋找最初的歸納分析中無法立即明顯可見的組型。建立交叉分類矩陣（cross-classification matrix），是邏輯分析的應用練習。

　　邏輯歷程包括將一個面向或類型與另一個面向或類型加以交叉，以建立潛在類別；然後，在實際的資料和研究者之邏輯構念之間來回工作，以尋找有意義的組型，來填滿此一結果矩陣。

　　在前述的高中中途輟學方案中，方案的焦點在於降低缺席率、曉課情形和學習遲緩。一個由諮詢顧問和行為改變者所組成的團隊被邀請來與與學校中的教師一起工作，以協助教師發展處理中途輟學問題的策略。對於方案的觀察和教師的訪談，產生了兩個面向。第一個面向區分「教師對於有效之方案介入類型的信念」，也就是說，他們是否偏好「維持」（對中輟學生的管理，只要能維持學校的運作即可）、「復健」（致力於協助中輟學生解決其難題）、或「懲罰」（不要讓他們帶著違反規定的行為脫逃）。「教師對於中輟學生的行為」則依循一個連續向度來加以概念化，從直接負責採取行動來處理此一難題，到將此一責任轉移到其他人。表例8.8顯示這兩個面向的交叉情形，產生了六個細格，每一個都表徵了教師對於此一方案所採取的不同角色。

　　在進行歸納分析中，分析者竭力要從資料中尋找出組型，使能夠彰顯方案中所表現的不同類型教師角色。他嘗試了幾種構念，但似乎沒有一個能切合所需。當他向我描述他所設計的其他面向時，我建議他把這幾種面向相互交叉，就像表例8.8所呈現者。當他照我的話做了以後，他說：「這整件事立即各就各位了。」他在矩陣與資料之間來來回回工作之後，對於這些多樣化且衝突的教師角色，提出了一個完整的描述性分析。

　　對教師角色的描述能滿足幾個目的。第一，它給了教師一種鏡子影像，使他們藉此瞭解自己的行為與態度，使教師更加清楚地認識到他們自己的角色。第二，由諮詢顧問所組成的外部團隊，可以運用它，而更加小心地使他們在方案上的努力，能確實切合那些基於不同角色來行動的不同類型教師。這個矩陣也有助於教師建立能減少中途輟學方案，讓採取不同角色的教師可以不同的方式來工作。第三，對於教師角色的描述，更可提供對於中途輟學問題之洞察。研究者藉由界定這些不同的角色，可瞭解這些角色在學校中的分佈情況，且觀察這類分佈的結果。

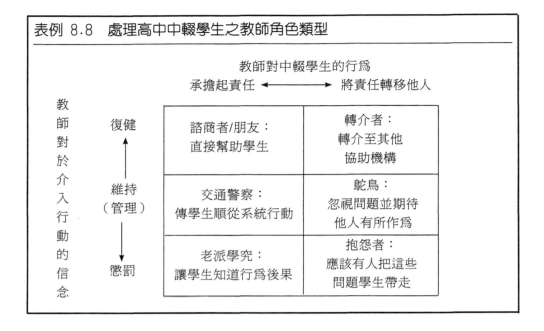

表例 8.8　處理高中中輟學生之教師角色類型

教師對中輟學生的行爲
承擔起責任 ←——→ 將責任轉移他人

教師對於介入行動的信念	復健 維持（管理） 懲罰	諮商者/朋友：直接幫助學生	轉介者：轉介至其他協助機構
		交通警察：傳學生順從系統行動	鴕鳥：忽視問題並期待他人有所作爲
		老派學究：讓學生知道行爲後果	抱怨者：應該有人把這些問題學生帶走

　　研究者必須小心處理這類邏輯分析。當分析者試圖將資料強行塞進由交叉分類而來的類別中，以填滿矩陣時，矩陣就很容易會開始操縱資料。邏輯分析所產生的新的既知概念，必須經過實際資料的檢測和驗證。這種邏輯性地推衍得來的既知概念，提供了可資考驗的概念化假設。Levin-Rozalis（2000）建議宜清楚標示此一邏輯推衍歷程，並將假設之發現加以外推，使此類邏輯分析能與以資料爲基礎的歸納分析和理論衍生的演繹分析，區分開來。

　　Denzin（1978b）將質性分析的「外推」（abduction）解釋爲以邏輯推論來結合歸納式和演繹式的思考：

　　自然主義學者檢閱且組織行爲樣本，使其能漸進地顯露且更佳地理解他們所研究之社會世界的特徵。他們致力於詢問一些問題，使該社會世界或社會組織更能被理解。他們不會以一組僵化的先決假設來探求這個世界。他們對於這個世界的一些例行常規和被視爲理所當然的特徵感到興趣，且主導其探究的行動。他們詢問人們如何知道互動的組型及其意義……他們不會使用樣式齊備的演繹式假設基模，來思考和發展命題；他們也不會完全歸納地讓所謂的「事實」自行發聲。事實不會爲自己發聲，它們必須被加以詮釋。先前發展的演繹模式甚少與蒐集到的實徵資料符合一致。「外推」的方法，需結合命題發展和理論建構的演繹和歸納模式。它可以被界定是一種從後果

倒向前因的工作。觀察者記錄某一特殊事件的發生，然後依時間向前推移，以致力於重新建構產生該事件（後果）的各種事件（前因）。（pp.109-10）

William Sanders（1976）在其《社會學家即偵探》（*The Sociologist as Detective*）中，認為知名小說偵探福爾摩斯的分析式思考即是仰賴外推，勝過於演繹或歸納。我們認為質性分析者有部分是科學家，有部分是藝術家。為什麼不將質性分析者視為偵探呢？一個邏輯衍生矩陣的空白細格（由兩個面向交叉所產生之細格，不會立即就有一個命名或標籤），創造了一個可能的後果和前因的交叉點，以提供外推式探索和解釋。此類後果與前因的交叉點，促使分析者能夠敏銳覺察到資料中所呈現之活動或行為類別的可能性。下一節將更為詳細說明由此類外推可能性而衍生的歷程/成果矩陣。

Nick Smith（1980） 藉由詢問「對於讀者和被研究實體而言，有效評鑑實用性的技術是否有所差異？」之問題，使用了一個矩陣，來畫定不同種類評鑑的重要區別。他的矩陣係將方案/政策面向（所研究者為何？）和方案管理者/政策制訂者面向（所要輔助者是誰？）加以相互交叉，從而顯示了不同類型的實用性。表例8.9 即呈現此一描繪方案或政策中相關人員之關注的矩陣。這個矩陣可用於引導資料蒐集和分析之歷程。本章稍後亦將呈現一個歷程/成果矩陣，以使方案的歷程和方案的成果相互交叉，作為質性分析的架構。

為了研究學校如何運用規劃和評鑑的歷程，Campbell（1983） 發展出一個包含500個細格的矩陣（如表例8.10），意圖達到吾人在三度空間中所能做出的極限。Campbell在研究明尼蘇達州的教育計畫、評鑑和報告系統機制時，使用了這個矩陣來引導資料的蒐集與分析。她檢視了運用的五個層次（中學……社區、學區）、全州計畫案的十個成份（計畫、目標制訂……、學生參與），以及影響實用性的十項因素（個人因素、政治因素……）等等。表例8.10闡述了這個用以思考資料組織，以及達成分析/概念化目的之矩陣。

表例 8.2 繪製相關人員之關注地圖

各類相關人員對於方案的態度傾向			
各相關人員得 關注程度	贊同	中立或未知	反對
高度			
中度			
低度			

資料來源：Patton （1997a: 344）

備註：奠基於實地工作來建構每個細格。

Miles和Huberman（1994）提供了一個豐富的資料來源，並闡述如何在質性分析中運用矩陣。他們提供的實例，包括時間序列矩陣（time-ordered matrix）、角色序列矩陣（role-ordered matrix）、角色×時間矩陣（role-by-time matrix）、角色×團體矩陣（role-by-group matrix）、概念化群聚矩陣（conceptually clustered matrix）、場所動力矩陣（site dynamics matrix），以及預期成果矩陣（predictor-outcome matrix）等。他們的《資源手冊》（*Soursebook*）提供各式各樣用以分析質性資料的想法，包括各種概念繪圖和視訊呈現技術。

其他以圖示研究發現的方式，包括概念地圖（concept mapping）和認知地圖（cognitive mapping）。以概念地圖作為呈現視訊資料的方式，以促進分析的清晰度且以網絡或系統來描繪關係，請詳見Trochim （1989）的詳盡討論。以認知地圖作為呈現質性研究結果的方式，來顯示資深經理人的「決策基模的結構和內容」，請詳見Clark和Mackaness （2001）的論文。

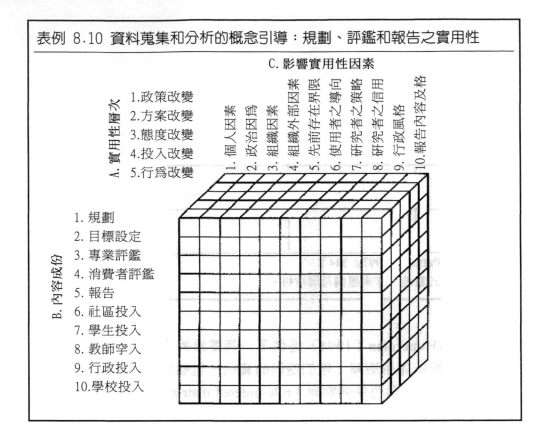

表例 8.10 資料蒐集和分析的概念引導：規劃、評鑑和報告之實用性

一個歷程／成果矩陣

　　歷程與成果之間的連結，是許多方案評鑑中的一個基本議題，是用以闡述質性矩陣分析的最佳焦點。如同第四章所討論的，質性研究法特別適用於評鑑方案歷程和影響，以及甚難以測量的面向。由於成果可以相當個別化，有時候方案並無法確知其成果可能為何；而且，在許多方案中，歷程或影響均未被清楚明確地指陳出來。在此類情況下，評鑑目的之一可能就是要去闡明方案的歷程、方案的影響，以及二者之間的連結。此一任務即可藉由建構一個歷程／成果矩陣（process /outcomes matrix）來達成，以對資料做出整理。

　　表例8.11呈現此一矩陣如何被建構出來。主要的方案歷程或已界定的實施成分，被列舉於矩陣的左側。成果的類型或層次則列舉於矩陣的

上方。此一方案歷程和成果的類別系統，就像其他類型架構的建構方式一樣，係從資料中發展而來。任何歷程和成果的交叉分類，都會產生這個矩陣中的一個細格。比如，表例8.11中的第一細格，是由歷程1和成果a的交叉而產生的。在細格1a（或此一矩陣的其他細格）中的資訊，描述了連結、組型、主題、經驗、內容或實際活動，以使我們能瞭解歷程與成果之間的關係。此類關係也許是在訪談中由方案參與者自身所指認出來，也許是由研究者在分析資料時所發現到的。在任何這兩種情況中，歷程/成果矩陣均可作為組織、思考和呈現方案實施面向與方案影響之間質性關連性的方式。

　　舉一個能夠幫助我們更具體地明白歷程／成果矩陣的實例。假定我們正在評鑑一個將犯行青少年安置於寄養家庭的犯行少年司法處遇方案。我們拜訪了數個寄養家庭，觀察這些寄養家庭的環境情況，訪談犯行青少年、寄養父母和保護官們。於是，我們發現了一個一再重現的歷程主題，那就是「讓孩子們學習自己做決定」的重要性；而一個一再重現的成果主題則涉及「端正孩子們的行為」（避免再犯行為）。藉由將方案歷程（「讓孩子們自己做決定」），與方案成果（「端正孩子們的行為」）二者相互交叉，這就產生了一個資料分析的問題：到底青少年能夠自己做出什麼樣的實質決定，以減少再犯行為呢？於是，我們仔細地重新檢閱我們的實地札記和訪談紀錄，從中尋找一些資料，幫助我們瞭解方案參與者如　何以其實際行為和實踐行動來回答這個問題。藉由描述青少年實際上在該方案中如何做出決定，研究報告之使用者，就能夠對該方案歷程與預期成果之間的連結及其優缺得失，做出自己的判斷。而且，一旦做成這個對於歷程和成果之連結的描述性分析之後，研究者即能對此一歷程/成果連結的性質和品質，提供有力的詮釋和判斷。

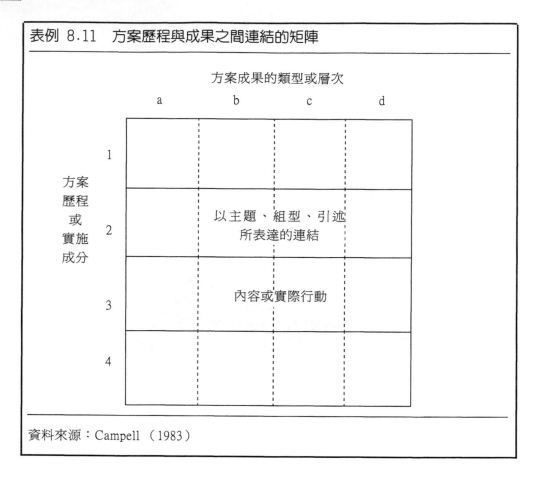

表例 8.11　方案歷程與成果之間連結的矩陣

方案成果的類型或層次

	a	b	c	d
1				
2		以主題、組型、引述所表達的連結		
3		內容或實際行動		
4				

方案歷程或實施成分

資料來源：Campell （1983）

一個分析實例：質性資料之歷程、成果和連結

　　由於既知概念「方案歷程」和「方案成果」是評鑑研究的中心議題，所以詳細描述質性分析中如何應用這些概念，會是相當有裨益的。研究者如何認知到方案歷程呢？學會辨認和標定方案歷程，是相當關鍵的評鑑技巧。「歷程」這一既知概念，指涉一個共通的行動，貫穿方案活動、所觀察的互動和方案的內容。此處我所用的資料，係從我所評鑑的荒野教育方案中蒐集得來。此一方案係運用荒野作為專業教育工作者在職訓練的場域，以其自身投入於荒野的經驗性學習歷程，來促進其對於經驗教育之哲學和方法的體認和學習。參與者從其所居住的一般都市環境，投入於荒野十天時間，至少有一天一夜完全獨處於荒野之中。有

時候，當團體健行時，他們被要求要保持沈默，不讓彼此的交談打擾了荒野中的聲音。在團體討論時，參與者會談到他們對於荒野的觀察，以及他們置身於荒野中的感受。參與者還須在日記中記錄下他們所處的荒野環境。那麼，這些不同的活動具有什麼共通性呢？此一共通性又該如何表達呢？

我們開始嘗試一些不同的方式，來抽象化和標定此一底涵的歷程：

● 經驗荒野。
● 學習荒野。
● 欣賞荒野。
● 融入於荒野之中。
● 發展對環境的覺察。
● 形成對荒野的意識。
● 發展對環境的敏覺力。

這些詞彙短語中，每一個都包含某些動詞（例如，經驗、學習、發展等等）和某些名詞（例如，荒野、環境），以捕捉歷程的細微差異。質性分析者在資料（實地札記和訪談紀錄）及其所要表達的概念之間，來回工作、反覆斟酌，從而找出最符合的語言，來描述此一歷程。方案中參與者所用來描述這些活動和其共通經驗的語言是什麼呢？什麼語言最能捕捉到這一特別歷程的本質呢？何種普世性和特定性的層次，最有助於將此一特別活動與其他活動區分開來呢？方案參與者及工作人員對於那些用來描述歷程的不同詞彙短語有何反應呢？

在最後選定最適切的語言以做成報告之前，在數個不同的詞彙短語之間反覆斟酌，是司空見慣的事。在這項荒野教育方案中，我們首先採用「經驗荒野」這一個概念。然而，經過數次修正之後，我們最終採用了「發展對環境的敏覺力」這一詞彙來描述歷程，其原因在於這一較廣泛的用法可使我們將很多討論和活動包括在內，而這些活動和討論旨在幫助參與者瞭解他們是如何受到他們所處的一般社會環境的影響，以及他們又怎樣影響了他們所處的社會環境。「經驗荒野」於是變成了「發展對環境的敏覺力」這一更全面歷程的一個次歷程。方案參與者和工作人員在最終的詞彙選擇及歷程描述中扮演了重要的角色。

在方案實施歷程中具有重要作用的其他歷程如下：

● 面對和管理壓力。
● 團體場域中的分享。
● 檢驗專業性活動、需求和踐諾。
● 對表達個人的需求承擔責任。
● 交流專業的想法和資源。
● 正式地監控經驗、歷程、改變和影響。

當努力尋找正確的語言來溝通主題、組型及歷程時，必須謹記在心的是：在陳述從分析中所浮現的主題或組型時，並沒有一個絕對正確的方式。只有或多或少有用的方式，來表達資料中所顯露的內容。

在辨認且概念化方案的成果和影響時，可能包含歸納、演繹，和/或邏輯分析等歷程。就歸納分析而言，分析者尋找參與者的改變、對於改變的表達、有關方案成果和影響的觀念型態，以及如何將方案參與者區分為「有收穫者」和「無收穫者」的方式。在高度個別化的方案中，對於方案參與者和工作人員之改變的陳述，可能是相當全面性的。諸如，「個人成長」、增進「覺察」，和「對自己的洞察」等成果，很難加以操作，並使之標準化。這就是質性方法適用於捕捉和評鑑這些成果的原因之一！因此，分析者的任務，便在於描述參與者在方案中實際上發生了什麼，以及他們對於這些發生的事項說了些什麼。本章末尾的附錄8.3，呈現一個報告的部分節錄，描述荒野教育經驗對於參與者的影響。這些資料來自於深度、開放式訪談，此一報告之節錄顯示描述性資料（直接引述）如何應用於支持和解釋歸納式主題分析。

就演繹分析而言，分析者可能運用從方案計畫、工作手冊和規劃文件中所發現的目標陳述，或方案的預期成果，來引導資料蒐集和分析，從而推演出結論。

邏輯分析（或外推分析）而言，建構一個歷程／成果矩陣，會提供額外的可能性。也就是說，關於方案歷程和參與者成果的資料，均加以組織分類，並透過一個邏輯基模來連結方案歷程和參與者成果，使得分析得以更為深化。此類邏輯衍生之基模，即被用於組織荒野教育方案的資料。首先，一個描述不同成果類型的分類基模，被概念化為包含下列各項：

1. 技巧上的改變，
2. 態度上的改變，
3. 感受上的改變，
4. 行為上的改變，以及
5. 知識上的改變。

　　這些一般性的基模，提供研究報告的讀者一些實例，對所發生之各類改變的洞察，以及那些由參與者所覺知的改變如何關連於特定之方案歷程。我要強調的一點是，歷程/成果矩陣僅是一種組織資料的工具，從參與者本身和實地觀察所獲得的資料，始能提供歷程和成果的實際連結。

　　在「發展對環境的敏覺力」這一方案歷程，與個人層次的成果之間，有著什麼樣的關係呢？限於篇幅，只能舉幾個取自於資料的實例。

● 技巧（skills）：「你在開玩笑嗎？我學會了如何在缺乏文明的舒適環境中生存下去。我學會了要先弄清楚前方的地形地勢，然後調整自己的步伐。我學會了如何背負沉重的擔子。我學會了如何在下雨時保持乾燥。我學會了如何打結，以使壓力沈重時也不會爆開而四分五裂。你認為這些是我在工作上所需要技巧的隱喻嗎？你完全對了，這些就是了。」

● 態度（attitudes）：「我認為你應該更加留意你所處的空間，這是很重要的。我不想再渾渾噩噩地虛度光陰，而對我周遭之事及其對我的影響視若無睹。」

● 感受（feelings）：「來到這裡，特別是一個人獨處，使我增強了自信心。我明白了我可以處理很多事，而那些是我以前認為處理不了的。」

● 行為（behaviors）：「來到這裡，我以不同的方式來運用我的感官。你在城市裡生活時不會太注意噪音和各種聲響。但是在這裡我得學習傾聽，使我開始聽到更多樣的聲音。我也碰觸更多的東西，只為了去體驗不同的材質。」

● 知識（knowledge）：「我知道這個地方是如何形成的，它的歷史，岩層結構，火對植物的影響，河流從何處來，又將去向何方。」

思考如何組織這些成果資料的另一種不同方式，是思考這些影響的不同層次：對個體的影響、對團體的影響，以及對方案參與者所來自的機構的影響。方案工作人員希望影響能擴及所有這些層次，因此，研究者亦可能要藉由省視方案歷程中所浮現的主題，來與這些層次進行交叉，以組織資料。例如，「發展對環境的敏覺力」如何對個人產生影響呢？它又如何影響整個團體呢？方案參與者在體驗了荒野並重返原來的機構後，「發展對環境的敏覺力」又如何影響這些機構？由此可見，這一歷程/成果矩陣成為一種對資料詢問問題的方式，也是在數百頁的實地札記和訪談逐字稿中尋找主題和組型的有利資源。

詮釋研究發現

單純的觀察和訪談並不能確保該項研究即是質性的，質性研究者也必須能詮釋參與者的信念和行為。

-- *Valerie J. Janesick* （2000:387）

詮釋意義

質性的詮釋始於闡釋意義。分析者檢驗一個故事、一項個案研究、一組訪談資料或實地札記，然後詢問：這是什麼意思？這告訴了我什麼有關所研究之現象的性質？在詢問這些問題時，分析者在資料或故事（證據）以及其自身的視角和理解之間，來來回回反覆斟酌，以發現證據之意義。無論是證據，或是用以省視證據之視角，二者均必須加以闡釋，以尋找意義；並嘗試其他可選替的詮釋方式，來檢驗這些資料。

例如，當我們試圖分析社區領導力培訓之參與者的追蹤訪談時，我們發現他們對於培訓中的不確定性，有著多樣化的表達。在六天培訓期的最後一天，在他們學習了如何評量社區需求、與多樣性團體工作、清晰地溝通、使人們增展權能和規畫改變之後，他們卻被提醒在他們回歸社區之後，不要急於採取行動，而需慢慢地與社區建立緊密的連結關係。這些由方案工作人員在最後一天所提出的警告，到底意味著什麼？這些提醒事實上導致參與者停滯不前，害他們根本不敢採取任何行動。

原本這項方案意圖讓參與者有充分的準備以採取行動，卻反過來使得他們因為害怕出錯而變成「行動癱瘓」。這意指，「行動癱瘓」（action paralysis）係透過詮釋，而從資料分析中浮現出來。並沒有人真的使用過這個特定的名詞，我們將此詮釋為受訪者歷經模糊的不確定性、曖昧不明、擔憂恐懼和行動之前的觀望等所經驗到的本質。

敘事分析（詳見第三章）特別聚焦於如何詮釋故事、生命史敘事、歷史事件和創造性的非小說作品，以透過個人經驗的鏡片，來省視文化和社會組型。此一「社會科學的傳記性轉向」（Chamberlayne, Bornat & Wengraf, 2000）或質性研究的「敘事性轉向」（narrative turn）（Bochner, 2001），將人們的故事視為資料，本身即是對於經驗的純粹描述，可針對人類經驗的心理、社會、文化、政治和戲劇化面向之間的關連性來加以分析，以顯露較為廣泛的意義。敘事研究中的分析焦點，大部分關乎詮釋的性質（Denzin, 1989a, 1989b, 1997b）。如何詮釋故事，及確切地說，訴說此一故事之文本，即是敘事分析的核心（Lieblich, Tuval-Mashiach, & Zilber, 1998）。對於意義的理解，亦來自於比較故事和個案，及探究且詮釋前因、後果和關係。

比較、前因、後果和關係

截至目前為止，本章甚為強調組織、描述和連結資料之任務。即使是矩陣分析，亦以組織和描述一項研究之主題、組型、活動和內容為目標，而不是去闡明歷程和成果之間的因果關連性。如果研究者僅是描述訪談中所呈現的因果關連性，實則並未從描述跨越到因果之詮釋。事實上，許多質性研究均止於呈現個案資料和跨個案的描述性比較，以增進瞭解，而非去解釋「為什麼」。Stake（1995）強調「*解釋乃意圖促進瞭解，而瞭解有時是以解釋來表達————然而，這兩者在認識論上相當不同……此一差異甚為重要，一者乃致力於指認出因果關係，另一者則尋求對於人類經驗的瞭解*」（p.38）。基於欣賞和尊重此一區分，一旦個案研究被書寫出來，且一些描述性類型已被建立起來且受到支持，組織和描述資料的任務大部分完成之後，如果研究者有需要的話，即可繼續進行比較，並考量前因、後果和關係。

對於某些事項導致其他事項的陳述，例如方案的哪些層面會產生特定的效果，以及歷程如何導致成果，都是允許詮釋和假設的自然領域。一旦對於資料所進行的小心謹慎之研究，使研究者產生了有關因果連結的想法，則沒有理由要去否認此類洞察的效益。重要的是，此類陳述應該清楚且如其所是地標定為：詮釋和假設。在一個社區中居住一段甚長時間的研究者，很可能會對於那兒為什麼會發生某些事情，有著一些洞察。投入一段相當長時間訪談人們的質性分析者，也很可能在分析之外，對於所研究之現象如何形成及其效應，浮現一些可能的解釋。深入研究一項方案、且在實地中與資料共處、不斷省思資料中所浮現之主題和組型的評鑑研究者，有極佳的立足點可以推測資料中的意義、連結顯著的意義，且對於關係提供一些假設。而且，如果決策者和評鑑結果的使用者要求提供此類資訊的話，則更無理由不去和他們分享此類洞察，以協助他們思考其自身所持有的關於因果關係之先前假定，並探索哪些資料支持或不支持這些潛在的因果關係。

Lofland（1971）的思考，對於釐清因果關係之推測在質性分析中角色，甚有助益。他認為，質性研究者最強而有力的裝備，是有能力「提供一個具有豐富的描述性細節的秩序性描述」（p.59），

從定義上看，詮釋要超越於描述性資料之外。詮釋意指將顯著意義附加於研究發現之上，理解研究發現的意義，提供解釋，得出結論，進行推理，將秩序加諸於這個無規則但有組型的世界之上。詮釋的嚴謹性，以及對資料進行解釋，包括處理對立解釋（rival explanations）、尋找否證性個案（disconfirming cases）和資料的無規律性，以考驗詮釋的適切性。只要是研究者所提出的詮釋，並且明白描述和詮釋的區別，那麼上述的做法都是可被期待且適當的。

Schlechty和Noblit（1982） 總結認為詮釋可以下列三種形式出現：

● 使明顯的事物更為明顯。
● 使明顯的事物變得可疑。
● 使隱藏的事物變得明顯。

這裡簡明扼要地說明了研究同儕、政策制訂者和方案資助者對於研究發現的的期望：（1）證實我們所所知道的且受資料所支持的內容，（2）糾正我們的錯誤觀念，（3）闡明我們應知而未知的重要事項。完成這三件事之後，對於研究發現感興趣的人，就可奠基於此來採取行動。

當研究者邁入詮釋前因、後果和關係的領域時，很容易又回到量化分析的線性模式假設中，開始要去找出分離的自變項和依變項如何機械式地連結。研究者是否有能力超越此一簡單的線性模式的侷限，甚為緊要。質性研究的挑戰在於要對現象、場域或方案的樣貌描繪出一個完形而整體的圖像，並致力於瞭解一組特定的活動和人們在其特定背景脈絡之中的基本性質。「特殊化是一項重要目標，要去獲知個案的特殊性」（Stake, 1995:39）。對於線性關係的簡化陳述，則可能會有所扭曲。此一質性分析中經常出現的挑戰、正反辯證和兩難困境，使我們必須在所研究之現象與我們對現象的抽象化概念之間，在對已發生事項的描述與我們對於這些描述的詮釋之間，在現實的複雜性與我們對於複雜性的簡化陳述之間，在人類活動的相生相息和相互依存與我們對於因果關係的線性、有序陳述之間，不斷地來來回回工作、反覆斟酌。

Gregory Bateson追蹤研究者此類掙扎的來源，將之部分歸諸於我們被教導來思考問題的方式。我們被告知一個「名詞」，即是「人名、地

名、或是事物名」；我們被教導一個「動詞」，即是表示「行動的語詞」。Bateson主張，這些定義一開始就教導我們「定義某事物的方式，是看它自己是什麼，而不是它與其他事物的關係」。

今日，所有這一切都應該有所改變。孩子們可能被教導一個名詞是某個和謂語有一定關係的語詞。動詞則是與名詞、其主語等等有一定關係的語詞。關係可以作為下定義的基礎，孩子們也就能看出「『走』是一個動詞」這個句子有些錯誤之處......我們可能可以學會關於組型的知識，那是連結所有溝通的必須要件和背景脈絡，而且沒有背景脈絡便沒有了意義。（Bateson, 1978:13）

此處不再反覆說明有關線性因果分析（X導致Y）和描述複雜現象之相互依存性和相互關連性之完形視角，此二者之間的差異，我只想提供讀者一個蘇非教派的故事。我建議讀者可嘗試採用兩種方式來分析故事中所呈現的資料。首先，試著分離在故事中至關重要的各個特定變項，決定哪些是自變項，哪些是依變項，接著以X導致Y的形式來書寫對於這個故事的陳述。然後，再一次閱讀這個故事。在第二次的分析中，試著區分由故事中各個角色所表達的情況，並標示出其不同的意義；然後以下列形式來書寫這個故事：這些事件和這些事件連結在一起，而產生_____。不要試圖去判定哪一種方法是正確的，而另一種方法是錯誤的；只單純試著去經驗和理解這兩種方法即可。以下即是這個個案資料，或者是故事。

一天晚上，Mulla Nasrudin沿著一條荒僻的小路蹣蹣獨行，他看到一隊騎兵朝向他疾奔而來。他的想像力開始運轉了起來。他想像他被逮捕且被販賣為奴隸，或是遭遇到那些騎兵的結夥搶劫，或是被該隊騎兵徵招入伍。由於擔心自己的安危，Nasrudin逃跑了，他翻越過一堵牆進入一個墓地，然後躺進了一個露天的墳墓裡。
這一群人---老實的旅行者---對他這一奇怪的舉動大惑不解，他們緊跟著Nasrudin，想看看是否能夠幫助他。他們發現Nasrudin癱躺在墳墓中，神情緊張，渾身發抖。
「你在墳墓裡做什麼呢？我們看見你逃跑，看到你既焦慮又恐懼。我們能幫你什麼忙嗎？」
Nasrudin看見上面那些靠近他的人，恍然大悟到他們只是老實的旅行者，真誠地關心他的狀況。他不想告訴旅行者他怎樣誤解了他們，而冒犯他們，或令自己難堪。所以 Nasrudin只是從墳墓中坐起來，說：「你們問我在

墳墓中做什麼。如果你們一定要知道的話，我只能告訴你們：我是因為你們才在這裡，而你們也因為我才到了這裡。」（引自 Shah, 1972:16）

理論本位之分析策略

　　至此，本章已說明了質性分析的一般性策略。接下來的節次，將檢視特定的理論和哲學視角如何影響分析的進行。本書第三章理論導向中所呈現的每一項視角都對分析有所指引，其理論架構或哲學中所彰顯的基本論題，即指出研究者如何理解這個世界之意義的方式。同樣的，第四章中所提出的各種應用亦足以影響分析，其所提出的研究問題引導了研究和分析的程序。因此，本書的第三章和第四章亦提供了研究者分析資料的架構。接下來的兩節所要探討的是兩項相互對照的理論導向分析策略：現象學分析和紮根理論。

現象學的分析

　　現象學分析（phenomenological analysis）尋求爲一個人或一群人所生活過的經驗現象，捕捉和闡明其活過的經驗之意義（meaning）、結構（structure）和本質（essence）。在呈現現象學分析之特定步驟之前，我要提醒讀者現象學有著許多的意義、許多不同的形式，且涵蓋多個互異的傳統，包括先驗現象學（transcendental phenomenology）、存在現象學（existential phenomenology）和詮釋現象學（hermeneutic phenomenology）（Schwandt, 2001）。Moustakas（1994:13）進一步將實徵性現象學（empirical phenomenology）和先驗現象學區分開來。Gubrium and Holstein（2000:488）增加了「社會現象學」（social phenomenology）這一個標籤。Van Manen（1990）則偏好「詮釋現象學省思」。Sonnemann（1954:344）引介「現象誌」（phenomenography）一詞，來指涉對於「所報告之立即性主體經驗進行描述性紀錄」的現象學探究。Harper（2000:727）透過「現象模組」來省視圖象，亦即從自我的現象學視角，「相片傳達了照相者的藝術性、情緒性和經驗性意圖」。除了這些名詞上的混淆之外，區分現象學哲學有別於現象學方法和分析，更是一大難題，這些都造成質性研究中的緊張關係和相互衝突（Gergen & Gergen, 2000）。

在北美當代質性研究版本中，現象學一詞的運用，傾向於反映了一個主體的、存在主義的和非批判性的重點，不同於由Husserl和Heidegger所代表的歐洲大陸傳統。後者將現象學探究視為一種努力要進入主體經驗之下層或背後，來顯露事物之真正的、客觀的性質，且對於被視為理所當然的意義和主觀思維提出批判。而在質性研究論述中所常見的現象學，所強調者正好相反：旨在於辨認和描述受訪者的主體經驗。它主要是從受訪者自身的觀點來研究其日常生活經驗，避開了對於社會生活形式的批判式評鑑 （Schwandt, 2001:192）

這些在使用上的區分和變異，使得以「現象學分析」來代表單一取向或視角，顯得毫無意義。此處，我選擇要呈現的則是由Clark Moustaka和 Bruce Douglass所提出的現象學分析取向，他們對於分析的歷程本身有諸多討論 （Douglass & Moustaks, 1985），而且Moustakas對於現象學的廣泛著述 （1961, 1988, 1990b, 1994, 1995）是極佳的閱讀材料。他們發展了現象學分析的綱要，並用於訓練研究生，因此本節所要呈現者即奠基於他們和其學生的工作成果。在呈現其現象學分析的步驟和程序之前，讓我們再深入探討此一視角和語言。

Husserl的*先驗現象學與意向性*（intentionality）概念息息相關。在亞里斯多德哲學中，意向（intention）一詞意指心智對於客體之導向，客體係以意向性方式存在於心智之中。

意向性指涉了意識，是意識到某事物的內在經驗，因此，意識之行動和意識之客體是有意向地相互關連。包含於意識的瞭解之內的，是重要的背景因素，諸如愉悅感的擾動、判斷的形塑或最初的希望。

對於意向性的知識有賴我們體現在自身和這個世界的事物之中，體認到自身和世界是不可分離的意義成分。

例如，當我們看到眼前出現一幅美麗的風景時，湧現了喜悅感的經驗。風景是這個*事態*（matter），也是意向性行動和意識覺知的客體。這個事態使得風景彰顯成為一個客體，而不僅僅存在於意識之中。

詮釋性形式（interpretive form）是使得風景顯現出來的知覺，因此風景是自明的，而我的知覺則將之創造出來，並使其存在於我的意識之中。*客體化品質*（objectifying quality）則是風景存在的事實性，*而非客體化品質*（non-objectifying quality）則是由風景所激發起我的喜悅感。

每一個意向性都包含一個意識客體（noema）和一個意識主體（noesis）。意識客體並非真實的客體，而是現象；不是樹，而是樹的表象。顯現於知覺中的客體會有所變異，取決於其被覺知的時間、被覺知的角度、與其俱現之經驗背景，以及來自於覺知者最有利觀點的希望、意願或判

斷等之導向等。……樹挺立於某處的時空之中，然而對於樹的知覺則來自於意識。……．

每一個意向性經驗也是非客位的（no-etic）……

仔細思考此一意識客體－意識主體（noema-noesis）之間的相互關連性……，「覺知到如其所是」即是意識客體；而「完美的自我證明」即是意識主體。二者的關係建構了意識的意向性。每一個意識客體，均有一個意識主體；而每一個意識主體亦均有一個意識客體。在意識客體這邊是發現和闡述，使實際呈現於意識中者能自然開展且更顯清明。在意識主體這邊是對於意向性歷程本身的闡述……。總結此一意向性的挑戰，可歸納為下列三項歷程：

1. 闡明主導經驗的感官知覺。
2. 明辨意識的特徵，那是客體（真實的或想像的）在我們意識中將意識客體個體化的基本要件。
3. 闡明有關此類客體（真實的或想像的）的信念如何獲得，我們如何經驗我們所正在經驗的意識主體。
4. 統整意向性之意識客體和意識主體之間的相互關連性，成為經驗的意義和本質。（Moustakas, 1994:28-32）

如果這些都是研究者可能面臨的挑戰，那麼，該如何採取行動來迎接這些挑戰呢？現象學分析的第一步驟，稱為「*存而不論*」（epoche）。

存而不論是一個希臘語詞，意指抑制判斷，禁絕或克制日常覺知事物的方式。在自然態度上，我們總是秉持了具有判斷力的知識，我們先前假定了我們所覺知的自然界實際上存在，且當我們覺知時仍然存在於該處。相反地，存而不論有賴我們以嶄新的方式來省視事物，讓我們學習去觀看在我們眼前的事物，讓我們能加以區辨和描述……

當存而不論時，日常的瞭解、判斷和認知都被擱置在一旁，以視覺上、純真的、開放性的感官，從純粹或先驗的自我之有利觀點，來重新訪視此一現象。（Moustakas, 1994:33）

當研究者採取了*存而不論*的視角，他致力於向內觀看，覺察到自己的個人偏見，以消弭個人對於主觀材料的涉入，消弭或至少釐清自身的前置概念。藉由「現象學態度的轉移」（phenomenological attitude shift）以達成*存而不論*，可強化研究的嚴謹性。

研究者藉著態度上的轉移來檢驗現象。此一轉移即是採取現象學態度，包括以不同的方式來省視所探究的經驗。藉由超越自然態度或較為常見的賦

予現象意義的方式，使得經驗可獲致更為深度的意義。此一任務乃在於進入現象的構成要素，描述使現象成其所是的獨特品質和成分。為了達成現象學態度的轉移，存而不論即是一項基本而必要的現象學程序。

存而不論是一項歷程，研究者致力於移除、或至少覺察到其自身與所探究之現象有關的成見、觀點或假定。存而不論有助於促使研究者從一個嶄新的和開放性的觀點，來探究現象，而不帶入先前判斷或過早將意義加諸於現象之中。此一判斷之懸置，在現象學探究中至關緊要，使得研究者的個人觀點能擱置一旁，以觀看經驗之本來面貌。（Katz, 1987:36-37）

根據Ihde（1977）的觀點，*存而不論*要求觀看須先於判斷，對於何者為「真實的」或「最真實的」的判斷，必須加以懸置，直到所有證據（或至少是充分的證據）都齊備之後（p.36）。是以，*存而不論*是一個持續進行的分析歷程，而不是單一固定的事件。*存而不論*的歷程，具現了以資料為基礎的、證據本位的、且實徵經驗之現象學研究導向。

緊接於*存而不論*之後，第二步驟就是*現象學還原*（phenomenological reduction）。在此一分析歷程中，研究者將其原有世界觀和先前假定「放入括弧」（bracketing），以純粹的形式、不受外部干擾所污染的方式，來辨明資料。

放入括弧是Hussel（1913）所採用的語詞。當放入括弧時，研究者認真仔細地檢測這個現象。將這個現象從其所發生的世界中抽離出來，將之一一拆解和透徹分析。它的要素和基本結構被顯露出來、加以界定和深入分析。它被當做一個文本或一個文件，亦即，作為某個正在被研究的現象之實例。它不是依照現存文獻中所賦予的標準意義來加以詮釋的。在放入括弧的歷程中，那些在解構階段被分離出來的前置概念被加以懸置，且被放置在一旁。同時，盡可能以研究主體自身的語詞來探究此一研究主體。放入括弧包合下列幾個步驟：

1. 在個人經驗或自我故事中，找出直接指陳所研究現象的關鍵詞彙和陳述。
2. 作為一位通情的讀者，來詮釋這些詞彙的意義。
3. 如果可能的話，找出研究主體對於這些詞彙的詮釋。
4. 審視這些意義，找出它們所顯露出的有關所研究現象的基本且反覆出現的特徵。
5. 依據第四步驟所指認出的基本且反覆出現的特徵，提供一個對現象的暫時性陳述或定義。（Denzin, 1989b:55-56）

　　一旦將資料放入括弧之後，資料的所有層面都被視為具備相等的價值，亦即，資料被「水平化」（horizontalized）了。把資料散開來以進行檢視，且所有的要素和視角均具有相同的權重。然後，將資料組織成一些有意義的群聚。研究者即可採取一個劃界（delimiting）的歷程，將所有不相干的、重覆出現的或重疊的資料剔除出去。接著，研究者在資料之內指認出無變異的主題，以便在每個主題上做出「想像的變異」（imaginative variation）。Douglass將此一歷程描述為「圍繞著雕像移動」，以從不同的觀點來省視同一物體。透過想像的變異，研究者即可對於無變異的主題發展出更為強化或擴展的版本。

　　運用這些強化或擴展的版本，研究者邁入對於每一個主題做出文本式描繪（textual portrayal）----描述一項經驗，但並未包含該項經驗（諸如，強暴受害者所表達的脆弱無助感）。文本式描繪是從經驗中抽取出來，提供了經驗的內容和闡述，但並非其本質。

　　現象學分析尚涉及「結構描述」（structural description），包含所研究的 一整個群體的經驗「骨幹」（bones），是瞭解協同研究者作為一個群體如何經驗其所經驗者的方式。（Moustakas, 1994:142）。在結構性合成中，現象學研究者探看內蘊於個人經驗底層的深度意義，以彰顯整個群體之經驗的意義。

　　最後這一步驟有賴「文本式和結構式描述的統整，以提供意義的合成和經驗的本質」（Moustakas, 1994:144）。簡言之，在Moustakas的先驗現象學模式中，最基本的步驟即是存而不論、現象學的還原、想像的變異，以及文本和結構之合成。每一個階段之內，亦運用了其他詳細的分析技術（參見Miustakas, 1994:180-81）。

　　啟思研究（heuristic inquiry）（Moustaka, 1990b）則指涉些許不同的分析歷程。現象學研究的啟思歷程是一個高度個人化的歷程。Moustakas描述了此一現象學分析之啟思歷程的五個基本階段：沉浸、醞釀、闡明、解說和創造性合成。

　　沉浸（immersion）是使自己完全投入的階段，全神貫注於接觸此一經驗的文本、基調、情緒、範圍和內容。這個階段「*要求我自己完全體現於當下，去品味、覺察、嗅聞、碰觸、品嚐、感覺和瞭解，而沒有任何具體的目標和目的*」（Moustakas, 1981:56）。研究者的整個生活和存在都以此一經驗為中心，全心全意投入到此一經驗世界之中，詢問問題、權衡調整、相互對話、做白日夢且流連忘返。

第二個階段，**醞釀**（incubation）則是「安靜沈思」（quiet contemplation）的時刻，研究者等待著，騰出空間來覺察，以使直覺的或默會的洞察和瞭解能油然而生。在此一醞釀階段，研究者刻意地隱身後退，以容許意義和覺識能在適當的時機甦醒。研究者「*必須容許微光閃爍和甦醒的意識逐漸成形，以使瞭解能在其萬事齊備之後萌發出來。*」（Moustakas, 1981:50）。這個階段指引研究者朝向對經驗及其意義產生清晰和深刻的覺察。

闡明（illumination）的階段擴展了覺察，深化了意義，帶來嶄新且清晰的認知。關鍵的文本和結構已顯露出來，使得經驗的全貌能被獲知。經驗變得愈加鮮明生動，理解也在逐漸滋長。主題和組型一一浮現出來，形成了多個群聚，且可平行羅列出來。依循著嶄新的發現，帶來嶄新的生活和視野。

在**解說**（explication）階段，其他的意義面向被增加進來。這個階段指涉經驗的完全開展。藉由聚焦、自我對話和省思，經驗被勾勒出來，且進一步描繪。透過更進一步探索經驗的普遍要素和基本主題，形成一些嶄新的連結關係。啓思式分析者則致力於精鍊這些逐漸顯明的組型和被發現的關係。

> 這是為自己而做的資料整理，為自己來釐清這些組型，為自己來將具體的主觀經驗加以概念化，為自己來將深度的意義統整起來，亦為自己來將所有這些結果加以精鍊。（Craig, 1978:52）

透過這些階段分析所浮現出來的，是對於經驗的描繪，以及對於研究參與者的個人畫像。至此，研究者已準備好用一種富有創意且有意義的方式來傳達其研究發現。**創造性合成**（creative synthesis）就是將已經浮現的各個零碎部分兜攏在一起，以形成一個完整的經驗，顯示出組型和相互關係。這個階段指向新的視角和新的意義，一個對於經驗的嶄新視野。研究者以個人化和富有創意的方式，來捕捉和傳達此一經驗的豐富性和這些正在經驗中的參與者。在啓思分析中，分析者的洞察和經驗是最主要的，包括擷取自個人深層內在的「默會之知」（tacit knowledge）（Polanyi, 1967）。

©2002 Michael Quinn Patton and Michael cochran

啓思研究之回應力

　　這些對於現象學和啓思分析的簡述，僅僅只能提供研究者埋首於資料堆時的提示而已。這類學派導向之分析的目的，在於闡述一個人或一群人之現象經驗的本質。現象學分析的分析語彙，乍看之下像是外星文字般遙遠疏離，直到研究者能沈浸於現象學之完形視角、嚴謹訓練和派典思維之中，始能瞭然於心。上述這一個分析綱要，無疑揭示了要將質性分析所涉及之內在智識歷程加以條分縷析，通常是非常困難的。

紮根理論

　　理論指涉了一組充分發展的類別（即主題、概念等），透過對其彼此間關係的陳述，使其有系統地相互關連，以形成一個理論架構，是以解釋一些與社會、心理、教育、護理或其他有關的現象。對關係的陳述解釋了事件發生的誰、什麼、何時、那裡、為什麼、如何，及其結果。一旦概念透過彼此間關係的陳述而彼此發生關連，形成了一個解釋性的理論架構，研究發現即超越了概念性排序而轉變成理論。……一個理論，將不只是一組發現而已；

它更提供了對現象的充分解釋。（Strauss & Corbin, 1998:22）

第三章探討諸多質性研究的理論視角時，曾對紮根理論提供了一個概覽。《質性研究手冊》一書的協同作者Norman Denzin將紮根理論稱為「現今社會科學質性研究領域中，最具影響力的派典」（1997a:18）。如我在第三章所曾提到的，紮根理論為許多傳統的社會科學和教育學系的博士論文研究，開啟了質性研究之大門，我相信這有部分是因為它甚為強調產生理論的重要性，並提供了特定的程序。此外，我猜想它的普及性也來自於它高調地告誡研究者要致力於追求「客觀性」。後現代主義對於客觀性的攻擊，透過建構論、詮釋學詮釋主義及現象學對於主觀經驗的重視，已在質性研究中隨處可見。那些已發現質性研究方法，尤其是深度訪談法和觀察法，具有某些價值的社會科學家和學者們，如意圖避開建構論和詮釋論的哲學論辯，可能會對於紮根理論所關注的客觀性感到舒服一些。

幸運的是，這些年來，研究者已經學會保持完全客觀的狀態幾乎是不可能的，在每一項研究中—無論是量化或質性研究—總會存在著主觀（subjectivity）的成分。重要的是要去體認到主觀性此一議題，而研究者應該要採取適當的措施來將其對分析的干擾減到最低。……這些年來，我們一直在與客觀性的難題奮戰，並已發展出一些技術，能增進我們的覺察力，且有助於我們在對資料中所呈現的內涵保持敏覺性時，還能控制偏見對分析所造成的干擾。（Strauss & Corbin, 1998:43）

比較式地思考是此類技術之一。

理論性比較是以較為客觀的方式來省視某些事的工具（一系列屬性），藉由對事物的屬性和面向進行透徹地檢驗，將事物加以命名和分類。如果在資料之中，屬性是顯而易見的，我們即不須依賴這些工具。然而，由於我們不善修飾的雙眼常無法窺見細節，而且由於作為人類的我們，無論多麼努力去「解構」（deconstruct）事件、事例或訪談，仍會在詮釋事物時產生許多謬誤，我們總有時必須退後一步，詢問「這是什麼？」。在詢問此一問題時，我們即開始（即使是無意識地）依據我們所知道的屬性，來進行比較。（Strauss & Corbin, 1998:80-81）

紮根理論除了追求客觀性讓某些學者感到舒服之外，它從初步設計

到資料蒐集與分析到理論的建立，均強調系統化的嚴謹性和詳盡透徹，亦頗能取信於某些學者。

系統性，意指在這方法上的每一步驟都要很有系統，有系統地完成每一個階段，讓讀者可以確切地明白理論所賴以產生的分析歷程。研究者需堅守整個紮根理論方法，從資料蒐集到書寫階段，應用經常性比較法，顯示紮根理論如何完美地符合資料、有效解釋且有所關連。紮根理論產生了一個核心的類別，並持續解決其主要的關注，同時透過此一核心類別來組織理論的統整……紮根理論是一個套裝的、步驟齊備的方法，使研究者從一無所知，到稍後成為一個理論家，擁有可用以說明實體領域中多數行動的理論。研究者成為該實體領域的專家……. 即使出現了一個新的事例，他也能透過經常性比較來修正其理論，使其類別能統整一個新的屬性。（Glaser, 2001:12）

在Strauss和Corbin（1998:13）說明發展紮根理論之技術和程序的著作中，他們強調分析是研究者和資料之間的相互交流，所以紮根理論提供了一個架構，以一組「編碼程序」（coding procedures）來為此一分析歷程「提供一些標準和嚴謹性」。紮根理論意指「建立理論，而非考驗理論」，致力於「為研究者提供分析的工具，以處理一堆雜亂無章的原始資料」。它協助研究者「考慮現象的選替性意義」，強調「有系統的，同時也是創造性的」。最後，它闡述了「概念，是建立理論的基石」。紮根理論乃從一個相應一致的視角來操作，目標在於建立具有解釋力的命題，使其與真實世界之現象相應一致。因此，他們主張，紮根理論研究者的特質，應包括下列各項：

1. 有能力後退一步，批判性地分析情境。
2. 有能力體認產生偏見的傾向。
3. 有能力作抽象性的思考。
4. 有能力對有益的批評保持彈性和開放。
5. 對回應者的話語和行動具有敏覺性。
6. 對（研究）工作歷程的全力投入和全神貫注。（Strauss & Corbin, 1998:7）

紮根理論始於「*基本描述*」（basic description），移向「*概念性排序*」（conceptual ordering），終於「*理論化*」（theorizing）。*概念性排序*是指「依據資料的屬性和向度，將資料組織成分別獨立的類別，並使用

描述來闡明這些類別」（p.19）。*理論化*是指「構思或直覺出現一些想法---概念---然後將概念型塑成邏輯的、系統性的、和解釋性的基模」（p.21）。

在進行分析時，我們會將事件、行動、和結果加以概念化（conceptualize）和分類（classify）。這些從資料中顯現的類別及其關係，是我們發展理論的基礎。此一抽象化（abstracting）、還原（reducing）和關連（relating）的技術，使得理論性和描述性編碼（或理論建立和進行描述）之間，有所差異。進行逐行編碼時，類別及其屬性和關係會自動地顯現出來，使我們能超越描述，帶領我們進入分析的概念性模式（conceptual mode of analysis）中。（Strauss & Corbin, 1998:66）

Strauss和Corbin（1998）界定了一些紮根理論所特定指稱的名詞和歷程。讀者可以將這些紮根理論的語言，與前一節現象學分析的語言加以比較，以瞭解其內涵和差異。以下即羅列一些重要的專有名詞。

* *微觀分析*（Microanalysis）：在研究初期所須進行的細部逐行分析，以產生初步的類別（及其屬性和向度），並建議類別之間的關係，以及開放編碼和主軸編碼之組合。（p.57）

* *理論抽樣*（Theoretical sampling）：依據顯現出的概念來抽樣，目標在於探索使概念屬性有所變異的面向範疇或差異情況。（p.73）

* *理論飽和*（Theoretical saturation）：在類別發展的過程中，當不再有新的屬性、面向、或關係自資料分析中浮現時，表示該類別已達飽和。（p.143）

* *變異的範疇*（range of variability）：一個概念的屬性在面向上的變異程度。這項被納入理論之中的變異性，係藉由抽樣來擴展屬性的範疇和多樣性。（p.143）

* *開放編碼*（Open coding）：用以界定資料中所發現之概念，及其屬性和面向的分析歷程。（p.101）

* *主軸編碼*（Axial coding）：關連類別與次類別的歷程，稱為「主軸」，因編碼係圍繞著某一類別的軸線來進行，並在屬性和面向的層次上來連結類別。（p.123）

* *關係的陳述*（Relational statements）：我們將有關概念如何彼此相關的初步預感，稱為「假設」（hypotheses），因為假設可連結兩個或更多的概念，解釋了一個現象的什麼、為何、何處、和如何。（p.135）

比較分析（comparative analysis）乃是發展紮根理論的中心特徵。進行*理論性比較*（ theoretical comparisons）---有系統且有創造性地---使分析者「藉由增進研究者的敏覺力，以產生研究問題及發現資料之屬性和向度」（p.67）。理論性比較是從事微觀分析所運用的技術之一。此類比較能促使我們「去辨認資料中所顯示之組型的變異。它不僅是一種類別或組型的形式，而且是組型在不同向度上的變異，此一變異會因在不同情況下對屬性和向度的比較而彰顯出來」（p.67）。Strauss和Corbin （1998）亦提供特定的技術來增進比較的系統性和嚴謹性歷程，例如「凹凹凸凸技術」（the flip-flop technique）。

指的是一個概念被轉為「內向外」（inside out）或是「上朝下」（upside down），以獲得對事件、事物或行動/互動的不同視野觀點。換句話說，我們藉著省視反面或極端事例，來找出有意義的屬性。（p.94）

在從事紮根理論分析的過程中，研究者從較低層次的概念，移動向較高層次的理論化：

資料彙整為概念，概念向上轉換為一個核心的變項，作為底涵的組型。正式的理論乃位於第四個層次上，一旦研究者持續進行比較和試圖理解所正在進行者，及其潛藏的組型，理論即可能無窮無盡。（Glaser, 2000:4）

Glaser（2000）擔憂紮根理論的普及性將使較低層次的理論化魚目混珠，而無法克竟全功。他發現，有太多的質性分析者當他們產生了「一丁點理論」（theory bits）時，就停滯不前，於是提出一些警告：

從實體理論（substantive theory）所擷取的一丁點理論，只能簡要地應用於一個句子中……
這一丁點理論有兩個來源。首先，它們只是一個研究中所產生的一個概念和其推論，卻沒有其餘理論的實質。擁有這個鮮活誘人的概念，推論似乎頗有依據，但實則不然，那只是經驗法則而已。其次，一丁點理論來自於已產生出來的實體理論。在正式的談話中所浮現的一丁點理論，並不可能關連

到整個理論，那可能只與聆聽者有所關連。聆聽者再自行去參考描述一整個理論的論文或報告……..

很不幸地，一丁點理論卻有可能阻礙進一步的分析，因為它們聽起來像是正確無誤的……偏好此一看似鮮活誘人的單一變項來提供快速且言之成理的解釋，將使得多元化的思維停滯不前……實則，多元化的思維才能促使這些丁點持續擴展成更為完整的解釋。當一個理論得以持續不斷地修正，我們才能信賴它能符合資料、有效解釋且有所關連。一位負責任的紮根理論研究者應該要堅持完成其理論丁點，並陳述此一事實：「當然，這些情況非常複雜，且具有多元化的變異，如果沒有更多資料佐證，我尚無法斷言究竟發生了什麼事。」

如同本章一再提及的，要學習質性分析，必須要研究一些實例。Bunch（2001）出版了一本有關罹患HIV/AIDS者的紮根理論研究。Glaser（1993）以及Strauss & Corbin（1997）蒐集廣泛的紮根理論研究實例且編輯成冊，這些實例包括一些健康照護領域的研究、組織研究、虐待關係、女性發展、監獄和當代日本社會等。《紮根理論評論》（*Grounded Theory Review*）則出版於2000年（詳見第三章表3.7紮根理論的網站）。

質性比較分析

另一項重視比較來產生解釋的策略，稱爲「質性比較分析」（qualitative comparative analysis），係由Charles Ragin（1987, 2000）所提出。Ragin針對許多個案來進行系統化的個案比較，他應用布爾代數法（Boolean algebra）來促進大量個案單元的比較，諸如國家或各州、歷史時期，或鉅觀的社會現象如社會運動等。他的比較方法涉及將每一個個案表徵爲一個因果條件的組合。這些組合可以彼此比較，然後透過由下而上的兩兩比較歷程，來邏輯地簡化之。Ragin的目標在於發展跨個案組型分析的型態結構取向（configurational approach to cross-case pattern analysis），植基於具有豐富背景脈絡的個案，以保留完形主義的優勢，但同時以相對大量的樣本，如15到25或更多。Ragin（2000）奠基於模糊理論，稱其結果爲「多樣化導向研究」（diversity-oriented research），因爲它有系統的編碼，且考量個案的變異性、獨特性和共通性，用以闡明彼此之間的相似性和差異性。此一分析包括建構出一個「真相紀錄表」（truth table），分析者將每一個個案所具備或缺乏的屬性加以編碼

（Fielding & Lee, 1998:158-59）。真相紀錄表中的資訊呈現出不同的條件組合，據以產生特定的成果。質性比較分析通常會運用一個軟體程式，來處理大量的比較（Drass & Ragin, 1992；參見表例8.2）。

從事多樣化導向研究的分析者考慮到並無單一的因果條件足以解釋研究者所感興趣的成果，而必須假定最大量的因果複雜性。雖然單一的前因會被加以考量、檢視和考驗，但不同因果條件的組合更可能會產生所觀察的結果。暫且不論如何減少以矩陣或其他簡要形式中的廣泛組型來表徵的大量資料，Ragin（1987）反覆地強調這些表徵必須依據其能否促進對於特定個案之理解，來加以衡量。一個因果比較矩陣（cause-consequence comparative matrix）可被視為一個地圖，透過多元個案的分佈情形來提供一些指引。

質性比較分析藉由認知到因果關係的推論性和背景脈絡特定性等特徵，致力於發現特殊情況的複雜性。不像許多質性分析方法，僅是迫使研究者以系統化方式來挑選個案和變項。這減少了將非便利性個案排除於分析之外、或是將資料強塞入不適切的理論模組等之可能性。（Fielding & Lee, 1998:160）

在跨文化研究中，如何判定分析之比較單元，則具有一些爭議性。例如，當對於「家庭」的界定發生遽變時，研究者如何真正從事系統性比較呢？在未開化社會中的延伸家庭，和現代社會中的核心家庭，差異有如南轅北轍，如何作為比較的單元來產生理論呢？「對種族研究者而言，最主要的難題是要去界定和發展適切且相當的文化單元，來進行跨文化比較」（De Munck, 2000:279）。我們皆下來所要討論的分析歸納法，是另一項比較策略，亦取決於界定可比較的分析單元。

分析歸納法

分析歸納法（analytic induction）亦包含跨個案分析，以致力於尋求解釋。Ragin所提出的質性比較分析法形成了分析歸納法的邏輯基礎，但它最早被提出時，是作為「對個案進行窮盡的檢驗，以證明普遍的、因果的類推性」（引自Vidich & Lyman, 2000:57）。Norman Denzin在其社會學方法經典著作《研究行動》（The Research Act, 1978b）中，指出分析歸納

法乃基於對個案研究從事謹慎小心的比較，是在產生理論歷程中用以處理和分離出對立解釋的三項基本策略之一。另外兩項策略則是實驗本位之推理和多變項分析。分析歸納法作為一項比較個案法

乃是再度興盛之質性社會學的重要基礎。其對於因果類推之普世性的宣稱，乃衍生於依據先前形成的假設來對單一個案加以檢驗，如果假設無法符合事實，即重新修正假設……一旦發現了單一負面個案，即無法證明假設，並必須重新修正假設。（Vidich & Lyman, 2000:57）

隨著時間推移，運用歸納分析的研究者已不再將重點放在發現普遍的因果類推性，取而代之者是強調它是一項從事質性研究和比較個案分析的策略，包括檢驗先前構想的假設，而不會偽裝成研究者的心智如同空白版模---此係純粹現象學研究的主張。

在分析歸納法中，研究者在進入研究實地之前，或者在資料蒐集完畢但尚未從事資料分析之前，即會發展出假設，有時相當粗糙，通常力求接近真實。這些假設可能基於研究者乍現的靈光、先前假定、對研究和理論的小心檢驗，或者各種之組合。在資料蒐集和分析的過程中，則重新修正假設，來符合對於資料愈見清明的解釋。研究者積極透過負面個案分析，尋求否證其逐漸顯明的假設，並使其樣本能增加更大的變異性，以檢驗充分的個案來確保普世性假設之發展。

雖然最初的發展是為了要產生普世性和因果性假設，當代的研究者則不再重視普世性和因果性，轉而強調發展描述性假設，來指認行為、互動和知覺的組型……Bogdan和Biklen（1992）將此一策略稱為修正的分析歸納法。（Gilgun, 1995:268-69）

Jane Gilgun使用修正的分析歸納法來研究亂倫加害者，以考驗從刑事司法文獻中所衍生的假設，並將之修正，以符合亂倫加害者深度的主觀說法。她使用了文獻衍生的概念，來幫助理解，但仍維持開放性，來發現最初並未出現的概念和假設。而且，她確實開展出嶄新的洞察：

這些加害者的說法中最令人震驚的是，幾乎所有的加害者都將亂倫界定為愛和關懷。他們所表達的愛的類型，範圍包括從性和浪漫幻想，到關懷，以及對於孩子福祉的關注。這些是預料之外的研究發現。我並未假設那些加害者會將亂倫視為關懷和浪漫式的愛。而是，我假定亂倫所表徵的是缺乏關懷，且隱諱地說，是缺乏愛的能力。我先前從未想過，加害者會將亂倫等同

於浪漫，以及結合性感受的關懷。從先前的研究中，我僅假定這些亂倫加害者會經驗到深度的性滿足感。諷刺的是，他們所聲稱的愛，無論是何種類型，與他們說法的其他層面有許多抵觸之處，例如當孩子想要停止時還持續進行，禁止孩子做日常活動直到他們屈從性交，當亂倫被發現時讓其他人認為是孩子說謊。所以，這些加害者並不認為亂倫會傷害受害者，不會省察到它們是如何使用權力和權威來威脅孩子服從，甚至將他們的行為詮釋成一種關懷和浪漫之愛。（Gilgun, 1995:270）

分析歸納法提醒我們，質性研究可能達成的任務，不僅止於發現逐漸顯明的概念，和建立嶄新的理論。科學的支柱即是檢驗和再次檢驗，我們不妨再次檢驗那些主導某一學科或一群實務工作者之信念的假定或派典。修正的分析歸納法引導我們可嘗試採取此類質性研究和分析。

特殊的分析議題和架構

反思和語式

第二章探討質性研究的主要策略性主題時，我將「語式、視角和反思」列入第十二個主題。

質性分析者擁有、且省察其個人語式和視角；一個可靠的語式，傳達真確度和可信賴度；完全客觀是不可能的，全然主觀則減損其可信性，研究者的焦點應是平衡的—真確地瞭解和描繪這個世界的複雜性，同時也能有意識地自我分析、覺察和反思。（詳見表例2.1）

在從事分析和撰寫報告時，這些覺察即甚為緊要。在整個分析和撰寫報告的過程中，事實上是整個質性研究的過程均然，有關反思和語式的問題必須不斷地被提出來。三角檢證的反思式探究（triangulated reflexive inquiry）包括三組問題（參見第二章表例2.2）：

1. *自我反思*（self-reflexivility）：我知道什麼？我如何知道我知道什麼？什麼形塑了我的視角？我的視角和我的背景如何影響我所蒐集的資料和我對於這些資料的分析？我如何覺知到那些我所研究者？我以何種語式來分享我的視角？以我所發現的結果，我將做些什麼？這

些問題一再挑戰著研究者，要去省察其「個人的認識論」（personal epistemology）---我們瞭解知識和建構知識的方式（Rossman & Rallis, 1998:25）。

2. ***對研究參與者的反思***：他們如何知道他們所知道的？什麼形塑了他們的世界觀？他們對我的覺知為何？我如何知道？我對他們的覺知為何？

3. ***對讀者的反思***：他們如何理解我所給予的內容？他們帶著什麼視角來閱讀這項研究發現？他們對我的覺知為何？我對他們的覺知為何？這些覺知如何影響我所報告的內容和方式？

　　自我覺察，甚至一定程度的自我分析，已成為質性研究的一項要求。如上述這些反思性問題所建議的，不僅要留意分析者所使用之語式的意圖，更要留意被報告的故事和訪談中所用語式之意圖和所要傳達的訊息為何？質性資料「可用主導的語式來轉播，或是為那些沈默的群體和個人『發聲』」（Coffey & Atkinson, 1996:78）。傑出的質性社會學家Howard Becker（1967）提出一個經典的問題：「我們站在哪一邊？」社會、文化、組織、方案和家庭都有其階層。權力、資源、地位的分配並不均等我們如何從實地中取樣，並在分析時再次取樣以決定要引述誰的說法，都涉及誰的聲音會被聽到的決定。

　　最後，當我們報告研究發現，我們必須預想我們的報告將如何被聽到和被瞭解。我們需要一些策略來思考有關報告者-讀者互動之性質，例如，瞭解「人類行為的六項基本傾向如何運作以產生正向的回應：互惠、一致、社會驗證、喜歡、權威和匱乏」（Cialdini, 2001:76）。某些作家拋開這些責任，宣稱他們只是為自己而書寫。然而，研究者具有較大的社會責任，以可瞭解和有用的方式，來為其同儕呈現其研究發現。

　　三角檢證的反思式探究提供了一個思考這些議題的架構，並在研究報告中納入這些反思及其對研究發現的影響。參見Hertz（1997）以闡述反思和語式議題為主的質性書寫。

合作式和參與式分析

　　質性研究的合作式和參與式取向，包括在蒐集資料和分析資料階段，均需與非研究者和非評鑑者一同工作。這有賴特定的催化技巧來協

助他們採取分析式思考。此類挑戰包括下列各項：

* 決定非研究者需要參與投入的程度，僅是單純地對研究者的分析提出
  回應，或要邀請他們投入產生分析的階段。這亦是一個共享的決定。
  「在參與式研究中，參與者要做出決定，而非扮演被動反應的對象」
  （Reinharz, 1992:185）。
* 創造一個環境，使協同合作者感覺到他們的視角受到真誠的重視和尊
  重。
* 除去研究的神秘面紗。
* 將如何從事分析的訓練，與實際的分析工作加以結合。
* 管理此一歷程中的困難機制，尤其在多個人同時參與時。
* 發展出用以處理詮釋衝突的歷程（如報告出多元化的詮釋方式）
* 讓多個分析者都能維持保密性。

　　協助生手分析者處理違反其直覺的研究發現，和不符合基本組型或先前概念的資料、負面個案等，亦是研究者所面臨的挑戰。M. W Morris（2000）發現，一旦參與者對於他人---尤其是權威者---的評價判斷感到恐懼時，共享的學習就會大爲降低。

　　當我在一項早期兒童親職教育方案的評鑑研究中，要分析數以百計的父母們的開放式訪談稿時，我催化40位方案工作人員來投入此一分析歷程。工作人員以二到三人一組來工作，每一組要同時分析10份方案前和方案後的父母訪談稿，但將參與他們自己方案的父母訪談稿錯開來，交由其他工作人員分析。分析程序包括以一項在研究初期就已建立的架構來將訪談稿加以編碼，結合歸納式的編碼，使工作人員可以自行創造類別。在編碼之後，工作人員重新組成較大的團體，參與詮釋研究結果，並萃取出中心的結論。每一位工作人員在一所大型機構中心一起工作三天之久。我在團體之中走動，幫助他們解決問題。我們不只是將資料加以編碼，而是這正個歷程對於方案工作人員帶來莫大的刺激，是一項極具啓發性的學習經驗。這個歷程促使他們深度地投入於理解父母的覺察和回饋，以及彼此的反應、偏見和詮釋。在此一方面，這個歷程增進了來自各地的多樣化工作人員之間的溝通，達成合作式分析歷程的另一項重要成果。最後，這項歷程也爲研究和評鑑成本節省了數以千計

美元。此類運用非研究者從事分析的歷程,基本上是基於內部方案改善的用途所設計的,至於外部的資金贊助者則可能較不重視此一研究結果之價值 (Program Evaluation Division, 2001; Mueller, 1996; Mueller & Fitzpatrick, 1998)。

詮釋學循環和詮釋

詮釋學 (Hermeneutics) 聚焦於詮釋某些研究者感興趣的事,傳統上是一項文本,或藝術作品;但在較大的質性研究脈絡中,它也涵蓋了詮釋訪談和觀察的行動。其強調重點在於詮釋的性質 (nature of interpretation),不同的哲學家對此一重點則有不同論述,有些主張並無詮釋的方法,因為每件事都包含詮釋在其中 (Schwandt, 2000, 2001)。就我們此處的目的而言,*詮釋學循環* (hermeneutic circle) 是一項以增進瞭解為目標的分析歷程,為質性分析提供了特殊的強調重點,此即,將部分關連到整體,以及將整體關連到部分。

> 建構整體的意義,意指依據對整體的感知來理解部分,且掌握部分的意義……詮釋學循環指出詮釋的一項必要條件,但歷程的循環只是暫時性的---最終詮釋者可能會對一份文本的意義達成接近於完全且正確的瞭解,整體和部分相互關連,幾近於完美的和諧。以不同的方式來說,詮釋者可能在某些時間點上會跨越出詮釋學循環之外,或逃離此一循環,以發現文本的「真正」意義。 (Schwandt, 2001:112)
>
> 此一方法涉及去將一項行動、文本或說詞的陌生且不熟悉的部分演示出來,看似違反該整體行動、敘事或說詞的統整性,直到陌生段落的意義和整體的意義都可以獲得理解,或可加以說明。(識此之故,為了瞭解一首詩的前幾行的意義,我必須能掌握這首詩的整體意義;反之亦然。)應用詮釋學方法的歷程中,詮釋者的自我瞭解和社會-歷史位置,既不會影響其詮釋文本意義的努力,亦不會被其所影響。事實上,應用此項方法時,詮釋者需遵循一組程序規則,以確保詮釋者的歷史情況不會扭曲此一詮釋物件,以揭露文本、行動或說詞中所蘊含的真實意義,並據此有助於確保詮釋的客觀性。 (Schwandt, 2001:114)

詮釋學的循環性和普世性 (每一個詮釋都堆疊在和建立在其他詮釋之上,像是一組連環套的娃娃,每一個娃娃中都還有另一個娃娃),使得質性分析遭遇到從何處開始的難題。如何或從和處可以打破詮釋的詮

釋學循環呢？Packer & Addison（1989）應用詮釋學循環作爲心理學的一個探究取向，並建議要以「實務的瞭解」（practical understanding）作爲起點。

> 實務的瞭解並非知識的起源或基礎；而是詮釋的起點。詮釋性研究並不是開始於不可質疑資料或全然一致性邏輯的絕對起源，而是開始於一個可由我們日常生活中對人事物之參與式瞭解所定位之處。從那兒開始，我們充分覺察到這個瞭解是可做修正的，同時感覺到它是尚未完備且受視角所侷限的部分瞭解。瞭解總是不斷向前邁進。實務性的活動，從其開始之處而投射到世界，我們即置身於此一本質存在之中。這意味著，既不是一般常識，亦非科學知識，可以追溯回到一個起源，或是基礎。……
>
> 瞭解的循環，即是依據我們已經瞭解的內容來瞭解。但此一循環並非 Heidegger 所謂的「惡性的」循環，純粹在驗證我們的成見而已；它是一項「本質的」循環，若無此即不會獲致任何瞭解。這個循環是完備的，兼有調適和同化。如果我們堅持且開放，我們即會注意到瞭解的投射性質，而且---以這個向後翻轉的弧形、倒返的運動¬ ---我們對於前置結構所涵蓋的部分或可能獲致最佳改變之處，會更加瞭然於心。
>
> 詮釋學研究並不導向巨型的設計。任何最後的建構都僅是科學研究的歇腳之處，表徵了一個必須被加以抗拒的幻象。如果一切知識都必須被收錄在某些巨冊的百科全書之中，這絕非科學的勝利，而是我們人類面對嶄新關注和揭露新的謎題之能力的失落。所以，即使詮釋學研究從一個起點開始，一個從事科學探究的詮釋取向並不會終止於任何歇腳之處，而是致力於讓討論保持開放且具有生命力，讓研究持續向前邁進。（Packer & Addison, 1989: 23-35）

在一個一般性的層次上，詮釋學以其完形的視角，提醒我們關注質性研究的這個詮釋性核心，以及背景脈絡和整體-部分相互關連之動力的重要性。在較特定的層次上，詮釋學循環則提供我們正式地從事詮釋的歷程。

分析機構文件

Gale Miller（1997）研究「脈絡化組織文本」的特殊挑戰。在現代機構如醫院、學校、護理之家、警察局、法院、醫療診所和社會福利機構等，各類書寫的文件直如汗牛充棟。政府的、非營利機構、慈善組織和私人機構，亦生產了大量的檔案和報告。Miller認爲

　　質性研究者佔有獨特的位置來研究這些文本，分析建構和使用這些文本的日常生活及實務性社會背景脈絡。文本是此一意義理解活動的一個層面，透過文本，我們得以重新建構、延續、論辯和改變我們所感知的社會實在。它們是由社會所建構的實在，使研究本身具有正當性。（p.77）

　　分析文件時所面臨的特殊挑戰，包括下列數項：

● 透過管道取得文件。
● 瞭解文件如何和為何生產出來。
● 判定文件的正確性。
● 連結文件和其他資源，包括訪談和觀察。
● 解構機構性文本，解除其神秘性。

　　Miller於是下結論：「解除機構文本的神秘面紗，是解除機構權威的神秘性的一項方式」（p.91）。

演劇法分析

　　演劇法（dramaturgy）是使用劇場隱喻來瞭解社會互動的一項視角。此一取向以「演出」（act）來作為其中心概念。從演劇法的觀點，人類在一個特定的社會性和時序性背景脈絡中演出，來創造意義和彰顯其目的……〔這樣做包括〕「印象管理」意指個人將自己呈現在他人面前，為的是助長和維持特殊的形象。在他們的表演中，個人有意圖地建構一些形象，且非刻意地向其他人展現。（Hunt & Benford, 1997: 106）

　　演劇法將「演出」的概念放在質性研究劇場的中心舞台。對於人類互動的演劇法分析亦應用了許多擷取自劇場的既知概念：

● 腳本（scripting）
● 舞台（staging）
● 對話（dialogue）和走位（direction）
● 建立戲劇人格（dramatis personae）
● 在主角（protagonists）和對角（antagonists）之間的抗衡
● 劇服（costumes）和道具（props）

● 對演劇的忠誠度，要求演員的演出，需依循特定的道德義務。

Hunt和Benford（1997）主張「演劇法可能提供了一個反思性社會學方法」：

第一，我們的取向呈現了一個概念性架構，用以瞭解一般性的研究產品和較為特定的實地研究。演劇法亦闡明了社會科學研究上常見的一些陷阱，提醒研究者接受忠告來特別注意到印象管理的細節，以及維護資源、讀者等之難題。第三項貢獻是演劇法使社會科學家有充分的裝備來批判性地檢驗他們自己的研究產品。將研究等同於戲劇，將使得大多數社會科學工作所特有的矯飾虛誇被侷限在一定程度內。寧可不提供一扇觀見「實在」的窗，演劇法持續地提醒我們研究者乃致力於「實在建構」（reality construction）的行動 （Hunt & Benford, 1997:116-17）。

為了瞭解演劇分析的詮釋性架構如何影響詮釋，最好能使用不同的架構來比較資料和做成結論。Martha Feldman（1995）在其對於大學宿舍辦公室的研究中，透過俗民方法論視框（如建築物之物理性實在，如何成為機構性實在）、語意符號學（書面的政策如何成為機構性實在而產生真實的影響）、解構化（對於與階層和權力有關的大學薪資層級之解構）、和演劇法分析（深藏於機構之內的「後台」事件，如何對標的讀者彰顯出來）。她比較每一項策略的優勢和弱點，並提醒我們每一個架構各有其優缺得失。

一無所獲

剛開始做論文的學生經常充滿焦慮的問我：「如果我找不出什麼東西來，那會怎樣呢？」

確有可能如此。但另一方面來說，那也不可能一無所獲，至少在質性研究上不至於如此。個案研究就在那兒。它也許不會引導到新的洞察或驗證研究者的預測，但彼時彼地對於個案的描述會一直在那兒。這比一無所獲更多一些。訪談的回應和觀察也在那兒。它們可能不會引導向顯而易見的洞察，或驗證研究者優越的理論，但彼時彼地從那些人們而來的思考和省察就在那兒。這是更多過於一無所有。

Halcolm會這樣告訴你：

如果你凝視的是空無，你可能會什麼都看不到。
如果你什麼都沒做，你可能會什麼都沒有。
如果你哪裡都不去，你可能會什麼都找不到。
去到真正的地方。
和真的人們談話。
觀察真正的事情。
你將會發現一些東西。
事實上，你將會發現許多，一切都在那兒。
你將會發現這個世界。

合成質性研究

使研究加以合成，以彙整知識並使知識更為穩固，是資訊時代的重要挑戰之一，尤其是合成應用性研究來示知政策的制訂（Cooper, 1998）。當質性研究已獲得更普遍的理解和廣泛的應用，且愈充分地被報告出來，一項新的機會和新的挑戰也已浮上台面：**合成質性研究**（synthesizing qualitative studies）。一方面來說，每一項質性研究都是一個個案，在相同的主題和對象上來合成不同的質性研究，即是一種跨個案分析的形式。此類合成不僅止於文獻探討而已。Noblit & Hare（1988）將合成質性研究描述為「後設俗民誌」（meta-ethnography），其挑戰在於「維持各家說法的獨特性和完整性，即使必須要透過翻譯來合成它們。」（p.7）

對於學術研究而言，質性的合成（qualitative synthesis）是透過歸納和詮釋來建立理論的方式。對於評鑑者而言，質性的合成可被視為要學習的課題。評鑑者可能從許多個案研究來合成這些課題，以產生可能影響方案效能的總體因素。例如，Lisbeth Schorr（1988）在其《伸手可得：打破弱勢不利的循環》（*Within Out Reach: Breaking the Cycle of Disadvantage*）的研究中，探討和合成一些拯救貧窮方案。美國國際發展局（the U.S. Agency for International Development）支持透過合成研究來學習對於一些主題的功課，例如灌溉（Steinberg, 1983）、農村電氣化（Wasserman & Davenport, 1983）、以食物換取和平（Rogers & Wallerstein,

1985）、教育發展努力（Warren, 1984）、私人部門的發展（Bremer et al., 1985）、避孕藥的社會行銷（Binnendijk, 1986）、農業和農村發展（Johnston et al., 1987）、農業政策分析和計畫（Tiiney & Riordan, 1988），以及農林業推廣（Chcw, 1989）等。在合成各個獨立的方案評鑑，來鑑別所要學習的課題時，評鑑者積累了更豐富的知識，用在未來方案發展、方案的有效實施和有遠見的政策制訂上。

　　合成研究的樣本通常包括具有共同研究焦點的個案研究，如小學教育、老人健康照護等等。然而，將不同主題上所進行的個案研究加以合成，研究者也可以學到有效的人類介入歷程的知識。例如，我曾將McKnight基金會所完成的三個不同質性評鑑研究加以合成：其中一個是主要的家庭住屋方案、一個是關於市中心區的發展、另一個是提供給少數族群研究生獎學金方案。開始進行合成之前，我對這三個方案並不瞭解，也沒有任何特別的先前概念。我並沒有特別想要尋找任何特定的相似性，McKnight基金會或方案工作人也從未向我提出任何建議。研究結果意圖要為McKnight基金會的運作哲學和策略提供一些洞察。這些方案的獨立評鑑都已完成，且提交給McKnight基金會，顯示這些方案都獲得相當豐碩且超乎預期的成果。然而，它們為什麼能夠成功呢？這是合成研究所要聚焦的有趣且複雜的問題。

　　此一合成設計包括實地工作（與主要執行者訪談，並到每一個計畫案現場訪視），以及對於獨立評鑑報告的廣泛探討。我從這三個計畫案中，指認出共通的成功因素。它們相當具有啟發性，但一點也不令人驚訝。此一合成的真正貢獻，在於這些成功因素如何串連在一起，成為一個非預期的組型，深化對於有效的慈善行動之理解。

　　這三個方案所共有的十二項成功因素，如下列所述：

● 高素質的人力。
● 充足的財務資源。
● 具創造力的夥伴。
● 達成目的手段。
● 遠見願景。
● 明確的價值導向。
● 自負盈虧的機構。

- 長遠的計畫。
- 機變彈性。
- 深謀遠慮。
- 勇於冒險。
- 領導才能。

雖然上述每一項因素都是有效能慈善方案之重要元素中的一環，非預期的組型則使這些因素串連起來，構成卓越性的整體型態結構。我發現，很難將這些因素排列出優先順序，因為它們一起作用，相輔相成，任何一個因素都不是最主要或充分的；而是每一個因素對一個統整的、有效運作的整體，發揮關鍵性的貢獻。從此一合成研究所浮現出的有效慈善行動的學習課題，並不是一系列按部就班的步驟，而是要創造一個精緻的鑲嵌馬賽克。也就是說，有效的慈善行動顯然是多項元素之間彼此適配和統整的歷程，零碎的片段以有意義和綜合性的方式結合在一起，從而解決一個複雜的問題。這意味著：將人力和資源相適配，將遠見願景和價值觀帶進來處理問題，透過達成目的手段、精心策畫、集體參與、並分享承諾，來強化夥伴關係。而且以相互增強的方式來完成所有這些事項。於是，對於有效慈善行動的挑戰，即是將所有零碎的片段和因素組合起來，進而產生一種統整的、整體的、高效能的努力和成果，而且充滿了創意 （Storm & Vitt, 2000:115-16）。

隨著質性評鑑和研究之擴展，合成多樣化研究的機會和重要性也與日遽增。

報告研究發現

有時候，一片葉子的效力有如十六尺高的黃金佛像。另一些時候，一尊十六尺高黃金佛像的效力則有如一片葉子。

---無名

有些報告薄如葉片，其他人則感覺到它有如十六尺一般的厚度。尺寸或規模，當然並非此處之議題。品質才是。基於質性研究的龐大資

料量，以及將資料縮減的挑戰，報告質性研究發現是資料縮減的最後一步，而篇幅是真的有所限制，特別是當書寫的形式不是研究專書，而是期刊論文或通訊簡報時，更會受限於篇幅。完成一項質性計畫案的每一步，都是品質的挑戰（Morse, 1997），但最後這一步就是要寫出報告，使其他人可以知道你學習到什麼，以及如何學習的。這意味著，報告研究發現，即是書寫你的故事（Glesne, 1999）。也是處理Lofland（1971）所謂的「刪節的痛苦」（the agony of omitting）---決定要將哪些材料剔除到故事之外。

　　有可能一個組織了許多材料的全面性結構，也會剔除掉一些研究者最喜愛的材料和較小的分析片段…..除非研究者決定以相對較為鬆散的方式來報告，否則他必須面對一個嚴峻的事實，沒有任何全面性分析架構可能涵蓋所有的分析片段和研究者手邊所有的實徵材料……
　　底涵的哲學思維，是一切事件均應以流暢的、緊密的方式彼此關連，這使得脈絡一貫和結構組織成為一項難以駕馭的任務。然而，為了獲得任何類型的瞭解，我們人類需要在這不斷變遷的流動狀態上尋求一些秩序性。任何秩序性都不可能完美地切合實際情況。所有的秩序性都只是暫時的和局部的。然而，瞭解還是需要這些秩序性，即使它們是暫時的或局部的。秉持著這樣的哲學觀點，研究者即能讓自己接納此一事實，就是他不可能將他所見到（或分析）的每一事項書寫下來，但仍然能夠以全面性脈絡和結構來書寫其報告。（Lofland, 1971:123）

　　本章一開始就提醒讀者，研究目的引導著分析的進行。目的也引導了研究報告的書寫和研究發現的傳播。一切書寫的起點，在於（1）知道你的讀者是誰，和（2）知道你想要向他們說什麼---一種策略溝通的形式（Weiss, 2001）。學位論文有其自身的格式和要求；不同學門派別和應用研究領域的學術期刊，也有自己的標準和規範。學習這些的最佳方法，即是閱讀和研究這些論文和期刊，並研究專門的質性研究方法期刊，如《質性研究》（*Qualitative Inquiry*）、《實地方法》（*Field Methods*）、《符號互動》（*Symbolic Interaction*）、《當代俗民誌期刊》（*Journal of Contemporary Ethnography*）以及《紮根理論評論》（*Ground Theory Review*）。接下來，我所要討論的是評鑑和行動研究的報告。

描述與詮釋之間的平衡

在為了書寫報告之目的而縮減資料的歷程中，決定什麼材料應當刪除，涉及到要在報告中容納多少份量的描述。描述和直接引述是質性報告的基礎。充分的描述和直接的引述可以引導讀者進入參與者的情境和想法中。然而，描述應當盡量避免瑣碎和鉅細靡遺。讀者沒有必要知道參與者所做的和所說的每一件事。研究者必須判斷哪些具有實質的意義，可提供足夠的細節和證據，來闡明這些個案。

但是，描述也絕不能太「淺薄」（thin），以至於移除了背景脈絡或意義。質性分析要紮根於「厚實的描述」（thick description）中。

厚實的描述不僅止於記錄一個人的所作所為而已。它超越純粹的事實和表面樣貌。它不僅僅是呈現事實和表面現象。描述應當包含細節、背景脈絡、情緒，以及連結人和人之間的社會關係網路。厚實的描述應能喚起情緒和自我感受。它將歷史納入於經驗之中。它為所研究的個人或團體建立了經驗的重要意義，或事件的序列。在厚實的描述中，可以聽到互動中人們的聲音、感受、行動和意義。（Denzin, 1989:83）

厚實的描述開啓了可能的詮釋。「它包含厚實的詮擇所必須具備的成分」（Denzin, 1989:83）。Denzin所指的「厚實的詮釋」（thick interpretation）在某種程度上銜接了個別個案與較大的公眾議題和方案，以使個人困擾能連結到公眾所關注的問題。「如果有效的應用性方案要在實務上發揮功能，此類應用性方案所服務的人群的視角和經驗即必須被領會、詮釋和瞭解」（p.105）。

因此，描述即可藉由分析和詮釋而得到平衡。冗長的描述會使描述顯得雜亂無章。分析的目的是將描述加以組織，使其更易於理解。描述提供了分析的架構，以引導詮釋。一個有趣的、可讀性高的研究報告，應當具備充分的描述，以使讀者能瞭解詮釋的基礎；並具備充分的詮釋，以使讀者能領會描述。

在一份研究報告中，證實和驗證歷程的細節，通常會放在不同的章節。但文本中對於已獲驗證之發現的附註說明，可能有助於讀者更為重視他們所閱讀到的報告。例如，假如我要描述某些方案歷程，然後推測這一歷程和當事人成果之間的關係，這時候我可能會提到以下幾點：

（1） 工作人員和當事人在讀過這份分析之後，都同意這一部分的分析；
（2） 透過我自己在方案中的參與觀察，我經驗到此一連結；（3）這種
連結關係是由兩位獨立的分析者分別檢視資料之後所獲得的。

分析者應該協助讀者瞭解各項研究發現的顯著性程度。因為質性
分析不像量化分析般具有簡約的統計顯著性檢驗，質性分析者必須做成
顯著性之判斷，且為讀者提供此類判斷的一些線索，例如：組型於何時
「明確」地彰顯出來？於何時受到資料的強力支持？何時這些組型只是
具有建議性而已？基於研究者所提供的這些證據，讀者最終將會做出自
己的判斷和決定，但是研究者的分析意見和推測應該要在報告中呈現出
來，並讓讀者明白研究者曾經如何與這些資料奮戰，且比其他人更瞭解
這些資料。

本章末尾的附錄8.3呈現出一份研究報告的摘錄，描述荒野教育方
案經驗對於參與者的影響。這些資料均取自於深度、開放式訪談。此一
摘錄說明了在支持和解釋主題式研究發現時，直接引述所扮演的中心角
色。

以隱喻和類比來溝通

本章稍早討論到分析者建構的類型架構時，曾藉由隱喻來區分參
觀博物館的不同類型訪客：通勤族、閒逛族、自助餐廳族，以及非常
感興趣族；以及另一項類比，以從外太空來到地球的訪客，來比擬參
觀博物館的訪客。在中輟學生的研究中，我們依賴隱喻來描述我們觀
察到教師在與中輟學生互動時所扮演的不同角色：交通警察、老派學
究和鴕鳥。語言不只是支持溝通，更可作為一種表徵的形式（form of
representation），形塑出我們所覺知的世界（Chatterjee, 2001; Patton, 2000;
Smith, 1981）。

隱喻和類比可能是連結質性研究閱讀者的有利方式，然而某些類
比也會對特定的讀者造成冒犯。因此，隱喻和類比的選擇，必須仰賴分
析者的敏覺力，敏銳覺察到所被描述的對象可能會有何感受，以及讀者
可能會有何回應。在一次中西部社會學學會的聚會上，傑出的社會學家
Morris Janowitz受邀請參與一項座談，所討論的話題是「社會學的刀鋒邊
緣為何？」Janowitz對於軍事社會學有極為豐碩的著述，對於「刀鋒邊

緣」（cutting edge）這一個隱喻感到不甚舒服。他解釋道：

人文學者Paul Russell對於二十世紀大戰期間的文學工作，完成了一項有力而卓越的社會學研究，他名之為：《大戰和現代記憶》（The Great Wars and Modern Memory）。那是一項所有社會學家必讀的偉大作品。他的結論是，第一次世界大戰、第二次世界大戰、韓戰、越戰等使我們的語言被軍事化了。我相當同意，所以不喜歡「社會學的刀鋒邊緣」這個問題。「刀鋒邊緣」是一個軍事用語。這個語詞讓我感到不舒服。刀鋒邊緣，就像是另一個類似的用語「突破」一樣，是知識份子從暴力管理者那兒所承襲而來。即使它們可被應用於物理科學，我不相信它們可被應用於社會科學，特別是社會學。（Jamowitz, 1979:591）

「策略性計畫」（strategic planning）亦有軍事源頭和涵義，就像「迅速偵察」（rapid reconnaissance）亦然，後者常用於描述短期、密集的實地工作（詳見第四章所述）。某些團體可能會反對這類相關用語。在這方面，特別要緊的是，務必要避免使用可能隱含種族主義和性別主義意涵的隱喻，例如「那是黑與白的問題」。在一項教育評鑑和公共政策研究會上，女性學者對於某些在評鑑中所常用的類比表達高度的關注，並建議使用其他替代語詞。

處理多樣化的議題，即是要尋找新的隱喻。我們不需要評鑑的新武器---暴力已經無處不在了。何不用掃把來掃除這些涉及男性/女性刻板印象的閣樓上滿佈的蜘蛛網呢？我們經常使用的測驗和評量技術充滿了性別刻板印象。何不用刀、叉和湯匙來品嚐這場多采多姿且足以展現人類多樣化的盛宴？哪裡可以找到一些技術來評量美味可口的回應變異性、思考的獨立性、獨創性和獨特性呢？如果你認為那些是女性的隱喻，那你就錯了，在我們家庭中，每個人都要掃地，每個人都要吃飯。我們的工作小組也談到另一項隱喻，以自助餐廳的菜色和歐式料理來比喻教/學/評量的風格。在我們要尋找更好的評鑑方式時，我們也需要有新的隱喻來加以釐清。處理多樣化的議題，即是要尋找新的隱喻。（Hurty, 1976）

隱喻可能是用以溝通研究發現的一種有力且聰明的方式。有力的隱喻可以傳達許多深刻的意義。而且，對分析者和讀者而言，發展和使用隱喻都是相當有趣的。然而，重要的是要確定隱喻適合其所要指涉的資料，而不是倒反過來。由於隱喻隱含了一些涵義，分析者必須要確定隱喻的主要涵義即是分析者所要傳達的。最後，研究者也必須避免落入隱

喻的陷阱，將世界當作是隱喻所指涉的那樣。

隱喻是一項工具，以揭露某一客體或事件的特殊屬性。通常，理論學者會忘記它只是一項工具，而將隱喻當作實徵世界中真正的實體。例如，宣稱一個社會體系像是一個有機體，是合理而適切的，但這並不是意指一個社會體系就是一個有機體。當隱喻或概念被實體化後，它們就失去了解釋的價值，而成為套套邏輯（tautology）而已。在運用隱喻時，必須謹守其界限，讓它們維持一項有力的闡明工具。（Denzin, 1978b:46）

做成結論

在《書寫質性研究》（*Writing Up Qualitative Research*）一書中，Wolcott（1990）考量到如何為質性研究做出結論時所面臨的挑戰。回答此一問題，仍關乎研究目的。期刊論文、學位論文和評鑑報告，對於做成結論各有其不同的規範。但Wolcott進一步質疑這個做成結論的想法：

認真地思考是不是要放掉這個想法：論文最後一章必須導到結論，或是論述必須要總結在一個戲劇化的高潮……在報告質性研究工作時，我避免使用「結論」這個用詞，因為我不希望我的工作是為了留芳百世，那會引誘我超出所呈現材料之界限，或減損個案的力量（且超出個案之限制）。（p.55）

此一告誡提醒我們不要將任何事都視為理所當然，或一味地遵守書寫的規範原則。詢問你自己：「當我完成所有的工作後，從這項工作中可以導出什麼結論呢？」這可能是一個有助於你聚焦的問題。或者，如同Wolcott所言，做結論也可能是不必要或不適切的多於負擔。

或者，它也可能是一個放眼未來的機會。西班牙裔哲學家和詩人George Santayana要從哈佛大學退休時，學生和同事齊聚在他的課堂中，上他最後一次課。他在一場動人的演說之後，準備要做結論，說到一半，他抬頭看到窗外的一片融雪之中，枝頭正開始萌發新芽。他驟然停頓，拿起他的外套、帽子和手套，走向門外。他在門邊轉過頭來，輕聲地說：「各位，我沒辦法說完那句話。我剛剛發現我與四月還有個約會。」

或者如Halcolm可能會說：沒有任何結論會是它本身的結論。

研究報告的特殊議題

數個心智狀態之間的辯證，是良好評鑑的基本要件。

-- *Robert Stake* （1998：370）

是否書寫報告？

從我的工作中，我發現最終報告的影響力通常並不是很大，而我在和主要的評鑑使用者面對面地直接接觸之後，可以提供給他們對評鑑結果的回饋，並與他們分享資料的內容，這通常比最終報告更為有效。口頭簡報（oral debrifings）是一項愈來愈形重要的評鑑職能（Hondricks, 1982）。最終報告具有重要的傳播功能，讓決策者和資訊使用者以外的讀者也能分享研究成果；但是，對於那些真正打算使用研究發現的人而言，這些報告並不能自動成為主要的資訊來源。我曾經做過一些評鑑，並沒有提出修飾得盡善盡美的最終報告，因為特定的形成性情境並不容許花費大量的資源去產生一份華美的最終報告，而最終卻只能束之高閣。

當然，對正式的研究而言，完整的書面研究報告是必須要提交的。研究報告的內容、長度和性質，則是評鑑研究者和主要使用者之間共同協商的產物（Patton, 1997a）。雖然個人的風格會影響最終報告的樣貌，仍有一些基本的原則可循，有助於呈現質性資料。

焦點

即使是一份綜合性的研究報告，也常必須刪節研究者所蒐集到的大量資訊。焦點（focus）是基本要件。如果研究者試圖要使研究報告包羅萬象，那麼他就要冒著失去讀者的危險，因為讀者可能對那一長篇大論式的報告興趣缺缺。為了提昇一份報告的影響力，研究者必須清楚地詳述每一項研究問題，並精簡地呈現這每一項議題的描述性發現、分析結果和詮釋。一份研究報告應該具有可讀性、可理解的，且不盡然要充斥著學術專有名詞。研究報告要能讓讀者印象深刻，而不是拿來作為研究者的學術訓練之用。

當學生們要書寫研究報告之時，我發現自己最常反覆給予學生的忠告是：「焦點！焦點！焦點！」否則，研究者一方刪節的痛苦，和讀者不得不閱讀那些本應刪節卻未捨棄的材料時的痛苦，可以說是旗鼓相當的。

書寫研究摘要

質性研究報告相對來說較爲冗長，可能會是一個難題，尤其當忙碌的決策者並沒有時間（或不想花費時間）閱讀一份長篇大論的報告時，更是問題。值得一提的是，Stake偏好訴說完整的故事，我也有同感，但我實用主義者務實的觀點，讓我要說，研究者也必須發展能寫出一至兩頁執行摘要（executive summary）或研究摘要（research abstract）的能力，以呈現最重要的發現、結論，和對結論有信心的理由。研究摘要是一份可供傳播的文件，但不必然是完整的研究之再現。研究摘要應以平鋪直敘的語言來書寫、具有明確的焦點，清楚地陳述最爲核心的研究發現和結論。當書寫研究摘要時，必須謹記在心的是，大多數人可能只閱讀這份摘要，而不是整份研究報告。

就像讚美詩可以佐以音樂來歌頌，研究摘要亦可作爲口頭簡報之用。當你只有十分鐘可以報告你的研究發現時，你必須做好充分的準備，好好利用這十分鐘來做一場精彩的簡報。

質性研究的創造力

當工作和樂趣的概念已被工業科技模糊化之後，創造力將主導我們的時代。

-- *Isaac Asimov* （1983:42）

我已多次提到質性研究中的人類元素，既是其優點亦是其缺點：優點是在於它促使人類的洞察力和經驗擴展成爲對世界的新理解和觀看世界的新方式；其缺點則在於它強烈依賴研究者的技巧、訓練、才智、學養和創造力。由於研究者是質性研究的工具，所以研究結果的品質即大

大取決於研究者的品質。此一情況在從事分析時，尤其彰顯。作為一位具有同理心的訪談者或機敏的觀察者，並不必然使研究者成為一位具有洞察力或創造力的分析者。在質性分析、詮釋和報告中，創造力是特別重要的一項人類品質。因此，我將以對於質性研究中之創造力的觀察來作為本章的結語。

　　一般說來，質性研究既是科學也是藝術，而質性分析尤然。科學的一面，要求研究者從事系統化的、學理俱佳的智識性工作，嚴謹的留意整體背景脈絡中的細節，以及秉持一個批判性視角來對所浮現的組型於不疑處中存疑。藝術的一面，則邀請研究者去探索、冒險、運用隱喻、具有洞察力的意義理解和創造力的關係連結。雖然科學和藝術二者均涉及批判性的分析和創造性的表達，科學較為強調在分析時要帶著批判性的眼光，而藝術則鼓勵創造性。一位批判性思考者會採取於不疑處有疑的懷疑論者之立場，堅持事情必須獲得證據支持；錯誤的邏輯推論、遊移不定的連結、套套邏輯式的理論和未經證實的演繹，都是批判式心智所要挑戰的標的。批判性思考者研究細節，仔細省視表象之外，以找出事件的真正本質。事實上，許多研究都是建立在批判分析的基礎之上。

　　然而，批判性思考者通常並不具有相當的創造力。創造性思考者提出新的可能性；而批判性思考者則分析這些可能性，以尋找漏洞和不足之處。Barry Anderson（1980）在總結其對於批判性和創造性思考的研究時，警告我們，性批判思考的懷疑論可能導致狹隘的、可疑的焦點，阻礙了發現創新性連結關係或嶄新洞察時所需要的創造能力。

　　　批判性的態度和創造性的態度似乎是走向了兩個極端……一方面，有人總是告訴你為什麼這些想法無效，但他們好像從來無法提出自己的替代性觀點；另一方面，有些人總是提出他們自己的觀點，但似乎無法區辨是好或是壞。
　　　有些人則兩種態度兼而有之，但即使是這些人同一時間也只能採取其中一種態度。當需要有新的想法時，他們就戴上創造性的帽子；而當某些想法需加以評鑑時，他們又戴上了批判性的帽子。（Anderson, 1980:66）

　　質性研究同時需要運用到批判性和創造性思考，既是分析的科學，亦是分析的藝術。然而，分析的技術性、程序性和科學化層面，較容易加以呈現和教導。創造力則甚難教導，且難以學習。所幸，從創造性思考的研究和訓練中，我們仍可以獲得一些指導原則：（Kelley & Littman,

2001; DeBono, 1999; Von Oech, 1998; Patton, 1987a: 247-48）。

1. ***保持開放性***。創造力始於對多元化可能性保持開放性。

2. ***產生多元選項***。思考和解決問題通常有不止一種的方式。

3. ***擴散與聚斂之統整***（Diverge-converge-integrate）。在聚焦於細節之前，須先探索各個不同的方向和可能性。在聚斂思考最有價值的觀點之前，須擴充範圍，從多元化視角來進行腦力激盪。

4. ***採用多項刺激物***。創造力的訓練常常包括學習多種不同的表達方式：繪畫、音樂、角色扮演、故事編撰、運用隱喻、即興創作、玩玩具、構思未來式劇情等。透過三角檢證進行合成，正是多項刺激物的創造性統整。

5. ***盤旋、曲析和迂迴***。創造力很少是純粹線性的邏輯歸納或演繹的結果。一個具有創造力的人，常來來回回、反反覆覆、裡裡外外、上上下下地探索和研究。

6. ***改變組型***。習慣、標準化操作程序和固定模式的思考，都是發展創造力的障礙。要覺察並改變你思考和行為的固定模式。

7. ***形成連結***。很多創造力練習中都包含學習如何將那些看似毫不相關的事物連結起來。本章所述的矩陣法（matrix approaches）就有助於形成連結。探索質性和量化資料之間的連結。

8. ***信任自己***。自我懷疑阻礙了創造力的開發。如果你對自己說：「我沒有創造力」，那你就不會有。要信賴此一歷程。

9. ***力行之***。創造力並不全是樂趣。它需要辛勤工作、對背景的研究和充分的心理準備。

10. ***玩賞之***。創造力也不全是工作。它可以是且應該是一種遊戲和娛樂。

　　在結束這一章之前，我想提出一點務實的提醒：質性分析的科學性和藝術性都受限於有限的時間。有些人在一定強度的時間壓力下會更能發揮其創造力，而有些人則不然。任何一位結合批判性思考和創造性思考的分析者，其結合方式部分取決於個人的風格，部分是情境的功能，且通常端視他有多少時間可以思量創造的可能性。但過度探索可能性，也可能會變成無法完成研究的藉口。總是會到了該結束分析（或者是結束這一章）的時候，才能接下來處理其他事情。花費太多時間去思索創造的可能性，會涉及到一定的風險，以下的故事即是要闡述這一點（你可以同時運用你的批判力和創造力）。

過去和未來：決定展望的方向

　　一個人正沿著一條小徑踽踽獨行，面前忽然出硯了一個精靈。「你可以很確定地明白過去所發生的一切，或是你可以很確定地知道未來會發生的一切，但你不能既知道過去又知道未來。那麼你要選擇哪一個呢？」

　　這個受驚的人跌坐在路中央，沉思他的抉擇。他自忖道：「如果我很確定地知道未來要發生的一切，未來將很快就成為過去，那麼我也就知道過去所發生的一切了。從另外一個角度來看，俗語道，過去是未來的前奏，所以如果我確定明白過去所發生的一切，那麼我就會知道很多未來即將發生的事，而不會失去驚喜和偶發性的趣味。」

　　由於他深深沉溺於眼前思量過去和未來的夢幻之中，他完全沒有察覺到一輛卡車沿著路快速駛來的轟隆聲響。在他剛剛回過神來，打算告訴那個精靈他已選擇要預知未來之時，他抬頭卻看見了卡車像脫韁的野馬般朝他身上輾壓了過來。

---選自*Halcolm*的《評鑑寓言》

附錄8.1　使用於多個編碼員的符碼冊

● 所評鑑之方案的特徵
　0101方案的性質或種類
　0102方案與政府各階層的關係
　0103資金（來源、數量、決定性等等）
　0104方案的目的
　0105方案的歷史（存續期間、變遷、終止時間等等）
　0106方案的有效性

● 評鑑者在此一研究中的角色
　0201評鑑者在方案起始和規畫階段的角色
　0203評鑑者在資料蒐集階段的角色
　0204評鑑者在最終報告和結果傳播時的角色
　0205評鑑者與方案的關係（內部/外部）
　0206評鑑者的組織（類型、規模、工作人員等等）
　0207關於角色的意見和感受
　0208評鑑者的背景
　0209對評鑑者及評鑑歷程的評論

● 決策者在此一研究中的角色
　0301決策者在方案起始和規畫階段的角色
　0302決策者在資料蒐集階段的角色
　0303決策者在最終報告和結果傳播時的角色
　0304決策者與方案的關係
　0306決策者與政府其他部門或其他人員的關係
　0306對決策者及決策歷程的評論（意見、感受、事實、知識等等）

● 相關人員的互動
　0501相關人員的特徵
　0502研究起始期間的互動
　0503研究設計期間的互動

0504資料蒐集期間的互動
0505最終報告或研究發現期間的互動
0506結果傳播期間的互動

● 研究的規畫和起始歷程（如何開始及由誰開始）
0601發起人
0602對此感興趣的團體或個人
0603起始時的環境條件

● 研究的目的（爲什麼）
0701　目的描述
0702　目的改變

● 政治背景
0801政治背景的描述
0802對研究的影響

● 對實用性的期待
0901期待的描述
0902期待的持有者
0903期待對研究的影響
0904期待與特定決策的關係
0905缺少期待的原因
0906那些被視爲沒有期待的人
0907缺少期待對研究的影響

● 資料蒐集、分析、方法論
1001方法論的品質
1002方法論的適切性
1003影響資料蒐集和方法論的因素

● **研究發現和最終報告**

1101研究發現或建議的描述

1102研究發現或建議的採納

1103對於最終報告的評論（形式、問題、品質）

1104對結果傳播的評論和描述

● **此一研究的影響**

1201方案影響的描述

1202非方案影響的描述

203特定建議的影響

● **實用性的因素和效應**

1301新近程度

1302方法論的品質

1303方法論的適切性

1304肯定或否定的研究發現

1306令人驚訝的研究發現

1306主要或次要的目標

1307方案歷程中的特定時點

1308其他研究的並存或無

1309政治性因素

1310評鑑者之間的互動

1311資源（財力、物力）

1312最重要的因素

備註：這份符碼冊係由多位編碼員所運用於分析一項有關評鑑研究之實用性的訪談，受訪者爲決策者和評鑑者。

附錄8.2　邁克：一個個案研究實例

背景

對邁克來說，枯坐在高中的課堂上實在是件無比困難的事。一些課程他根本就跟不上。但是，在數學課上，他總是第一個做完考試卷的學生。他解釋說：「我喜愛數學，而且每次都能在十分鐘左右就做完試卷，可是我卻學不好其他的科目」。

他在高中二年級時第一次聽說「基礎本位生涯教育」（Experience-Based Career Education, EBCE）。邁克坦承：「我確實只是為了逃離我不喜歡的課程才去參加說明會的」。

但是聽過EBCE的解釋後，邁克很快被這個想法說服了。他不但喜歡「在工作中學習」的想法，而且認為這個方案可以讓他以自己的速度來工作。沒有學分、無需教師的這一想法，也深深地吸引了他。

邁克把一些描述性材料帶回家給父母看。他們於是也陪著邁克去EBCE的學習中心參加了一個晚上的說明會，以對方案有更多的瞭解。現在，經過兩年的方案訓練，邁克已經是個高年級的學生了。他的父母也想讓他弟弟參加這一項方案。

去年，EBCE的方案初期測驗證實了邁克的學校經驗相當參差不齊。他的閱讀和語言成績比他學校裡低年級學生的平均成績還要差，但在學習技能上他卻顯出高於平均水準的能力，而且證明了他在數學方面的超凡才華。

上學年初，在邁克開始進入EBCE方案中時，EBCE工作人員認為邁克過於好動、自卑、缺乏自信心、對健康和身體外貌漠不關心。他們還判斷邁克有嚴重的寫作障礙。後來，EBCE負責邁克學習的督導為他設計了一個學習計畫，以建立他的溝通能力（包括在寫作與人際關係兩方面），同時鼓勵他探索多項生涯的可能性。邁克的工作經驗和計畫均善加設計，以利用並擴展他現有的興趣。

第一年在EBCE的經驗

邁克典型一天是早晨八點鐘開始，如同其他高中學生一樣。但其餘作息時間卻有相當大的變化。邁克剛剛到EBCE學習中心時說，他在來中

心參加這個方案之前，常常把時間「消磨」在電腦上。

在邁克的最初申請表中，他表示他所喜愛的生涯就是電腦操作員。對於EBCE方案而言，這是一個機會，可帶領他進一步探索這一個領域，並進一步瞭 解該項工作。在那年的四月和五月兩個月中，邁克第二個學習階段的實習是在花旗銀行服務中心（City Bank Services）的電腦部門進行的。他把每天的作息時間分為上午和下午兩個時段，上午經常在他的實習指導老師規定的時間之前便趕到訓練地點，開始複習電腦工作手冊。當他的實習指導老師到達後，他們便一起研究流程圖和學習電腦語言。

邁克中午會到高中去吃午餐，接著上他選修的德語課，這是他的學習計畫之一。EBCE學生很少回到高中上課，但邁克特別喜歡德語，因為他祖父母都講德語。

德語課後，邁克又會回到學習中心，花一個小時的時間參加其他的學術活動，然後就去花旗銀行。邁克說：「儘管高中的放學時間是下午三點鐘，但是我在花旗銀行通常待到五點鐘。」

邁克參加EBCE方案一年之後，他的活動和興趣更為擴展了，而經過在花旗銀行的歷驗後，他想成為電腦操作員的目標則更加堅定了。他在花旗銀行的這段時間發展了一項新的嗜好---蒐集電腦材料。邁克說：「我的指導老師給了我一些書，讀過書後我真正開始了這些材料蒐集。」

透過EBCE的經驗，邁克對動物也很感興趣。邁克一直就喜歡動物。他十二歲時家裡養了一匹馬，一直到現在。兩年前，邁克藉著幫忙採摘桑椹節省下了一筆錢，給自己買了一匹小馬。這幾年，邁克比較喜歡的學習計畫之一就與他的馬緊密相關。這個學習計畫是為提高邁克的基本技能而設計的，藉此來提高他的批判思考程度---邁克學到了飼養和馴服馬的方法。此後，他加入了一個社團，希望能學會馴服他的馬參加演出。

幾個月後，邁克又展開了EBCE的另一項有關動物的學習計畫。這次，他把當地的動物園當做資源，訪談動物園的經理，並對阿拉斯加的棕熊進行了仔細的研究。邁克還加入了自願參加的探索者童軍團，定期幫助動物園做些事情。邁克說：「我確實喜歡和熊在一起。他們真頑皮。你們知道嗎？當牠們靠在欄杆上摩擦茸毛時，就像是在拉小提琴。」對動物園學習計畫的評鑑，是這一年中邁克最後完成的工作，從

中可以看出他有很大的進步。負責他學習的督導對邁克的評論是：「你現在完成學習計畫的速度比以前更快。我認為你現在比過去投入更多的時間來把工作做得更好。」

邁克在生活技巧發展 （life skills development）領域起步得較慢。與其他同儕一樣，在脫離了通常來說嚴格的學校生活之後，他經驗了一個學督導所謂的「自由的衝擊」 （freedom shock）階段。邁克意圖擺脫他學習方案中較「學術」的一面。一開始，邁克很少主動查問自己的任務，也經常不告知工作人員他正在做什麼。到了年底，他在這兩方面都有了長足的進展。

藉著每週的日記書寫，邁克在文字溝通上獲得了顯著的進步，無論是在觀點和感受的表達上、還是篇章結構上，都是成績斐然。邁克的行為也發生了有趣的變化。「我過去總是花很長時間看電視，從不讀書。」第二年開始後，邁克說：「我去年讀了兩本書，今年夏天又看完了八本書。現在我已完全投入到書中，而不再 看電視了。」邁克喜愛的閱讀材料是科幻讀物。

邁克對家庭作業的態度也有了明顯的改變。「以前在學校待了六個小時之後，我可不願再坐下來寫作業。但是在EBCE方案中，我不是坐在教室裡，所以我不在乎回到家要寫日記，和做一些學習計畫所要求的事情。」

邁克的個人發展也在不斷地改變中。很多改變要歸功於他的實習指導老 師。他的指導老師是個小學教師，她告訴邁克在工作場合穿上清洗過的乾淨衣服的重要性。當他的衣著改善之後，無論是指導老師還是方案工作人員，都對邁克鼓勵有加。指導老師還告訴邁克她對他要說的話都非常感興趣，讓他說話時放慢速度便於她聽清楚。

在參加EBCE方案的過程中，邁克的出席率大大提高了。那一年，邁克只缺席過六天。這比學習計畫中其他人的缺席率還要低，他們一年的平均缺席率是十二點三天。邁克的這一出席率也比他在高中時要好得太多。

邁克像EBCE班的很多學生一樣，在學年的前三個月中探索他的經驗，但是所完成的方案作業相對上少得多。可是，到了第四個月，他同時開始了八個不同的學習計畫，同時在花旗銀行展開了學習經驗。當低年級的課程結束時，他已完成了方案所要求的十三項能力中的九項，探索了九個工作點，完成了兩個學習階段，持續進行十一項學習計畫。那

年，他放棄了另外兩項學習計畫，其中有一項於第二年完成。

在一個較特別的階段上，邁克的能力包含了處理採購交易、處理活期帳戶、設計綜合保險方案、歸類稅金、擬定預算、鍛鍊身體、學會處理緊急情況、研究大眾媒體及駕駛汽車等。

邁克並不是在所有的工作現場都獲得了同樣的成功。但是，一年當中他的工作連續不斷地進步。邁克在方案開始的第一個月中，雖然無法指出這些探索性學程應當怎樣才能做得更好，但他還是對此提出了批評。關於邁克對探索性學程所提出的問題，EBCE的工作人員很是注意，並評論說邁克很少依循他所訪談的人所提示的線索。這反映了邁克對EBCE工作中的探索部分並不感興趣，也顯示了邁克並沒有做多少努力，各個工作現場的人對他的評語幾乎是相同的。

邁克也在另一些方面探索了各種生涯的可能性，諸如汽車經銷商、視聽器材維修店、超級市場、空調設備製造商、小學、房地產開發公司、市立公眾事業、初中和銀行服務部門。

邁克第一個學習階段的經驗是在一所小學。三個半月後，他的兩位指導老師指出他的出席率、守時習慣、學習積極性和所需的督導，目的是希望確保邁克的學習時間得以充分利用。邁克在適宜衣著、外表修飾和作業的品質等方面，都有了長足的進步。

從第二個學習階段經驗的報告---在銀行服務中心電腦部門完成的---可以看出邁克的顯著進步。那裡的指導老師聲稱邁克在各個方面都相當令人滿意。在最後的評鑑中，邁克在十個方面獲得了優秀成績---出席、守時、嚴格遵守作息時間、理解與接受責任、遵守所屬部門的規定、呈現自己的興趣和熱情、沉著自信、積極尋找學習的機會、利用所屬機構學習設施、及時開始所分配的任務以及完成所分配的任務。

在學年的後半期，邁克同時進行了幾項學習計畫。他的一項學習計畫是基礎電學，為了拿到學習計畫學分，他還參加了一個「吉他入門」的課程。

為了提高溝通技巧，邁克還進行了團體間相互關係的學習計畫。這一學習計畫源自於工作人員意識到了它的必要性，因為邁克喜歡其他的同學，但好像缺少與同儕和工作人員的社交活動。學年初的報告顯示他看起來依賴性很強、謙卑、是個不成熟的交談者。透過這些觀察，邁克的學習督導與他協商了下一個學習計畫的目標，以及如何採取相應的活動，才能提高他的溝通技巧，同時有助於他解決一些人際關係的問題。

學年結束時，邁克的溝通技巧有了明顯的改善。他說：「我現在敢當眾講話了。」

邁克未完成的學習計畫與他自己的經驗和興趣有關。在此之前，他已從加拿大移居波德蘭地區十年了，但是仍時常回去看望親戚。這一學習計畫是關於一個功能性公民區的移民法律和規定。同時，它還將有助於邁克提高他的文法和拼字程度。因為學生們可以選擇在高年級時完成從低年級開始的學習計畫，所以邁克有機會在這年來完成這一學習計畫。

談起這一年，邁克說：「我變得比我原先想的要好得多。」他在EBCE的新經驗中最喜歡的事情，是以自己的速度來學習一項工作，及有更高的自由度。

學年結束時，從邁克的考試成績可以看出，他的閱讀和語言技巧都有了顯著的改善。在他本就超出一般人的數學和學習技巧方面，則只有微幅的進步。

學年初和學年末都舉行了態度測驗，這些測驗顯示邁克在增強自信心、對於社會中各種角色的理解、對與自己不同背景不同觀點的人的理解、接受變化等諸多方面，都有了顯著的提升。

邁克的志向並沒有改變。他仍希望高中畢業後從事電腦程序設計工作。「剛剛開始這一學年時，我的確不太懂電腦。現在我覺得已經懂了很多，而且希望瞭解得更多，這樣我才能夠以此作為生涯。」

（此處省略了邁克在EBCE第二年的描述。我們是從第二學年的描述中選出了這個個案。）

邁克對於EBCE的看法

邁克在報告中寫到他在EBCE的經驗，特別是在各個學習階段的經驗，使他的基本技巧得到了全面的提升。他感到他在每個工作現場都可以做他自己想做的事情。根據邁克所說，這些經驗促使他選擇自己喜愛的領域作為生涯，也使他開始關注其教育和訓練要求和一些其他的條件。例如，邁克曾經試圖從軍，他認為這可能是未來發展電腦領域的一項良好的訓練來源，但是因為身體關係，他沒有能實現這一目標。透過直接進入工作現場，邁克感受到了「真正」的工作世界。他說他在電腦維修工作現場的學習，加深了他對於「耐性」這一概念的理解，這是面對顧客時必須具備的條件；同時他在那裡的工作也使他對維修設備中所

需的高精密度有了進一步的理解；他還發現了維修工程師如何找出問題、如何解決問題的方法。

當有人問及邁克的工作價值時，邁克回答道：「我首先考慮我是否選擇了正確的工作，我是否願意全力以赴去做好這一個工作……事實上，我保證即使我並不喜歡這一工作，我會仍比它所要求的做得還多……我願意盡最大努力去工作。」儘管他一直是個責任心很強的人，但是他覺得他在EBCE的經驗使他更加值得信賴。

邁克還感到由於他自己的態度有所改變，現在人們更把他看成是一個成年人。事實上，他覺得自己現在對自己有了更多的瞭解。

邁克的未來計畫是盡量在汽車經銷商或電腦服務公司找到一個電腦程式設計的工作。在探索者童軍團的學習計畫中，他曾經在一家汽車經銷商做過電腦工作，但他還希望能得到更多的電腦程式設計的訓練。他已與學習督導和EBCE秘書探討了這些計畫。他對學習所持的態度是：學習可能沒有樂趣，但學習是重要的、不可或缺的。

當有人問到他在什麼方面沒有取得預期的進步時，邁克回答道：「我的的確確在各個方面都獲得了很大的進步。」他對EBCE方案的評論是，他發現這一方案比高中更有幫助。「它為你創造了很好的機會，走出去接觸更多的人，學習如何與社會上各行各業人士進行更好的交流溝通。」

邁克在高中的大部分經驗，對他自己並沒有什麼裨益。今年他開始在高中學習幾何，可是由於他去得較晚無法跟上教學進度，所以只好輟學了。儘管他與高中的教職人員關係都不錯，但是他覺得高中那裡的「教師和學生之間有一道鴻溝。」EBCE的工作人員「則把你看成是一個獨立的個體……安排時間與你談心。」在EBCE方案中，你能夠「以自己的速度進行……不必待在教室裡。」

雖然邁克的一些朋友已經輟學了，邁克還是向他的多數朋友推薦這一方案。他說道：「我情願到EBCE來繳學費，我認為這確實是個很好的學習方案……事實上，我這兩年在EBCE所學到的東西，比我在高中的四年所學到的還要多。」他甚至沒有要求償還他的旅行費用，因為他說他太喜歡這個方案了。

邁克父母的看法

當邁克第一次向他父母談及這一項方案時，他們關心的是方案都包

含哪些內容，和這是否是個好方案，是否有教育意義。當三月份訪談邁克的父母時，他們感到EBCE方案已使邁克更加成熟，而且使邁克知道他未來要走的路。

邁克的父母說EBCE的工作人員將邁克各方面的學習成果都及時通知他們，邁克也常常把自己在EBCE方案中的活動告訴他們。而在高中時，邁克唯一告訴他們的是攝影。邁克的生涯計畫從他開始參與EBCE方案至今沒有變化，他的父母並沒給他施加任何壓力。但EBCE方案已幫助他排除了機械操作員和卡車駕駛這兩種生涯的可能性。

自從邁克參加EBCE方案之後，他的父母發現邁克更加成熟了，也更加可靠和積極向上了，他也開始思考和關心未來。他的寫作水準有了長足的進步，閱讀量也逐漸增加。

邁克的父母覺得EBCE方案在各方面都使邁克受益匪淺。他們對EBCE方案中的各個方面都給予高度的評價。

關於邁克進步情況的測驗

儘管邁克在參加方案的第一年中，即在基本技巧綜合測驗（the Comprehensive Test of Basic Skills）各方面都有所進步，但是他第二年的成績卻相對地下降了。特別明顯的是邁克數學和學習技巧成績的下降。

雖然邁克在整整兩年中的學習態度成績一直呈上升趨勢，但也在第二年參加方案時有所下降。邁克接受FY75後測測驗的成績也在社區資源、成人、學習和工作分量表方面，明顯低於EBCE學生的平均成績。

邁克在這兩年期間，在心理社會成熟量表（psychosocial Matureity Scale）的工作能力、自信心、溝通能力、角色和信賴性等分量表分數上，均持續地增長。他在工作能力、角色和社會實踐等方面的成績，明顯高於EBCE學生後測測驗的平均成績，只有在接受變化這一項上低於平均成績。

工作人員按照學生的七項行為規範來評論邁克。學年開始時，在「將自己的能力、興趣和才能應用到潛在的生涯興趣中」這一項上，邁克的成績明顯高於EBCE方案中學生的平均成績。但是.在「理解別人所傳達的資訊和感受」方面，他則比平均成績低一些。後測測驗時，他在後一項行為的成績仍然比EBCE的平均成績低，「應用基本技巧於工作任務和職業興趣上的意願」方面，也比平均成績低一些。

　　在EBCE方案的兩年課程中，儘管邁克的興趣有所拓展，能力有所提高，但是他在自我導向探索（Self-Directed Search, SDS）的組型方面幾乎沒有什麼變化。總體說來，實際型（R）的職業減少了，而企業型的（E）職業增多了，因為邁克的職業代碼由RCI（C是傳統型，I是研究型的職業），轉變為ICR（其中包括電腦操作員和設備維修員的分類），而到了FY75後測時則轉變為CEI。然而，I只比R強過一點，而CER分類則包括資料處理人員。因此，邁克的SDS代碼似乎對他所期盼的職業前景具有相當代表性。

評鑑者的省思

　　邁克在態度和基本技巧成績的急遽下降，反映了他在方案第二年後半期中所發生的行為變化，很多人都察覺出了這一點。在二月份的一次個案研討會議上，他的學習督導報告了對邁克的看法：「他在學習計畫的這一階段裡似乎沒有任何進步……還很難理解……現在正在走下坡……最後可能會遭遇到麻煩。」他所開出來的處方是：「密切注意他，協助他有所進展……發現他目前在哪裡」，到了五月中旬最後一個階段結束時，他的報告仍然是：「難以理解的蝴蝶！邁克需要讓他自己步入正軌，及時完成任務！」因為後測測驗在此之前已經完成，所以邁克很可能在後測測驗中的成績也下降了。

　　另一個可以說明他在高年級後半期不再積極關注和投入的資料是出席率。雖然他學年的前半期只缺席兩天，但是後半期他卻缺席了十三天。

　　在EBCE方案的兩年學習，使邁克的人格特質發生了明顯的變化。方案初期，他的社交技巧極差，自信心也不足。到他畢業時，他的社交技巧有了極大的改善（儘管仍須改進）；然而他的自信心已達到了自負的程度。確實，他最後學習階段的指導老師花費了大量時間，試圖使邁克對自己的能力做出符合實際的評論。

　　邁克於畢業後接受訪談時提到，他每週在一家餐廳工作六個下午，他前一年曾在那家餐廳兼職過。他希望能夠在那裡工作一年左右，一直做到廚師，然後到商學院進修一年的電腦課程。

資料來源：Fehrenbacher, Owens, & Haehnn（1976）

附錄8.3
一個訪談分析的摘錄：
荒野教育方案中參與者成果的省思

經驗總以不同的方式影響著人們。這一經驗教育的老生常談是指，個人參與一系列活動後所產生的成果、影響和改變，甚少能夠明確地加以預測。進而言之，此類改變的意義和意義性，對於身處於特殊情境中的特別的人，很可能具有高度的特定性，是因時、因地、因人而制宜的。雖然學習的個別化性質是經驗教育的基本主張，但後退一步來省視這些個別化的經驗，以找出能貫穿人物和情境之特定性的變化組型，仍是相當重要的。西南實地訓練計畫案的評鑑目的之一，就在於記錄個人的經驗，然後尋找能夠有助於對整個計畫案及其影響提供綜覽的組型。

完成此類省察式評鑑（reflective evaluation）的主要方法，是對11位方案參與者進行一系列的追蹤訪談。第一次訪談是在1977年十月底，在新墨西哥Gila荒野所舉行的第一次實地研討會的三週後進行。第二次訪談在二月份的第三週，即亞利桑那州Kofa Mountains荒野經驗後三週進行的。第三次也是最後一次訪談則是在五月初，在南猶他州San Juan River實地研討會後所進行的。所有的訪談都是透過電話來實施。訪談的平均長度為二十分鐘左右，從十五到三十五分鐘不等。訪談的內容被錄音並謄寫下來，以供分析之用。

訪談集中在三個中心議題上：（1）參加此一方案對你個人有什麼影響？（2）參加此一方案對你專業上有什麼影響？（3）參加此一方案對你的工作機構有什麼影響？

在以下數頁中，我將呈現出參與者對這些問題的回答，並加以分析。分析的主要目的是組織整理參與者的回答，使整個組型更為顯而易見。這中間始終貫穿的重點，在於讓參與者為自己說話。對評鑑者的挑戰是，參與者的回答必須以令人信服的方式呈現，以整合訪談過程中記錄下的大量且多樣的經驗和影響。

個人的改變

「你參加這項方案對你個人有什麼影響呢？就個人而言，方案對於你的影響是什麼呢？」

　　關於個人改變的問題獲得了參與者相當多的回應，要比後續關於專業和工作機構方面改變的問題所得到的回應更多。參與者對於個人改變有如此強烈的反應，顯而易見地，這些經驗在促進個人的成長和發展上深具意義。自始至終的訪談裡，參與者都試圖指出由於他們在荒野中的經驗，使他們感受到自己與以前有所不同。雖然這種個人的改變常常是很難說得清楚的，但是訪談仍反映出相當多樣化的個人影響。

信心：自我感

　　經過三週在荒野中的體驗，參與者遭遇到了許多考驗自己的機會。例如：我能不能一天又一天地背負著沈重的行囊上山下海？我能爬上那座陡峭的高山嗎？我能為團體做些什麼？隨著參與者遭遇到壓力和解除壓力，他們對自己更為瞭解。其結果經常是個人信心的提昇和自我感（a sense of self）的增強。

　　確實很難說這個方案做了這件事或那件事，我認為自信心的提高已經幫助我去做一些我一直想做的事情。而且我覺得自信心在很大程度上來自於實地的體驗。就在我們回來之後，我和我的上司一起參加年度的工作評鑑會議。在會議上，我要求調換不同的職務。另一個職務是我一直很想要爭取的，我爭取到機會去擔負一些我原先工作領域之外的其他責任。我想要獲得一些個別諮商經驗，但直到那之前，我都很猶豫而不敢去詢問。但我感覺到我對自己需要會自己做的事已有了更好的覺察，至少我有權利去爭取。（Cliff，於Kofa之後）

　　我猜想在前幾次旅行中所發現的一些對於我來說很重要的事，對以後也將會有深遠的影響。在戶外寧靜祥和的環境下，我做了一些過去從不願意去嘗試的事情，而且發現比我原先預期的要做得更好。過去我顧慮太多了。（Charlene，於Kofa之後）

　　訪談紀錄指出自信心的提高不僅源於體能方面的成就，而且更是來自於人際之間的成就。

　　參加高富山之後，我做到了這兩年來我一直在努力的一些事情。基本上，我前兩年生活的中心奮鬥目標是試圖去取悅他人，但不再是這樣了。過去，不管我自己的感受和需求是什麼，我都盡量讓別人高興；我一直無視於

自己的感受和需求，去做別人要我做的一切。而到今天為止，我所贏得的最大勝利，就是優先考慮我自己的感受，去做我自己要做的事情，這是一個最重要的勝利。在高富山中，我感到驚愕的是，當我還沒有認識自己的時候，我只不過是藉由別人對我的描述來瞭解自己。那對我來說是陌生的。過去我無條件接受別人對我的批評，以為那些描述就是我......我被吞噬了。我感到能夠面對批評而不失去自我感對於我是一種成就，特別是他人的批評久已成為我不斷與之搏鬥的惡魔。所以，相信我自己，特別是堅持做自己，絕對是一個成就。（Billie，於Kofa之後）

我一直非常注意不要從其他人那裡尋求肯定。只想堅持自己所有的任何感受，也不試圖瞭解自己以外的事情......或使自己輕易地獲得贊同。我認為方案在這方面的確做了許多的努力，特別是在高富山的第二次旅行中。（Greg，於Kofa之後）

我要說發生在我身上的最重要的事情，是能夠真誠地與其他人在一起討論很多他們的問題，我確實覺得討論他們的問題比我的要多。非常有趣的是我覺得我對Billie和Charlene都有一些影響，其成果大大地提高了我的自信心和對自己的積極感受。你理解了嗎？與其說是我有了問題，而與某些人討論，且他們幫助我解決這個問題；毋寧說在更多的時候，是我幫助其他人使他們對自己有較好的瞭解，這令我感到很充實，比我自己的問題得到解決還要欣慰。（Rod，於Gila之後）

自信心的另一個因素，是一個人對自己想法的堅信程度，這是一種智識上的自信。

我認為如果將這整個方案納入考量，我覺得自己在一些嘗試去運用的想法上獲得了很多的自信心，就我個人本身而言和從專業上來看都是如此，特別是在我教學的這方面。當我在一所女子學院教書時，我覺得我們的角色之一不僅僅是教會那些女士們所要學習的課程，而且要教會她們更為肯定自我。我想這是我們任務中更重要的部分，遠遠超過其他大多數學院的普通看法。我認為我對個人成長以及我與他人之間互動的很多想法，可能被這次荒野經驗再次增強了，因此我對這些想法感到更加充滿信心，成果在我與其他人交往中愈來愈常出現。我曾認為這是一種更為人文的對待事物方式。（Rod，於Kofa之後）

參與者自信心的增強，常常是他們能夠完成一些嶄新的和困難的任務之學習成果。可是，在其他時候，自信心的增強亦出現於當找到新的

方式來處理舊有且困難的情境時，例如，學會如何認知和管理壓力。

> 我最近強烈地意識到的一種改變，是認知到壓力的能力。我也意識到一種能力，是我能夠在不對自己施加壓力的情況下完成任務，而我過去不曉得我會對自己施加壓力。因此，我所發現到的是我要完成的，例如，當一天中有很多事情發生時，我會開始感到很緊張、並覺得非常願意告訴親近的朋友和其他我不太熟悉的人，像是，我無法處理你交待給我的事情，是否我們明天再來討論？這是個需要花費很多時間和精力的問題。我今天不想談它，我們以後再談它好嗎？……等等。因此，我現在發現我真的能夠如此做。對此，我當然是非常高興了。（以前你受否就置之不理？）確實如此。我以前會置之不理，直到我理解了我為什麼在兜圈子。（Charlene，於Kofa之後）

個人的改變——小結

> 荒野教育方案中參與者所引述的個人成果很難加以測量，我們在訪談中所獲得的是對個人改變的個人知覺。整個來看，證據顯示參與者有了不同的感受，而且在很多場合中行為也有所改變，這是參加方案之後的成果。不同的參與者在不同的方面、不同程度上受到影響。然而，一位參與者說方案經驗其實對他並沒有任何個人的影響。

> 就我個人而言，方案對我的影響，這個一開始提出的問題，好吧，跟你說實話，方案對我只有極微小的影響。這不是對方案的挖苦，因為在人們生活的某一點上，即使我覺得事情只有很小的影響，但它們仍有影響。所以我認為對我的影響是忍讓。因為旅行中發生了很多我不同意的事情，而我目前還是不同意，但是我不再惡意的爭執，只是堅持自己的觀點而已。所以，以往的情況是，我不想傾聽那些不同的主張，或是我會聽一聽那些不同的意見，但目的在於解決它。現在，我有了第三種選擇，我可以傾聽不同意見，繼續堅持不同的觀點，但不介意繼續聽下去。（Cory，於San Juan之後）

> 然而，比較正常的參與者反應是對所發生的個人改變程度，感到驚奇。

> 我預期的成果是在荒野方案中接觸更多的人，我的每個預期成果都是專業性的，也就是，你是知道的，討論較多的教育改革所要發展的方向。你也知道，以實地經驗為基礎的教育究竟是什麼呢？我根本沒有想過，在我看來，可能是不符合實際的。但至少我根本沒有預期個人的影響。（Charlene，於Gila之後）

對於其他人來說，一年來參與荒野教育方案是一生中最重要的學習經驗，準確地說是因為方案中既有個人的成長又有專業的成長。

　　我作為一名教育工作者大概有二十年了。我的意思是說我一開始是在高中當教師，夏天時則到NSF機構任職。我也參加過各式各樣的研討會。我確實認為這個方案是迄今為止最好的......目前已對我產生了最大的影響。而我認為其中的原因就在於我過去參加的所有方案中，每個方案都具有極為特殊的傾向性，不是這個問題就是那個問題......我猜想，更傾向於科學、更傾向於主題。然而這個方案具有的歷程傾向，則促成了較為長久的影響。我指的是我在以前那些研討會中學到的很多東西現在看來已經過時了，例如，你若想跟上文學的發展，所有學到的一切可能會促使你去跟上。但是，事實上，在我而言是成長的事情，我認為對其他的參與者來說，這已經是非凡的了。而我恰恰認為這是我們應該在各個社會層次，或其他層次上該致力來做的事情。（Rod，於San Juan之後）

　　我們現在到了這一成果報告的轉折點。報告了參與者對個人改變的知覺之後，我們想報告荒野教育方案的專業成果。問題是，在一個像西南實地訓練計畫這種整體性經驗的脈絡中，個人-專業的區別是武斷的。一個貫穿於實地研討會中討論的主題，是減少個人-專業這種二分對立的重要性，這個主題具有實現一個完整的生活和做個完整的自我之可欲性。這一主題反應在訪談中，很多參與者很難分別對個人改變和專業改變問題逐一回答。

個人/專業的改變

　　從分析的角度來看，至少個人和專業改變之間存在著內涵上的差異。就評鑑的目的而言，我們試圖如下區別二者：個人改變（personal change）涉及到人們關於自己的思想、感受、行為、意向，以及知識；而專業改變（professional change）包括人們在工作中所運用的技巧、能力、理念、技術和歷程。然而，這區別還有一個中間地帶。怎樣把人們對能力、技巧和歷程的思想、感受和目的加以歸類呢？有些個人的改變會影響這個人的工作。本節乃致力於說明人類的複雜性，而無視於社會科學學者和評鑑者的細緻分類類別。由於缺少更好的分類術語，本節所要報告的改變，只好稱為「個人/專業的影響」。

　　在這一點上，最主要和最常見的影響涉及到個人視角的改變，且這一改變影響其對工作世界的基本觀念和態度。荒野經驗和其伴隨的團體歷程，允許或促使很多參與者後退一步，來觀察他們自己與工作的關係，導致了觀視角度上的改變。下面四段訪談的引述文擷取自Gila第一次實地研討會之後進行的訪談，那時參與者對第一次荒野經驗的感受似乎非常強烈。

　　旅行的時機恰到好處。我剛開始一個新工作才四到五週，真正地全心全意地投入進去了，有些被工作所征服的感覺。在經過一個特別可怕的星期之後，旅行開始了。因此，從那個角度來說，這旅行恰恰是一個關鍵的、真正有幫助的機會，讓我擺脫我的工作。感受到我有一些選擇，記住我有一些選擇，可以選擇我是否留在這裡或是到其他地方，這使我知覺到我究竟想要在高等教育中學到什麼，而不只是心智健全地生存下去。這使我獲益匪淺，它提高了我的能力，使我想做一些在大學裡要做的事情，或者試圖去做。我有很多重要的事情要做，而不只是處理堆積在我辦公桌上的文件。（Henry，於Gila之後）

　　我認為它幫助我成為一個更有創造力且公正的人，這與經驗教育理論的整體理念是密不可分的，這也是我們在這些旅行中所採取的途徑。那麼，舉個例子來說，有一天晚上我和我的妻子聊天，在我拿到Laura在Colorado給我的論文後，我說她應該讀一讀這篇文章，也許她可以採用經驗教育的方法來教授歷史。然後，我告訴她我將如何教授邊疆歷史，雖然我實在是一點都不懂邊疆歷史。之後，她把我的這個想法告訴了她的另一個朋友，這位朋友說，噢，你可以因為這個想法獲得計畫獎助。所以這的確是個積極的例子。而且我覺得，我已經能應用，或在各種不同的情境下呈現出自己的創造力。我想這只是因為我給了自己一定的自由，我也說不太清楚，我無法指出是什麼導致這一成果，但我的確感到在我的工作中我比從前擁有更多的創造力。（Cliff，於San Juan之後）

　　我最大的問題是我一直在試圖拯救世界，我現在正在做的是把自己拉回來。因為，或許我一直在做的是錯誤的，或不管是什麼，至少我現在的動機是比較清楚的，我更加直接地瞭解到我需要的是什麼，不需要的又是什麼，所以我現在比較虛心。對了，正如我說的，我曾陷入一種拯救世界的想法之中，現在我覺得自己較為切合實際、較為誠實面對自己了。（Charlene，於Gila之後）

　　我一直在想我自己以及我和其他人、上司的關係，特別是想到恐懼和危險……我決心在自己的部門稍微表現一些。十月份的經驗之後，我要說我

差不多做好了在部門中顯露身手的準備。所以,我自願去設計發展一個部門訓練的政策,並擬定出計畫來,之後,我走到部門與助理探討這個計畫,我把自己放在顧問的位置上,而指派其他人去做具體的工作。我覺得我已經準備好做出決定,並在我弄清楚我在做的是男性與女性關係之後付諸實施。我的部門裡有一個人,但不是一個很容易瞭解的人,所以,和他交談我要冒點風險,然而我還是做了。我當時感到相當自在,而且自我感覺非常的好,對自己也非常滿意,因為我真的這樣做了,我想這件事與我的設計也是密不可分的。(Billie,於Kofa之後)

個人改變和專業活動之間的連結,是貫穿於荒野教育方案的重要主題。本節報告的各個段落說明這一連結如何深入計畫參與者的心靈和生活。我們現在轉移到更顯而易見的專業影響上,不過,記住個人-專業之間的區別是有些人為的和武斷的,將會很有幫助。

(省略的部分是關於在下列各方面發生改變的專業知識:經驗教育、運用日記、團體催化技巧、個人專業技巧、個人對工作和專業生活的洞察,以及特定參與者如何專業地從事其工作。省略的部分還有對於機構的影響。我們在此只提出這一成果報告的結尾部分。)

最後的省思

個人改變、專業改變及機構改變等評鑑類別,旨在於理解這個極其複雜的真實世界。藉由訪談,參與者的省思清楚地表明,他們其中的多數人在離開荒野教育方案後,感覺到了自己本身的改變。有些事情觸動了他們。有時這些觀視角度上的改變,會以完全預料之外的方式顯現出來。

有一點,我剛剛買到了自己的房子。首先,這對我來就是一種新的經驗。我以前從未做過這些事情,我從沒有過一個家,甚至從未想到過要有個家。我感到很奇怪,就在Gila的旅行之後,我產生了要「安定下來」的欲望,或想承擔一個地方的責任,就是那種我一覺醒來要去做的事情,「噢,我想留在這裡,我喜歡這個地方,我要把這個地方買下來。」在我一生中從未有一幢房子或一個地方讓我產生那種想法。我想這真是有些奇怪。我確實把它看做是個人成長和穩定的作用,至少有某種程度上的穩定。

個人成長的其他方面:我認為,我們已經談到了專業方面,這就是獲得視角的能力。當然,我認為這些旅行......讓我以一個新的視角來覺察所有

發生於我家裡、我的個人生活、我的專業生活…等等事情，真是具有令人難以置信的價值…．它容許我注意一些對我來說應當首先考慮的中心問題，讓我處理一些我多年來一直拖拉而且並沒有真正想要面對或解決的問題。在先前六或九個月中，我已能夠繼續進行並且解決了那些問題，或是有比以前獲得更大程度的進展。（Tom，於San Juan之後）

其他離開荒野經驗後的參與者，則以更為具體的導向將這些經驗應用於工作、娛樂和生活中。

在我試圖連結河流和旅行的意義時，我所意識到的是，在某種程度上，我可以看到我生活的相似性，像我們的旅行就是，急流泛舟或驚險騎馬，都很有趣，但暫時擺脫它們也會令人感到愉快。有時能夠順河而下漂流，沒有什麼煩惱，是件愉快的事，但其本身也是艱苦的工作。很多時候我希望我能夠擺脫它，去嘗試不同的路程。能夠這樣想，本身就是一件令人欣喜的事，也是我一般看待事情時所持的觀點。也就是，我可以這樣說，「好吧，我將有一段時間必須處於這種情況，但我總會擺脫這種情況，而進入其他的境地中。」我拿這個當成隱喻，作為一種有助於我經營日常生活的哲學或觀點。（Cliff，於San Juan之後）

荒野經驗的參與者在經過了一年的學習之後，他們省思到的共同主題，是對機會、選擇，和可能性的嶄新的覺察。

如果要我做一個概括性的評論的話，我會說第一週的大致效果是，更新了我對於工作和生活中的更多可能性的認識。很多事情展現在我的面前，我瞭解到我可以選擇在這裡，作為一個真正的我。而且，既然我做出抉擇，那麼我就有了責任。這是一種很好的感覺。（Henry，於Gila之後）

我想就我而言，自始至終我要堅持的是，經驗對於我來說是一種機會，讓我走出我生命的其他部分，集中注意它，並評鑑它，包括我的個人生活、工作和專業生活方面。（Michael，於 San Juan之後）

當參與者後退一步並檢視自己和自己的工作時，他們彷彿發現了以前所喪失的清晰度。視角、覺察、清晰度……都是個人、專業、機構改變上所蘊含之成分。

我認為我確實有個機會來探討我自己認為有價值的議題，與那些願意和我一起探討的人來探究我自己的價值議題。這原本可以晚些時候來做，但就

是在那時發生了。在荒野中，藉由整個歷程……我認為這加快了我成長的進程，接受我自己的價值、我對教育的理念、以及我對過去所做事情的觀點和想法。作為一名教師，這有助於我與人們的討論，及我和他們的互動，這的確使我把精力集中在我所做的事情上。我想我很有可能對那些能夠清晰探討的事情，總是糊裡糊塗地打發時間、敷衍了事，這些是我可以藉由與特定的人群交談而很快釐清的。因為這些人跟我有著共同的經驗，並且朝向同樣的目標，像是自我學習和經驗教育。（Greg，於San Juan之後）

我想對於我來說，所發生的一切是一些個人改變的催化劑，你也知道的，個人的、機構的，它們之間有著密切的關係。我認為我實實在在是在與工作和生涯等相搏鬥。對我而言，整個方案是個催化劑，它是一種觀察我以前沒有觀察到的事情之通行證。不管是記錄下我在做的事情，還是在我的工作中，我對所處之歷程的一種認識、一種洞察，在我看來，在我的生活和行動當中變得具體、特殊了。我們應當注意到這一點，我認為這是在我身上發生的重要影響之一。（Peter，於San Juan之後）

這些來自於訪談的陳述，並能不代表西南實地訓練計畫影響的最終評量。有些參與者拒絕摘述他們參加方案後的影響和成果，因為他們不願意得出不成熟的結論。

（你能總結一下參與這項案的整體意義嗎？）

我是很想做個總結，但我又不願意……好像措辭並不是件容易之事，對於我這麼健談的人，這倒是一件反常的事。這並不是說影響不是在認知方面，其實在這方面已經有了一些影響。但是最顯而易見的影響，則是情感方面的。像是感激其他人，感謝這種教育方式。儘管我在方案中工作，但這是我以前從未做過的事情！要對於人群、對於專業以及對我同事進行合乎實際的評價，從某種意義上來說，是我以前從沒有做過的……影響好像具有戲劇性，我無法確信能準確地說出其表現手法。我是我自己……這也許可以概括為我能更加控制我自己。從好的意義上來看，接受冒險，願意去冒險；接受挑戰，並願意迎接挑戰；接受和更瞭解我能力所及的範圍……不管對我有何意義。我現在能非常輕鬆地認知我能做的，這種自信感覺很好；認知到我還沒做的，並試著去做這些事情的感覺也很不錯。對自信心的整個感覺都不同已往了。（Charlene，於San Juan之後）

荒野教育方案代表了很多事情---荒野、經驗教育的模式、壓力、專業發展---但這項方案最主要的是參與的人們。在無數的回應中，參與者

談到了他們對所發生一切的重要性的認識。由於這是訪談歷程中最突顯的特色，我們想以這一高度強調個人重要性的陳述，來作為本報告的總結。

　　我以前談到，要認識瞭解一些人，對我來說很重要，人們也都對此非常關心。參與方案的人們，非常投入地研究一些問題，哲學的與教育的，這些基本上不僅是教育的、而且是生活上的問題。認識瞭解這些人，的確對我很重要，給了我一種延續性，在一個極其沮喪、極其艱難的處境中，沒有任何人可以伸出援手，無法得到很多回饋，沒有人可以共同思考、商議和合作，而仍能堅持下來。這些正是基本議題。這種延續性對於我的感覺和我自己來說，確實相當重要。感覺我好像有一些去處了……有時我覺得太過強調人們有些好笑......但是整體說起來，這些人的確對我而言具有重大的意義。在另一方面，能夠幫助別人，可能也確實為我提供一條未來可行之路。（Greg，於San Juan之後）

9

促進質性分析之品質

詮釋真相

　　一個年輕人旅行到了一個新的國度，他聽說那兒有一位偉大的蘇非教派導師Mulla，對世界的奧秘有著無與倫比的洞察力。這個年輕人決心成為他的弟子。一路找到那位智者，年輕人說：「我希望能接受您的教導，那麼我就可能學會如何詮釋我周遊世界時的所見所聞了。」

　　他隨同這位偉大的導師旅行過了一個又一個村莊，六個月之後，這個年輕 人感到相當迷惘和沮喪。他決定向Mulla表白自己的挫折。

　　「這六個月以來，我一直在觀察您為沿路上的人們所提供的服務。在一個村子裡，您告訴那些饑餓的人，他們必須更努力地在自己的田地上辛勤耕作。在另一個村子裡，您告訴那些饑餓的人，要他們放棄對食物的佔有欲。而到了另一個村子，您卻告訴人們虔誠禱告，以祈求一次更大的豐收。在每個村莊裡，人們所提出的問題是相同的，但是您的教誨卻甚為殊異。我在您的教誨中找不出任何真相的組型。」

　　這位Mulla以精敏銳智的目光看了一眼年輕人。

　　「真相？你來到這裡時並沒有告訴我你想學得真相啊。真相如同佛像一般。 若你在路上遇到的話，應當摧毀它。如果只有一個真相可適用於所有的村莊，那麼我就沒有必要去拜訪一個又一個村莊了。」

　　「你初次來到我這裡時，說你想『學會如何詮釋』你周遊世界中的所見所聞。你的困惑很簡單，銓釋真相和陳述真相是大不相同的兩回事。」

　　Halcolm講完這個故事之後，笑著對專注聆聽的年輕人們說：「去吧，我的孩子們。去尋找你所要尋找的，去做你必須要做的。」

—選自*Halcolm*的《評鑑寓言》

判斷品質的多元準則

每一種眼見的方式，亦是一種不見的方式。

-- David Silverman （2000:825）

　　一切都取決於準則（criteria）。判斷品質（quality）有賴於準則。可信性（credibility）從這些判斷而來。品質和可信性緊密相連，品質的判斷構成了對於可信性之覺知的基礎。

　　質性研究的多樣化取向---現象學、俗民方法論、俗民誌、詮釋學、符號互動論、啓思研究、批判理論、唯實論、紮根理論和女性主義研究等等---在在提醒我們品質和可信性的議題，與讀者和研究目的息息相關。例如，以一群獨立的女性主義學者爲讀者的研究，與鎖定以政府經濟政策制訂者爲讀者的研究，用以判斷研究的準則可能會有相當程度的差異。以方案改善爲目的的形成性研究或行動研究，相較於以做成對方案或政策之決定爲目的的總結性研究，因涉及到不同的研究目的，其判斷品質的準則亦大不相同。識此之故，研究者在展開研究之初，即應體認到特殊的哲學派典或理論導向和特別的質性研究目的，均會產生判斷品質和可信性的多樣準則，甚爲重要。

　　觀諸多個不同的理論視角和哲學架構所用以判斷質性研究品質的準則，某些是彼此重複的，但仍可區分出其意義上的細微差異。廣義而言，我可以指認出五組彼此相抗衡的準則，列舉如下：

● 傳統的科學研究準則
● 社會建構和建構論準則
● 藝術性和表意式準則
● 批判性改變之準則
● 評鑑標準和原則

表例9.1 列舉出這些衍生於理論視角或哲學架構的準則。
傳統的科學研究準則（traditional scientific research criteria）擷取自

第三章所探討的「真相與實在導向符應理論」，包括質性研究中的後實證論和唯實論取向。***社會建構和建構論準則***（social construction and constructivist criteria）強調了此類取向所重視的元素內涵。***藝術性和表意式準則***（artistic and evocative criteria）衍生於第三章所提出的自傳俗民誌，和表意式探究形式，特別是由Richardson（2000b）所建議的「創造性分析實務俗民誌」。***批判改變之準則***（critical change criteria）則衍生於批判理論、女性主義研究、和以增能展權為目的的參與式研究歷程，這些是第三章導向式質性研究（從一個特別的價值本位視角來工作），和第四章參與式和合作式研究策略中所探討的。最後一組準則，***評鑑標準和原則***（evaluation standards and principles），則擷取自《方案評鑑的標準》（*The Standards for Program Evaluation*）（Joint Committee, 1994）和《評鑑者的指導原則》（*Guiding Principles for Evaluators*）（AEA Task Force, 1995），他們對於第四章所討論到的質性評鑑之應用，提供了一些基本原則。

在某種程度上，所有這些理論性、哲學性和應用性導向所提供的準則各有千秋，或至少各有其關於品質關注之優先考慮和強調重點。我選出這五組準則，乃粗略地對應於質性研究發展的主要階段（Denzin & Lincoln, 2000b），以反映出區辨這些質性取向的基本議題，以及讀者對於質性研究的回應。評論、審查或閱讀到研究報告的人，將以何種視角和何種準則來判斷這項研究工作呢？

在評量質性研究時，人們可能會出現的一些困惑，來自於思考它如何表徵或再現出一個統一的視角，特別是相較於量化研究時。這使得他們很難去理解質性研究領域內諸多相抗衡的研究取向。藉由瞭解其他人帶進來評論研究工作的準則，瞭解到其他人的期待，我們即可預測他們可能的反應，幫助他們來理解我們的意圖和準則。依據第二章表例2.2所呈現的反思性三角檢證模式，我們此處所要處理的是研究者和讀者的視角之間的相互交叉。

對於真相和實在之性質等秉持殊異的視角，構成了奠基於認識論和本體論基礎上的派典和世界觀。透過不同的派典鏡片來觀看質性研究發現的人，其反應會有甚大差異，正如研究者和評鑑者對於如何思考其研究世界的方式，觀點亦南轅北轍。有一個有關三位棒球裁判的故事，可以用來說明這些差異。他們正在討論如何判斷「壞球」（balls）和「好球」（strikes）。

表例 9.1　判斷質性研究品質與可信性的準則

真向的
標語

● 傳統的科學研究準則（Traditional Scientific Research Criteria）

　　研究者的客觀性（objectivity）（致力於減少偏見）

　　資料的效度（validity）

　　實地工作程序的系統化和嚴謹性（systematic rigor）

　　三角檢證（triangulation）（研究發現具有跨越方法和資料來源的一致性）

　　編碼和組型分析的信度(reliability)

　　研究發現與實在的符應性(correspondence)

　　類推性(generalization)（外部效度）　　　　與真相的
衰敗奮戰

　　支持因果假設的證據強度(strength)

　　對理論的貢獻(contribution to theory)

● 社會建構和建構論準則(Social Construction and Constructivist Criteria)

　　公開承認的主觀性(subjectivity)（討論偏見並將之納入考量）

　　可信賴性(trustworthiness)

　　真確性(authenticity)

　　三角檢證(triangulation)（捕捉和尊重多元化視角）

　　反思性(reflexivity)　　　　　　　　　　　解構真相

　　實踐行動(praxis)

　　特殊性(particularity)

　　強化和深化瞭解(Verstehen)

　　對對話的貢獻(contribution to dialogue)

● 藝術性和表意式準則(Artistic and Evocative Criteria)

　　開放性(openness)　　　　　　　　　　　創造真相

　　創造性(creativity)

　　美學品質(aesthetic quality)

　　詮釋活力(interpretive vitality)

　　植基於自我活過的經驗(self, lived experience)

　　刺激想像(stimulating)

續表 9.1

振奮人心(provocative)
與讀者有所連結(connects with and move the audience)
表達語式(voice distinct, expressive)
感覺到真實或真確或實在

（對權力
說出真相）

● 批判改變之準則(Critical Change Criteria)
批判性視角：增強對於不公義的意識覺察
辨認出不平等和不公義的性質和來源
表徵較少權力者的視角
將擁有權力者對權力的使用和獲益公諸於世
尊重較少權力者並與其合作
建立較少權力者之能力，以採取行動
辨認出可能的促成改變策略
實踐行動(praxis)
清晰的歷史和價值背景脈絡
後果性效度(consequential validity)

● 評鑑標準和原則(Evaluation Standards and Principles)
實用性(utility)
可行性(feasibility)
適切性(propriety)
精確性(accuracy)
系統化探究(systematic inquiry)
評鑑者職能(evaluator competence)
誠信/誠實(integrity/honesty)
對人們的尊重（持平性）(respect for people)
對一般公眾福利的責任（將多樣化的興趣和價值觀納入考量）

（實用性
⟷真相）

「我那樣判，因為我看到它們是那樣的球。」第一位裁判說。
「我那樣判，因為它們就是那樣的球。」第二位裁判說。
「它們什麼球都不是，直到我那樣判。」第三位裁判說。

如以這個故事作為區分派典的練習活動，試著將這三位裁判的視角，與表例9.1的架構來適配看看（提示：由於前四個視角都可應用於評鑑研究中，所以，可將裁判當作是評鑑研究者，將適配選項減少為四項）。接下來的各段落將簡述這五組用以判斷質性研究之品質的準則。

傳統科學研究準則

對於將傳統科學研究準則放在最優先考慮位置的研究者來說，增進質性研究的可信性和正當性的一個方式，是強調那些準則在科學研究傳統中具有其優先性。傳統上，科學即甚為強調客觀性，所以遵循此一傳統的質性研究乃重視將研究者之偏見減至最少的程序，例如嚴謹的和系統化的資料蒐集程序，對於實地工作的資料來源進行交叉檢核和交叉驗證。從事分析時，這意指使用多位編碼員，且計算編碼員之間的一致性，以建立組型和主題等分析結果的效度和信度。遵循此一傳統的質性研究者，常會使用到「變項」和「假設考驗」等語言，致力於尋求因果解釋和類推性，特別是結合量化資料時。顯現出這些特徵中的部分或全部的質性研究取向，包括紮根理論（Glaser, 2000:200）、質性比較分析（Ragin, 1987, 2000）、如同Miles和Huberman（1994）等唯實論者，以及分析式歸納法的某些層面（詳見第八章）。他們的共通目標是運用質性方法，以盡可能精確和完整地來描述和解釋現象，使其描述和解釋盡可能符合這世界真實存在和實際運作的方式。支持質性研究的政府部門（如the U.S. General Accounting Office, the National Science Foundation, 及the National Institutes of Health）通常也是在傳統科學架構內運作。

社會建構和建構論準則

社會建構論、建構論和詮釋主義等視角，已發展出嶄新的語言和概念，來區辨質性研究的品質（如Glesne, 1999:5-6）。Lincoln & Guba（1986）提出，建構論研究需要不同於傳統社會科學研究的準則。因此他們建議「可信性（credibility）相當於內部效度，可遷移性（transferability）相當於外部效度，可依靠性（dependability）相當於信度，以及可確證性（confirmability）相當於客觀性」。將這些結合起來，

他們以「可信賴度」（trustworthiness）（這個詞本身相當於嚴謹性）來稱呼這些準則（pp.76-77）。他們接著強調自然式探究應該以「可依靠性」（依循系統化歷程）和「真確性」（authenticity）（對於研究者自身視角的反思意識，對於其他人視角的欣賞，並在描述建構之價值時秉持公平公正）來加以判斷。他們將這個社會世界（相對於物理世界）視為是由社會上、政治上和心理上所建構出來，乃人類對於物理世界的理解和解釋。他們以「三角檢證」（triangulation）來捕捉和報告多元化的視角，而非尋求單一的真相。建構論者秉持主觀性，作為能更深層地理解這個世界之人文及社會面向的途徑（Peshkin, 1985, 1988, 2000a）。他們更有興趣於一個特殊的背景脈絡中來深度地理解特定的個案，而不是提出跨越時空之類推性和因果關係的假設。事實上，他們對於因果關係的解釋和應用於複雜人類互動和文化體系的類推，始終抱持著懷疑的態度。因此，他們提供視角，並鼓勵不同視角之間的對話，而非以達成單一的真相和線性的預測為目標。社會建構論的個案研究、研究發現和研究報告，均甚為關注實踐行動和反思，亦即，闡述研究者自身的經驗和背景如何影響其對於世界的瞭解和行動方式，包括研究之行動。Guba & Lincoln（1989, 1990）、Lincoln & Guba（1986）、Smith（1991）、Denzin（1997a, 2001）、Neimeyer（1993）和Potter（1996）等人，均依循社會建構論和建構論的傳統來著述和從事研究工作。

藝術性和表意式準則

前一章討論到質性分析既是科學，亦是藝術。從傳統科學研究視角來運思的研究者和讀者，重視質性研究的科學性質。透過社會建構鏡片來觀看世界的研究者和讀者，則強調質性研究既是科學也是藝術，且結合二者之精神。第三種視角則重視質性研究的藝術性和表意式層面，或稱為社會科學界的「敘事性轉向」（Bochner, 2001）。藝術性準則聚焦於美學、創造性、詮釋活力和表達語式。個案研究成為一項文學工作。詩歌或表現藝術被用於擴展讀者對於現象本質的直接經驗。藝術導向的質性分析致力於讓讀者投入於作品之中，與他們有所連結、感動他們，振奮且激勵他們。表徵的創造性非虛構文學（non-fiction）和虛構文學（fiction）形式，使「真實的實在」（real reality）和被創造來再現實在之本質的形式，二者之間的界限變得模糊

唯實論者看待建構論者的求婚

不清。其結果可能被稱爲「創造性合成」（creative syntheses）、「理想典型個案建構」（ideal-typical case construction）、「科學詩詞」（scientific poetics）或其他足以點出此一藝術重點的名詞（詳見第三章表例3.3）。質性分析的藝術表達，致力於爲研究發現提供經驗，使得「真相」或「實在」被理解爲具有一個*感受面向*（feeling dimension），如其認知層面一般重要。《陰道的獨白》（*The Vagina Monologues*）（Ensler, 2001）即是奠基於女性的訪談，以劇場方式來呈現，提供了一個相當卓越的實例。在此一藝術傳統中，分析者的詮釋和表達語式、經驗和視角，均可能成爲其研究創作的中心。從此一新興取向來創作質性研究者，包括Bochner & Ellis（2001）、Goodall（2000）、Richardson（2000b）、

Barone（2000）、Ellis & Bochner（1996, 2000）、Glesne（1997）、Patton
（1999a）以及Denzin（2000b）。

批判改變之準則

　　將質性研究視爲批判分析形式的研究者，旨在於促成社會和政治上
的改變，而不以心胸開放或客觀性來僞裝其工作，而是採取積極主動的
立場。例如，以後果性效度（consequential validity）來作爲判斷研究設
計或研究工具的準則，使得研究工作的社會後果，成爲用以評量可信性
和實用性的價值基礎。識此之故，標準化成就測驗即備受批判，因爲如
以具有文化偏見的測驗來做出教育上的決策，將造成歧視少數族群的後
果。後果性效度要求任一項研究、測量或方法，必須要去評量有誰會從
中獲益、有誰會受到傷害（Messick, 1989; Shepard, 1993; Brandon, Lindberg,
& Wang, 1993）。作爲批判改變導向之實例，*批判理論*取向的實地工作和
分析，乃致力於將權力上、經濟上和社會上的不平等公諸於世。批判理
論的「批判」性質，使其對於行動的踐諾，不僅只是爲了增進瞭解而去
研究社會，而是應用研究去批判社會，提升意識覺察，且改變權力結構
以支持較少權力的一方。由於受到馬克斯主義（Maxism）的影響，以階
級衝突作爲其瞭解社區和社會結構的中心位置，批判理論爲研究和評鑑
提供了哲學和方法，以彰顯政治上的實踐行動（將理論連結到行動），
和改變導向的投入形式。

　　同樣地，*女性主義研究*也意圖要促成社會改變（如Benmayor,
1991）。*解放研究*（liberation research）和*增能評鑑*（empowerment
evaluation）有部分源自於Paulo Freire（1970, 1973）的實踐行動與解放教
育哲學。Barone （2000:247）提倡「解放教育的故事分享」。由批判改變
之準則所啓發的質性研究，旨在於以積極主動的探究形式，來揭露社會
結構中的不正義，並投入於促成社會改變。此一類別可以包括合作式和
參與式取向的實地工作，使參與研究的人能發揮其能力，理解其自身的
情境、提升意識覺察，且支持未來促成政治改變之行動。批判改變取向
質性研究之實例，可見諸於女性主義方法（Reinharz, 1992; Harding, 1991;
Fonow & Cook, 1991; Gluck & Patai, 1991）、批判理論（Fonte, 2001; Lather,
1986; Comstock, 1982），以及批判俗民誌（Thomas, 1993; Simon & Dippo,
1986）等著作中。

評鑑標準和原則

　　評鑑專業所採用的標準，要求評鑑要能實用、務實、合於倫理和精確（Joint Committee, 1994）。在1995年，美國評鑑學會（American Evaluation Association）加入下列多項原則：系統化探究、評鑑者職能、誠信/誠實、對人們的尊重（持平性），以及對一般公眾福利的責任（將多元化興趣和價值觀納入考量）。完整和特定的標準與原則，可以透過AEA網站來取得（詳見第四章表例4.9）。

　　在1970年代，評鑑發展成為一項專業實務領域，許多評鑑者扮演了傳統研究者的角色，其責任就是要設計研究、蒐集資料和出版其研究發現；至於決策者要如何看待這些研究發現，並不是他們所關心的問題。這個立場早已不然，評鑑者有責任促使決策者來運用其研究發現，並關注研究發現的實用性。因此，評鑑者比以前更要求方法論上的嚴謹性，以增進研究發現之效度，迫使決策者必須更嚴肅認真地看待其研究發現。

　　到了1970年代末期，方案工作人員和資助單位強力質疑將有限的資金投入於他們所無法瞭解或毫不相干的評鑑之價值。評鑑人員被要求要能負起績效責任，就像方案工作人員必須承擔績效責任一般。於是問題來了：誰來評鑑這些評鑑人員呢？一項評鑑該如何接受評鑑？在這樣的背景脈絡之下，專業評鑑人員開始討論且制訂標準。

　　發展評鑑標準的努力係由12個專業組織所指派的17位成員所組成的委員會來負責，以前後五年時間，蒐集來自全國各地數以百計評鑑專業人員的意見。該委員會主席Dan Stufflebeam（1980）曾將此一努力結果總結如下：

　　　我們即將要出版的標準，要求評鑑要具備四項特徵，就是*實用性*（utility）、*可行性*（feasibility）、*適切性*（propriety）*和精確性*（accuracy）。我認為聯合委員會所決定的這個特別的次序，相當有趣。他們的理論基礎是，如果一項評鑑無法被任何讀者所用，就不應該去做它。其次，如果它無論從政治上、實務上或成本效益上來看，都不具有可執行性，也不應該去做它。第三，如果我們無法證明它可以被持平且合於倫理地執行，他們也不認為有做評鑑的必要。最後，如果我們確實能夠證明一項評鑑具有實用性、是切實可行的、且是切合倫理的，那麼他們就會說，我們可以來看看這項評鑑在技術上是否充分的難題。（p.90）

在1994年，經過數年的審查和修正後的標準終於出版了（Joint Committee, 1994）。雖然在其30項標準中，有某些做了改變，包含四項基本準則的整體架構，仍維持不變：實用性、可行性、適切性和精確性。認真嚴肅地看待這些準則，意味著以相當不同的方式來觀看世界。不像基礎研究者傳統上採取較為遠距離的立場，評鑑者要為其研究發現的使用承擔責任。實施實用性焦點、可行性意識、適切性導向和精確性本位的評鑑，有賴於情境的回應性、方法論的彈性、多元化的評鑑者角色和持續不懈的創造力（Patton, 1997a）。

雖然標準和原則提供了判斷評鑑之品質的準則，許多不同的模式和觀點依然並存於評鑑這把大傘之下。事實上，應用先前所述四組準則於評鑑工作的實例，隨處可見。傳統科學研究準則是Rossi, Freeman, & Lipsey（1999）和Huey-Tsyh Chen & Peter H. Rossi（1987）等人所代表的評鑑研究之基礎。將建構論準則應用於評鑑中，是《第四代評鑑》（*Fourth Generation Evaluation*）（Guba & Lincoln, 1989）和敏銳覺察相關人員多元化視角（Greene, 1998a, 1998b, 2000）之基礎。藝術性和表意式準則伴隨著「藝術鑑賞評鑑」（connoisseurship evaluation□□Eisner, 1985, 1991）。批判改變準則支持著增能評鑑（Feterman, 2000a）、多樣化評鑑（Mertens, 1998），以及倡導民主價值的自由民住評鑑（House & Howe, 2000）。這些多樣化實務的核心支柱，在於瞭解到使用評鑑研究發現的人可能同時應用了「真實性檢驗」（研究發現是正確且有效的嗎？）和「實用性檢驗」（研究發現是相關且有用的嗎？）（Weiss & Bucuvalas, 1980）。這涉及了對於技術品質和研究發現之實用性二者的關注（Greene, 1990）。Stufflebeam（2001）準備了「評鑑價值和準則檢核表」（Evaluation Values and Criteria Checklist）來協助評鑑者和其當事人思考用以支持評鑑之準則範疇。

白雲和棉花：混合和改變視角

前述所探討的五種架構，顯示了可用於判斷質性研究之多樣化準則。可被視為「視野角度」（angles of vision）或「可選替鏡片」（alternative lenses），以擴展各種可能性，不僅是為了批判研究之用，更是為了從事研究之用（Peshkin, 2001）。雖然每一組準則都具備一定的內

部一致性，但許多研究者會將之混合使用。例如，Tom Barone（2000）的研究即結合美學的、政治的（批判改變）和建構論的元素。作為一位評鑑者，我也試圖從五種架構中擷取適當的準則來加以混用，使研究設計能切合特定的資助單位和當事人的興趣和需求（Patton, 1997a）。然而，任何一項評鑑研究都傾向於以某一組準則來作為主導，而以另一組準則來作為輔助。

結合這些準則，意味著要去處理其彼此之間的拉距關係。在探討了傳統社會科學準則和後現代建構論準則之間的拉距之後，敘事研究者Lieblich, Tuval-Mashiach & Zilber（1998）堅持「中間立場」（a middle course），但此一中間立場則帶給他們相當大的難題，像是一腳各踩在一條船上一般。

在這個相互抗衡的範疇中，我們採取中間的立場，不主張以完全的相對主義將所有的敘事視為虛構的文本。另一方面，我們亦不會只採信敘事的表面價值，將敘事視為完全且精確的實在之再現（representation of reality）。我們相信，故事通常是以事實或生活事件作為核心所建構出來，然而也允許個人以其自由度和創造性對於這些「回憶的事實」（remembered facts）做出選擇、增補、強調和詮釋。

生命故事具有其主體性，如同一個人的自我或身份認定，包含「敘事的真相」（narrative truth），可能與「歷史的真相」（historical truth）緊密連結、部分相似、或者大相逕庭。所以，我們認為當適切地運用生命故事時，生命故事可提供研究者發現和瞭解身份認定的鎖鑰——無論是其「真實的」或「歷史的」核心，或作為敘事建構。（p. 8）

本章其餘部分將進一步闡述這些相抗衡的準則中至關重要者，對於質性研究和分析的品質和可信性，有著強力的影響。你所選擇運用於判斷你研究工作之品質的準則，取決於你的研究目的、預期讀者之價值觀和視角，以及你自身的哲學和方法論導向。無論你依循何種特別的架構、採用哪些特定的準則，你都會受到來自不同架構和採用不同準則者對於你研究工作之批評。理解這些批評所本源的準則，會有助於你調整你安放研究的位置，且清楚地說明你所採用的準則。

然而，要清楚判斷其他人究竟是從唯實論、建構論、藝術性、主動性或評鑑性架構來運思，並不容易。事實上，這些準則也很可能迅速地轉換著。想想看以下的這個實例。我六歲的兒子Brandon向我解釋他在學

校裡所完成的地理科學作品。他用雞蛋紙板盒、緞帶、棉花、瓶蓋和塑膠鈕釦等創造了一個地質生態陳列。他指著蛋盒上的排列，說：「這些是三座高山，這些是四個山谷。」我指著一大塊棉花，問他：「那麼，那是白雲嗎？」他看著我，一副作嘔的樣子，好像我剛剛說了一件他所聽過最愚蠢的事，「那是一塊棉花，老爸。」

可信性

　　質性研究的可信性取決於三項不同卻又彼此相關的元素：

- **嚴謹的方法**（rigorous methods）。以嚴謹的方法來從事實地工作，以產生高品質的資料，並進行系統化的分析，且密切注意可信性的議題。
- **研究者的信譽**（the credibility of the researcher），取決於訓練、經驗、背景、地位，和自我之表徵。
- **對質性研究價值的哲學信念**（philosophical belief in the values of qualitative inquiry），亦即，對於自然式探究、質性方法、歸納分析、立意取樣和完形思考具有本然的欣賞。

嚴謹性：促進分析品質的策略

　　第六章和第七章聚焦於探討用以增進實地工作中資料蒐集之品質的嚴謹技術，而第八章則探討系統化的分析策略。然而，有關質性研究發現最受人爭議的部分，多集中在對於分析程序和性質的質疑。統計分析遵循著一些公式和規則，然而，質性分析則取決於分析者的洞察力和概念化能力。從一開始，質性分析就甚為仰賴機敏的組型辨識。例如，在健康研究領域，科學家專注於研究某一項難題時，會突然注意到某個組型與另一項不同的難題有所關連，於是發現了「威而剛」。如同Pasteur所宣稱的「機會只垂青那些已經準備好的人」。此處提供一些技術，使心智得以準備好有所洞察，同時亦能促進分析的可信性。

分析中的誠信：檢驗對立的結論

對質性研究發現的可信性造成阻礙的來源之一，是猜疑分析者很可能依據其先前理解和偏見來形塑出研究發現。問題是如何來因應此一猜疑。策略之一，是研究者宜盡可能公開討論先前理解，揭露偏見，致力於心智淨化的歷程（如第八章現象學分析中的存而不論）。或者，研究者可承認自己身爲女性主義研究者或批判理論者之理論導向，並由此處出發。

無論研究者如何處理此一議題，都要能夠報告如何你致力於有系統地尋找可選替的主題（alternative themes）、擴散性的組型（divergent patterns）和對立的解釋（rival explanations），以提升研究的可信性。整個程序可以是歸納式的，亦可以是邏輯性的。歸納式係指尋找其他方式來組織資料，以導出不同的研究發現。邏輯性則指思考其他的邏輯可能性，然後看看那些可能性能否獲得資料的支持。當考慮其他對立的組織基模和相抗衡的解釋時，你的想法不應該一味要去反駁可替代的一方；而是要去尋找能夠支持替代性解釋的資料。若無法找到強而有力的證據來支持呈現資料的替代方式或對立解釋，將有助於研究者對原有的、主要的解釋方式更具有信心。在比較其他可選替的組型之時，不必然會出現「是的，有證據支持」或者「不是，沒有證據支持」這類截然二分的結論。研究者所要尋找的是最佳符合的組型。這需要評量證據之權重，且找出最符合資料的組型和結論。

在資料分析期間，研究者應盡可能追蹤和報告所有曾納入考量和「檢驗」的可選替之分類系統、主題和解釋，以證示心智運思上的誠信，讓最後報告中所提供的研究發現和解釋更具有高度的可信性。如同Yin（1999a）所觀察到的，對於個案研究中對立解釋的分析，是建構質性分析嚴謹性的方式之一，相當於實驗設計中以排除對立解釋爲目標的嚴謹性。

由Wolf（1975）所建議的「擁護-敵對模式」（advocacy-adversary model）係針對評鑑者可能做出充滿偏見的結論，而用來平衡偏見的設計，讓兩個團隊一起參與評鑑。**擁護團隊**致力於蒐集和呈現能支持方案有效性之資料；而**敵對團隊**則蒐集支持方案應該要改變或結束的資料。此一策略亦可僅運用於資料分析階段，讓兩個團隊處理同一組資料，但

每一團隊組織和詮釋資料的目的在於支持不同和相對立的結論。此一「擁護-敵對模式」的缺點在於它所強調的是相反和相對立的結論，迫使資料彼此抗衡，因而可能阻礙了合成和統整。此類設計過度簡化了研究發現的複雜性和多元面向，而且代價甚爲高昂且費時費事，應是它甚少被採用的原因。

負面個案

與檢驗可選替構念具有密切關連的是尋找***負面個案***（negative cases）。當組型和趨勢已相當明朗，藉由思索無法符合此一組型的情況和個案，可以增進對於組型和趨勢的更深入理解。這些可能是「規則」的例外情況；它們也可能擴展「規則」所涵蓋的範圍，或改變「規則」，或質疑「規則」。分析歸納法（第八章）即將對於負面個案的分析，放在其分析策略的中心位置，以修正和微調其假設和結論（Denzin, 1989c）。

在西南實地訓練計畫的荒野教育方案中，幾乎所有的參與者都報告了顯著的「個人成長」，是他們參與荒野經驗的結果；然而，其中有兩位參與者卻報告他們「沒有改變」，這對於方案如何運作和影響參與者提供了特別有用的洞察。這兩位參與者在其家庭中所遭遇的危機，限制了他們融入荒野經驗的能力；而方案工作人員則將荒野經驗視爲自給自足、封閉系統的經驗。這兩個負面個案開啓了我們去思考：「從外在世界中帶進來的行囊」、「學習導向思維」和「準備度」等因素，影響了方案後續的參與者篩選和準備。

沒有任何特定的指導原則，可以告訴你要如何和花多長時間去尋找負面個案，或如何去發現質性資料中的可選替構念和假設。研究者的任務是「勤勉不懈地尋找……直到找不到更多負面個案爲止」（Lincoln & Guba, 1986:77）。然後，研究者即可基於這些負面個案的顯著意義爲基礎，來報告所達成的結論。

在形成性評鑑中，負面個案也提供了激發嶄新學習的機會。例如，在一項青少女母親的健康教育方案中，雖然絕大多數的參與者都結業了，且學到豐富的知識；但分析的重要內涵還應該包括少數從方案中途輟學的樣本之檢驗，分析這些中輟學生對於方案的反應。即使這少數的

中輟樣本，不會使統計分析顯現任何差異，但其質性的回饋亦可能提供相當關鍵性的資訊，是方案得以進一步改善的線索。

　　質性研究的讀者會對可選替之解釋的合理性，和負面個案不符合主導性組型的原因，做出自己的判斷。但研究者在報告中對於可選替解釋的探索，和對於不符合組型之負面個案的考量，應是讀者在閱讀報告時最感到有趣的部分。如果寫得好的話，這份報告讀起來就像是個偵探研究一般，作為偵探的分析者努力尋找會導到不同方向的線索，並試著去釐清哪一個方向最能使現有的線索（資料）能自圓其說。

　　藉由顯示出分析者真真確確尋找最合理的解釋和結論，而不是將所有資料包裝成單一的結論，這樣的書寫就會使研究增加了可信性。事實上，當研究者願意開放地考量多元可能性時，整個報告的基調就會顯得相當不同，相較於報告中僅堅守著單一觀點的單一結論，會帶給讀者更為強烈的感受。完美的組型和全知的解釋，會讓人產生懷疑，因為人類世界並非完美有序，人類研究者不可能全知全能。研究者宜謙虛為懷，而不必信誓旦旦。心胸開放地處理由負面個案所證諸的複雜性和兩難困境，既是智識上的誠實，亦是政治上的策略。

三角檢證

　　藉由結合多元化的觀察者、理論、方法和資料來源，研究者希望能夠克服單一方法、單一觀察者、單一理論研究所固有的偏見。

-- Norman K. Denzin　（1989c:307）

　　第五章研究設計中討論到使用多元化的資料蒐集技術---三角檢證的形式之一---來研究相同場域、議題或方案的好處。*三角檢證*一詞，擷取自土地勘測。僅知道一個地標，只能將自己置於該地標沿線上的某處；知道兩地標的話，則具有兩個方向所定的方位，可以把自己置於它們之交叉處。三角檢證的概念，可用作為隱喻，使我們聯想到世界上最穩固的幾何圖形：三角形。三角檢證之原理基於一個前提：沒有單一的方法可以充分地解決對立解釋的問題。因為每一種方法都只能揭示經驗實在的不同層面，多元化的資料蒐集和分析方法可為研究磨坊提供更多的糧草。許多實地工作中，會將訪談、觀察和文件分析加以結合。僅運用單

一方法的研究，易受制於該特別方法而出錯（如大量的訪談問題、有偏見或不真實的回應）；而運用多元化的方法結合不同的資料類型，可提供跨越資料的一致性檢核。

特別是在資料分析中，三角檢證的策略確實甚具價值，不只提供多樣的方式來省視相同的現象，且藉由強化對於結論的信心來增加可信性。有四類三角檢證，對於質性分析的驗證歷程甚具貢獻：

1. **方法三角檢證**（methods triangulation）：採用不同的資料蒐集方法，以檢核研究發現的一致性。
2. **資料來源三角檢證**（triangulation of sources）：在同一組方法中，以不同的資料來源，來檢核其一致性。
3. **分析者三角檢證**（analyst triangulation）：使用多位分析者來審查研究發現。
4. **理論/視角三角檢證**（theory/ perspective triangulation）：運用多元化的視角和理論去詮釋資料。

藉由運用多元化的資料來源、觀察者、理論、方法和理論來進行三角檢證，研究者即有可能一舉跨越單一方法、獨自觀察者和單一視角詮釋的侷限，並化解其令人質疑之處。

然而，一項常見的有關三角檢證的錯誤觀念，是以為其目的在於證明不同的資料來源或研究取向會產生本質上相同的結果，因此要去檢驗此類的一致性。不同種類的資料可能會產生些許不同的結果，因為不同類型的研究會敏覺到不同層面的真實世界之細微差異。識此之故，瞭解跨越不同種類資料所獲得研究發現之間的不一致性，亦可能是相當具有啟發性和重要性。此類研究發現的不一致性，不應被視為減弱結果的可信性，反而是一個能深入洞察研究取向和所研究現象之間關係的機會。接下來，我分別簡要說明每一種三角檢證之類型。

方法三角檢證：調和質性和量化資料

方法三角檢證通常包括將某種透過質性方法所蒐集到的資料，和某

些透過量化方法所蒐集到的資料，加以比較和統整。這是一項實用主義取向，混合一些具有潛在比較可能性的方法，以發現此類比較的程度和性質（Tashakkori & Teddli, 1998:12）。這很少是個直截了當的程序，因為不同類型的研究問題適合不同的研究方法，並不容易將量化和質性方法結合在一起，為所研究之情境或現象提供一個單一的、統整的圖像。

在質性和量化取向各有優缺長短，當研究者使用不同方法來探究一個相同的現象時，不應該期待由它們所產生的研究發現，會自動彙聚在一起成為統整的整體。事實上，研究者最好期待來自質性資料和量化資料的初步研究發現，會是彼此相牴觸的。小心謹慎地考量每一種分析所產生的結果，會讓不同的詮釋有現身的機會，並在做成結論之前能仔細思索其優勢和潛在的方法論偏見。

Shapiro（1973）詳細闡述了她在其「跟進」（Follow Though）班級課堂的研究中，如何掙扎於化解質性資料和量化資料的基本差異。她最後總結說，兩種資料之間的衝突，其實是兩種方法各自測量不同事項的結果，而她直到試圖去處理其相互牴觸的研究發現時，才恍然大悟。她一開始較信賴量化方法所得到的資料，但結束時則相信質性資料提供了較為有用的資訊。

ABT協會的M. G. Trend（1978）所寫的一篇論文，是參與團隊計畫案且分別蒐集分析質性和量化資料的成員所必讀的。Trend的研究分析了三項社會實驗設計，考驗以現金作為房屋補助津貼來協助低收入家庭購置房屋的概念。由參與觀察所產生的質性資料分析結果，與量化資料分析結果大相逕庭。這使得質性資料的可信性成為分析中的中心議題。

　　難題就在相互衝突的解釋或說法都奠基於不同種類的資料。我們所面對的難題，不僅僅是觀察與統計推論性質不同的問題，而是整個研究團隊所隱含的兩組截然不同的偏好和偏見的問題……
　　雖然質性和量化之間的拉距關係，不是研究中可能出現的唯一問題，但是我認為這是最有可能的一個。甚少研究者對這兩種資料抱持著等同的態度，而且將二者合併使用的程序也還沒有充分發展出來。目前的趨勢是放棄其中一種分析類型，或將其作為次要角色，這要根據研究的性質和研究者的偏好來決定。……一般而言，觀察資料多被用來「提出假設」或「描述歷程」；而量化資料則被用來「分析成果」或「驗證假設」。我認為這樣的分工方式是僵化的，也是有限的。（Trend, 1978:352）

　　應用人類學學會（Society of Applied Anthropology）於1980年年會上，探討的主題是有關人類學家參與同時蒐集量化和質性資料的團隊工作時所遭遇的難題。他們所分享的難題不啻是赤裸裸的證據，證實當質性方法與量化/實驗取向結合使用時，質性方法典型上被視為探索性和次要的。當質性資料支持量化研究結果，會更為錦上添花。當質性資料與量化資料有所牴觸，質性資料則通常會被棄置不用。方法三角檢證的策略，並不會將每一種方法放在相同的位置上。Trend（1978）由於甚為看重三角檢證的價值，他建議：「我們要給不同的觀點有機會可以成形，不要很快地拒斥那些似乎與大多數觀點不相吻合的資訊或假設。由觀察所衍生的解釋，特別容易被置之不理，而未獲得公平的嘗試機會。」（pp.352-53）。

　　質性和量化資料可以相輔相成地加以結合，來闡述一個相同現象的互補的層面。例如，一個社區健康的指標（如青少女懷孕生子比率）可以對一個議題提供一般化的圖像；而對少數懷孕青少女的個案研究，則可讓數字有完整的圖像，並闡明潛藏於量化資料中的故事。

　　本質上，質性和量化資料的三角檢證，構成了比較分析的一種形式。問題是，每一種分析對於我們的瞭解能帶來什麼貢獻呢？二者聚斂的領域，能增加我們對於研究發現的信心；二者擴散的領域，則開啓了一扇窗，讓我們更加瞭解一個現象的多元面向和複雜性質。聚焦於*聚斂性程度*（degree of convergence）而不強求二分化的選擇，使得整體的研究結果更爲平衡且不偏不倚。

質性資料來源三角檢證

　　三角檢證的第二種類型，乃爲資料來源的三角檢證。這是指在質性方法範圍之內，比較和交叉檢核在不同時間、藉由不同工具所獲得資訊的一致性。它意指：

- 比較觀察資料和訪談資料；
- 比較人們在公眾場域所發表的言論與他們私下的說法；
- 檢核人們於不同時間對同一事物說法的一致性；
- 比較秉持不同觀點的人們的視角，例如在評鑑研究中，三角檢證工作人員的觀點、當事人觀點、資金贊助者觀點，以及方案外部人們的觀點；以及
- 檢核訪談、方案文件和其他書面證據等，能夠確證訪談受訪者所報告的內容。

　　在個案研究中，可將不同種類的資料整合在一起，來闡述一個現象的各個不同層面。Smith & Kleine（1986）以歷史分析、生活史訪談和俗民誌的參與觀察，來進行三角檢證，以闡明一位有力的行動者在評鑑一項革新性教育計畫時所扮演的角色。

表例 9.2　三角檢證的故事：以更多實地工作來考驗結論

　　哈佛大學經濟學家Lawrence Katz 和 Jeffrey Liebman，以及普林斯頓大學的 Jeffrey R. Kling正嘗試要詮釋由聯邦住屋實驗所蒐集到的資料，該實驗包括將人們隨機分派到一項方案中，協助他們脫離貧民窟。這個評鑑聚焦於改善學校表現和工作表現等常見的成果。然而，在研究了對參與方案者的初步調查結果之後，為了超出純粹統計資料的範圍，他們決定與這些內城裡貧窮社區的居民舉行面對面的訪談。

　　Liebman教授向一位紐約時報記者評論道：「我以為他們會說，他們想要獲得更好的工作和進入更好的學校，而我們所瞭解到的是他們對於街頭隨機發生的犯罪的恐懼，以及媽媽們感覺到每天每分鐘都需要去確認他們的孩子是安全的。」（Uchitelle, 2001:4）

　　藉由為他們的研究增加了質性的、實地本位的訪談資料，訪談那些直接受到影響的人們、聆聽他們的聲音，且將他們的視角納入於分析之中，Kling, Liebman 和Katz（2001）對於方案的影響和參與者的動機獲致了一個嶄新且不同以往的瞭解。

　　如同方法三角檢證一般，質性方法中資料來源三角檢證亦甚少能夠導到一個單一的、完全一致的圖像。重點在於探究和理解這些差異會於「何時」及「為何」 出現。一旦觀察資料所產生的結果，與訪談資料有所不同，並不意味著其中之一或二者是「無效的」；這非常可能意味著不同種類資料所捕捉到的是不同的東西，所以分析者要試圖去理解產生分歧的原因。不同資料來源所建立之整體資料組型的一致性，或者是對於多樣資料來源間分歧提供合理的解釋，都會對整體研究發現的可信性具有重大貢獻。

多個分析者三角檢證

　　三角檢證的第三種類型是研究者或分析者三角檢證，即採用多個觀察者或分析者來協助研究之進行。應用多位觀察者或訪談者來進行三角檢證，有助於減少由一個人包辦所有的資料蒐集工作之潛在的偏見，並提供更直接的工具來評量資料的一致性。觀察者三角檢證可檢核資料蒐集時所存在的偏見；而分析者三角檢證則是讓兩個以上的分析者獨立來

分析同一組質性資料，且比較其研究發現。

在評鑑中，常採用團隊三角檢證的形式。Michael Scriven（1972b）運用兩個分別獨立的團隊，其中之一從事傳統的目標本位評鑑（評量方案的預期成果），另一個則從事「無目標」評鑑，即評鑑者廣泛地評量當事人的需求和方案的成果，但並未聚焦於預期之目標（參見第四章）。比較兩個團隊的發現結果，提供了一個分析三角檢證的形式，據以判定方案的效能。

研究參與者的評論

讓參與研究的人來評論研究發現，提供了分析三角檢定的另一項策略。讓研究參與者對於報告中所描述的內容和結論，提供他們的回應和意見，將有助於研究者對於資料分析的精確性、完整性、公正性和被覺知的效度等，學到相當多。如果研究參與者對於研究報告中描述和分析無法給予高度的確證，則研究發現的可信性將非常令人存疑。Alkin, Daillak & White（1979）報告他們將個案研究提供給參與者檢閱，且請他們給予口頭上和書面上的回應，然後將這些書面回應納入其報告中。

> 獲取受訪者對於報告草稿的回應是相當費時的，但受訪者可能：（1）證實你在報告中反映出他們的視角，（2）告知你基於其個人或政治上的理由，某些段落可能是有問題的，（3）協助你發展出新的想法和詮釋。（Glesne, 1999:152）

參與者回饋的重要性，不只在於確證研究發現，且在於確認所詢問的問題是正確的。麻省理工學院（Massachusetts Institute of Technology）研究者Eric Von Hipple報告說，有67%科技革新的重大突破係來自於消費者（Gladwell, 1997:47）。用現象學的語言來說，消費者於真實世界中生活過的經驗，主導了科技的革新。

合作式和參與式研究均奠基於參與者在研究過程中對於研究發現的評論。探索性的研究旨在於揭露公眾之眼所難以窺見的、且經常不見容於權威者的事項，所以參與者的回應一般而言不會被用來修正結論，但至少是一個可提供背景脈絡和替代性詮釋的機會（Douglas, 1976）。某些研究者會擔憂一旦與參與者分享其研究發現，其回應將會減損其分析的

獨立性。但其他研究者則將之視為三角檢證的一種重要形式。在網路郵件通訊中討論到此一議題時，有一位研究者分享了他的經驗：

我將逐字稿和研究發現的最新草稿都提供給研究參與者。我猜想他們可能會有所反駁。我並未承諾要以他們的回饋來修改我結論，但我向他們說明，我的目的是要確信不會對他們造成任何傷害。我的研究發現包含了一些對他們努力的顯著批判，那是我害怕/期待他們可能會加以反駁的。然而，他們的評論帶給我一些有關他們最初行動的新資訊，那是先前未曾提及的部分。而他們不同意的部分主要是我並未將他們的成功歸功於社區這個較大的群體。我所學到的是，不要對參與者的想法做出任何預先假定。

讀者的評論

反思性三角檢證（第二章表例2.2）將讀者的回應納入三角檢證策略中。這對於建立評鑑報告的可信性，尤其是一項挑戰，因為其可信性的檢核必須納入該報告之意圖使用者和讀者的回應意見。他們的回應會圍繞著表面效度。從表面上來看，這個報告可信嗎？資料合理嗎？結果能與人們如何理解這個世界有所關連嗎？當認真地獲取使用者的回應時，評鑑研究者的視角，與必須使用這些研究發現者的視角合而為一。House（1977）指出，一項評鑑愈是「自然式」取向，愈是有賴其讀者自行做成結論，將之類推，並提出詮釋。

除非評鑑為某一群特別讀者提供解釋，並藉由它所提供的論證內容和形式來促進讀者的理解，否則它就不是一個充分的評鑑，不管其論證所奠基的事實已由其他程序所證實。評鑑資料解釋力的一個指標，是讀者能被說服的程度。因此，也許一個評鑑從常規上來看是「真實的」，但如果不能為一群特別讀者提供充分的解釋，它就不具有說服力。終極來說，評鑑取決於做出評鑑式陳述的人，也取決於接受此一評鑑式陳述的人。（p. 42）

理解評鑑研究者和評鑑使用者之間的互動和相互關係，以及與方案參與者之間的關係，是理解評鑑中人文因素的關鍵所在，這是評鑑的情境性和人際性「真確性」（authenticity）（Lincoln & Guba,1986）。本章末尾的附錄9.1是一位評鑑者在與方案參與者和評鑑使用者建立關係時，處理可信性議題的經驗，她從一位參與觀察者的視角，其省思為真確性提供了個人的、深度的描述。

專家稽核員的審查

最後一項評論的策略，乃運用專家（exports）來評量分析的品質，或從事一個後設評鑑（meta evaluation）或歷程稽核（process audit）。由一位無利害關係的專家來擔任外部稽核員（external audit），可對資料蒐集和分析的品質提供中肯的判斷。「稽核程序有部分是要檢驗歷程，以產生可依靠性判斷（dependability judgment），另一部份則與產品（資料和重新建構）有關，以產生可確證性判斷（confirmability judgment）」（Lincoln & Guba, 1986:77）。此一稽核程序必須依照某些適當的準則來操作。例如，以傳統社會科學標準來稽核一項美學式和表意式質性呈現形式，無疑是不公平的。然而，在一個特別的派典架構下，專家審查可以確保高品質研究工作的可信性。當然，這就是博士論文審查委員會，和學術期刊的同儕審查者，所要扮演的角色。當同儕審查者應用傳統科學準則來審查建構論取向的論文時，無疑會產生許多問題，這會使審查或稽核本身缺乏公信力。如何找到對的專家，能夠應用適切的準則，也是偉大藝術家Pablo Picasso所遭遇到的挑戰。

Picasso對於藝術市場上充斥著他畫作的贗品，深感苦惱。他的朋友們也投入來協助檢核那些宣稱是Picasso畫作的真確性，以找出真正的原作。有一位朋友特別積極，帶了好幾幅畫作來找Picasso，他全都鑑定為偽畫。一位窮困的藝術家也希望在Picasso畫作變得愈來愈值錢之前，能擁有一幅他的作品，於是透過這位朋友將一幅畫作送給他鑑定。Picasso還是宣稱這是贗品。

「但是，我親眼看到你畫了這幅畫的。」這位朋友抗議道。

「我也能畫出假的Picasso，就像其他人一樣。」Picasso反駁。

理論三角檢證

三角檢證的第四種類型，乃運用不同的理論視角，來省視相同的資料。第三章論述了很多衍生於多元化學派傳統的一般性理論架構。更具體地說，多元化的理論視角可被用於探討特定性的實質議題。例如，研究者可從不同的心理學視角來檢驗與治療當事人的訪談，包括：心理分析、格式塔、阿德勒、和行為學派等。對於一個團體、社區或組織的

觀察，可以從馬克思主義或韋伯理論的視角---一個衝突或功能主義的觀點---來加以檢驗。理論三角檢證的重點，是理解不同的假定和前提會如何來影響研究發現和詮釋。

在評鑑研究中，理論三角檢證的一個具體形式，是從各個方案資助單位的位置和視角，來檢驗所蒐集到的資料。當多個方案資助單位對於方案的目的、目標和達成目標的方法等，抱持截然不同的觀點時，這些分歧即是不同「行動理論」（theories of action）（Patton, 1997a）的表徵，可將五彩繽紛的光線投射在同一組研究發現之上。

所有這些三角檢證的不同類型---方法、資料來源、分析者和理論或視角的三角檢證---都是有助於降低資料分析時之系統化偏見和扭曲的絕佳策略。

研究設計之檢核：將方法和資料置入背景脈絡中

質性研究發現可能產生扭曲的來源之一，是研究設計的決定對於研究結果的影響。例如，立意取樣策略僅提供了有限的個案。當要去詮釋研究發現時，重新思考研究設計如何侷限和影響了可用以分析的資料，即是相當重要的。這意味著有必要考慮對立的方法論假設，即研究發現導源於方法論的個殊性。

從性質上來說，質性研究發現具有高度的背景脈絡和個案依存性。在質性研究設計中，典型上會出現三種取樣上的限制：
- 取樣來作為觀察的情境（關鍵事件或個案）之限制（因為單一場域內不可能對所有情境都加以觀察）
- 進行觀察的時段之限制，亦即時序取樣上的限制。
- 選擇來接受觀察或訪談的人們之限制，或文件取樣上的選擇性。

當要去報告立意取樣策略如何影響研究發現時，分析者應重新審視當初做出設計決定的理由。立意取樣乃是研究資訊豐富的個案，以深度和詳盡地瞭解和闡明重要個案，而不是要從一個樣本類推到母群體。例如，在一項介入性方案中，取樣並研究高度成功和高度不成功的個案，所產生的研究結果，即會截然不同於研究典型個案或混合個案之結果。不熟悉立意取樣程序的人，可能會認為小型樣本是有「偏見的」，而詆

毀此一研究之可信性。因此，在溝通研究發現時，最好能清楚地描繪研究樣本的目的和限制，並謹慎處理將研究發現應用於其他情境、其他時段或其他人們之推斷。在適切的背景脈絡之下來報告方法和結果，會避免以立意樣本做出過度類推所造成的許多爭議。將研究發現置入於背景脈絡中，是質性分析的首要原則。

　　Mulla Nasrudin曾受命向他的國主說明這一點。儘管人們認為他是個聰明的聖人，但是也有人指控Nasrudin其實近乎文盲。有一天，這個國家的統治者決定檢驗一下這個指控是否屬實。
　　他說：「Nasrudin，幫我寫點兒東西。」
　　Nasrudin回答道：「我非常願意這樣做，但是，我已經發誓今後不再寫一個字了。」
　　「好吧，就像你決定不再寫字之前那樣寫點東西吧，這樣我就能看看這到底是怎麼回事了。」
　　「我不能這樣做，因為每次我寫字時，我的書法就會因為練習而有所改變。如果我現在寫的話，這就是現在寫的了。」
　　「那麼拿出一個他以前寫的書法來給我看看。誰有他寫的書法呢？」統治者命令道。
　　有人拿來了一個Nasrudin曾寫給他的潦草模糊的筆跡。
　　「這是你寫的嗎？」國王問他。
　　「不是。」Nasrudin說，「不僅書法會隨著時間而改變，而且書寫的原因也會改變。你現在拿出的這個，是我為了告訴他不應該那樣書寫而寫的東西。」（Shah, 1973:92）

高品質的學得課題

　　辨認和指明「學得課題」（lessons learned）和「最佳實務」（best practices）的想法，在以建立比較性知識為宗旨的多元現場組織研究和群聚評鑑中，已成為跨個案分析的目的之一。評鑑研究者指陳學得課題和最佳實務的方式，經常是採用「實務原則」（principles of practice）的形式來呈現，原則必須因應特殊場域而制宜。例如，從評鑑研究中所學得的課題，在於研究者可藉由設計評鑑來回答主要意圖使用者的焦點問題，以提升評鑑的運用（Patton, 1997a）。不過，當W. K. Kellogg基金會前任評鑑主任和我一起檢視多份評鑑報告中所呈現的學得課題時，我們對於「學得課題」和「最佳實務」這兩個名詞意義已被濫用來指涉任何類型的洞察，無論有證據支持與否，感到相當憂心。於是，我們開始

思考何者可以構成「高品質的學得課題」，並且主張研究者對於可遷移性的信心，以及對於學得課題之推斷，應受到多元化資料來源和學習類型所支持。表例9.3列舉了足以支持學得課題的各種證據，使學得之課題更值得應用於新的場域。據以產生學得課題的問題，也被羅列於表例中。例如，設計一項評鑑來回答意圖使用者之焦點問題所學得的課題，乃是提升評鑑的運用，將透過對於運用的研究、有關革新與改變理論的傳播、實務者的知識、對運用的跨個案分析、符合專業標準，及專家證言等來獲得支持。House（1977）在《評鑑論證之邏輯》（*The Logic of Evaluative Argument*）對於類推性的省思，構成爲專家證言的實例，支持評鑑運用的學得課題：

在評鑑中，社會的和心理的背景脈絡變得特別有關連，而知識則較不那麼特定。在此情況下，以增進特殊讀者之理解爲目標的論證，會更爲適切。只意圖說服特殊讀者的效度，和特殊讀者可接受的評鑑結果之精密度，是評鑑效能的一項測量指標。評鑑者並無須以說服普世讀者信賴其結論爲目標。

說服力與行動直接相關。即使評鑑資訊較諸普世讀者所要求的科學化資訊，較不特定，說服力仍可有效地促進特殊讀者採取行動，並獲取更多讀者所關注的資訊。（p.6）

於是，高品質的學得課題具現了從多元化資料來源和三角檢證所推斷而產生的原則，增加了可遷移性，使得累積的知識和形成中的假設可被應用於嶄新的情境中，可謂爲實用主義之類推性。而實用主義的偏見也反映在Samuel Johnson的智慧中：「無法花用的黃金，不會讓人變得富有；無法應用的知識，不會讓人變得聰明。」

表例 9.3 高品質的學得課題

高品質的學得課題：可被應用於未來行動的知識，係依據下列特定準則所篩選而得：

● 評鑑發現：跨越方案的組型
● 基礎性和應用性研究
● 實務工作者的實務智慧和經驗
● 方案參與者/當事人/受益者所報告的經驗
● 專家意見
● 跨學科門派的連結和組型
● 對學得課題之重要性的評量
● 與所得成果之連結的強度

支持「學得課題」的資料來源數量愈多，支持性證據的嚴謹性愈高；且支持性資料來源的三角檢證程度愈高，研究者對於學得課題的顯著性和意義性愈有信心。只有單一類型支持性證據的學得課題，會被視為學得課題之假設。交叉參照的學得課題應該是實際的個案，實務智慧和評鑑發現均可從其導出。此處的關鍵性原則是，為學得課題維持一個背景脈絡架構，亦即，讓學得課題可紮根於背景脈絡之中。為了持續性的學習，可設想學得課題的未來應用性，以考驗其實務智慧和其在新場域中的關連性。

可用以產生高品質學得課題的問題：
1. 「課題」意指什麼？
2. 「學得」意指什麼？
3. 學得課題可透過誰來學得？
4. 支持每一項課題的證據是什麼？
5. 學習到該項課題的證據是什麼？
6. 該項課題的背景脈絡邊界是什麼？（在何種條件下適用？）
7. 該項課題是特定的、實體的、有意義的嗎？足以具體方式來引導實務操作嗎？
8. 還有誰會關心此一課題？
9. 他們會想要看到什麼證據？
10. 此一課題如何關連到其他課題？

研究者的信譽

　　先前的段落探討了促進質性資料之品質和可信性的策略、尋找對立解釋和負面個案、三角檢證、將資料置於背景脈絡之中。分析技術的嚴謹性，是質性研究發現具有可信性的主要決定因素。這一節則要討論研究者的信譽（the credibility of the researcher）對於研究發現的影響。

　　由於研究者是質性研究的工具，一個質性報告必須包含有關於研究者的資訊。研究者將哪些經驗、訓練和視角帶進來實地工作之中？研究者與方案資助單位之間的關係和協商約定為何？研究者如何獲得進入研究現場的管道？研究者具備哪些有關研究主題和研究現場的先備知識？研究者和所研究的人們、方案或主題，有著什麼個人的連結？例如，一個酒精戒治方案的觀察者，也許是從酒精濫用復原者，這可能提升或降低資料蒐集和分析的可信性。無論如何，分析者必須在報告其研究發現時，謹慎處理此一議題。同樣地，如果一個家庭諮商方案的評鑑者，在從事實地工作期間正遭遇艱難的離婚問題，亦需誠實以告。

　　要建立研究者信譽並沒有一成不變的規則可循。基本原則是，要將任何可能影響資料蒐集、分析和詮釋的個人資訊和專業資訊---無論是負面或正面---據實報告出來。例如，如果健康狀況有可能影響研究者在實地中的堅持度，那麼就應該加以報告。（你曾在實地工作中生病嗎？例如有一項非洲健康計畫的評鑑工作，在實地中進行了三星期之久，這期間，評鑑者患了嚴重的腹瀉。這會不會影響了這份報告採取高度負面的基調呢？雖然評鑑者堅持沒有影響，但我希望能將此一議題公開出來，以讓我自己做判斷。）研究者的背景特徵（如性別、年齡、種族或宗族等）也是報告中所要呈現的資訊，因為這些特徵會影響研究者如何被研究場域中的人們所覺知，以及研究者如何對其研究議題抱持高度的敏覺力。

　　為了準備訪談明尼蘇達州的農村家庭，我在實地工作之前一個月就開始建立對濃烈咖啡的容忍度。因為我不時不喝咖啡，而　且在農場廚房裡從事訪談，每天可能要喝十到十二杯咖啡，我怕我的身體會受不了。在加勒比海地區訪談農民時，我必須增強對於蘭姆酒的容忍度，因為有些訪談會在酒莊裡進行。這些都是個人的準備---包括心智上和體能上---均會影響對研究品質的覺知。第六章所討論到的研究者從事實地工作的準備和訓練，應該據實呈現於研究報告的方法論中。

研究者的效應

　　另一項必須要考量和報告的因素，是有關觀察者或評鑑者的身在現場如何影響所觀察的事項。外部觀察者的在場，或是一項研究正在進行的事實，可能會使研究發現失真，可從四方面來說：

1. 在場域中的人們（如，方案參與者和工作人員）對於實地工作者在場的反應；
2. 實地工作者（研究工具）在資料蒐集或分析期間的改變，此即，傳統上所稱的「工具效應」（instrumentation effects）；
3. 研究者的先前假定（先入為主的觀念）、選擇性知覺，和/或偏見；
4. 研究者缺乏職能（包括缺乏充分的訓練或準備）。

　　人類學文獻上，對於反作用力（reactivity）的問題已多所探討，這是質性方法論者提倡長期觀察的原因，使觀察者和場域中被觀察的人們有一段時間彼此熟悉，且習慣彼此的存在。這可增加研究的可信性。

　　　研究發現和詮釋的可信性，取決於研究者謹慎留心地建立可信賴度⋯⋯對於獲得值得信賴的資料而言，時間是主要的因素。花時間投入研究現場、花時間去訪談，且花時間與受訪者建立良好的關係，都有利於蒐集到值得信賴的資料。當投入大量的時間和研究參與者相處之後，他們就較少會裝模作樣，或較不會覺得有必要偽裝，而是較可能坦白且全面地告訴你他們所知道的。（Glesne, 1999:151）

　　另一方面，延長投入時間（prolonged engagement）使得研究者更可能成為場域中的一份子，增加其反作用力，而開始影響著正在進行中的事項。識此之故，無論研究或資料蒐集的時間長度為何，研究者均有義務要去檢驗他們的在場會如何影響所被觀察的事項。

　　對於一項評鑑的焦慮感，可能會使評鑑者的反作用力更為惡化。評鑑者的身在現場，對於方案的運作及其成果都會產生影響。例如，評鑑者的在場會創造一種「月暈效應」（halo effects），使得工作人員以榜樣的姿態出現，而參與者也被鼓勵去展現最好的一面。另一方面，評鑑者的在場可能使場面變得緊張且令人焦慮，而使得工作人員的表現失去應

有的水準。某些方案評鑑的形式，尤其是「增能評鑑」和「介入導向的評鑑」（詳見第五章）將此一對於效度的威脅轉變成資產，藉由設計良好的資料蒐集程序，達成預期的方案成果。例如，對於領導力培訓方案的評鑑，以參與者的深度訪談和參與者的日誌書寫作爲持續性的資料蒐集方式，可能會發現參與於訪談和省思式地書寫，對於參與者和方案成果帶來莫大的影響。同樣地，一個社區本位的AIDS覺察介入方案，藉由讓社區參與者主動地投入於辨認社區中的關鍵事例，並從事個案研究，大大地增進其對於AIDS的覺察。簡言之，評鑑者有責任去思考這個問題，在實地中做出如何處理此一問題的決定，嘗試去監控此一評鑑者/觀察者效應，並省思這些反作用力如何影響其研究發現。

研究者效應經常被研究者所過度誇大，這可能源自於一種自我重要性的感受。紐約市立教育學院的開放教育中心主任Lillian Weber曾經直截了當地和我談到這個議題。在進行開放教室的觀察時，我很擔心我的在場，特別是當我走進教室而孩子們蜂擁而上將我團團圍住時，會使情境失真，而無法進行很好的觀察。Lillian笑了，並指出我所經驗的情況恰恰是開放教室裡的真實情形。她繼續指出這對學校的訪客來說是司空見慣的事情，他們總是擔心，一旦教師知道訪客來了就會要求孩子們規規矩矩地坐好。她指出在最好的情況下，教師可能會讓孩子們改變習慣行爲而遵循某種行爲模式長達十或十五分鐘。但是，由於習慣行爲是他們的真實反映，所以孩子們很快就會回復他們一貫的行爲型態。不管因爲訪客在場會讓他們如何裝模作樣，真實行爲很快會一覽無遺。

研究者不應該過度高估、也不應該低估他們的效應，而是認真負責地去描述和研究那些效應。

關於研究者效應的第二種憂慮，來自於研究過程中研究者發生改變的可能性。第七章探討訪談時，我提供了幾個實例，包括在一項兒童性侵害的研究中，訪談者深深地受到他們所聽到的故事內容所影響。這在人類學研究中亦時而出現，有時參與觀察者會「在地化」且完全融入當地文化中。評鑑者有時也會與方案參與者或工作人員有較多個人的聯繫，因而對於場域中所發生的廣泛事件失去了敏覺力。

Johnso（1975）和Glazer（1972）曾對他們和其他人在從事實地研究過程所發生的改變，有所省思。他們對於如何處理觀察者由於投入研究而產生之改變，提出了一些忠告，非常近似於Denzin（1978b）對於如何

處理觀察者在場所造成的回應效應所提出的忠告。

參與觀察法的中心議題，是觀察者將會發生改變，其重點當然是要記錄下這些改變。實地札記、回溯、與報導者和同事的談話，都是測量此一面向的主要方法……無法敏銳覺察到研究者個人態度的轉變，將使得天真的詮釋被加諸於所分析事件的複雜組型之上。（Denzin, 1978b:200）

關於研究者效應的第三種憂慮，是關於研究者的先入為主的觀念或偏見，可能影響資料分析和詮釋的程度。這個議題隱含著混合的訊息，一方面，嚴謹的資料蒐集和分析程序，像是三角檢證，以鞏固資料的效度和將研究者偏見減至最少為目的；另一方面，詮釋性和建構論視角則提醒我們，從人類而來且有關人類的資料，均無可避免地表徵或再現了某種程度的視角，而非絕對的真實。盡可能接近所觀察的情境，且第一手地親身經驗之，意指研究者可以從這些經驗中學習，據以產生個人洞察，然而此一接近現場亦使其主觀性備受質疑。「對社會科學家而言，拒斥將其自身的行為視為可從中學習的資料，毋寧是相當悲慘的。」（Scriven,1972a:99）。事實上，本章所呈現的所有用來驗證分析的程序，主旨均在於降低研究者先入為主的觀念所導致的扭曲。不過，對於採用不同準則來判定證據之可信性者而言，對於此一議題會堅持不同的立場，且導致不同的結論。

讓我們再次思考第二章和第七章所介紹的「同理的中立」（empathic neutrality）此一訪談立場。一位秉持同理中立的研究者，會對所研究的人們表示關懷和興趣，但對於他們所揭露的內容保持中立。House（1977）試圖平衡此一同理關懷的立場，和研究者的獨立性（independence）和公正性（impartiality）---後者乃依循傳統科學標準運思者所堅持的立場。

評鑑者必須對於相關的論證表現出關心、興趣、且有所回應。他必須公正無私、不偏不倚，而不僅是純粹地客觀。評鑑者的公正性，必須看來像是事件中的行動者，對於適切的論證有所回應，在他身上，相抗衡的勢力得以維持平衡，而不是不存在。評鑑者必須被視為沒有任何先前決定的偏好立場。（House, 1977: 45-46）

然而，中立性和公正性並非輕易可臻就的立場。Denzin（1989）旁徵博引了多位學者的論述，他們都一致地指出，每位研究者都會將其先存

概念和詮釋帶進所研究的問題之中，無論其所採用的方法為何。

　　所有的研究者都會選邊站，或強烈支持一個觀點。不受價值觀左右的詮釋，幾乎是不可能的。這是因為每位研究者都將其先存概念和詮釋帶進所研究的問題之中。詮釋學循環或情境一詞，即指涉此一研究的基本實情。所有的學者都身陷於詮釋的循環之內，永遠無法從此一詮釋學情境脫身而出。這就是說，學者們必須事先說明他們先前對於所研究現象的詮釋。除非這些意義和價值觀能加以釐清，否則它們對於後續詮釋的影響，會一直存在，且經常造成誤解。（Denzin, 1989b:23）

　　表例9.1羅列出五組用以判斷質性研究品質的準則。這些彼此互異的架構，對於研究者如何處理其潛在的偏見，提供了不同的視角。當質性研究工作被拿來用傳統科學準則加以判斷時，被期待的是其中立性和公正性，此即House的忠告。相反地，建構論者的分析則被期待要透過有意識的和踐諾的反思（reflexivity）來處理這些議題---進入詮釋的***詮釋學循環***（hermeneutical circle of interpretation），以省察和分析他們的視角如何與他們所面對之人們的視角，產生互動。藝術性的探究則藉由表意式的美學準則來處理這些議題，呈現研究者個人與其工作的關連。而當運用批判改變的準則來判斷反作用力時，此一議題就變成了此項研究是否、如何和在何種程度上能促進研究參與者的福祉；中立性是無須討論的問題，研究歷程即是用來催化改變，或至少闡明必須有所改變的情況。

　　評鑑的政治學（the politics of evaluation），意味著個別評鑑者對於如何描述他們所做的行動，必須胸有成竹。某些名詞的意義，諸如客觀性、主觀性、中立性和公正性等，必須與特定場域中的特定資助單位進行協商且達成共識。本質上，這些都與評鑑者的研究發現能否受到信賴有關，亦即，可信賴度（trustworthiness）是方法論嚴謹性的一個重要面向。資料的可信賴度，與蒐集和分析資料者的可信賴度---研究者所展現的職能，二者息息相關。研究者的職能展現於應用必要的驗證程序來建立分析的品質，並使此一有品質的研究工作留下可資追索的紀錄。

智識上的嚴謹性

　　貫穿研究者信譽的主線，是智識上的嚴謹性（intellectual rigor）、專業誠信（professional integrity）和方法論職能（methodological competence）。對於如何做出可信的、高品質的分析，並沒有一個簡單的公式或直截了當的規則。研究者的主要任務，是殫精竭慮、盡其所能。質性分析者一而再、再而三地不斷審視其資料，找出可用以理解資料之意義的構念、類別、解釋和詮釋，以真正地反映出現象的性質。創造性、智識上的嚴謹性、堅持力和洞察力，這些不可捉摸的準則，都超越了科學程序的例行應用。正如諾貝爾獎得主物理學家Percy Bridgman所坦言：「*沒有諸如此類的科學方法，科學家工作的最重要特性，只不過是盡其所能、殫精竭慮，不受成規戒律所約束。*」（引自Mills, 1961:58）。

派典論辯和可信性

這一節所要論述的是三角檢證的第三支角。前兩支角是：（1）*以嚴謹的方法*從事實地工作，產生高品質的資料，付諸有系統的分析，以達成方法上的可信性；（2）*研究者的信譽*，取決於研究者本身的訓練、經驗、位置和自我呈現。第三個議題則是對於質性研究價值的哲學信念，此即，對於自然式探究、質性方法、歸納分析、立意取樣和完形思考等特徵，秉持著本然的欣賞。

運用質性方法可能會引起一些爭議，源自於科學界長期存在的辯論：如何最佳地研究和瞭解這個世界。如前些章節所討論到的，這些辯論的形式常見於質性vs.量化方法，或科學vs.現象學，或實證論vs.建構論，或唯實論vs. 詮釋主義。論辯的架構方式，則取決於人們的視角，和可資用以談論的語言。論辯的根基，深植於有關實在之性質的哲學本體論差異，以及有關何者和如何構成為知識的認識論差異。這是所謂的「派典論辯」（the paradigm debate），派典即是一個特別的世界觀，哲學和方法則相互交織於其中，以找尋研究者可接受的證據。有關派典論辯的文獻如汗牛充棟，有時相當激烈，各持己見、互不相讓（參看Denzin & Lincoln, 2000b; Shadish, 1995a, 1995b, 1995c; Guba, 1991; Fetterman, 1988a, 1988b; Lincoln & Guba, 1985, 1986, 2000; Cronbach, 1975; Guba & Lincoln, 1981; Reichardt & Cook, 1979; Rist, 1977; Campbell, 1974, 1999a, 1999b）。無論是科學家或非科學家都會對何者構成可信的證據各持己見，這些意見即衍生於且依存於派典，因為派典構成了一個人的世界觀，奠定了他

內隱的假定、可接納的定義、堅信爲真相的價值觀，以及投射於實在界的信念。派典也具有規範性，指導工作者的行動，無須通過認識論的考量。一方面，派典讓行動成爲可能；另方面，任何行動都是派典的傀儡，不可質疑的假定始終隱身於行動之後。

即使質性研究發現充滿了爭議性，不過，爲了能夠解釋和辯護質性取向的價值和適切性，本節仍嘗試扼要地討論最爲常見的關注，告訴你如何宣稱「論辯已經結束」，或者如同我女兒所說的「那是十分鐘前發生的事」。

有一位我以前的學生透過email與我分享了一個於網民中廣泛流傳的故事。

從前，但不是很久以前，有一群統計學家（之後稱爲「量的」）和一群質性方法學家（之後稱爲「質的」發現他們一起坐上一列火車，前往同一個專業聚會。質的人，他們每個人都有車票，觀察到整團量的人只買了一張票。

「你們怎麼能夠只買一張票呢？」

「我們有我們的方法。」量的人回答。

稍後，當列車長來剪票的時候，所有量的人很快溜進廁所門後躲了起來。當列車長敲門時，量的首腦將他手上那一張票從門下塞出來，唬過了列車長。

當他們參加完研討會回程時，兩群人又發現他們坐上同一列火車。質的人從量的人那兒學到了只買一張票的伎倆。不過，這一次，他們卻苦惱地發現量的人沒買車票就坐上了火車。

「我們知道你們一群人如何可以只買一張票而一起旅行」質的人困惑地說：「但你們怎麼可能沒買票就坐了火車呢？」

「我們有新的方法。」量的人回答。

稍後，當列車長快來的時候，所有質的人一起擠進廁所。量的首腦尾隨他們，很有權威地敲著廁所的門。質的人將他們僅有的一張票塞出門下。量的首腦拿走這張票，加入躲在另一個廁所內的其他量的人。後來，質的人被發現他們沒有任何車票，被公開羞辱一頓之後，全被趕下了火車。

超越數字遊戲

科學哲學家Thomas H. Kuhn（1970）在廣泛研究了科學家的價值體系之後，觀察到他們所持有的「最深的價值觀是預測」，而且「量化預測比質性預測更受偏愛」（pp.184-85）。科學中的方法論位階，將「硬性

資料」（hard data）評定爲「軟性資料」（soft data）之上，此處的「硬性」（hardness）乃指統計的精確性。那麼，質性資料就揹負著「軟性」的污名了。此一污名已蔓延到公共領域，尤其是傳播媒體和政策制訂者之間，形成了所謂的「數字專政」（the tyranny of numbers）（Eberst adt, Eberstadt & Moynihan, 1995）。

那麼，我們應當如何因應這揮之不去的關於質性方法的偏見呢？

我們的起點就是去理解和盡可能溝通質性方法的優點和特長（第一章和第二章），以及質性資料特別適用的研究類型（第四章）。此外，理解現代社會中數字的誘惑力，也是有益的。數字傳達了一種精確的感覺，即使得出數字結果的測量方法有時缺乏信度、無效、甚至毫無意義。事實上，Gephart（1988）曾指出以「俗民統計學」（ethnostatistics），來對那些生產統計數字且聚焦於統計之技術性和操作性程序的學者，進行俗民誌研究，並將統計學解構爲公共領域的修辭學設計。

然而，這一觀點並不是反對數字；而是，要生產富有意義的數字。因此，藉由明白量化和質性資料的優缺得失，研究者就能夠專注於探討真正重要的問題，而不是如何產生數字。這真正重要的問題是：真正值得獲知的是什麼？什麼資料最具有闡明性？最爲有用？研究設計如何能夠適配於研究目的？在評鑑研究上，何種研究設計最適合所需要的評鑑類型（形成性、發展性、總結性）、方案發展的階段，及資助者所要求的優先資訊？

此外，正如討論方法三角檢證的價值時所提到的，問題不在於量化和質性方法的對立，而在於如何以多元方法的研究取向來結合各個方法的長處。質性方法並不比量化方法軟弱，二者是不同的。「我們不必再將質性研究視爲暫時性的，因爲質性研究已經累積了大量有用的知識」（Silverman, 1997:1）。在此背景脈絡之下，讓我們重新檢視舊有的量化—質性論辯，賦予嶄新的視框。

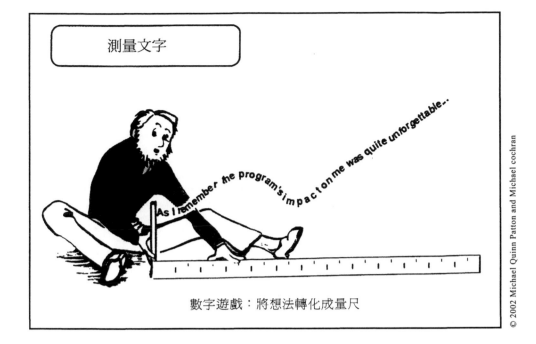

測量文字

As I remember the program's impact on me was quite unforgettable..

數字遊戲：將想法轉化成量尺

超越客觀性和主觀性：嶄新的概念和語言

　　科學界甚為看重客觀性。傳統以來，客觀性一直被視為科學方法的規鎮。而主觀即意味著偏見、不可靠且非理性。主觀的資料隱含著意見，而非事實；依賴直覺，而非邏輯；來自於印象，而非驗證。

　　社會科學家被一再告誡要避免主觀性，並確保其工作是客觀的。為了控制主觀性且維持客觀性，最常採用的量化社會科學方法包括：與所研究的場域和人們保持距離，形式操作和量化測量，操弄獨立的變項，以及實驗設計。然而，以心理測驗、問卷調查、成本效益指標以及資訊管理系統等來操作的測量方式，同樣可能會被研究者的偏見所入侵，並不亞於在實地中觀察、或在訪談中提問。數字並不能防止偏見；只能偽裝看不見。一切統計資料都是奠基於「某人」對於測量什麼和如何測量的定義。諸如「消費者價格索引」此類客觀統計，亦建立在要將哪些消費者項目納入索引等非常主觀的決定之上。

　　Scriven（1972a）曾堅持這樣的觀點，量化方法不是客觀性的同義

詞，而質性方法也不是主觀性的同義詞。

諸如此類的錯誤是顯而易見的，這些錯誤導源於研究的意識形態基礎、其詮釋和應用上等諸多混淆……意識形態對於方法論的影響，對研究者之訓練和行為的影響，對認同和支持的影響，至為強而有力。意識形態是指研究馬克斯將哪些經濟因素加諸於政治之中，以及佛洛依德如何將性意識放入心理學中。（p. 94）

Scriven對教育研究中客觀性和主觀性的長篇大論，值得關注此一議題的讀者仔細詳讀。他清楚地解釋了客觀性如何被混同為以多位觀察者來對某事進行共識性的驗證。

質性方法的嚴謹性，與研究者所從事的觀察品質息息相關。Scriven強調真實觀察的重要性，而不是與所研究現象保持距離。距離並不能確保客觀性，它只能確保距離。然而，Scrinven（1998）最終亦發現客觀性的想法值得採納，以抗衡偏見，故客觀性的語言仍有其可取之處。

相反地，Lincoln ＆ Guba（1986）則建議以可信賴度（trustworthiness）和真確性（authenticity）來替代客觀性的成規，以平衡地、公平地、和有意識地採納多元化的視角，來省視多元化的真實。他們建議研究者可以從調查民情的新聞記者那兒來習得這些特性。

一般的新聞工作，特別是調查民情的新聞工作，已遠離客觀性的準則，而轉向一個新興的準則，通常被稱為「持平性」（fairness）……客觀性假定單一的實在，因此故事必須與之同一形態，也就是說，採取一個單一視角的準則。它假定了一位新聞記者可以無回應和無互動的方式來處理一個客體（或一個人）。

新聞記者已感受到這樣的客觀性是不可能達成的。

以「持平性」作為替代的準則。相對於客觀性，持平性具有下列這些特性：

● 它假定了多元實在或真相---所以，對於持平性的考驗在於是否能將一個個案的正反「兩面」或多面都呈現出來。

● 它本質上是相對抗的，而非單一視角的。持平的報導者以辯護者的態度，力求呈現個案的每一面，就像律師在法庭中為個案辯護一般。其先前假定是，一般大眾，如同陪審團，在聆聽過每一面的充分陳述之後，更有可能做出公平公正的決定。

● 它假定了報導對象對於報導者的反應及其彼此之間的互動，強力決定了報導者所覺知到的事項。所以，持平性的一項考驗，即是報導者如何檢

驗其本身的偏見，且袪除偏見。
● 它是一個相對的準則，可藉由平衡來加以測量，而非符合真實。
很顯然地，評鑑者可以從這項發展學到非常多。（Guba, 1981:76-77）

識此之故，研究者的信譽和可信賴度，即是如何在研究中持平且平衡地報導。

科學哲學家們現在已相當質疑任何人或任何方法宣稱完全「客觀」的可能性。然而，即使體認到主觀性是無可避免的 （Peshkin, 1988），對許多人來說，「主觀性」一詞仍會阻礙彼此之間的相互瞭解。基於此一原因，以及對於研究歷程之性質的洞察，主觀性的概念可能已如同客觀性的概念一般，並無用武之地。

在社會科學研究中，可獲知客觀真實的想法已死，已是那些長時間思考此一議題的學者們所普遍體認且廣泛接受的……我將此一體認視為一個起點，喚起大家注意研究學界的第二具屍體，而許多人卻以為它仍然活著。與其去探索主觀性在質性教育研究上的意義，不如推進這樣的想法，當客觀性無法在認識論上繼續維持其生命力之後，主觀性的概念也喪失了它的實用性，而不再具有任何意義。我感到有義務要去報告，主觀性也已死了。（Barone, 2000:161）

Baron （2000:169-70）繼續基於「新實用主義」（neopragmatism）---本質上致力於尋求實用性，而非尋求真相---來強化其論述，以支持「批判說服力的準則」。

學界仍汲汲營營於尋找適當的語言和名詞，來超越客觀性vs.主觀性的老套區分；然而，截至目前為止，學界並未達成任何共識。而且，基於本章所提出的五類判斷質性研究品質的不同準則，似乎也不可能出現共識。這也讓我們擁有充分的自由度和開放性，可跨越客觀性和主觀性的無意義論辯，而謹慎地選擇描述性的方法論語言，以最適切地描述我們自身的研究歷程和程序。也就是說，不必將這些歷程標籤為「客觀的」、「主觀的」、「可信賴的」、「中立的」、「真確的」或「藝術的」。只要去描述你的研究歷程，你將什麼帶進這個歷程，你如何省察，如何透過智識上和方法論上的嚴謹性、意義性、和結果的實用性來說服你的讀者。這個時候，你要很小心地在特定的背景脈絡下使用一些特別的詞彙。這是下面這個故事所要提醒我們的。

前英國首相Winston Churchill有一次訪問美國時,參加了一場午餐會。當他來到自助餐台上想取用雞肉時,他問女主人:「我可以取用一些(雞)胸肉嗎?」

這位女主人,看起來非常尷尬,解釋道:「在這個國家,我們會說白肉或暗肉。」

Churchill向女主人致歉後,拿起盤中的白肉,回到他的座位。

隔天早上,這位女主人收到Churchill送來一朵美麗的蘭花胸針,還附著一張卡片:「如果你將它戴在你的白肉上,我會感激不盡。」

對真相和實用性的省思

女士,我從不杜撰事情。這是謊話。謊話不是真的。但是真相可以被杜撰出來。這就是真相。

-- Lily Tomlin

有一個與派典有關的信念,影響了人們對質性資料所採取的反應,那就是人們對於「真相」的想法:「作為一位質性研究者,你曾經發誓要說實話嗎?完全的真相,除了真相之外,別無其他。」在一個公開的會議上,談論到有關標準化測驗的論辯時,有一位充滿敵意的學校研究人員問我這個問題,試圖在學校委員會面前讓我難堪。從先前的討論,我知道他讀過這本書前一個版本的這個段落,對於將真相作為品質判準的實用性,表達了我的質疑。我猜想他試圖引誘我對於「真相是什麼?」這個問題做出學術口吻的、傲慢的、哲學性的表述,使得在場的公眾和學校官員們感到疏離而不理睬我的證詞。所以,我並未回答:「這取決於真相的意義為何。」我只是簡單地說:「當然,我承諾要誠實地回應。」將真相轉變為誠實。

Lancelot Andrews,一位十七世紀的牧師,觀察到有紀錄記載著耶穌接受審判時,Pontius Pilate曾經問耶穌:「真相是什麼?」在Pilate問完這個問題之後,他又想到了其他事情,所以他在還沒有得到答覆之前,就站起身走開了。雖然「真相是什麼?」這個問題,可能根本就是個修辭學上的問題,是無法回答的,但關於真相之本質的信念,確實影響著研究者如何看待其研究發現。所以,「作為一位質性研究者,你曾經發誓要說

實話嗎？完全的真相，除了真相之外，別無其他。」仍是研究者將會面臨的問題。

　　應用傳統社會科學準則的研究者，可能會回答：「我可以向你展示目前由資料中所揭露的真相。」

　　建構論者可能回答：「我可以向你展示多元化的真相。」

　　藝術傾向者可能建議：「虛構文學所獲致之真相優於非虛構文學」，而且「美即真相」。

　　批判理論者可能解釋：「真相取決於研究者的意識」，或者行動主義者會說：「我提供你實踐行動，這是我所採取的立場，對我而言，這就是真的。」

　　實用主義的評鑑者可能會回答：「我可以向你展示什麼是有用的。有用的就是真的。」

　　找出真相可能是一個非常沈重的負擔。曾經有一個學生，因為無法肯定他發現的組型是否確實是真的，所以根本無法寫出最後的報告。我向他建議，不要想著要說服自己或其他人去相信他的研究發現絕對是真的，他所能盡力去做的是描述出資料中所顯現的組型，並將這些組型呈現出來，就像是他所觀看的視角乃奠基於他的資料分析和詮釋之上。

即使他相信他最終找出了真相，但任何見多識廣的讀者在閱讀這份報告時，都會明白他所呈現的，只不過是基於他的視角，他們仍會以自身的常識性理解來判斷此一視角，並依據他們自身的需求來採信這些資訊。

Weiss & Bucuvalas（1980）曾指出，決策者常同時對評鑑進行真相檢驗和實用性檢驗。在此，「真相」係指合理地精確和可信的資料，而不是絕對真實的資料。見多識廣的政策制訂者會明白真相的性質易受制於背景脈絡和視角。質性研究能夠基於不同的視角來呈現精確的資料，而無須背負著要去判斷何種視角為真的包袱。Smith（1978）曾仔細深思這些問題，指出為了要在這個世界中行動，我們經常要接納接近真相，或甚至非真相。

　　例如，當一個人開車從一個城市到另一個城市時，他的行動就像是地球是平面的，在規劃旅程時，他不會去精確地計算地球的彎曲度，然而視地球是平面而採取的行動，意指其行動乃基於非真相。因此，在我們關於評鑑方法論的研究中，有兩個準則取代了絕對真相，而且至為緊要：實務實用性（practical utility）和確定性層次（level of certainty）。確定性層次，有賴於在法則殊異的情況下，做出充分的判斷……雖然，當立法機關要制訂全國性教育政策時，相較於地區性督學決定是否繼續推動一項地方性方案，所需要的確定性層次明顯要愈高，但評鑑中的修辭意味著兩者都需要相當高層次的確定性。如果我們先行決定了某一特定個案所被期待的確定性層次，我們就可以較為輕易地選擇出適當的方法。在我們理解一項教育歷程的性質時，自然主義式的描述，較諸隨機的控制式的實驗，給予我們較大的確定性；然而，我們對於特殊效應之優點的知識，則較少確定性……我們首要關心的是，我們知識的實務實用性，而不是其終極真實性。（p. 17）

　　我在探討評鑑的運用時（Patton, 1997a），發現決策者並不期待評鑑報告能產生真相。相反地，他們將評鑑發現看作是額外的資訊，讓他們能夠結合其他資訊（政治的、經驗的、其他研究、同儕意見等），匯聚成重大決定的演進過程。Kvale（1987）呼應了此一互動式趨近真相的策略，強調對於研究發現的「實用主義驗證」（pragmatic validation），以質性分析的結果可由那些與研究發現有所關連者所運用，來判斷其效度。*實用性準則*（criterion of utility）不只能被應用於評鑑上，亦能被應用於各類質性分析，包括文本分析。Barone（2000）在拒斥了客觀性和主觀性，並視之為後現代社會中毫無意義的準則之後，強力支持實用主義的實用性。

如果一切言說表述都有其文化上的背景脈絡，我們該如何決定何者值得我們特別關注和尊重呢？實用主義者為此一目的，提供了實用性的準則……一個想法，就像是一個工具，並無固有的價值，且只在其有能力於特定情況下為其侍主提供所期待的服務時，始被視為真實。（p.169）

從真相檢驗和實用性檢驗之間關連性的討論，讓我們將關注焦點轉回到可信性和品質，並不是絕對可類推的判斷，而是在背景脈絡上依存於我們的分析所訴求對象的需求和興趣。這使得研究者和評鑑者有義務去謹慎思考該如何將研究工作呈現給其他人，並特別注意到其目的的達成。此一呈現方式應該包括：省思研究者的視角會如何影響其在實地工作中所探討的問題，小心地紀錄所有程序以使其他人能夠審查方法中的偏見，且開放地描述個人視角的限制。附錄9.1對於一位為方案作文件紀錄的質性研究者，如何在一個長期的參與觀察關係中處理上述這些議題，提供了一個深度的描述。這份摘錄的標題為「一位文件紀錄者的視角」，係奠基於這位文件紀錄者的研究日誌和實地札記。它有助於我們將討論從抽象的哲學思維，轉移到日常實地工作中所面臨的事項，以釐清何者為真實且有用。

也許蘇非教派聖哲Nasrudin的故事，能引導我們分辨真相和視角之間的差異。

Mulla Nasrudin正在接受生命交關的審判。他被國王的軍師們指控為叛亂謀反罪，那些軍師們被認為是智者，專門負責在重大事件上向國王提供忠告。Nasrudin被指控的罪行是從一個村莊到另一個村莊去煽動群眾，向群眾說：「國王身邊的智者都不說出真相。他們甚至根本不知道真相是什麼。他們自己都困惑不明。」

Nasrudin被帶到國王和法庭之前。「你對自己所犯的罪行做何辯解？有罪或無罪？」

「我既有罪又無罪，」Nasrudin回答。

「那麼你的辯解是什麼？」

Nasrudin轉過身來，面向此時聚集在法庭上的九位智者。「請讓他們每一個人寫下『水是什麼？』這個問題的答案。」

國王命令九位智者照著去做。當答案傳給國王後，國王向法庭宣讀每位智者所寫下的答案。

第一個智者寫道：「水是用來解渴的。」

第二個智者寫道：「水是生命的本質。」

第三個智者寫道：「水是雨。」

第四個智者寫道：「水是清澈、液態的物質。」

第五個智者寫道：「水是氫和氧的化合物。」

第六個智者寫道：「水是神賜予我們用來在禱告前滌清和潔淨心靈的東西。」

第七個智者寫道：「水包括很多不同的東西---河流、溪井、冰雪、湖泊，因此，水是什麼要視情況而定。」

第八個智者寫道：「水是無法定義的神奇奧妙之物。」

第九個智者寫道：「水是窮人的美酒。」

Nasrudin轉向法庭和國王，說道：「我有罪是因為說出這些智者都困惑不明。可是我並沒有犯下叛亂謀反罪，因為如你們所見，這些智者確實眾說紛紜。如果他們連水是什麼都無法決定，怎能知道我是不是犯了叛亂謀反罪呢？如果這些智者對他們每天使用的水的真相，都莫衷一是，我們怎能期望他們知道其他事情的真相呢？」

國王於是宣布Nasrudin無罪釋放。

從類推到可遷移性

實用主義的實用性準則，使研究者必須思考研究發現可以做些什麼？當然，研究結果只能闡明一個特殊的情境，或少量的個案。實用性如何能超越這些有限的個案呢？質性研究發現可能類推嗎？

第五章討論到立意取樣的邏輯和價值，有目的地謹慎選取小型但資訊豐富的個案。特定的小型樣本，例如，關鍵性個案的選擇，乃基於他們具有較為廣泛的關連性。其他的取樣策略，如極端個案的選取（最為卓越或最為失敗的個案），乃基於他們可對某些可能應用於他處的原則，提供一些洞察。然而，立意取樣並未被廣為瞭解。因此，質性研究者仍會遭遇到先入為主的觀念，支持大量的隨機樣本，而不相信小型立意樣本的價值。此時，研究者最好能充分瞭解不同取樣策略的相對優缺點，始能回應此類關注。質性和量化取樣並非不能相容，第五章討論了幾個相互增強的組合方式。

然而，類推問題中仍然存在較深奧的哲學和認識論議題。在科學界中何者是可欲的（跨越時間、空間的類推），已轉為對於何者是可能的考量。心理計量學和研究方法論上知名學者Lee J. Cronbach（1975），曾經甚為關切類推性之議題，他的結論是：社會現象瞬息萬變且受限於背景脈絡，以致於無法容許顯著的實徵性類推。Cronbach亦將自然科學界的類推性，與行為和社會科學界可能容納的類推性，加以比較。他的結論

是，「類推性會漸漸衰敗。在某一時點上，一項結論很適宜描述現存的情境，但在稍後時點上，它只能解釋極少量的變化，最後它的有效性終將成為歷史。」（p.122）

Cronbach（1975）指出類推性還沒有在科學界站穩腳跟，他提出了一個可選替的策略，這對質性資料分析者來說可算得上是金玉良言了。

不要讓類推性主導我們對研究的考量，我認為我們應當倒反這個優先順序。一位觀察者在一特定情境中蒐集資料，他即在此一位置上來衡鑑該場域中的實務或研究命題，觀察其在背景脈絡中的效應。為了試圖描述和說明所發生的事項，他會留意任何控制中的變項，但他也會同等地留意非控制的條件、個人特性，以及發生於處遇和測量期間的事件。當他從一個情境到另一個情境時，他的首要任務是去描述和詮釋每一場合所發生的新近效應，也許亦將該場合的獨特因素納入考量……當我們賦予當地條件適當的權重，任何類推性都將只是形成中的假設，而不是結論。（pp.124-25）

精熟個案方法的Robert Stake（1978, 1995, 2000）同意Cronbach的觀點，認為首要的優先考量應是公平對待特定個案，在尋找跨個案的組型之前，先做好每一個案的「特殊化」（particularization）。他引述William Blake的說法：「類推是傻瓜做的事。特殊化是唯一值得稱頌的事。只有傻瓜才會將一般知識緊抱不放。」

Stake（1978）進一步評論道：

類推性可能不是全不足取，但特殊性更值得稱頌。當然，倉促草率地去認知特殊之處，還不如一無所知。有用的理解是對特殊之處擁有全面而徹底的認知，即使在嶄新的和陌生的背景脈絡中，仍能將之辨認出來。這種知識也是類推的一種形式，不是科學歸納法，而是自然主義的類推，是藉由認知到事物和議題在背景脈絡之內和之外的相似性，以及感受到所發生事項自然地同時變化，而得出的。以這種方式來類推，是直觀的和實徵性的，絕不是做傻事。（p.6）

Stake延伸「自然主義類推」（naturalistic generalization）的概念，來涵蓋讀者可從與特定個案研究的接觸中獲取的學習。當閱讀一份豐富的個案報告油然而生之「感同身受式經驗」（vicarious experience），有助於知識的社會建構，匯聚而成一般性的、可類推的知識。

讀者將一定的描述和說法同化於記憶之中。當研究者的敘事提供了讀者萌生感同身受式經驗的機會，讀者即擴展了他們對於發生事項的記憶。自然主義的、俗民誌的個案材料，在某種程度上，等同於實際的經驗，融入覺察和瞭解的基本歷程之中……而形成自然主義類推。讀者明白了一些被告知的事，就像是他們自身的經驗一般。從接觸而來且持續存在的意義，經由再次接觸，可被修正和增強。

在生活中，這很少發生於單獨一人時，而是有他人在場時。在此一社會歷程中，他們共同前傾、轉圈、鞏固和強化他們的瞭解。我們明白發生了什麼，有部分是依據他人向我們揭露了什麼他們的經驗。……知識是由社會建構而來，所以我們社會建構論者相信，在其經驗性和脈絡性說法之中，個案研究者輔助讀者進入知識的建構之中。（Stake, 2000:442）

Guba（1978）思考自然式研究發現的類推性，提出三個選替性的立場：

1. 類推性是一種妄想；在科學上根本是不可能類推的……
2. 類推性仍是重要的，我們還是應該努力達成形式科學所要求的準則……
3. 類推性是虛無的概念，其意義模稜兩可，其作用變動不居。（pp.68-70）

在評論這三種立場之後，Guba提出了一個解決方法，呼應前述Cronbach所強調的重點，將結論視為假設，可於未來加以應用和考驗，而非限定的。

評鑑者應該盡其所能建立研究發現的類推性……自然主義研究至少能建立與特定情境有關的「限定個案」。但依據自然主義研究的精神，研究者應該將每一項可能的類推，視為形成中的假設，由下一次接觸來加以考驗，並由未來的接觸中，再次加以考驗。對自然主義研究者而言，不成熟的結論是一項罪過，而容忍模糊曖昧則是美德。（Guba, 1978:70）

Guba & Lincoln（1981）強調對於背景脈絡的欣賞和關注，並視為自然主義類推的一項自然限制。他們詢問：「類推如何能夠做出無關背景脈絡的斷言呢？幾乎無法想像有任何人類行為能夠不依存於其所發生的背景脈絡」（p.62）。於是他們提議以「可遷移性」（transferability）和「符合度」（fittingness）等概念，來取代質性研究發現的類推性。

　　*可遷移性*的程度是兩個背景脈絡之間*相似性*的直接作用，我們亦可稱之為「符合度」。符合度被界定為是發送和收受背景脈絡之間的符合一致程度。如果背景脈絡A和背景脈絡B是充分地符合一致，那麼，從原始發送背景脈絡所產生的形成中假設，即可應用於收受背景脈絡中。（Lincoln & Guba, 1985:124）

　　Cronbach等人（1980）在有關類推性的方法論派典論辯中，提出了中庸的立場。他們認為實驗設計甚少價值，因為這些設計過度聚焦於小心控制的因果變項（內部效度），以至於研究發現與高度控制實驗情境之外部情境幾乎毫無關連（外部效度）。另一方面，他們也同樣擔憂完全個殊性的個案研究，超出個案研究場域之外即少有用處。他們也懷疑高度特定化的實徵研究發現，在新的條件下是否仍具有意義。因此，他們建議研究設計要平衡深度和廣度，以容許合理的「外推性」（extrapolation）。（pp.231-35）

　　不同於*類推性*一詞通常意義，*外推性*清楚地指出研究者必須超越資料的狹隘界限之外，思考研究發現的其他應用可能性。外推性是對於研究發現在相似條件下應用於其他情境的可能性，做出中等程度的推測。外推性是邏輯的、深思熟慮的、個案驅使和問題導向的，而不是依賴統計和概率。當研究係以資訊豐富樣本和設計為基礎時，亦即，可以產生有關連的資訊以切合現在和未來的特定關注事項時，外推性特別有用。例如，評鑑結果的使用者通常會期待評鑑者能從其研究發現，提出深思熟慮的外推，指出學得的課題對於未來的潛在應用性。

可信性議題的回顧：
強化質性方法的正當性

超越質性-量化的論辯

　　研究方法論的早期文獻中，質性和量化方法論者之間的論辯經常是針鋒相對的。近些年來，這論辯已經有所緩和。一項共識逐漸浮現出來，即重要的挑戰是適切地讓研究方法適配於研究目的、研究問題和重要議題，而不是普世性地提倡有任何單一的方法論適用於所有研究情

境。事實上，傑出的方法論學者Thomas Cook曾在1995年國際評鑑研討會的專題演講上，宣稱「質性研究者已經贏得了這場質性－量化的論辯」。

贏得什麼？

贏得接納。

實驗方法和量化測量的效度，只要能適切地運用，從不會被質疑。現在，質性方法也獲得了同等的接納度。尤其在評鑑上，所形成的共識是，研究者和評鑑者必須要知道且使用多樣化的方法，以回應特殊的實徵性問題，以及資助單位的特殊需求。

質性方法的可信性和接納度，因學科門派、學院系所、專業領域和國家而有別。在方案評鑑的領域，質性方法的正當性，是由愈來愈多實用且高品質的評鑑採用了質性方法，且為資助單位提供了有用的和可瞭解的資訊。此外，愈來愈多高品質的質性方法的訓練，和質性研究文獻的出版，也都對增進質性研究的可信性深具貢獻。

在評鑑研究上，新近的一些發展狀況可以解釋方法論派典論辯已然式微。

1. 專業標準的提出，已強調方法論的適切性，而非派典的正統性（Joint Committee, 1994）。這些標準的關注焦點在於從事有用的、實務的、合於倫理的和精確的評鑑。過去二十年來，實務評鑑經驗的累積，降低了派典的二分化。

2. 量化/實驗方法和質性/自然式方法二者的優缺得失，已更為人所瞭解。原始的論辯中，量化方法論者傾向於攻訐質性方法的一些不良實例，而質性研究者亦嚴厲批判量化取向的不良實例。隨著經驗和信心的累積，質性和量化取向都已有能力針對彼此的長處和弱點來分析。這使得研究者可以更為平衡和更佳地瞭解不同方法的適用情況，及如何結合二者的可能性。

3. 對於評鑑研究和評鑑訓練有較為廣泛的概念化，關注方法與評鑑的其他層面的關係，諸如於特定背景脈絡中的運用，因而降低了方法論辯的強度。

4. 方法論複雜度和多樣性的演進，使不同的方法可應用於多樣化的研究或評鑑問題。書籍和期刊的大量報導，也讓研究方法更為五花八門。事實上，質性方法論本身的發展，使得質性研究者彼此之間的差異，不亞於質性相對於量化導向研究者之間的差異。

5. 多位重要人物和機構支持方法論的折衷，更增加方法論的容忍度。諸如Donald Campbell 和Lee Cronbach等傑出的測量方法學者公開地認可質性方法的貢獻，促使公眾對於質性/自然取向的接納度更為提升。另一個多元化方法的重要支柱是美國會計總署（U.S. General Accounting Office）的方案評鑑和方法論部門，在全國性層次上從事了許多重要且具影響力的評鑑工作，且出版了一系列的方法手冊，包括：《個案研究評鑑》（*Case Study Evaluation, 1987*）、《前瞻性方法》（*Prospective Methods, 1989*）、《評鑑合成》（*The Evaluation Synthesis, 1992*）等。

6. 評鑑專業學會締造了一個容忍和折衷主義的環境，支持觀點和高品質專業實務的交流。由於評鑑專業學會和期刊所服務的對象，來自於不同的學科門派、各自在不同組織、不同層級上運作，涵蓋公私立機構和不同國家。此一多樣性使得觀點和視角有交流的機會，對於此一領域愈顯重要的實用主義、折衷主義和容忍度，均有莫大貢獻。在《方案評鑑新方向》（*New Directions for Program Evaluation*）其中一集名為《質性-量化論辯：新視角》（*The Qualitative-Quantitative Debate: New Perspectives*）（Reichardt & Rallis, 1994）一書中，提出一些詞彙來表彰八個卓越的理論貢獻，如「和平共存」（peaceful coexistence）、「妥協的解決之道」（compromise solution）、「共享的特性」（shared characteristics）、「新伙伴關係」（a call for new partnership）。

7. 在結合質性和量化取向上，有愈來愈多的倡導和經驗。如上述 Reichardt & Rallis（1994）的書中亦標舉出一些主題：「混合取向」、「統整質性和量化」、「統整的可能性」、以及「共同合作」等。

宣稱和準則

方法論派典論辯的式微，帶給我們一個新希望：一切研究都可依據他們標舉的宣稱（claims）和可支持其宣稱的證據，來判斷其優缺得失。本章開頭所提供的五組準則，即在於支持不同種類的宣稱。傳統的科學宣稱、建構論宣稱、藝術性宣稱、批判改變宣稱和評鑑宣稱，都強調了不同種類的結論，以及各異其趣的應用。判斷宣稱和結論時，宣稱的效

度，僅與歷程中所使用的方法有部分的相關。

　　效度是知識的資產，而非方法。無論知識來自於俗民誌或實驗，我們仍然會詢問相同的問題，即知識如何證驗為有效。以一個過於簡化的例子來說，如果某人宣稱他已將兩塊木板釘合在一起了，我們並不會去問他的鐵鎚是否有效，而是這兩塊木板現在是否仍釘合在一起，以及這位宣稱者是否能對此結果負責任。事實上，無論釘子是用鐵鎚、空氣槍、或螺絲起子來操作，這個特別的宣稱仍可能是有效的。鐵鎚並不能保證成功地釘牢，成功地釘牢並不需要鐵鎚。所以，原則上，宣稱的效度是與所使用的工具分別獨立的。對於社會行為科學的方法而言，事實是一樣的。（Shadish, 1995a:421）

　　這帶領我們回到研究發現的實用性這個焦點，作為一個切入點來判定研究中所做宣稱的賭注，以及可用以評量這些宣稱的準則。雖然這一章致力於提升品質和可信性的方式，所有這些努力最終都取決於研究者願意去謹慎權衡證據，對任何可能性保持開放，從任何一項特別的研究中去學習下一次如何能做得更好。

　　加拿大裔細菌學家Oswald Avery是細胞基因DNA的發現者，曾在紐約市洛克斐勒機構附屬醫院的一個小型實驗室工作多年。他所提出的許多初步假設和研究結論，在進一步探究之後，都證實是錯的。他的同事甚感驚異的是，當研究發現與他的預測相牴觸時，他從來不會激烈爭辯，也從不會沮喪退縮。他矢志不懈地學習，經常聽到他告訴學生們：「當你跌倒的時候，記得撿起一些東西來。」

附錄 9.1
一位文件紀錄者的視角

簡介：這份附錄提供了　個省思性的個案研究，由Beth Alberty所撰寫，呈現一位內部、形成性方案評鑑人員，於評鑑一所創新學校藝術方案時，試圖要去弄明白如何從她所蒐集到的長篇累牘的質性資料中，為方案工作人員提供有用的資訊，內心無比掙扎的經驗。Beth先從描述她所謂的「文件紀錄」開始，然後，分享她以一個生手來從事資料分析的經驗，這是從大量文件素材，朝向一個統一的、整體的文件移動的歷程。

文件紀錄

文件紀錄（documentation），這個常用的名詞，可能指涉以各種媒體所記錄的「生活片段」，或是用以支持某一立場或觀點而加以編排的證據。我們都熟悉「紀錄」影片；我們要求律師或記者們將其個案以「文件紀錄」下來。二者的意義都有助於我形成對於文件紀錄是什麼的觀點，但他們並不能囊括文件紀錄的全部涵義。在我看來，文件紀錄是對於焦點事件、場域、計畫，或其他現象的詮釋性重構，奠基於某一背景脈絡中由研究目的所指引的觀察和描述性紀錄。

我一直都是我所記錄這個情境中的一個工作人員，而不是評鑑組織的顧問或雇員。起初，這是出於偶然，但現在則相當具有說服力：我的經驗激勵我去相信，對於方案目標和踐諾行動的最有意義的評鑑，是由其工作人員所規劃和施行的評鑑，此一評鑑不僅對方案本身有所貢獻，且有利於外部對資訊之需求。作為一位工作人員，我參加工作人員的會議，且參與了決策。我與其他工作人員的關係是密切且互惠的。有時我所提供的服務，或發揮的功能，能直接有助於方案目標的達成---例如，與兒童或成年人一起工作，回答訪客的問題，書寫提案計畫書或成果報告。但是我大多數時間都花在規劃、蒐集、報告和分析文件紀錄上。

初步的覺知

記住這一背景脈絡之後，我要回頭說說最初我是如何跳進來做評鑑

的。觀察是文件紀錄 錄的中心所在，我就是跳進去做觀察，很高興我可以輕鬆自在地在這個充滿活動的汪洋之中撒網捕魚，撈獲了許多洞察力和想法。確實，觀察和做紀錄真的產生了大量的問題、洞察和值得討論的事項，這是為什麼文件紀錄應該由實際工作於場域中的人來蒐集的原因之一。

我的觀察形式有許多種，每一種都以不同方式來揭櫫了一些問題和想法---互動的和非互動的觀察都被謄寫下來，或與其他工作人員討論，因而得以重新思考；孩子們的書寫作品被繕打鉛印出來，讓我能夠仔細留心孩子們所說的每一個細節；會議或其他事件的札記，被重新書寫以做成紀錄。我發現，認真處理這些細節，讓我能夠仔細省視這些工作或事例，截然不同於初次所看到的。將它們連結到其他我所知道的事、我曾做過的觀察、或我曾感到困惑的問題，在這些歷程中更是繁衍滋長；嶄新的覺知和全新的問題開始逐一浮現。

我聽說其他人也曾像我一樣描述了他們如何欣喜地發現做紀錄過程的provocativeness。一位剛開始蒐集兒童藝術作品的教師，即使也許沒有特別的理由，而只是把一些作品蒐集起來，也會開始注意到其中有很多他或她以前沒有發現的東西---一個孩子的作品會如何影響另一個孩子，他們所畫的樹有什麼相異（或相似）之處等等。學校內的顧問或資源教師一旦去回顧他或她與其他教師的接觸---在紀錄上，或與同事進行的特殊會議中---可能會開始看到一些類似的關注組型，而覺察到其與該學校之關係的嶄新可能性。

我很高興能有輕易的管道來獲得第一層次的洞察，這使我熱切地想要蒐集更多資料，而且我發現我能蒐集到的大部分資料都甚為令人滿意。然而，隨著蒐集到的紀錄愈多，我的熱情卻漸漸轉變為驚訝和沮喪。有太多的東西可以被觀察和記錄了，有如此多元的觀視角度，多麼複雜的歷史啊！我想要獲得更多的感受，轉變成了需要得到一切的感受。對於我來說，只是去瞭解方案現在是如何進行的，這是不夠的---我感到我必須知道它如何開始，如何演變成現在的運作情形。只是知道方案中心部分的運作，也是不夠的---我感到我必須從所有可能的觀點，知道方案的所有活動。我很快陷入恐懼之中，擔心失去一些重要的東西，一些我以後可能會需要的東西。同樣地，在我早期對課堂活動的觀察中，我試圖寫下我所看到的每一件事。我一直有想要在每一個我所記錄

的場域中捕捉到每一件事的感受，我認為這並不是獨一無二的。

　　我很幸運能夠沈浸在這些感受之中，並學習它們所要指引我的東西。一段時間之後，愈來愈清楚我最初想要記錄下每一件事的雄心，遠超過我有限的時間範圍，以及方案的需求。無論如何，起碼我對此有了瞭解。蒐集那麼多材料只是瞭解一個新場域和使自己適應新環境的方式。如果不瞭解這個場域，我就無法得知在「重構」這個場域時，有什麼是重要的。「重構」場域的目的甚為廣泛，足以包含我尚無法做出選擇的所有可能性。事實上，我發現最初的洞察，從所蒐集紀錄中得出的最初的連結，是決定何為重要及何種可能性最適切於文件紀錄之目的這一過程中極有意義的一環。一開始蒐集每一件事的過程，無疑是相當重要的，我認為，任何文件紀錄的一開始都必須容許紀錄者這樣去做。即使這樣做所蒐集到的很多材料，顯然並無用武之地，事實上就在蒐集之時，它們已發揮了作用。即使紀錄人員對於場域已相當熟悉，類似的過程也還是有必要進行，因為這個新的角色會帶來新的視角。

　　最初的連結，從累積紀錄中所顯現的最初的組型，是紀錄過程中很有價值的一的層面。然而，有時我所蒐集的資料似乎過於龐大，超出我當時的想法所能證立的範疇。我會感到不安，因為即使我已將之組織成文件資料的一環，但最初的組型仍然尚未形成，亦無法自動轉化成完整的文件紀錄。尤其是，它們還無法發揮「評鑑」的功能。仍然需要進一步的發展，但那是什麼呢？「我現在該怎樣處理它們呢？」這是我常常從已從事蒐集資料一段時間的教師們那兒聽到的呼喊。

　　我開始採用相對簡單的程序，重新閱讀我已蒐集到的所有材料。之後，我回頭重新思考我的目的究竟是什麼，找出文件紀錄的原始資源。重新閱讀質性參考資料，與學校教職員及我的同事們交談，我開始想像我的紀錄可以長成什麼樣子，使之能為外部讀者提供一個關於方案的具有內聚力的再現。

　　與此同時，我開始重新思考我該如何使這些蒐集到的材料對工作人員更為有用。在此階段，設想出一個讀者對象是非常重要的。我再次回到這個從初步蒐集到重新思考的轉換階段，從分析轉換為詮釋。然而，描述所有發生的事，是讓我開始看到我的觀察和紀錄本身就是一個實體，有其結構型態、相互關係、和可能性；而非單純只是一個大型方案的節錄且僅與該方案有所關連而已。顯然，觀察和紀錄透過它們和場域

之間的關係，持續地顯現其意義；然而，它們也開始藉由彼此之間的次級關係，開始產生新的意義。

這些次級關係也逐漸從觀察即省思的歷程中浮現出來。然而，此處觀察的焦點是這個場域，透過逐漸累積的觀察和紀錄，具現其所有多元化的視角和縱貫性的面向。這些在場域中的觀察和紀錄---「厚實的觀察」（thickened observations）---藉由對場域進行持續不斷且直接的觀察，將能獲得驗證，且增補更多的細節。

開始透過厚實的觀察來省視紀錄和場域，是一個統整資料的過程。這一過程逐漸發生，並需要跨越一段時間對方案的各個層面進行廣泛的觀察。它也需要集中心力的和系統化的努力，以找出資料內部的連結，並使之交織成組型，注意其變化情形，並找出發生變化的和那些沒有變化的之間的關係。這一過程需要以各種不同的方法將觀察和紀錄加以編排，同時要不斷回頭重新觀察原始的現象。依我之見，沒有任何方法可以加速這個文件紀錄的過程。反省思考需要時間。

回顧過去，我能夠辨認出我自己統整資料的策略，是在我開始能對大範圍的決定表達意見，且輕鬆自在地和其他工作人員說出我對於日常事件的詮釋之時。到了這個轉換階段，我和其他人分享特定的觀察紀錄，並與之討論，作為一種方式來蒐集大家對所發生事項所持的視角。不過，我清楚地覺察到我的意見或詮釋仍然是相當個人的。它們並不能再現我所蒐集的資料。

因此，當文件紀錄者開始對所紀錄材料表明其廣泛的視角，讓其他人明白蒐集到什麼，但不去遮蔽他們自身的覺知時，文件紀錄材料的統整才有可能更顯而易見。這一視角並不是對已完成圖像的固定觀點，這個觀點和圖像幾乎都是由文件紀錄者私下裡所建構出來的，之後才大張旗鼓地將之揭露。這既不是個人的意見，也不是將先前決定的詮釋性結構或標準強加諸於觀察之上。這一視角是紀錄者個人目前對於現象諸多層面形成最佳統整的結果，諸如，教師或工作人員的目標、想法和新近的努力，以及其歷史的發展，這些都將透過觀察的行動和蒐集的紀錄來加以傳達。

作為一位文件紀錄者，我對一項方案或一個課堂的視角，就像是我觀賞一張風景畫的視角一樣。我投入的時間越長，圖畫中的丘陵、河谷、森林、田地和遠山即更加鮮明，顏色更加五彩繽紛、黑白分明，我

對於它在其他氣候裡、其他天空下、其他季節中的記憶更加豐富，我對於其局部、細節和歷史的知識更爲深化了我對它在任何時刻的觀點。這幅風景畫有其基本的型態結構，但也始終隨著情境的變動和我的知覺，而不斷變幻著形象。文件紀錄者提供給其他人的視角，必須能喚起他們對於這幅風景畫是穩定的、連貫的、統整的感受，以及體認到它不斷變換著形貌的可能性。若無此類視角，其他人可能無法分享我所觀見到，無法定位相似的地標，且當它們展現新的關係或較不熟悉的層面時亦無法加以省察。所有這些材料，所有這些觀察和紀錄，終將成爲沒有生命和一無是處的廢紙。

在形成視角的歷程中，蒐集到的資料被統整成爲有機體的型態結構，顯然是一個詮釋的歷程。我開始做紀錄時，並沒有清楚的詮釋架構，或呈現紀錄的格式，像是研究者帶進其資料的理論架構那般。當然，我還是有架構的。學習和發展的藝術歷程之概念，是方案中所固有的，但並未被明示於方案的目標中，來提供特定的服務。文件紀錄的計畫帶來特定的結果，但並沒有特定的格式來呈現這些結果。所以，進入詮釋成爲與我自己的掙扎，掙扎著我究竟該做些什麼。這是一個關於我的責任和踐諾行動的長期性內在論辯。

當我開始紀錄這個學校的藝術方案時，我基於我的經驗和個人踐諾來設定優先考量。爲孩子們提供藝術活動，嘗試將這些活動與他們其他的學習領域聯結起來，這些在我看來具有不證自明的重要性。我知道藝術不是一週上一次課能夠「學會」或經驗的東西，所以我想，幫助教師們找到將藝術與其他課堂活動統整的方式，是相當重要的。我個人已評估過，我所記錄的東西是值得的且是誠實的。我在我的優先考量和方案之間，找到了符合的點。我也看到了方案的各種不同結構如何指明了達到目標的不同途徑，這使目標得以向外推演。

這一初期的踐諾行動漸漸擴展，我感到對於觀察的努力充滿了熱情和興趣盎然，渴望探索更多，並希望能夠爲教師們提供些幫助。回溯起來，雖然我並不確定我的踐諾行動會帶著我往哪裡去，但它卻足以支持我精力充沛地度過觀察和紀錄的早期階段。它並未有給我任何束縛，而是使我開闊了眼界，開放地看待每一件事（正如早期對蒐集材料的熱情中所反應出來的一樣）。顯然，從許多相對興趣和投入的位置上來展開文件紀錄，確實是可能的，但是我猜測，即使紀錄者沒有特別地涉入

到方案內容中，他至少也會有一些要對工作人員有些幫助的想法（請記得，這是一個形成性評鑑）。否則，例如，蒐集資料的過程可能會劃地自限。

在開始對這些觀察和紀錄「做些什麼」時，我不得不去表明我最原初的踐諾，重新思考我的目的和目標。當重新閱讀觀察和紀錄以針對不同讀者來重新處理資料時。我發現自己初次閱讀時，是抱持著「平衡」成功和失敗的想法，這個想法大大侷限了我的觀察和紀錄工作。值得欣慰的是，從資料本身可以立即明顯看出這樣的平衡是不可能存在的。在十天的觀察中，如果一個孩子在其中一天表現得很好，而另外九天他又吵又鬧像個小無賴，其實並無法對這個孩子的經驗是成功或失敗給一個簡單的衡量。這個想法真是荒謬可笑。與此相類似，工作人員也可能有一天可以計畫周詳且徹底執行，而另一天卻完全漫無章法，但組織和計畫顯然不是經驗的全部。

這種權衡暗指有一個外部的、刻板定型的讀者等待著某種量化證據，我被期待應該要以事不關己的態度來提供這樣的證據，就像是一個外部的、總結性的評鑑者一般。「平衡的觀點」一詞也像我早期蒐集每一件事的紀錄一樣。我所做的紀錄對我來說仍然只是零碎的片段，而我的策略針對一些特殊事件，紀錄下每一個細節。

詮釋的第二項策略，簡單來說，是對資料採取稍微寬廣的觀點，認知到我對方案價值的原初評估，並試圖將之表明出來。透過資料來覺察方案長處的型態結構，我的評量包括對過去錯誤或不足之處的陳述，像是風景畫中微小的「瑕疵」，而不是平衡單上的負債。再一次地，似乎有一個外部讀者期待著某種絕對的成就。「瑕疵」可能是「微小的」，乃相對於一個大的錯誤而言---像是未能將方案目標付諸實現。

以優點來包容缺點的公式，不可能禁得起我正閱讀的紀錄的旺盛生命力。由資料所描繪的真實性，隨著我對於如何詮釋文件材料的初次想法逐漸顯現其不足之處，而變得更加清晰。類同於此，隱含的外部讀者的期待，並未因我與方案和工作人員之間關係的現狀，而獲得證立。作為一位紀錄者，我的目標始終是建立文件紀錄的程序，使方案工作人員和其他感興趣的人，獲知有關方案的初期情況和運作情形，並蒐集和分析部分材料，以評量未來發展之可能性。我的目標並不是要以一位外部裁判身份來評鑑方案的成功或失敗。

　　不斷思考著還有哪些其他的詮釋策略是可能的，我回憶起我是直截了當地以一個參與者身份來蒐集這些文件材料，我當初的投入參與是受到共同認可的，也符合方案的目標。我決定，我也許可以直截了當地分享我所觀察的觀點，就像一位具有特別觀點的參與者那樣。在檢驗這一個可能性時，我想到了將詮釋觀察資料當作是一個「演出」的歷程，就像一位演奏者在演奏一曲古典音樂。詮釋需緊密依循著文本---就像一位科學家可能會說，要緊緊貼合事實。但是這也反映出這位演奏者，特別是演奏者投入於其音樂事業的特殊態度。對我來說，同樣的關係也可能存在於所蒐集到的觀察和紀錄之實體，以及文件紀錄者之間。這一關係使我個人的經驗和觀點有助於理解資料，而不是扭曲資料。事實上，我將成為它們的喉舌。

　　藉由此一關係，我就能夠使觀察為工作人員和其他讀者所用，以回應他們的需求、目的和標準。當然，要想做到這一點，方案內所底涵和固有的概念性架構，亦必須被納入其中。因此，為了詮釋我所蒐集到的觀察資料，我必須重新確定並釐清我在方案中的關係、依附感和參與度。

　　我最初的投入參與，帶著強烈的先前興趣和想法，這並不意味著我總是能理解或同理方案中每一位參與者的目標或實務活動。在任何一種聯合事業中，像是一個學校或方案，都有各種不同和多元化的目標與實務活動。文件紀錄的部分任務，在於描述這些不同的理解、觀點和實務活動，並將之呈現出來，使方案參與者能對此進行反省思考，以作為計畫的基礎。參與者不會同意所有的議題和實務活動的觀點。作為參與者的任務之一是探索差異性，瞭解其如何能夠闡明議題或有助於實務活動。我的參與使我能夠去檢驗並擴展我原先的興趣和想法，同時觀察和紀錄其他人的興趣和想法。在此一歷程中，我的投入參與得以更加深化，促使我能夠做出比初次閱讀時更接近於資料的評量。這些評量即是評鑑，是要「從中導出價值」，是一個評價、權衡輕重和賦予意義的互動歷程。

　　在我不斷地投入和深入地參與的背景脈絡中，對錯誤或不足之處的評量，被建構為特殊實務活動和其背後意圖之間的分歧，是立即性目標和長程目標之間的分歧。這裡的分歧並不是一個完美表面上的瑕疵，而是---正如孩子理解上的分歧可刺激新的學習一般--- 分歧是成長的前奏，

這是生命力和可能性的一種訊號。分歧的癥結可能來自於實務活動或其意圖，這正是需要進一步檢驗的地方。評量工作也可透過觀察來進行，以尋找現在和過去的意圖和實務活動之延續性的主題，以及延續性中出現改變或轉化的時點。雖然分歧也經常是評鑑的直接觸發物，對於延續性的考量可能會帶來較為長期的發展---做出下一年度的計畫、思考工作人員和功能的改變，或慶祝一個周年紀念日。

我已將文件紀錄者定位為方案或場域內部的參與者，他們蒐集和整理資料，使之可供參與者和潛在的外部讀者所使用。回顧風景畫的這個意象，我要評論一下可為這些不同讀者提供的不同形式。

參與者若想要藉由文件紀錄者的視角來進入這幅風景畫中，只是瀏覽冗長沈悶的書面描述和觀察報告，那是不可能達成的，他必須要全神貫注於互動之中。有時這有賴特殊性或規律性結構之發展---針對某一特定議題或問題而進行的一系列短期會議；一個能總結過去且前瞻未來的偶發事件；另一個計畫的定期會議等。但是，多數時間，這需求是以非常細微的形式來呈現，如對一個孩子或成人參與者所做事情的評論，或關於一個陳列物的樣貌，或對另一工作人員的觀察之重新評估等等。我並不是說，將文件紀錄引介入自我評量歷程，是一種雜耍把戲，或操控的伎倆；而是文件紀錄者必要覺察到他或她的角色是使事情公開化，當觀察和紀錄是如此做的資源之一時，它們所產生的整體感也是相當基本的。當然，這幅風景畫會因為其他觀賞者提供了的新的觀察而有所改變。

外部讀者對尋求再現文件視角的紀錄者有不同的要求。我這裡所說的外部讀者是指資助單位、顧問、學校董事會、各階層機構和研究者。一般來說是要對這些讀者提供研究計畫、說明和報告。它們可能成為負擔，因為它們很有可能不是有機地連結到內部自我反省歷程，除此之外，也因為外部讀者有自己的標準、目的和問題；這些讀者並不熟悉研究場域和文件紀錄者，也需要等待書面說明和重新審視資料的時間。外部讀者將比內部讀者需要更多關於更廣泛層面的歷史背景和的正式描述，並需有指出近期發展的意義之評論。這一需求可以藉由文件之整體組織、安排和介紹來達成，這些活動也呈現了日常活動的細節和活力。

如將報告限制在傳統的格式和期待，很有可能會錯誤呈現這一工作在其發展中的思維、關連和自我評量的品質。如果有意圖要藉由報告這

個機會來進行反省—例如，將工作人員包括在報告的發展中—這個報告
過程能夠變成在內部上很有意義，同時滿足外部對於績效說明的合理要
求。自然地，這樣的評論，藉由喚起而不是減化現象，使外部讀者交融
到他們自己的評鑑反省之中。

最後，在結束本文之前，我回到在我看來是重要的主題，即文件
紀錄者有必要交融地參與記錄的場域中，這不僅僅是為了資料蒐集，而
是為了詮釋。不管我作為一個文件紀錄者的視角是如何具有真確性和力
量，我相信，它們都來自於我對我所紀錄的場域之發展的承諾，以及我
在紀錄中追求我自己的理解，評量和再評量我的角色，及當議題出現時
如何處理之機會。

我們進入一個新的場域時往往帶有先前的知識、經驗和理解的方
式，我們的新知覺和新理解是建立在這種基礎之上。我們並非單純地看
待事物，就好像我們以前從未見過任何類似的事物。當我們看到一簇鮮
綠色和深綠色的東西，其中點綴著藍色和一些深棕色和紫色時，我們會
鑑別出這是天空映襯下的一棵樹。同樣地，當我們在教室裡觀看到一些
現象，也不必一想再想，例如，一個孩子正在搔頭，不過，同樣的現象
可能更嚴謹地被描述為形式和動機的特定結合。我們日常活動都是依賴
這類對世界的特別明顯、世俗的詮釋。這類詮釋既不只是個人的意見
¬---儘管它們可能很特別---也不是杜撰出來的。相反地，它們是我們對
「樹」或「小孩正在搔頭」這類知覺的組織，且這類知覺組織與我們所
描述的現象從很多方面看來，是相符應的。

正是這類知覺的組織向其他人傳達了我們所見的，並且使對象可
以提供給大家來討論和反思。這樣的組織不需要排除我們的其他覺察：
如樹也是各種色彩的集合，或者小孩子搔頭也是一種小小的人類形式，
即以特定的方式來舉手。事實上，我們知道還可以用很多其他的方式來
描述同一現象，包括一些完全用數字表現的方式---但它們不必然是更準
確、更真實或更有用。畢竟，我們在立即的目的和關係的脈絡中組織我
們的知覺。這樣的組織必須符應脈絡，也必須符應現象。

事實並不會因為被觀察就自行組織自身成為概念和理論的架構中，
確實地說，除非是在概念和理論的架構之中，否則只有混亂而沒有科學
的事實。所有的科學工作中都有一個無法逃避的先在因素。問題必須先
被提出來，然後才能給予回答。這些問題表達了所有我們對世界上感興

趣的事物；它們是最根本的評鑑。因此，評鑑早在我們觀察事實並進行理論分析的階段就必然地已經包含在內，而不是等到我們從事實和評鑑中做出政策性推論的階段（Myrdal,1969:9）。

我的經驗顯示了進行紀錄的情境基本上如同我已描述的樹和小孩搔頭的情境，並與Myrdal描述的科學研究歷程相同。文件紀錄是在觀察的基礎上做出的，而觀察總是一種個人對於所觀察的現象和觀察的較廣目的所做的回應。在文件紀錄中，觀察既發生在觀看和記錄現象的基本階段，也同時發生在後來直接藉由大量紀錄來對現象進行重新觀察的第二階段。由於文件紀錄的目的是將這些觀察呈現出來供大家反省和評鑑，因而使情境的潛在可能性繼續存在並公開，非常有必要的是，在基本階段和第二階段的觀察必須由那些進行觀察的人來做出自己的詮釋。這類觀察對他人是否有用，取決於文件紀錄者是否盡其所能地準確呈現，盡可能地採取符應這個現象和詮釋的脈絡之各種不同的觀點。這樣的呈現方式將是一種保留現象的詮釋，因此不僅不會排斥反而是邀請其他視角的加入。

當然，那些有經驗的外部觀察者也有自己的角色，他們能夠對現象有清新的見解；他們能建議如何從現象中獲得新資訊的方式，或者是更重要的，指出現存程序或資料的重要意義；他們可以對文件紀錄歷程中出現的技術問題給予忠告；以及能夠指導如何努力來詮釋和整合文件紀錄的資訊。然而，我在這裡要強調的是，外部觀察者在上述例子中是給我們提供支持，並不是提供判斷或做出判斷的準則。

文件紀錄者的職責是要詮釋他或她的觀察，和那些反映於蒐集紀錄中的事項，這職責變得愈來愈為緊要，詮釋變得越來越有意義，正如場域中所有的觀察者對此場域有更多的認識，所以能使詮釋更有廣度和深度。Margaret Mead在說到她對Manus四十年巨變中所做觀察的重要性時，闡明參與觀察者的職責是將他或她自己對觀察所做之個人的豐富詮釋，貢獻給被研究的人們和更廣泛的讀者。

現在，在諸如此類的研究中（人們不斷受當代世界文化的影響），其獨特性便在於實地工作者和材料之間的關係。基於如下事實，我仍然有責任和動機，這一事實是，因為長久以來我已經對這一村落非常熟悉，所以我能夠知覺和記錄下這個村落人們生活的各個層面，而這是其他人所做不到的。但是，即使如此，這種知識有一新的邊緣。這材料只有在我自己能夠整理的情

況下才會顯現出它的價值。在傳統的實地工作中，其他熟悉這一地區的人類學家可以接收另一人的札記，並使其有意義。然而，在此是我個人的意識提供了這些人的生活作為主要人物之基礎（Mead, 1977: 282-283）。

　　對我而言，文件紀錄的貢獻厥偉，且需求甚殷，因為我們所研究的就是我們自己的場域和行動踐諾。

參考書目

Abbey, Edward. 1968. *Desert Solitaire: A Season in the Wilderness*. New York: Ballantine.

Ackoff, Russell. 1999a. *Ackoffs Best: His Classic Writings on Management*. New York: John Wiley.

————. 1999b. *Re-Creating the Corporation: A Design of Organizations for the 21st Century*. Oxford, UK: Oxford University Press.

————. 1987. *The Art of Problem Solving Accompanied by Ackoff's Fables*. New York: John Wiley.

Ackoff, Russell and Fred Emery. 1982. *On Purposeful Systems*. Salinas, CA: Intersystems.

Academy for Educational Development (AED). 1989. *Handbook for Excellence in Focus Group Research*. Washington, DC: Academy for Educational Development.

AEA Task Force on Guiding Principles for Evaluators. 1995. "Guiding Principles for Evaluators." *New Directions for Program Evaluation 66 (summer): 19-34, Guiding Principles for Evaluators*, edited by William R. Shadish, D. L. Newman, M. A. Scheirer, and C. Wye. San Francisco: Jossey-Bass.

Agar, Michael. 2000. "Border Lessons: Linguistic 'Rich Points' and Evaluative Understanding." *New Directions for Evaluation 86* (summer): 93-109. San Francisco: Jossey-Bass.

————. 1999. "Complexity Theory: An Exploration and Overview." *Field Methods* 11 (2, November): 99-120.

————. 1986. *Speaking of Ethnography*. Qualitative Research Methods Series, Vol. 2. Beverly Hills, CA: Sage.

Agar, Michael H. and H. S. Reisinger. 1999. "Numbers and Patterns: Heroin Indicators and What They Represent." *Human Organization* 58 (4, winter): 365-74.

Alasuutari, Pertti. 1995. *Researching Culture*. Thousand Oaks, CA: Sage.

Alkin, M. 1997. "Stakeholder Concepts in Program Evaluation." In *Evaluation for Educational Productivity*, edited by A. Reynolds and H. Walberg. Greenwich, CT: JAI.

Alkin, Marvin C. 1972. "Wider Context Goals and Goals-Based Evaluators." In *Evalua tion Comment: The Journal of Educational Evaluation*. Center for the Study of Evalua tion, UCLA, 3 (4, December): 10-11.

Alkin, Marvin C., Mary Andrews, G. L. Lewis, H. Manhertz, L. Sandmann, and J. West 1989. *External Evaluation of the Caribbean Agricultural Extension Project*. Bridgetown Barbados: U.S. Agency for International Development.

Alkin, Marvin C., Richard Daillak, and Peter White. 1979. *Using Evaluations: Does Evaluation Make a Difference?* Beverly Hills, CA: Sage.

Alkin, Marvin C. and Michael Q. Patton. 1987. "Working Both Sides of the Street." *New*

Directions for Program Evaluation 36 (winter): 19-32, The Client Perspective on Evaluation, edited by Jeri Nowakowski. San Francisco: Jossey-Bass.

Allen, Charlotte. 1997. "Spies Like Us: When Sociologists Deceive Their Subjects." *Lingua Franca* (November): 31-38.

Allison, Mary Ann. 2000. "Enriching Your Practice With Complex Systems Thinking." *OD Practitioner* 32 (3): 11-22.

Anderson, Barry. 1980. *The Complete Thinker*. Englewood Cliffs, NJ: Prentice Hall.

Anderson, Richard B. 1977. "The Effectiveness of Follow Through: What Have We Learned?" Presented at the annual meeting of the American Educational Research Association, New York City, April 5.

Anderson, Virginia and Lauren Johnson. 1997. *Systems Thinking Basics: From Concepts to Causal Loop*s. Williston, VT: Pegasus Communications.

Arcana, Judith. 1983. *Every Mother's Son: The Role of Mothers in the Making of Men*. London: The Women's Press.

_____. 1981. *Our Mothers' Daughters*. London: The Women's Press.

Arditti, Rita. 1999. *Searching for Life: The Grandmothers of the Plaza de Mayo and the Disappeared Children of Argentina*. Berkeley: University of California Press.

Arendt, Hannah. 1968. *Between Past and Future: Eight Exercises in Political Thought*. New York: Viking.

Argyris, Chris. 1982. *Reasoning, Learning and Action: Individual and Organizational*. San Francisco: Jossey-Bass.

Argyris, Chris, Robert Putnam, and Diana M. Smith. 1985. *Action Science. San Francisco*: Jossey-Bass.

Argyris, Chris and Donald Schon. 1978. *Organizational Learning: A Theory of Action Perspective*. Reading, MA: Addison-Wesley.

Armstrong, David. 1992. *Managing by Storying Around*. New York: Doubleday.

Asimov, Isaac. 1983. "Creativity Will Dominate Our Time After the Concepts of Work and Fun Have Been Blurred by Technology." *Personnel Administrator* 28 (2): 42-46.

Atkinson, Paul. 1992. *Understanding Ethnographic Texts*. Qualitative Research Methods Series, Vol. 25. Newbury Park, CA: Sage.

Atkinson, Robert. 1998. *The Life Story Interview*. Qualitative Research Methods Series, Vol. 44. Thousand Oaks, CA: Sage.

Aubel, Judi. 1993. *Participatory Program Evaluation: A Manual for Involving Stakeholders in the Evaluation Process*. Dakar, Senegal: Catholic Relief Services, under a U.S. AID grant.

Aubrey, Robert and Paul Cohen. 1995. *Working Wisdom: Learning Organizations*. San Francisco: Jossey-Bass.

Azumi, Koya and Jerald Hage. 1972. "Towards a Synthesis: A Systems Perspective." Pp. 511-22 in *Organizational Systems*, edited by Koya Azumi and Jerald Hage. Lexington, MA: D. C. Heath.

Baert, Patrick. 1998. *Social Theory in the Twentieth Century*. New York: New York University Press.

Baldwin, James. 1990. *Notes of a Native Son*. Boston: Beacon.

Ball, Michael S. and Gregory W. H. Smith. 1992. *Analyzing Visual Data*. Qualitative Research Methods Series, Vol. 24. Newbury Park, CA: Sage.

Bandler, Richard and John Grinder. 1975a. *Patterns of the Hypnotic Techniques of Milton H. Erikson*, M.D. Vol. 1. Cupertino, CA: Meta Publications.

————. 1975b. *The Structure of Magic*. Vols. 1 and 2. Palo Alto, CA: Science and Behavior Books.

Barker, Roger G. 1968. *Ecological Psychology*. Stanford, CA: Stanford University Press.

Barker, Roger G. and P. Schoggen. 1973. *Qualities of Community Life: Methods of Measuring Environment and Behavior Applied to an American and an English Town*. San Francisco: Jossey-Bass.

Barker, Roger G. and H. F. Wright. 1955. *Midwest and Its Children*. New York: Harper & Row.

Barker, Roger G., H. F. Wright, M. F. Schoggen, and L. S. Barker. 1978. *Habitats, Environments, and Human Behavior*. San Francisco: Jossey-Bass.

Barone, Tom. 2000. *Aesthetics, Politics, and Educational Inquiry: Essays and Examples*. New York: Peter Lang.

Barton, David, Mary Hamilton, and Roz Ivanic. 1999. *Situated Literacies: Reading and Writing in Context*. New York: Routledge.

Bartunek, Jean M. and Meryl Reis Louis. 1996. *Insider/Outsider Team Research*. Qualitative Research Methods Series, Vol. 40. Thousand Oaks, CA: Sage.

Bateson, Gregory. 1978. "The Pattern Which Connects." *CoEvolution Quarterly* (summer): 5-15. Originally a speech for the Lindisfarne Association, October 17,1977, at the Cathedral of St. John the Divine, Manhattan, NY.

Bateson, Mary Catherine. 2000. *Full Circles, Overlapping Lives: Culture and Generation in Transition*. New York: Random House.

Bawden, R. J. and R. G. Packham. 1998. "Systemic Praxis in the Education of the Agricultural Systems Practitioner." *Systems Research And Behavioral* 15 (5, September-October): 403-12.

Becker, Howard S. 1985. *Outsiders: Studies in the Sociology of Deviance*. New York: Free Press.

————. 1970. *Sociological Work: Method and Substance*. Chicago: Aldine.

————. 1967. "Whose Side Are We On?" *Social Problems* 14:239-248.

————. 1953. "Becoming a Marijuana User." *American Journal of Sociology* 59:235-42.

Becker, Howard and Blanche Geer. 1970. "Participant Observation and Interviewing: A Comparison." In *Qualitative Methodology*, edited by W. J. Filstead. Chicago: Markham.

Beebe, James. 2001. *Rapid Assessment Process*. Walnut Creek, CA: AltaMira.

Belenky, M. F., B. M. Clinchy, N. R. Goldberger, and J. M. Tarule. 1986. *Women's Way of Knowing: The Development of Self, Voice, and Mind*. New York: Basic Books.

Benko, S. and A. Sarvimaki. 2000. "Evaluation of Patient-Focused Health Care From a Systems Perspective." *Systems Research and Behavioral Science* 17 (6, November-December): 513-25.

Benmayor, Rina. 1991. "Testimony, Action Research, and Empowerment: Puerto Rican Women and Popular Education." Pp. 159-74 in *Women's Words: The Feminist Practice of Oral History*, edited by Sherna Berger Gluck and Daphne Patai. New York: Routledge.

Benson, Alexis P., D. Michelle Hinn, and Claire Lloyd, eds. 2001. *Visions of Quality: How Evaluators Define, Understand, and Represent Program Quality*. Advances in Program Evaluation Vol. 7. Amsterdam, the Netherlands: Elsevier Science.

Bentz, Valeric Malhotra and Jeremy J. Shapiro. 1998. *Mindful Inquiry in Social Research*. Thousand Oaks, CA: Sage.

Berens, Linda V. and Dario Nardi. 1999. *The 16 Personality Types: Description for Self Discovery*. New York: Telos.

Berger, Peter and T. Luckmann. 1967. *The Social Construction of Reality: A Treatise in the Sociology of Knowledge*. Garden City, NY: Anchor.

Berland, Jody. 1997. "Nationalism and the Modernist Legacy: Dialogues With Innis." *Culture and Policy* 8 (3): 9-39.

Bernard, H. Russell. 2000. *Social Research Methods: Qualitative and Quantitative Approaches*. Thousand Oaks, CA: Sage.

_____, ed. 1998. *Handbook of Methods in Cultural Anthropology*. Walnut Creek, CA: AltaMira.

_____. 1995. *Research Methods in Anthropology: Qualitative and Quantitative Approaches*. Walnut Creek, CA: AltaMira.

Bernard, H. Russell and Gery W. Ryan. 1998. "Textual Analysis: Qualitative and Quantitative Methods." Pp. 595-646 in *Handbook of Methods in Cultural Anthropology*, edited by H. Russell Bernard. Walnut Creek, CA: AltaMira.

Bernthal, N. 1990. *Motherhood Lost and Found: The Experience of Becoming an Adoptive Mother to a Foreign Born Child*. Unpublished doctoral dissertation, Graduate College, The Union Institute, Cincinnati, OH.

Bhaskar, R. A. 1975. *A Realist Theory of Science*. Leeds, UK: Leeds Books.

Bierce, Ambrose. [1906] 1999. *The Devil's Dictionary*. New York: Oxford University Press.

Binnendijk, Annette L. 1986. *AID's Experience With Contraceptive Social Marketing: A Synthesis of Project Evaluation Findings*. A.I.D. Evaluation Special Study No. 40. Washington, DC: U.S. Agency for International Development.

Blumer, Herbert. 1978. "Methodological Principles of Empirical Science." In *Sociological Methods: A Sourcebook*, edited by Norman K. Denzin. New York: McGraw-Hill.

————. 1969. *Symbolic Interactionism*. Englewood Cliffs, NJ: Prentice Hall.

————. 1954. "What Is Wrong With Social Theory?" *American Sociological Review* 19:3-10.

Boas, Franz. 1943. "Recent Anthropology." *Science* 98:311-14, 334-37.

Bochner, Arthur P. 2001. "Narrative's Virtues." *Qualitative Inquiry* 7 (2): 131-57.

Bochner, Arthur P. and Carolyn Ellis. 2001. *Ethnographically Speaking*. Oxford, UK: Rowman & Littlefield.

Bochner, Arthur P., Carolyn Ellis, and L. Tillman-Healy. 1997. "Relationships as Stories." Pp. 307-24 in *Handbook of Personal Relationships: Theory, Research, and Interventions*. 2d ed., edited by S. Dick. New York: John Wiley.

Bogdan, R. C. and S. K. Biklen. 1992. *Qualitative Research for Education*. Boston: Allyn & Bacon.

Boring, E. G. 1942. *Sensation and Perception in the History of Psychology*. Bloomington, IN: Appleton Century.

Borman, Kathryn M. and Judith P. Goetz. 1986. "Ethnographic and Qualitative Research Design and Why It Doesn't Work." *American Behavioral Scientist* 30 (1, September-October): 42-57.

Boruch, R. and D. Rindskopf. 1984. "Data Analysis." Pp. 121-58 in *Evaluation Research Methods*. 2d ed., edited by L. Rutman. Beverly Hills, CA: Sage.

Boston Women's Teachers' Group. 1986. *The Effect of Teaching on Teachers*. North Dakota Study Group on Evaluation monograph series. Grand Forks: Center for Teaching and Learning, University of North Dakota.

Boulding, Kenneth E. 1985. *Human Betterment*. Beverly Hills, CA: Sage.

Boxill, Nancy A. 1990. *Homeless Children: The Watchers and the Waiters*. New York: Ha-worth.

Boyatzis, Richard E. 1998. *Transforming Qualitative Information: Thematic Analysis and Code Development*. Thousand Oaks, CA: Sage.

Brady, Ivan. 2000. "Anthropological Poetics." Pp. 949-79 in *Handbook of Qualitative Research*. 2d ed., edited by Norman K. Denzin and Yvonna S. Lincoln. Thousand Oaks, CA: Sage.

————. 1998. "A Gift of the Journey." *Qualitative Inquiry* 4 (4, December): 463.

Brajuha, Mario and L. Hallowell. 1986. "Legal Intrusion and the Politics of Fieldwork: The Impact of the Brajuha Case." *Urban Life* 1 (4): 454-78.

Brandon, Paul R., Marlene A. Lindberg, and Zhigand Wang. 1993. "Involving Program Beneficiaries in the Early Stages of Evaluation: Issues of Consequential Validity and Influence." *Educational Evaluation and Policy Analysis* 15 (4): 420-28.

Braud, William and Rosemarie Anderson. 1998. *Transpersonal Research Methods for the Social Sciences: Honoring Human Experience*. Thousand Oaks, CA: Sage.

Bremer, J., E. Cole, W. Irelan, and P. Rourk. 1985. *A Review of AID's Experience in Private Sector Development.* A.I.D. Program Evaluation Report No. 14. Washington, DC: U.S. Agency for International Development.

Brewer, J. and A. Hunter. 1989. *Multimethod Research: A Synthesis of Styles.* Newbury Park, CA: Sage.

Brinkley, David. 1968. "Public Broadcasting Laboratory." Interview on Public Broadcasting Service, December 2.

Brislin, Richard W., K. Cushner, C. Cherrie, and Mahealani Yong. 1986. *Intercultural Interactions: A Practical Guide.* Beverly Hills, CA: Sage.

Brizuela, B. M., J. P. Stewart, R. G. Carrillo, and J. G. Berger. 2000. *Acts of Inquiry in Qualitative Research.* Reprint Series No. 34. Cambridge, MA: Harvard Educational Review.

Brock, James, Richard Schwaller, and R. L. Smith. 1985. "The Social and Local Government Impacts of the Abandonment of the Milwaukee Railroad in Montana." *Evaluation Review* 9 (2): 127-43.

Brookfield, Stephen. 1994. "Tales From the Dark Side: A Phenomenography of Adult Critical Reflection." *International Journal of Lifelong Education* 13 (3): 203-16.

Brown, John Seely, Alan Collins, and Paul Duguid. 1989. "Situated Cognition and the Culture of Learning." *Educational Researcher* 18 (1, January-February): 32-42.

Brown, Judith R. 1996. *The I in Science: Training to Utilize Subjectivity in Research.* Oslo, Norway: Scandinavian University Press.

Browne, Angela. 1987. *When Battered Women Kill.* New York: Free Press.

Bruce, Christine and Rod Gerber. 1997. *Phenomenographic Research: An Annotated Bibliography.* Occasional Paper 95.2. Centre for Applied Environmental and Social Education Research. Brisbane, Australia: QUT Publications.

Bruner, Edward M. 1996. "My Life in an Ashram." *Qualitative Inquiry* 2 (3, September): 300-19.

Bruyn, Severyn. 1966. *The Human Perspective in Sociology: The Methodology of Participant Observation.* Englewood Cliffs, NJ: Prentice Hall.

————. 1963. "The Methodology of Participant Observation." *Human Organization* 21:224-35.

Buber, Martin. 1923. *I and Thou.* New York: Macmillan Library.

Buckholt, Marcia. 2001. *Women's Voices of Resilience: Female Adult Abuse Survivors Define the Phenomenon.* Unpublished doctoral dissertation, Graduate College, The Union Institute, Cincinnati, OH.

Bullogh, Robert V., Jr. and Stefinee Pinnegar. 2001. "Guidelines for Quality in Autobiographical Forms of Self-Study Research." *Educational Researcher* 30 (3): 13-21.

Bunch, Eli Haugen. 2001. "Quality of Life of People With Advanced HIV/AIDS in Norway." *Grounded Theory Review* 2:30-42.

Bunge, Mario. 1959. *Causality*. Cambridge, MA: Harvard University Press.

Burdell, Patricia and Beth Blue Swadener. 1999. "Critical Personal Narrative and Autoethnography in Education: Reflections on a Genre." *Educational Researcher* 28 (6): 21-26.

Burns, Tom and G. M. Stalker. 1972. "Models of Mechanistic and Organic Structure." Pp. 240-55 in *Organizational Systems*, edited by Koya Azumi and Jerald Hage. Lexington, MA: D. C. Heath.

Bussis, Anne, Edward A. Chittenden, and Marianne Amarel. 1973. *Methodology in Educational Evaluation and Research*. Princeton, NJ: Educational Testing Service.

Buxton, Amity. 1982. *Children's Journals: Further Dimensions of Assessing Language Development*. North Dakota Study Group on Evaluation monograph series. Grand Forks: Center .for Teaching and Learning, University of North Dakota.

Cambel, Ali Bulent. 1992. *Applied Chaos Theory: A Paradigm for Complexity*. New York: Academic Press.

Campbell, Donald T. 1999a. "Legacies of Logical Positivism and Beyond." Pp. 131-44 in *Social Experimentation*, by Donald T. Campbell and M. Jean Russo. Thousand Oaks, CA: Sage.

_____. 1999b. "On the Rhetorical Use of Experiments." Pp. 149-58 in *Social Experimentation*, by Donald T. Campbell and M. Jean Russo. Thousand Oaks, CA: Sage.

_____1974. "Qualitative Knowing in Action Research." Presented at the annual meeting of the American Psychological Association, New Orleans, LA.

Campbell, Donald T. and M. Jean Russo. 1999. *Social Experimentation*. Thousand Oaks, CA: Sage.

Campbell, Jeanne L. 1983. *Factors and Conditions Influencing Usefulness of Planning, Evaluation and Reporting in Schools*. Unpublished doctoral dissertation, University of Minnesota.

Carchedi, G. 1983. "Class Analysis and the Study of Social Forms." Pp. 347-67 *in Beyond Method*, edited by Gareth Morgan. Beverly Hills, CA: Sage.

Carini, Patricia F. 1979. *The Art of Seeing and the Visibility of the Person*. North DakotaStudy Group on Evaluation monograph series. Grand Forks: Center for Teaching and Learning, University of North Dakota.

_____. 1975. *Observation and Description: An Alternative Method for the Investigation of Human Phenomena*. North Dakota Study Group on Evaluation monograph series. Grand Forks: Center for Teaching and Learning, University of North Dakota.

Carlin, George. 1997. *Brain Droppings*. New York: Hyperion.

Casse, Pierre and Surinder Deol. 1985. *Managing Intercultural Negotiations: Guidelines for Trainers and Negotiators*. Washington, DC: SIETAR International.

Castaneda, Carlos. 1973. *Journey to Ixtlan*. New York: Pocket Books.

Cedillos, Jose Hilario. 1998. "Mayan Fragments and Bricolage: Roots of Layered Consciousness." Unpublished manuscript.

_____. Forthcoming. *The Bricolage Arts: The Postmodernist Search for Shamanic Jazz.*

Cernea, Michael, ed. 1991. *Putting People First: Sociological Variables in Rural Development.* 2d ed. New York: Oxford University Press.

Cernea, Michael M. and Scott E. Guggenheim. 1985. "Is Anthropology Superfluous in Farming Systems Research?" World Bank Reprint Series No. 367. Washington, DC: World Bank.

Cervantes Saavedra, Miguel de. 1964. *Don Quixote.* New York: Signet Classics.

Chagnon, Napoleon. 1992. *Yanomamo: The Last Days of Eden.* New York: Harcourt Brace.

Chamberlayne, P., J. Bornat, and T. Wengraf. 2000. *The Turn to Biographical Methods in Social Science.* London: Routledge.

Chambers, Erve. 2000. "Applied Ethnography." Pp. 851-69 in *Handbook of Qualitative Research.* 2d ed., edited by Norman K. Denzin and Yvonna S. Lincoln. Thousand Oaks, CA: Sage.

Charmaz, Kathy. 2000. "Grounded Theory: Objectivist and Constructivist Methods." Pp. 509-35 in *Handbook of Qualitative Research.* 2d ed., edited by Norman K. Denzin and Yvonna S. Lincoln. Thousand Oaks, CA: Sage.

Charon, Rita, M. G. Greene, and R. D. Adelman. 1998. "Qualitative Research in Medicine and Health Care: Questions and Controversy, a Response. *Journal of General Internal Medicine* 13 (January): 67-68.

Chatterjee, A. 2001. "Language and Space: Some Interactions." *Trends in Cognitive Sciences 5* (2): 55-61.

Checkland, Peter. 1999. *Systems Thinking, Systems Practice: A 30-Year Retrospective.* New York: John Wiley.

Chen, Huey-Tsyh and Peter H. Rossi. 1987. "The Theory-Driven Approach to Validity" *Evaluation and Program Planning* 10:95-103.

Chew, Siew Tuan. 1989. *Agroforestry Projects for Small Farmers.* A.I.D. Evaluation Special Study No. 59. Washington, DC: U.S. Agency for International Development.

Cheyne, V. 1988. *Growing Up in a fatherless Home: The Female Experience.* Ann Arbor, MI: University Microfilms International. Unpublished doctoral thesis, Graduate College, The Union Institute, Cincinnati, OH.

Chibnik, M. 2000. "The Evolution of Market Niches in Oaxacan Woodcarving." *Ethnology* 39 (3, summer): 225-42.

Christians, Clifford G. 2000. "Ethics and Politics in Qualitative Research." Pp. 133-55 in *Handbook of Qualitative Research.* 2d ed., edited by Norman K. Denzin and Yvonna S. Lincoln. Thousand Oaks, CA: Sage.

Church, Kathryn. 1995. *Forbidden Narratives: Critical Autobiography as Social Science.*

Toronto, Ontario, Canada: University of Toronto Press.

Cialdini, Robert B. 2001. "The Science of Persuasion." *Scientific American* 284 (2): 76-81.

Clark, J. 1988. *The Experience of the Psychologically Androgynous Male*. Unpublished doctoral dissertation, Graduate College, The Union Institute, Cincinnati, OH.

Clarke, I. and W. Mackaness. 2001. "Management 'Intuition': An Interpretative Account of Structure and Content of Decision Schemas Using Cognitive Maps." *Journal of Management Studies* 38 (2): 147-72.

Cleveland, Harlan. 1989. *The Knowledge Executive: Leadership in an Information Society*. New York: E. P. Dutton.

Coffey, Amanda and Paul Atkinson. 1996. *Making Sense of Qualitative Data: Complementary Research Strategies*. Thousand Oaks, CA: Sage.

Cole, Andra L. and J. Gary Knowles. 2000. *Doing Reflexive Life History Research*. Walnut Creek, CA: AltaMira.

Coles, Robert. 1990. *The Spiritual Life of Children*. Boston: Houghton Mifflin.

_____. 1989. *The Call of Stories: Teaching and the Moral Imagination*. Boston: Houghton Mifflin.

Collins, Jim. 2001. "Level 5 Leadership: The Triumph of Humility and Fierce Resolve." *Harvard Business Review* 79 (1, January): 67-76,175.

Comstock, D. E. 1982. "A Method for Critical Research." Pp. 370-90 in *Knowledge and Values in Social and Educational Research*, edited by E. Bredo and W. Feinberg. Philadelphia: Temple University Press.

Connolly, Deborah R. 2000. *Homeless Mothers: Face to Face With Women and Poverty*. Minneapolis: University of Minnesota Press.

Connor, Ross. 1985. "International and Domestic Evaluation: Comparisons and Insights." Pp. 19-28 in *Culture and Evaluation*, edited by Michael Quinn Patton. San Francisco: Jossey-Bass.

Conrad, Joseph. 1960. *Heart of Darkness*. New York: Dell.

Conroy, Dennis L. 1987. *A Phenomenological Study of Police Officers as Victims*. Unpublished doctoral thesis, Graduate College, The Union Institute, Cincinnati, OH.

Constas, M. A. 1998. "Deciphering Postmodern Educational Research." *Educational Researcher* 27 (9): 36-42.

Cook, Thomas D. 1995. "Evaluation Lessons Learned." Plenary address at the International Evaluation Conference "Evaluation '95," November 4, Vancouver, BC.

Cook, Thomas D., Laura C. Leviton, and William R. Shadish, Jr. 1985. "Program Evaluation." Pp. 699-777 in *Handbook of Social Psychology, Theory and Method*. Vol. 1. 3d ed., edited by G. Lindzey and E. Aronson. New York: Random House.

Cook, Thomas D. and Charles S. Reichardt, eds. 1979. *Qualitative and Quantitative Methods in Evaluation Research*. Beverly Hills, CA: Sage.

Cooke, N. J. 1994. "Varieties of Knowledge Elicitation Techniques." *International*

Journal of Human-Computer Studies 41 (6): 801-49.

Cooper, Harris. 1998. *Synthesizing Research*. Thousand Oaks, CA: Sage.

Coulon, Alain. 1995. *Ethnomethodology*. Qualitative Research Methods Series, Vol. 36. Thousand Oaks, CA: Sage.

Cousins, J. Bradley and Lorna M. Earl, eds. 1995. *Participatory Evaluation in Education: Studies in Evaluation Use and Organizational Learning*. London: Palmer.

————. 1992. "The Case for Participatory Evaluation." *Educational Evaluation and Policy Analysis* 14:397-418.

Covey, Stephen R. 1990. *The 7 Habits of Highly Effective People: Powerful Lessons in Personal Change*. New York: Fireside.

Cox, Gary B. 1982. "Program Evaluation." Pp. 338-51 in *Handbook on Mental Health Administration*, edited by Michael S. Austin and William E. Hersley. San Francisco: Jossey-Bass.

Craig, P. 1978. *The Heart of a Teacher: A Heuristic Study of the Inner World of Teaching*. Ann Arbor, MI: University Microfilms International.

Creswell, John W. 1998. *Qualitative Inquiry and Research Design: Choosing Among Five Traditions*. Thousand Oaks, CA: Sage.

Cronbach, Lee J. 1988. "Playing With Chaos." *Educational Researcher* 17 (6, August-September): 46-49.

————. 1982. *Designing Evaluations of Educational and Social Programs*. San Francisco: Jossey-Bass.

————1975. "Beyond the Two Disciplines of Scientific Psychology." *American Psychol-ogist* 30:116-27.

Cronbach, Lee J. and Associates. 1980. *Toward Reform of Program Evaluation*. San Francisco: Jossey-Bass.

Crosby, Philip B. 1979. *Quality Is Free: The Art of Making Quality Certain*. New York: McGraw-Hill.

Crotty, Michael. 1998. *The Foundations of Social Research: Meaning and Perspective in the Research Process*. London: Sage.

Curry, Constance. 1995. *Silver Rights*. Chapel Hill, NC: Algonquin.

Czarniawska, Barbara. 1998. *A Narrative Approach to Organization Studies*. Qualitative Research Methods Series, Vol. 43. Thousand Oaks, CA: Sage.

Cziko, Gary A. 1989. "Unpredictability and Indeterminism in Human Behavior: Arguments and Implications for Educational Research." *Educational Researcher* 18 (3, April): 17-25.

Dalgaard, K. A., M. Brazzel, R. T. Liles, D. Sanderson, and E. Taylor-Powell. 1988. *Issues Programming in Extension*. Washington, DC: Extension Service, U.S. Department of Agriculture.

Dart, Jessica. 2000. Personal e-mail communication. For more information online about the "most significant changes" monitoring system, go to http: / / www. egroups.com/ group/MostSignificantChanges.

Dart, J. J., G. Drysdale, D. Cole, and M. Saddington. 2000. "The Most Significant Change Approach for Monitoring an Australian Extension Project." *PLA Notes* 38:47-53. London: International Institute for Environment and Development.

Davies, Rick J. 1996. "An Evolutionary Approach to Facilitating Organisational Learning: An Experiment by the Christian Commission for Development in Bangladesh." Swansea, UK: Centre for Development Studies.

Davis, Kingsley. 1947. "Final Note on a Case of Extreme Social Isolation." *American Journal of Sociology* 52 (March): 432-37.

_____. 1940. "Extreme Social Isolation of a Child." *American Journal of Sociology* 45 (January): 554-65.

De Bono, Edward. 1999. *Six Thinking Hats*. New York: Little, Brown.

DeCramer, Gary. 1997. *Minnesota's District/Area Transportation Partnership Process*. Vol. 1, Cross-Case Analysis. Vol. 2, Case Studies and Other Perspectives. Minneapolis: Center for Transportation Studies, University of Minnesota.

De Munck, V. 2000. "Introduction: Units for Describing and Analyzing Culture and Society." *Ethnology 39* (4): 279-92.

Denning, Stephen. 2001. *The Springboard: How Story telling Ignites Action in Knowledge-Era Organizations*. Portsmouth, NH: Butterworth-Heinemann.

Denny, Terry. 1978. "Storytelling and Educational Understanding." Occasional Paper No. 12, Evaluation Center. Kalamazoo: Western Michigan University.

Denzin, Norman K. 2001. *Interpretive Interactionism*. 2d ed. Thousand Oaks, CA: Sage.

_____. 2000a. "Aesthetics and the Practices of *Qualitative Inquiry*." Qualitative Inquiry 6 (2): 256-65.

_____. 2000b. "Rock Creek History." *Symbolic Interaction* 23 (1): 71-81.

_____1997a. "Coffee With Anselm." *Qualitative Family Research* 11 (1, 2 November):16-18.

_____. 1997b. *Interpretive Ethnography: Ethnographic Practices for the 21st Century*. Thousand Oaks, CA: Sage.

_____ 1991. *Images of Postmodern Society: Social Theory and Contemporary Cinema*. London: Sage.

_____1989a. *Interpretive Biography*. Qualitative Research Methods Series, Vol. 17. Newbury Park, CA: Sage.

_____1989b. *Interpretive Interactionism*. Newbury Park, CA: Sage.

_____1989c. *The Research* Act: A Theoretical Introduction to Sociological Methods. 3d ed. Englewood Cliffs, NJ: Prentice Hall.

_____. 1978a. "The Logic of Naturalistic Inquiry." In *Sociological Methods: A Sourcebook*, edited by Norman K. Denzin. New York: McGraw-Hill.

_____1978b. *The Research Act: A Theoretical Introduction to Sociological Methods.*

2d ed. New York: McGraw-Hill.

Denzin, Norman K. and Yvonna S. Lincoln, eds. 2000a. *Handbook of Qualitative Research*. 2d ed. Thousand Oaks, CA: Sage.

————. 2000b. "Introduction: The Discipline and Practice of Qualitative Research." Pp. 1-28 in *Handbook of Qualitative Research*. 2d ed., edited by Norman K. Denzin and Yvonna S. Lincoln. Thousand Oaks, CA: Sage.

Deutsch, Claudia H. 1998. "The Guru of Doing It Right Still Sees Much Work to Do." *New York Times*, November 15, p. B5.

Deutscher, Irwin. 1970. "Words and Deeds: Social Science and Social Policy." Pp. 27-51 in *Qualitative Methodology*, edited by W. J. Filstead. Chicago: Markham.

Dewey, John. 1956. *The Child and the Curriculum*. Chicago: University of Chicago Press.

Dobbert, Marion L. 1982. *Ethnographic Research: Theory and Application for Modern Schools and Societies*. New York: Praeger.

Domaingue, Robert. 1989. "Community Development Through Ethnographic Futures Research." *Journal of Extension* (summer): 22-23.

Douglas, Jack D. 1976. *Investigative Social Research: Individual and Team Field Research*. Beverly Hills, CA: Sage.

Douglass, Bruce and Clark Moustakas. 1985. "Heuristic Inquiry: The Internal Search to Know." *Journal of Humanistic Psychology* 25 (3, summer): 39-55.

Douglass, W. A. 2000. "In Search of Juan de Onate: Confessions of a Crypto-essentialist." *Journal of Anthropological Research* 56 (2): 137-62.

Drass, Kriss and Charles Ragin. 1992. *QCA: Qualitative Comparative Analysis*. A DOD software program distributed by the Publications Office, Institute for Public Policy, Northwestern University. Evanston, 1L: Northwestern University.

Duckworth, Eleanor. 1978. *The African Primary Science Program: An Evaluation and Extended Thoughts*. North Dakota Study Group on Evaluation monograph series. Grand Forks: Center for Teaching and Learning, University of North Dakota.

Dunn, Stephen. 2000. "Empathy." *The New Yorker*, April 10, p. 62.

Durkin, Tom. 1997. "Using Computers in Strategic Qualitative Research." Pp. 92-105 in *Context and Method in Qualitative Research*, edited by Gale Miller and Robert Dingwall. Thousand Oaks, CA: Sage.

Durrenberger, E. P. and S. Erem. 1999. "The Weak Suffer What They Must: A Natural Experiment in Thought and Structure." *American Anthropologist* 101 (4): 783-93.

Eberstadt, Nicholas, Nicolas Eberstadt, and Daniel Patrick Moynihan. 1995. *The Tyranny a/Numbers: Mismeasurement and Misrule*. Washington, DC: American Enterprise Institute Press.

Edmunds, Stahrl W. 1978. *Alternative U.S. Futures: A Policy Analysis of Individual Choices in a Political Economy*. Santa Monica, CA: Goodyear.

Edwards, Ward, Marcia Guttentag, and Kurt Snapper. 1975. "A Decision-Theoretic Approach to Evaluation Research." In *Handbook of Evaluation Research*. Vol. 1, edited by E. L. Struening and M. Guttentag. Beverly Hills, CA: Sage.

Eichelberger, R. Tony. 1989. *Disciplined Inquiry: Understanding and Doing Educational Research*. White Plains, NY: Longman.

Eichenbaum, Luise and Susie Orbach. 1983. *Understanding Women: A Feminist Psychoanalytic Approach*. New York: Basic Books.

Eisner, Elliot W. 1997. "The New Frontier in Qualitative Research Methodology." *Qualitative Inquiry* 3 (3, September): 259-73.

_____. 1996. "Should a Novel Count as a Dissertation in Education?" *Research in the Teaching of English* 30 (4): 403-27.

_____. 1991. *The Enlightened Eye: Qualitative Inquiry and the Enhancement of Educational Practice*. New York: Macmillan.

_____. 1988. "The Primacy of Experience and the Politics of Method." *Educational Researchers* (June/July): 15-20.

_____. 1985. *The Art of Educational Evaluation: A Personal View*. London: Falmer.

Elliott, John. 1976. *Developing Hypotheses About Classrooms From Teachers Practical Constructs*. North Dakota Study Group on Evaluation monograph series. Grand Forks: Center for Teaching and Learning, University of North Dakota.

Ellis, Carolyn. 1986. *Fisher Folk: Two Communities on Chesapeake Bay*. Lexington: University Press of Kentucky.

Ellis, Carolyn and Arthur P. Bochner. 2000. "Autoethnography, Personal Narrative, Reflexivity: Researcher as Subject." Pp. 733-68 *in Handbook of Qualitative Research*. 2d ed., edited by Norman K. Denzin and Yvonna S. Lincoln. Thousand Oaks, CA: Sage.

_____. 1996. *Composing Ethnography: Alternative Forms of Qualitative Writing*. Walnut Creek, CA: AltaMira.

Elmore, Richard F. 1976. "Follow Through Planned Variation." In *Social Program Implementation*, edited by Walter Williams and Richard F. Elmore. New York: Academic Press.

English, Fenwick W. 2000. "A Critical Appraisal of Sara Lawrence-Lightfoot's Portraiture as a Method of Educational Research." *Educational Researcher* 29 (7): 21-26.

Ensler, Eve. 2001. *The Vagina Monologues: The V-Day Edition*. New York: Villard.

Eoyang, Glenda H. 1997. *Coping With Chaos: Seven Simple Tools*. Cheyenne, WY: Lagumo.

Erickson, Fred. 1973. "What Makes School Ethnography 'Ethnographic'?" *Anthropology and Education Quarterly* 4 (2): 10-19.

Erickson, Ken and Donald Stull. 1998. *Doing Team Ethnography: Warnings and Advice*. Qualitative Research Methods Series, Vol. 42. Thousand Oaks, CA: Sage.

Ericsson, K. Anders and Herbert Alexander Simon. 1993. *Protocol Analysis: Verbal Re-*

ports as Data. Cambridge: MIT Press.

Fadiman, Clifton, ed. 1985. *The Little, Brown Book of Anecdotes*. Boston: Little, Brown.

Farming Systems Support Project (FSSP). 1987. *Bibliography of Readings in Farming Systems*. Gainesville: University of Florida Institute of Food and Agricultural Sciences.

_____. 1986. *Diagnosis in Farming Systems Research and Extension*. Vol. 1. Gainesville: University of Florida Institute of Food and Agricultural Sciences.

Fehrenbacher, Harry L., Thomas R. Owens, and Joseph F. Haehnn. 1976. *The Use of Student Case Study Methodology in Program Evaluation*. Research Evaluation Development Paper Series No. 10. Portland, OR: Northwest Regional Educational Laboratory.

Feiman, Sharon. 1977. "Evaluating Teacher Centers." *School Review* 8:395-411.

Feldman, Martha S. 1995. *Strategies for Interpreting Qualitative Data*. Qualitative Research Methods Series, Vol. 33. Thousand Oaks, CA: Sage.

Ferguson, Cecile. 1989. *The Use and Impact of Evaluation by Decision Makers: Four Australian Case Studies*. Unpublished doctoral thesis, Macquarie University, Australia.

Festinger, Leon. 1956. *When Prophecy Fails: A Social and Psychological Study*. New York: HarperCollins College Division.

Fetterman, David M. 2000a. *Foundations of Empowerment Evaluation: Step by Step*. Thousand Oaks, CA: Sage.

_____. 2000b. "Summary of the STEP Evaluation and Dialogue." *American Journal of Evaluation* 21 (2, spring-summer): 239-259.

_____. 1989. *Ethnography: Step by Step*. Newbury Park, CA: Sage.

_____.1988a. "Qualitative Approaches to Evaluating Education." *Educational Researcher* 17 (8, November): 17-23.

_____. 1988b. *Qualitative Approaches to Evaluation in Education: The Silent Scientific Revolution*. New York: Praeger.

_____, ed. 1984. *Ethnography in Educational Evaluation*. Beverly Hills, CA: Sage.

Fetterman, David M., A. J. Kaftarian, and A. Wandersman, eds. 1996. *Empowerment Evaluation: Knowledge and Tools for Self-Assessment and Accountability*. Thousand Oaks, CA:Sage.

Fielding, Nigel G. 2000. "The Shared Fate of Two Innovations in Qualitative Methodology: The Relationship of Qualitative Software and Secondary Analysis of Archived Qualitative Data." *Qualitative Social Research* [Online] 1 (3, December). Available from http:/ /caqdas.soc.surrey.ac.uk/news.

_____. 1995. "Choosing the Right Qualitative Software Package." *Data Archive Bulletin* [Online] 58. Available from http://caqdas.soc.surrey.ac.uk/choose.htm.

Fielding, Nigel G. and Jane L. Fielding. 1986. *Linking Data*. Qualitative Research

Methods Series, Vol. 4. Beverly Hills, CA: Sage.

Fielding, Nigel G. and Raymond M. Lee. 1998. *Computer Analysis and Qualitative Research*. Thousand Oaks, CA: Sage.

Filstead, William J., ed. 1970. *Qualitative Methodology*. Chicago: Markham.

Fitz-Gibbon, Carol Taylor and Lynn Lyons Morris. 1987. *How to Design a Program Evaluation*. Newbury Park, CA: Sage.

Fitzpatrick, Jacqueline, Jan Secrist, and Debra J. Wright. 1998. *Secrets for a Successful Dissertation*. Thousand Oaks, CA: Sage.

Fitzsimmons, Ellen L. 1989. "Alternative Extension Scenarios." *Journal of Extension* 28 (3, fall): 13-15.

Fonow, Mary Margaret and Judith A. Cook. 1991. *Beyond Methodology: Feminist Scholarship as Lived Research*. Bloomington: Indiana University Press.

Fontana, Andrea and James H. Prey. 2000. "The Interview: From Structured Questions to Negotiated Text." Pp. 645-72 in *Handbook of Qualitative Research*. 2d ed., edited by Norman K. Denzin and Yvonna S. Lincoln. Thousand Oaks, CA: Sage.

Fonte, John. 2001. "Why There Is a Culture War: Gramsci and Tocqueville in America." *Policy Review* 104 (January): 14-23.

Foucault, Michel. 1988. "The Aesthetics of Existence." In *Politics, Philosophy, Culture: Interviews and Other Writings 1977-1984*, edited by L. D. Kritzman. New York: Routledge.

_____. 1972. *The Archaeology of Knowledge and the Discourse on Language*. New York: Pantheon.

Frake, Charles. 1962. "The Ethnographic Study of Cognitive Systems." In *Anthropology and Human Behavior*, edited by T. Gladwin and W. H. Sturtlevant. Washington, DC: Anthropology Society of Washington.

Frank, A. 2000. "Illness and Autobiographical Work." *Qualitative Sociology* 23:135-56.

_____. 1995. *The Wounded Storyteller: Body, Illness, and Ethics*. Chicago: University of Chicago Press

Freire, Paulo. 1973. *Education for Critical Consciousness*. New York: Seabury.

Fricke, John G. and Raj Gill. 1989. "Participative Evaluations." *Canadian Journal of Evaluation* 4 (1, April/May): 11-26.

_____. 1970. *Pedagogy of the Oppressed*. New York: Seabury.

Frow, John and Meaghan Morris. 2000. "Cultural Studies." Pp. 315-46 in *Handbook of Qualitative Research*. 2d ed., edited by Norman K. Denzin and Yvonna S. Lincoln. Thousand Oaks, CA: Sage.

Fuller, Steve. 2000. *Thomas Kuhn: A Philosophical History of Our Times*. Chicago: University of Chicago Press.

Gahan, Celia and Mike Hannibal. 1998. *Doing Qualitative Research Using QSR.NUD. IST*. Thousand Oaks, CA: Sage.

Gallucci, M. and M. Perugini 2000. "An Experimental Test of a Game-Theoretical Model of Reciprocity." *Journal of Behavioral Decision Making* 13 (4): 367-89.

Gait, D. L. and S. B. Mathema. 1987. "Farmer Participation in Farming Systems Research." In *Farming Systems Support Project Newsletter*, Vol. 5, No. 7. Gainesville: University of Florida Institute of Food and Agricultural Sciences.

Gamson, Joshua. 2000. "Sexualities, Queer Theory, and Qualitative Research." Pp. 347-65 in *Handbook of Qualitative Research*, 2d ed., edited by Norman K. Denzin and Yvonna S. Lincoln. Thousand Oaks, CA: Sage.

Garcia, Samuel E. 1984. *Alexander the Great: A Strategy Review*. Report No. 84-0960, Maxwell Air Force Base. Montgomery, Alabama: Air Command and Staff College.

Garfinkel, Harold. 1967. *Studies in Ethnomethodology*. Englewood Cliffs, NJ: Prentice Hall.

Geertz, Clifford. 2001. "Life Among the Anthros." *The New York Review of Books* 48 (2, February 8): 18-22.

_____. 1973. "Deep Play: Notes on the Balinese Cockfight." Pp. 412-53 in *The Interpretation of Cultures*. New York: Basic Books.

Gentile, J. Ronald. 1994. "Inaction Research: A Superior and Cheaper Alternative for Educational Researchers." *Educational Researcher* 23 (2): 30-32.

Gephart, Robert P., Jr. 1988. *Ethnostatistics: Qualitative Foundations for Quantitative Research*. Qualitative Research Methods Series, Vol. 12. Newbury Park, CA: Sage.

Gergen, Mary M. and Kenneth J. Gergen. 2000. "Qualitative Inquiry: Tensions and Transformation." Pp. 1025-46 in *Handbook of Qualitative Research*. 2d ed., edited by Norman K. Denzin and Yvonna S. Lincoln. Thousand Oaks, CA: Sage.

Gharajedaghi, Jamshid. 1985. *Toward a Systems Theory of Organization*. Salinas, CA: Intersystems.

Gharajedaghi, Jamshid and Russell L. Ackoff. 1985. "Toward Systemic Education of Systems Scientists." *Systems Research* 2 (I): 21-27.

Gilgun, Jane. 1999. "Fingernails Painted Red: A Feminist Semiotic Analysis of a 'Hot' Text." *Qualitative Inquiry* 5 (2): 181-207.

_____. 1996. "Human Development and Adversity in Ecological Perspective, Part 2, Three Patterns." *Families in Society* 77:459-576.

_____. 1995. "We Shared Something Special: The Moral Discourse of Incest Perpetrators." *Journal of Marriage and the Family* 57:265-81.

_____. 1994. "Avengers, Conquerors, Playmates, and Lovers: A Continuum of Roles Played by Perpetrators of Child Sexual Abuse." *Families in Society* 75:467-8

_____. 1991. "Resilience and the Intergenerational Transmission of Child Sexual Abuse." Pp. 93-105 in *Family Sexual Abuse: Frontline Research and Evaluation*, edited by Michael Quinn Patton. Newbury Park, CA: Sage.

Gilgun, Jane and Laura McLeod. 1999. "Gendering Violence." *Studies in Symbolic Inter-*

action 22:167-93.

Gilligan, Carol. 1982. *In a Different Voice: Psychological Theory and Women's Development.* Cambridge, MA: Harvard University Press.

Giorgi, A. 1971. "Phenomenology and Experimental Psychology." In *Duquesne Studies in Phenomenological Psychology,* edited by A. Giorgi, W. Fischner, and R. Von Eckartsberg. Pittsburgh, PA: Duquesne University Press.

Gladwell, Malcolm. 2000. "Annals of Medicine." *The New Yorker*, March 13, pp. 55-56.

_____. 1997. "Just Ask for It: The Real Key to Technological Innovation." *The New Yorker*, April 7, pp. 45-49.

Gladwin, Christina H. 1989. *Ethnographic Decision Tree Modeling.* Qualitative Research Methods Series, Vol. 19. Newbury Park, CA: Sage.

Glaser, Barney G. 2001. "Doing Grounded Theory." *Grounded Theory Review* 2:1-18.

_____. 2000. "The Future of Grounded Theory." *Grounded Theory Review* 1:1-8.

_____, ed. 1993. *Examples of Grounded Theory: A Reader.* Mill Valley, CA: Sociology Press.

_____. 1978. *Theoretical Sensitivity: Advances in the Methodology of Grounded Theory.* Mill Valley, CA: Sociology Press.

Glaser, Barney G. and Anselm L. Strauss. 1967. *Discovery of Grounded Theory: Strategies for Qualitative Research.* Chicago: Aldine.

Glass, Ronald David. 2001. "On Paulo Freire's Philosophy of Praxis and the Foundations of Liberation Education." *Educational Researcher* 30 (2): 15-25.

Glazer, Myron. 1972. *The Research Adventure: Promise and Problems of Fieldwork.* New York: Random House.

Gleick, James. 1987. *Chaos: Making a New Science.* New York: Penguin.

Glennon, Lynda M. 1983. "Synthesism: A Case of Feminist Methodology." Pp. 260-71 in *Beyond Method,* edited by Gareth Morgan. Beverly Hills, CA: Sage.

Glesne, Corrine. 1999. *Becoming Qualitative Researchers: An Introduction.* 2d ed. New York: Longman.

_____. 1997. "That Rare Feeling: Representing Research Through Poetic Transcription." *Qualitative Inquiry* 3 (2, June): 202-21.

Gluck, Sherna Berger and Daphne Patai, eds. 1991. *Women's Words: The Feminist Practice of Oral History.* New York: Routledge.

Godet, Michel. 1987. *Scenarios and Strategic Management.* London: Butterworths.

Goffman, Erving. 1961. *Asylums: Essays on the Social Situation of Mental Patients and Other Inmates.* Garden City, NY: Anchor.

Golden-Biddle, Karen and Karen D. Locke. 1997. *Composing Qualitative Research.* Thousand Oaks, CA: Sage.

Golembiewski, Bob. 2000. "Three Perspectives on Appreciative Inquiry." *OD Practitioner* 32 (1): 53-58.

Goodall, H. L., Jr. 2000. *Writing the New Ethnography*. Walnut Creek, CA: AltaMira.

Goodenough, W. 1971. *Culture, Language, and Society*. Reading, MA: Addison-Wesley.

Goodson, Ivor and Martha Foote. 2001. "Testing Times: A School Case Study." *Education Policy Analysis Archives* 9 (2, January 15): 1-10.

Gore, Jennifer M. and Kenneth M. Zeichner. 1995. *Connecting Action Research to Genuine Teacher Development*. Pp. 203-14 in Critical Discourses on Teacher Development, edited by John Smyth. London: Cassell.

Graham, Robert J. 1993. "Decoding Teaching: The Rhetoric and Politics of Narrative Form." *Journal of Natural Inquiry* 8 (1, fall): 30-37.

Graue, M. Elizabeth and Daniel J. Walsh. 1998. *Studying Children in Context: Theories, Methods, and Ethics of Studying Children*. Thousand Oaks, CA: Sage.

Grbich, Carol. 1998. *Qualitative Research in Health: An Introduction*. Thousand Oaks, CA:Sage.

Greenbaum, Thomas L. 1997. *The Handbook for Focus Group Research*. 2d ed. Thousand Oaks, CA: Sage.

Greene, Jennifer C. 2000. "Understanding Social Programs through Evaluation." Pp. 1981-99 in *Handbook of Qualitative Research*. 2d ed., edited by Norman K. Denzin and Yvonna S. Lincoln. Thousand Oaks, CA: Sage.

_____. 1998a. "Balancing Philosophy and Practicality in Qualitative Evaluation." Pp 35-49 in *Proceedings of the Stake Symposium on Educational Evaluation*, edited by Rita Davis. Champaign/Urbana: University of Illinois.

_____1998b. "Qualitative Interpretive Interviewing." Pp. 135-54 in *Educational Research for Educational Productivity*. Advances in Educational Productivity, Vol. 7, edited by A. J. Reynolds and H. J. Walberg. Greenwich, CT: JAI.

_____1990. "Technical Quality Versus User Responsiveness in Evaluation Practice." *Evaluation and Program Planning* 13 (3): 267-74.

Greig, Anne and Jayne Taylor. 1998. *Doing Research With Children*. Thousand Oaks, CA: Sage.

Grinder, John, J. DeLozier, and R. Bandler. 1977. *Patterns of the Hypnotic Techniques of Milton Erickson, M.D*. Vol. 2. Cupertino, CA: Meta Publications.

Cuba, Egon G., ed. 1991. *The Paradigm Dialog*. Newbury Park, CA: Sage.

_____. 1981. "Investigative Reporting." Pp. 67-86 in *Metaphors for Evaluation*, edited by Nick L. Smith. Beverly Hills, CA: Sage.

_____. 1978. *Toward a Methodology of Naturalistic Inquiry in Educational Evaluation*. CSE Monograph Series in Evaluation No. 8. Los Angeles: Center for the Study of Evaluation, University of California, Los Angeles.

Guba, Egon G. and Yvonna S. Lincoln. 1990. "Can There Be a Human Science?" *Person-Centered Review* 5 (2): 130-54.

_____. 1989. *Fourth Generation Evaluation*. Newbury Park, CA: Sage.

_____. 1988. "Do Inquiry Paradigms Imply Inquiry Methodologies?" Pp. 89-115 in *Qualitative Approaches to Evaluation in Education: The Silent Scientific Revolution*, edited by D. Fetterman. New York: Praeger.

_____1981. *Effective Evaluation: Improving the Usefulness of Evaluation Results Through Responsive and Naturalistic Approaches*. San Francisco: Jossey-Bass.

Gubrium, Jaber F. and James Holstein. 2000. "Analyzing Interpretive Practice." Pp. 487-508 in *Handbook of Qualitative Research*. 2d ed., edited by Norman K. Denzin and Yvonna S. Lincoln. Thousand Oaks, CA: Sage.

Gubrium, Jaber F. and Andrea Sankar. 1993. *Qualitative Methods in Aging*. Newbury Park, CA: Sage.

Guerrero, Sylvia H., ed. 1999a. *Gender-Sensitive & Feminist Methodologies: A Handbook for Health and Social Researchers*. Quezon City: University of the Philippines Center for Women's Studies. _____, ed.

_____1999b. *Selected Readings on Health and Feminist Research: A Sourcebook*. Quezon City: University of the Philippines Center for Women's Studies.

Guerrero-Manalo, Stella. 1999. Child Sensitive Interviewing: Pointers in Interviewing Child Victims of Abuse." Pp. 195-203 in *Gender-Sensitive & feminist Methodologies: A Handbook for Health and Social Researchers*, edited by S. H. Guerrero. Quezon City: University of the Philippines Center for Women's Studies.

Hacking, Ian. 2000. *The Social Construction of What*. Cambridge, MA: Harvard University Press.

Hall, Nina, ed. 1993. *Exploring Chaos: A Guide to the New Science of Disorder*. New York: Norton.

Hallowell, L. 1985. "The Outcome of the Brajuha Case: Legal Implications for Sociologists." *Footnotes, American Sociological Association* 13 (1): 13.

Hamel, Jacques with S. Dufour and D. Fortin. 1993. *Case Study Methods*. Qualitative Research Methods Series, Vol. 32. Newbury Park, CA: Sage.

Hamon, Raeann R. 1996. "Bahamian Life as Depicted-by Wives' Tales and Other Old Sayings." Pp. 57-88 in *The Methods and Methodologies of Qualitative Family Research*, edited by Marvin B. Sussman and Jane F. Gilgun. New York: Haworth.

Handwerker, W. Penn. 2001. *Quick Ethnography*. Walnut Creek, CA: AltaMira.

Harding, Sandra. 1991. *Whose Science? Whose Knowledge? Thinking From Women's Lives*. Ithaca, NY: Cornell University Press.

Harkreader, Steve A. and Gary T. Henry. 2000. "Using Performance Measurement Systems for Assessing the Merit and Worth of Reforms." *American Journal of Evaluation* 21 (2, spring-summer): 151-70.

Harper, Douglas. 2000. "Reimagining Visual Methods. Pp. 717-32 in *Handbook of Qualitative Research*. 2d ed., edited by Norman K. Denzin and Yvonna S. Lincoln. Thousand Oaks, CA: Sage.

Harris, P. R. and R. T. Moran. 1979. *Managing Cultural Differences*. Houston, TX: Gulf.

Hart, L.K. 1999. "Culture, Civilization, and Demarcation at the Northwest Borders of Greece." *American Ethnologist* 26 (1, February): 196-220.

Harvey, C. and J. Denton. 1999. "To Come of Age: The Antecedents of Organizational Learning." *Journal of Management Studies* 36 (7, December): 897-918.

Harwood, Richard R. 1979. *Small Farm Development: Understanding and Improving Farming Systems in the Humid Tropics*. Boulder, CO: Wesrview,

Hausman, Carl. 2000. *Lies We Live By*. New York: Routledge.

Hawka, S. 1986. *The Experience of Feeling Unconditionally Loved*. Ann Arbor, MI: University of Microfilms International. Doctoral thesis, Graduate College, The Union Institute, Cincinnati, OH.

Hayano, D. M. 1979. " Autoethnography: Paradigms, Problems, and Prospects." *Human Organization* 38:113-20.

Hayes, T. A. 2000. "Stigmatizing Indebtedness: Implications for Labeling Theory. *Symbolic Interaction* 23 (1): 29-46.

Headland, T, Kenneth Pike, and M. Harris, eds. 1990. "Ernies and Etics: The Insider/ Outsider Debate." *Frontiers of Anthropology* 7.

Heap, James L. 1995. "Constructionism in the Rhetoric and Practice of Fourth-Generation Evaluation." *Evaluation and Program Planning* 18 (1): 51-61.

Hebert, Yvonne M. 1986. "Naturalistic Evaluation in Practice: A Case Study." *New Directions for Program Evaluation* 30 (March): 3-22, *Naturalistic Evaluation*, edited by David D. Williams. San Francisco: Jossey-Bass.

Heilein, Robert A. 1973. The Notebooks of Lazarus Long. New York: G.P.Putnam's Sons.

Helmer, Olaf. 1983. *Looking Forward: A Guide to Futures Research*. Beverly Hills, C A: Sage.

Hendricks, Michael. 1982. "Oral Policy Briefings." Pp. 249-58 in *Communication Strategies in Evaluation*, edited by N. L. Smith. Beverly Hills, CA: Sage.

Heron, John. 1996. *Cooperative Inquiry: Research Into the Human Condition*. Thousand Oaks, CA: Sage.

Hertz, Rosanna, ed. 1997. *Reflexivity and Voice*. Thousand Oaks, CA: Sage.

Heydebrand, Wolf V. 1983. "Organization and Praxis." Pp. 306-20 in *Beyond Method*, edited by Gareth Morgan. Beverly Hills, CA: Sage.

Higginbotham, J. B. and K. K. Cox. 1979. *Focus Group Interviews*. Chicago: American Marketing Association.

Hill, Michael R. 1993. *Archival Strategies and Techniques: Analytical Field Research*. Qualitative Research Methods Series, Vol. 31. Newbury Park, CA: Sage.

Hirsh, Sandra K. and Jean M. Kummerow. 1987. *Introduction to Type in Organizational Settings*. Palo Alto, CA: Consulting Psychologists Press.

Hodder, lan. 2000. "The Interpretation of Documents and Material Culture." Pp. 703-15 in *Handbook of Qualitative Research*. 2d ed., edited by Norman K. Denzin and

Yvonna S. Lincoln. Thousand Oaks, CA: Sage.

Hoffman, Lynn. 1981. *Foundations of Family Therapy: A Conceptual Framework for Systems Theory*. New York: Basic Books.

Holbrook, Terry L. 1996. "Document Analysis: The Contrast Between Official Case Records and the Journal Woman on Welfare." Pp. 41-56 in *The Methods and Methodologies of Qualitative Family Research*, edited by Marvin B. Sussman and Jane F. Gilgun. New York: Haworth.

Holland, J. H. 1998. *Emergence: From Chaos to Order*. Reading, MA: Helix.

_____. 1995. *Hidden Order: How Adaptation Builds Complexity*. Reading, MA: Perseus.

Holley, Heather and Julio Arboleda-Florez. 1988. "Utilization Isn't Everything." *Canadian Journal of Program Evaluation* 3 (2, October/November): 93-102.

Hollinger, David. A. 2000. "Paradigms Lost." *The New York Times Book Review*, May 28, p. 23.

Holmes, Robyn M. 1998. *Fieldwork With Children*. Thousand Oaks, CA: Sage.

Holstein, James A. and Jaber F. Gubrium. 1995. *The Active Interview*. Qualitative Research Methods Series, Vol. 37. Thousand Oaks, CA: Sage.

Holte, John, ed. 1993. *Chaos: The New Science*. Nobel Conference 26. Saint Peter, MN: Gustavus Adolphus College.

Holtzman, John S. 1986. "Rapid Reconnaissance Guidelines for Agricultural Marketing and Food Systems Research in Developing Countries." Working Paper No. 30, Department of Agricultural Economics, Michigan State University, Lansing.

Hopson, Rodney, ed. 2000. *How and Why Language Matters in Evaluation. New Directions for Evaluation* 86 (summer). San Francisco: Jossey-Bass.

House, Ernest. 1991. "Confessions of a Responsive Goal-Free Evaluation." *Evaluation Practice* 12 (1, February): 109-13.

_____. 1978. "Assumptions Underlying Evaluation Models." *Educational Researcher* 7:4-12.

_____. 1977. *The Logic of Evaluative Argument*. CSE Monograph Series in Evaluation No. 7. Los Angeles: Center for the Study of Evaluation, University of California, Los Angeles.

House, E. R. and K. R. Howe. 2000. "Deliberative Democratic Evaluation." *New Directions for Evaluation* 85 (spring): 3-12, *Evaluation as a Democratic Process: Promoting Inclusion, Dialogue, and Deliberation*, edited by Katherine E. Ryan and Lizanne DeStefano. San Francisco: Jossey-Bass.

Huff, Darrell and Irving Geis. 1993. *How fo Lie With Statistics*. New York: Norton.

Hull, Bill. 1978. *Teachers' Seminars on Children's Thinking*. North Dakota Study Group on Evaluation monograph series. Grand Forks: Center for Teaching and Learning, University of North Dakota.

Human Services Research Institute. 1984. *Assessing and Enhancing the Quality of Human Services*. Boston: Human Service Research Institute.

Humphrey, Derek. 1991. *Final Exit*. Eugene, OR: Hemlock Society.

Humphreys, Laud. 1970. *Tearoom Trade: Impersonal Sex in Public Places*. New York: Al-dine de Gruyter.

Hunt, Scott A. and Robert D. Benford. 1997. "Dramaturgy and Methodology." Pp. 106-18 in *Context and Method in Qualitative Research*, edited by Gale Miller and Robert Dingwall. Thousand Oaks, CA: Sage.

Hurty, Kathleen. 1976. "Report by the Women's Caucus." *Proceedings: Educational Evaluation and Public Policy, A Conference*. San Francisco: Far West Laboratory for Educational Research and Development.

Husserl, Edmund. 1967. "The Thesis of the Natural Standpoint and Its Suspension. " Pp. 68-79 in *Phenomenology*, edited by J. J. Kockelmans. Garden City, NY: Doubleday.

—————. 1913. *Ideas*. London: George Alien and Unwin. Republished 1962, New York: Collier.

Ihde, D. 1977. *Experimental Phenomenology*. New York: Putnam.

Ivanic, Roz. 1998. *Writing and Identity: The Discoursal Construction of Identity in Academic Writing*. Studies in Written Language and Literacy, Vol. 5. Amsterdam: John Benjamins.

Jacob, Evelyn. 1988. "Clarifying Qualitative Research: A Focus on Traditions." *Educational Research* 17 (1, January-February): 16-24.

—————. 1987. "Qualitative Research Traditions: A Review." *Review of Educational Research* 57 (1): 1-50.

James, William. [1902] 1999. *The Varieties of Religious Experience*. New York: Random House.

Janesick, Valeric J. 2000. "The Choreography of Qualitative Research Design: Minuets Improvisations, and Crystalization. Pp. 379-99 in *Handbook of Qualitative Research*. 2d ed., edited by Norman K. Denzin and Yvonna S. Lincoln. Thousand Oaks, CA: Sage.

—————. 1998. *"Stretching" Exercises for Qualitative Researchers*. Thousand Oaks, CA: Sage.

Janowitz, Morris. 1979. "Where Is the Cutting Edge of Sociology?" *Sociological Quarterly* 20: 591-93.

Jarvis, Sara. 2000. *Getting the Log Out of Our Own Eyes: An Exploration of Individual and Team Learning in a Public Human Services Agency*. Unpublished doctoral dissertation, Graduate College, The Union Institute, Cincinnati, OH.

Jervis, Kathe. 1999. *Between Home and School: Cultural Interchange in an Elementary Classroom*. Teacher's College, Columbia University. New York: National Center for Restructuring Education, Schools and Teaching.

Johnson, Alien and Ross Sackett, 1998. "Direct Systematic Observation of Behavior." Pp. 301-31 in *Handbook of Methods in Cultural Anthropology*, edited by H. Russell Bernard. Walnut Creek, CA: AltaMira.

Johnson, Jeffrey C. 1990. *Selecting Ethnographic Informants*. Qualitative Research Methods Series, Vol. 22. Newbury Park, CA: Sage.

Johnson, John M. 1975. *Doing Field Research*. Beverly Hills, CA: Sage.

Johnston, Bruce F., Alien Hoben, D. W. Dijkerman, and W. K. Jaeger. 1987. *An Assessment of A.I.D. Activities to Promote Agricultural and Rural Development in Sub-Saharan Africa*. A.I.D. Evaluation Special Study No. 54. Washington, DC: U.S. Agency for International Development.

Johnstone, B. 2000. "The Individual Voice in Language." *Annual Review of Anthropology* 29:405-24.

Joint Committee on Standards for Educational Evaluation. 1994. *The Standards for Program Evaluation*. Thousand Oaks, CA: Sage.

Jones, James H. 1993. *Bad Blood: The Tuskegee Syphilis Experiment*. New York: Free Press.

Jones, Michael Owen. 1996. *Studying Organizational Symbolism*. Qualitative Research Methods Series, Vol. 39. Thousand Oaks, CA: Sage.

Jorgensen, Danny L. 1989. *Participant Observation: A Methodology for Human Studies*. Newbury Park, CA: Sage.

Junker, Buford H. 1960. *Field Work: An Introduction to the Social Sciences*. Chicago: University of Chicago Press.

Juran, Joseph M. 1951. *Quality Control Handbook*. New York: McGraw-Hill.

Kling, Jeffrey R., Jeffrey B. Liebman, and Lawrence F. Katz. 2001. "Bullets Don't Got No Name: Consequences of Fear in the Ghetto." Paper presented at the conference Mixed Methods sponsored by the MacArthur Network on Successful Pathways Through Middle Childhood, January 25, Santa Monica, CA.

Kloman, Erasmus H., ed. 1979. *Cases in Accountability: The Work of GAO*. Boulder, CO: Westview.

Kneller, G. F. 1984. *Movements of Thought in Modern Education*. New York: John Wiley.

Kopala, Mary and Lisa A. Suzuki. 1999. *Using Qualitative Methods in Psychology*. Thousand Oaks, CA: Sage.

Kramer, Peter D. 1993. *Listening to Prozac*. New York: Penguin.

Krenz, Claudia und Gilbert Sax. 1986. "What Quantitative Research Is and Why It Doesnt Work." *American Behavioral Scientist* 30 (1, September-October): 58-69.

Krishnamurti, J. 1964. *Think on These Things*. New York: Harper & Row.

Krueger, Otto and Janet M. Thuesen. 1988. *Type Talk*. New York: Delacorte.

Krueger, Richard A. 1997a. *Analyzing and Reporting Focus Group Results*. The Focus Group Kit, Vol. 6. Thousand Oaks, CA: Sage.

————. 1997b. *Developing Questions for Focus Groups*. The Focus Group Kit, Vol. 3. Thousand Oaks, CA: Sage.

————. 1997c. *Moderating Focus Groups*. The Focus Group Kit, Vol. 5. Thousand Oaks,CA: Sage.

————. 1994. *Focus Group Interviews: A Practical Guide for Applied Research*. 2d ed. Thou-sand Oaks, CA: Sage.

Krueger, Richard A. and Mary Anne Casey. 2000. *Focus Group Interviews: A Practical Guide for Applied Research*. 3d ed. Thousand Oaks, CA: Sage.

Krueger, Richard A. and Jean A. King. 1997. *Involving Community Members in Focus Groups*. The Focus Group Kit, Vol. 4. Thousand Oaks, CA: Sage.

Kuhn, Thomas. 1970. *The Structure of Scientific Revolutions*. Chicago: University of Chicago Press.

Kuhns, Eileen and S. V. Martorana, eds. 1982. *Qualitative Methods for Institutional Research*. San Francisco: Jossey-Bass.

Kulish, Nicholas. 2001. "Ancient Split of Assyrians and Chaldeans Leads to Modern-Day Battle Over Census." *Wall Street Journal*, March 12, p. 1.

Kushner, Saville. 2000. *Personalizing Evaluation*. London: Sage.

Kvale, Steinar. 1996. *InterViews: An Introduction to Qualitative Research Interviewing*. Thousand Oaks, CA: Sage.

————. 1987. "Validity in the Qualitative Research Interview." *Methods: A Journal for Human Science* I (2, winter): 37-72.

Ladson-Billings, Gloria. 2000. "Racialized Discourses and Ethnic Epistemologies." Pp. 257-77 in *Handbook of Qualitative Research*. 2d ed., edited by Norman K. Denzin and Yvonna S. Lincoln. Thousand Oaks, CA: Sage.

Lahey, Lisa, E. Souvaine, R. Kegan, R. Goodman, and S. Felix, n.d. (about 1988). "A Guide to the Subject-Object Interview: Its Administration and Interpretation." Cambridge, MA: Subject-Object Research Groups, Harvard Graduate School of Education. Mimeo.

Lalonde, Bernadette I. D. 1982. "Quality Assurance." Pp. 352-75 in *Handbook on Mental Health Administration*, edited by Michael J. Austin and William E. Hershey. San Francisco: Jossey-Bass.

Lang, K. and G. E. Lang. 1960. "Decisions for Christ: Billy Graham in New York City." In *Identity and Anxiety*, edited by M. Stein, A. J. Vidich, and D. M. White. New York: Free Press.

Lather, P. 1986. "Research as Praxis." *Harvard Educational Review* 56 (3): 257-77.

Lawrence-Lightfoot, Sara. 2000. *Respect: An Exploration*. Cambridge, MA: Perseus.

————. 1997. "Illumination: Framing the Terrain." Pp. 41-59 in *The Art and Science of Portraiture*, by S. Lawrence-Lightfoot and J. H. Davis. San Francisco: Jossey-Bass.

Lawrence-Lightfoot, Sara and Jessica Hoffman Davis. 1997. *The Art and Science of Portraiture*. San Francisco: Jossey-Bass.

LeCompte, Margaret D. and Jean Schensul. 1999. *Designing and Conducting Ethnographic Research*. Ethnographer's Toolkit, Vol. 1. Walnut Creek, CA: AltaMira.

Lee, Penny. 1996. *The Whorf Theory Complex: A Critical Reconstruction. Amsterdam Studies in Theory and History of Linguistic Science, Series 3, Studies in History of Language*. Vol. 81. Philadelphia: John Benjamins.

Lee, Thomas W. 1998. *Using Qualitative Methods in Organizational Research*. Thousand Oaks, CA: Sage.

Leeuw F., R. Rist, and R. Sonnichsen, eds. 1993. *Comparative Perspectives on Evaluation and Organizational Learning*. New Brunswick, NJ: Transaction.

Leonard, Elmore. 2001. "Anecdotes." Week in Review. *New York Times*, March 11, p. 7.

Levin, B. 1993. "Collaborative Research in and With Organizations." *Qualitative Studies in Education* 6 (4): 331-40.

Levin-Rozalis, Miri. 2000. "Abduction: A Logical Criterion for Programme and Project Evaluation." *Evaluation* 6 (4): 415-32.

Levi-Strauss, Claude. 1966. *The Savage Mind*. 2d ed. Chicago: University of Chicago Press.

Levitt, Norman. 1998. "Why Professors Believe Weird Things." *Skeptic* 6 (3): 28-35.

Levy, P. F. 2001. "The Nut Island Effect: When Good Teams Go Wrong." *Harvard Business Review* 79 (3): 51-59,163.

Lewis, P. J. 2001. "The Story of I and the Death of a Subject." *Qualitative Inquiry* 7 (1, February): 109-28.

Lieblich, Amia, Rivka Tuval-Mashiach, and Tamar Zilber. 1998. *Narrative Research: Reading, Analysis, and Interpretation*. Thousand Oaks, CA: Sage.

Liebow, Elliot. 1967. *Tally's Corner*. Boston: Little, Brown.

Lincoln, Yvonna S. 1990. "Toward a Categorical Imperative for Qualitative Research." Pp. 277-95 in *Qualitative Inquiry in Education: The Continuing Debate*, edited by Elliot Eisner and Alan Peshkin. New York: Teachers College Press.

————. 1985. *Organizational Theory and Inquiry: The Paradigm Revolution*. Beverly Hills, CA: Sage.

Lincoln, Yvonna S. and Egon G. Cuba. 2000. "Paradigmatic Controversies, Contradictions, and Emerging Confluences." Pp. 163-88 in *Handbook of Qualitative Research*. 2d ed., edited by Norman K. Denzin and Yvonna S. Lincoln. Thousand Oaks, CA: Sage.

————. 1986. "But Is It Rigorous? Trustworthiness and Authenticity in Naturalistic Evaluation." *New Directions for Program Evaluation* 30 (summer): 73-84, *Naturalistic Evaluation*, edited by David D. Williams. San Francisco: Jossey-Bass. -. 1985. Naturalistic Inquiry. Beverly Hills, CA: Sage.

Lofland, John. 1971. *Analyzing Social Settings*. Belmont, CA: Wadsworth.

Lofland, John and L. H. Lofland. 1984. *Analyzing Social Settings*. Belmont, CA: Wadsworth.

Lonner, Walter J. and John W. Berry. 1986. *Field Methods in Cross-Cultural Research*. Beverly Hills, CA: Sage.

Louis, M. R. 1983. "Organizations as Culture Bearing Milieux." In *Organizational Symbolism*, edited by L. R. Pondy, G. Morgan, P. J. Frost, Samuel B. Bacharach, & T. C. Dandridge. Greenwich, CT: JAI.

Love, Arnold J. 1991. *Internal Evaluation: Building Organizations From Within*. Newbury Park, CA: Sage.

Mabry, L., ed. 1997. *Evaluation and the Postmodern Dilemma*. Advances in Program Evaluation, Vol. 3. Greenwich, CT: JAI.

MacBeth, Douglas. 2001. On Reflexivity in Qualitative Research." *Qualitative Inquiry* 7(1): 35-68.

MacDonald, B. 1987. "Evaluation and Control of Education." In *Issues and Methods in Evaluation*, edited by R. Murphy and H. Torrance. London: Paul Chapman.

MacQueen, Kathleen M. and Bobby Milstein. 1999. "A Systems Approach to Qualitative Data Management and Analysis." *Field Methods* 11 (1): 27-39.

Madriz, Esther. 2000. "Focus Groups in Feminist Research." Pp. 835-50 in *Handbook of Qualitative Research*. 2d ed., edited by Norman K. Denzin and Yvonna S. Lincoln. Thousand Oaks, CA: Sage.

Maguire, Patricia. 1996. "Considering More Feminist Participatory Research: What's Congruency Got to Do With It?" *Qualitative Inquiry* 2 (1, March): 106-18.

Mairs, Nancy. 1997. *Voice Lessons: On Becoming a (Woman) Writer*. Boston: Beacon.

Manning, Peter K. 1987. *Semiotics and Fieldwork*. Qualitative Research Methods Series, Vol. 7. Newbury Park, CA: Sage.

Marino, Rocco A. 1985. *How Adolescent Sons Perceive and Describe the Impact of the Father-Son Relationship on Their Own Sense of Self-Identity*. Doctoral dissertation, Graduate College, The Union Institute, Cincinnati, OH.

Mark, M. M., G. T. Henry, and G. Julnes. 2000. *Evaluation: An Integrated Framework for Understanding, Guiding, and Improving Public and Nonprofit Policies and Programs*. San Francisco: Jossey-Bass.

Marshall, Catherine and Gretchen Rossman. 1989. *Designing Qualitative Research*. Newbury Park, CA: Sage.

Marx, Leo. 1999. "The Struggle Over Thoreau." *The New York Review of Books* 46 (11): 60-64.

Maslow, Abraham H. 1966. *The Psychology of Science*. New York: Harper & Row.

_____. 1956. "Toward a Humanistic Psychology." Etc. 13:10-22.

Mathews, Ruth, J. K. Matthews, and Kathleen Speltz. 1989. *Female Sexual Offenders*. Orwell, VT: Safer Society Press.

Matthews, Jane K., Jodie Raymaker, and Kathleen Speltz. 1991. "Effects of Reunification on Sexually Abusive Families." Pp. 147-61 in *Family Sexual Abuse: Frontline Research and Evaluation*, edited by Michael Quinn Patton. Newbury Park, CA: Sage.

Maxwell, Joseph A., Philip G. Bashook, and Leslie J. Sandlow. 1987. "Combining Ethnographic and Experimental Methods in Educational Evaluation: A Case Study." Pp. 568-90 in *Evaluation Studies Review Annual*, No. 12, edited by William R. Shadish, Jr. and Charles S. Reichardt. Newbury Park, CA: Sage.

McClure, Gail. 1989. *Organizational Culture as Manifest in Critical Incidents: A Case Study of the Faculty of Agriculture, University of the West Indies*. Unpublished doctoral dissertation, University of Minnesota, Minneapolis.

McCracken, Grant. 1988. *The Long Interview*. Qualitative Research Methods Series, Vol. 13. Newbury Park, CA: Sage.

McGuigan, Jim. 1998. *Cultural Methodologies*. Thousand Oaks, CA: Sage.

McLaughlin, Milbrey. 1976. "Implementation as Mutual Adaptation." In *Social Program Implementation*, edited by Walter Williams and Richard F. Elmore. New York: Academic Press.

McNamara, Carter. 1996. *Evaluation of a Group-Managed, Multi-Technique Management Development Program That, Includes Action Learning*. Unpublished doctoral dissertation, Graduate College, The Union Institute, Cincinnati, OH.

Mead, George H. 1934. *Mind, Self and Society*. Chicago: University of Chicago Press.

Mead, Margaret. 1977. *Letters From the Field*, 1925-1975. New York: Harper & Row.

Meeker, Joseph W. 1980. *The Comedy of Survival: In Search of an Environmental Ethic*. Los Angeles: Guild of Tutors Press. Reprinted 1997, University of Arizona Press.

Merleau-Ponty, Maurice. 1962. *The Phenomenology of Perception*. London: Routledge & Kegan Paul.

Merriam, John E. and Joel Makower. 1988. *Trend Watching: How the Media Create Trends and How to Be the First to Uncover Them*. New York: Tilden Press, American Management Association (AMACOM).

Merriam, Sharon. 1997. *Qualitative Research and Case Study Applications in Education*. San Francisco: Jossey-Bass.

Mertens, Donna M. 1999. "Inclusive Evaluation: Implications of Transformative Theory for Evaluation. *American Journal of Evaluation* 20 (1, winter): 1-14.

_____. 1998. *Research Methods in Education and Psychology: Integrating Diversity With Quantitative and Qualitative Approaches*. Thousand Oaks, CA: Sage.

Merton, R., M. Riske, and P. L. Kendall. 1956. *The Focused Interview*. New York: Free Press.

Messick, S. 1989. "Validity." Pp. 13-103 in *Educational Measurement*. 3d ed., edited by R. L. Linn. New York: American Council on Education/Macmillan.

Meyers, William R. 1981. *The Evaluation Enterprise*. San Francisco: Jossey-Bass.

Miles, Matthew B. and A. M. Huberman. 1994. *Qualitative Data Analysis: An Expanded Sourcebook*. 2d ed. Newbury Park, CA: Sage.

_____. 1984. *Qualitative Data Analysis: A Sourcebook of New Methods*. Beverly Hills, CA:Sage.

Milgram, Stanley. 1974. *Obedience to Authority*. New York: Harper & Row.

Milius, Susan. 1998. "When Worlds Collide." *Science* 154 (6): 92-93.

Miller, Gale. 1997. "Contextualizing Texts: Studying Organizational Texts." Pp. 77-91 in *Context and Method in Qualitative Research*, edited by Gale Miller and Robert Dingwall. Thousand Oaks, CA: Sage.

Miller, Sally and Patricia Winstead-Fry. 1982. *Family Systems Theory and Nursing Practice*. East Norwalk, CT: Appleton & Lange.

Miller, William L. and Benjamin F. Crabtree. 2000. "Clinical Research." Pp. 607-32 in *Handbook of Qualitative Research*. 2d ed., edited by Norman K. Denzin and Yvonna S. Lincoln. Thousand Oaks, CA: Sage.

Mills, C. Wright. 1961. *The Sociological Imagination*. New York: Oxford University Press.

Minnich, Elizabeth. Forthcoming. *Transforming Knowledge*. 2d ed. Philadelphia: Temple University Press.

_____. 1999. "What's Wrong With Civic Life? Remembering Political Wellsprings of U.S. Democratic Action." *The Good Society* 9 (2): 7-14.

_____. 1990. *Transforming Knowledge*. Philadelphia: Temple University Press.

Mitchell, Richard. 1979. *Less Than Words Can Say: The Underground Grammarian*. Boston: Little, Brown.

Mitchell, Richard G., Jr. 1993. *Secrecy and Fieldwork*. Qualitative Research Methods Series, Vol. 29. Newbury Park, CA: Sage.

Montgomery, Jason and Willard Fewer. 1988. *Family Systems and Beyond*. New York: Human Science Press.

Moos, Rudolf. 1975. *Evaluating Correctional and Community Settings*. New York: Wiley Interscience.

Morgan, David L. 1997a. *The Focus Group Guidebook*. The Focus Group Kit, Vol. 1. Thousand Oaks, CA: Sage.

_____. 1997b. *Planning Focus Groups*. The Focus Group Kit, Vol. 2. Thousand Oaks, CA: Sage.

_____. 1988. *Focus Groups as Qualitative Research*. Qualitative Research Methods Series, Vol. 16. Newbury Park, CA: Sage.

Morgan, Gareth. 1989. *Creative Organizational Theory: A Resourcebook*. Newbury Park, CA: Sage.

_____. 1986. *Images of Organization*. Beverly Hills, CA: Sage.

_____, ed. 1983. *Beyond Methods: Strategies for Social Research*. Beverly Hills, CA: Sage. Morris, Edmund. 2000. Dutch: A Memoir of Ronald Reagan. New York: Random House.

Morris, M. W. 2000. "The Lessons We (Don't) Learn: Counterfactual Thinking and Organizational Accountability After a Close Call." *Administrative Science Quarterly* 45 (4): 737-65.

Morrison, David. 1999. "The Role of Observation." *Skeptical Briefs* 9 (1): 8.

Morse, Janice M., ed. 1997. *Completing a Qualitative Project*. Thousand Oaks, CA: Sage.

_____. 1991. *Qualitative Nursing Research*. Newbury Park, CA: Sage.

Morse, Janice M. and Peggy Anne Field. 1995. *Qualitative Research Methods for Health Professionals*. Thousand Oaks, CA: Sage.

Morse, Janice M., Janice Penrod, and Judith Hupcey. 2000. "Qualitative Outcome Analysis: Evaluating Nursing Interventions for Complex Clinical Phenomena." *Journal of Nursing Scholarship* 32 (2): 125-30.

Moustakas, Clark. 1997. *Relationship Play Therapy*. Northvale, NJ: Jason Aronson.

_____. 1995. *Being-In, Being-For, Being-With*. Northvale, NJ: Jason Aronson.

_____. 1994. *Phenomenological Research Methods*. Thousand Oaks, CA: Sage.

_____. 1990a. "Heuristic Research: Design and Methodology." *Person-Centered Review* 5 (2): 170-90.

_____. 1990b. *Heuristic Research: Design, Methodology, and Applications*. Newbury Park, CA: Sage.

_____. 1988. *Phenomenology, Science and Psychotherapy*. Sydney, Nova Scotia, Canada: Family Life Institute, University College of Cape Breton.

_____.1981. *Rhythms, Rituals and Relationships*. Detroit, MI: Center for Humanistic Studies.

_____. 1975. *The Touch of Loneliness*. Englewood Cliffs, NJ: Prentice Hall.

_____. 1972. *Loneliness and Love*. Englewood Cliffs, NJ: Prentice Hall.

_____. 1961. *Loneliness*. Englewood Cliffs, NJ: Prentice Hall.

Mueller, Marsha R. 1996. *Immediate Outcomes of Lower-Income Participants in Minnesota's Universal Access Early Childhood Fairly Education*. St. Paul, MN: Department of Children, Families, and Learning.

Mueller, Marsha R. and Jody Fitzpatrick. 1998. "Dialogue With Marsha Mueller." *American Journal of Evaluation* 19 (1): 97-98.

Murali, M. Lakshmanan, ed. 1995. *Chaos in Nonlinear Oscillators: Controlling and Synchronization*. World Scientific Series on Nonlinear Science, Series A: Monographs and Treatises. New York: World Scientific.

Murray, Michael and Kerry Chamberlain. 1999. *Qualitative Health Psychology: Theories and Methods*. Thousand Oaks, CA: Sage.

Mwaluko G. S. and T. B. Ryan. 2000. "The Systemic Nature of Action Learning

Programmes." *Systems Research and Behavioral Science* 17 (4, July-August): 393-401.

Myers, Isabel Briggs with Peter Meyers. 1995. *Gifts Differing*. Palo Alto, CA: Consulting Psychologists Press.

Myrdal, Gunnar. 1969. *Objectivity in Social Research*. New York: Random House/Pantheon.

Nadel, Lynn and Daniel Stein, eds. 1995. *The 1993 Lectures in Complex Systems*. Santa Fe Institute Studies in the Sciences of Complexity. Lectures, Vol. 6. Boulder, CO: Perseus.

Nagel, Ernest. 1961. *The Structure of Science*. New York: Harcourt, Brace and World.

Naisbitt, John. 1982. *Megatrends: Ten New Directions Transforming Our Lives*. New York: Warner Books.

Naisbitt, John and Patricia Aburdene. 1990: *Megatrends 2000: Ten New Directions for the 1990s*. New York: William Morrow.

Nash, Roderick. 1986. *Wilderness and the American Mind*. New Haven, CT: Yale University Press.

Neimeyer, Greg J., ed. 1993. *Constructivist Assessment: A Casebook*. Newbury Park, CA: Sage.

Newman, Diana and Robert Brown. 1996. *Applied Ethics for Program Evaluation*. Thousand Oaks, CA: Sage.

Noblit, George W. and R. Dwight Hare. 1988. *Meta-Ethnography: Synthesizing Qualitative Studies*. Newbury Park, CA: Sage.

Nussbaum, Martha. 2001. "Disabled Lives: Who Cares?" *The New York Review of Books* 48 (1, January 11): 34-37.

Oakley, A. 1981. "Interviewing Women: A Contradiction in Terms." Pp. 30-61 in Doing Feminist Research, edited by H. Roberts. London: Routledge & Kegan Paul.

Ogbor, J. O. 2000. "Mythicizing and Reification in Entrepreneurial Discourse: Ideology-Critique of Entrepreneurial Studies." *Journal of Management Studies* 37 (5, July): 605-35.

Olesen, Virginia L. 2000. "Feminisms and Qualitative Research At and Into the Millennium." Pp. 215-56 in *Handbook of Qualitative Research*. 2d ed., edited by Norman K. Denzin and Yvonna S. Lincoln. Thousand Oaks, CA: Sage.

Olson, Ruth Anne. 1974. "A Value Perspective on Evaluation." Marcy Open School, Minneapolis Public Schools. Mimeo.

Ormerod, Paul. 2001. *Butterfly Economics: A New General Theory of Social and Economic Behavior*. New York: Basic Books.

Owens, Thomas, Joseph F. Haehnn, and Harry L. Fehrenbacher. 1976. *The Use of Multiple Strategies in the Evaluation of an Experience-Based Career Education Program*. Research Evaluation Development Paper Series No. 9. Portland, OR:

Northwest Regional Educational Laboratory.

Packer, Martin and Richard Addison. 1989. *Entering the Circle: Hermeneutic Investigation in Psychology*. Albany: State University of New York Press.

Padgett, Deborah K. 1998. *Qualitative Methods in Social Work Research: Challenges and Rewards*. Thousand Oaks, CA: Sage.

Page, Reba N. 2000. "The Turn Inward in Qualitative Research." Pp. 3-16 in *Acts of Inquiry in Qualitative Research*, edited by B. M. Brizuela, J. P. Stewart, R. G. Carrillo, and J. G. Berger. Reprint Series No. 34. Cambridge, MA: Harvard Educational Review.

Palmer, Laura. 1988. *Shrapnel in the Heart*. New York: Vintage.

Palmer, R. E. 1969. *Hermeneutics*. Evanston, IL: Northwestern University Press.

Palumbo, Dennis J., ed. 1987. *The Politics of Program Evaluation*. Newbury Park, CA: Sage.

Panati, Charles. 1987. *Extraordinary Origins of Everyday Things*. New York: Harper & Row.

Parameswaran, Radhika. 2001. "Feminist Media Ethnography in India: Exploring Power, Gender, and Culture in the Field." *Qualitative Inquiry* 7(1, February): 69-103.

Park, Clair Claiborne with Oliver Sacks. 2001. *Exiting Nirvana: A Daughter's Life With Autism*. Boston: Little, Brown.

Parlett, Malcolm and David Hamilton. 1976. "Evaluation as Illumination: A New Approach to the Study of Innovatory Programs." In *Evaluation Studies Review Annual*, Vol. 1, edited by G. V. Glass. Beverly Hills, CA: Sage.

Partnow, Elaine. 1978. The *Quotable Woman*, 1800-On. Garden City, NY: Anchor.

Patton, Michael Quinn. 2000. "Language Matters." *New Directions for Evaluation* 86 (summer): 5-16, *How and Why Language Matters in Evaluation*, edited by Rodney Hopson. San Francisco: Jossey-Bass.

_____. 1999a. *Grand Canyon Celebration: A Father-Son Journey of Discovery*. Amherst, NY: Prometheus.

_____. 1999b. "On Enhancing the Quality and Credibility of Qualitative Analysis." *Health Services Research* 34 (5, Part 2, December): 1189-208.

_____. 1999c. "Organizational Development and Evaluation." Special issue of *Canadian Journal of Program Evaluation*, pp. 93-113.

_____. 1999d. "Some Framing Questions About Racism and Evaluation." *American Journal of Evaluation* 20 (3, fall): 437-51.

_____. 1998. "Discovering Process Use." *Evaluation* 4 (2): 225-33.

_____. 1997a. *Utilization-Focused Evaluation: The New Century Text*. 3d ed. Thousand Oaks, CA: Sage.

_____. 1997b. "View Toward Distinguishing Empowerment Evaluation and Placing It in a Larger Context." *Evaluation Practice* 18 (2): 147-63.

_____. 1996a. *Inside the Doctoral Dissertation.* 2-hr, videotape. Cincinnati, OH: The Un-ion Institute. Online at www.tui.edu.

_____. 1996b. "A World Larger Than Formative and Summative." *Evaluation Practice* 17 (2): 131-44.

_____. 1994. "Developmental Evaluation." *Evaluation Practice* 15 (3): 311-20.

_____, ed. 1991. *Family Sexual Abuse: Frontline Research and Evaluation.* Newbury Park, CA: Sage.

_____. 1990. "Humanistic Psychology and Qualitative Research: Shared Principles and Processes." *Person-Centered Review* 5 (2): 191-202.

_____. 1988a. "Extension's Future: Beyond Technology Transfer." *Knowledge* 1 (4, June): 476-91.

_____. 1988b. "Integrating Evaluations Into a Program for Increased Utility and Cost-Effectiveness." *New Directions for Program Evaluation* 39 (fall), Evaluation Utilization, edited by John A. McLaughlin, Larry J. Weber, Robert W. Covert, and Robert B. Ingle. San Francisco: Jossey-Bass.

_____. 1988c. "Paradigms and Pragmatism." Pp. 116-37 in *Qualitative Approaches to Evaluation in Education: The Silent Scientific Revolution*, edited by David M. Fetterman. New York: Praeger.

_____. 1988d. "Query: The Future and Evaluation." *Evaluation Practice* 9 (4): 90-93.

_____. 1987a. *Creative Evaluation.* 2d ed. Newbury Park, CA: Sage.

_____. 1987b. "The Extension Organization of the Future." *Journal of Extension* 15 (spring): 22-24.

_____, ed. 1985. *Culture and Evaluation. New Directions for Program Evaluation* 25 (March). San Francisco: Jossey-Bass.

_____. 1981. *Practical Evaluation.* Beverly Hills, CA: Sage.

_____. 1978. *Utilization-Focused Evaluation.* Beverly Hills, CA: Sage.

_____. 1975. *Alternative Evaluation Research Paradigms.* North Dakota Study Group on Evaluation monograph series. Grand Forks: Center for Teaching and Learning, University of North Dakota.

Patton, Michael Quinn with Brandon Q. T. Patton. 2001. "What's in a Name? Heroic Nomenclature in the Grand Canyon." *Plateau Journa* l 4 (2, winter): 16-29.

Patton, Michael Quinn and Stacey Stockdill. 1987. "Summative Evaluation of the Technology for Literacy Center." St. Paul, MN: Saint Paul Foundation.

Paul, Jim. 1994. *What 1 Learned Losing a Million Dollars.* Chicago: Infrared.

Pawson, R. and N. Tilley. 1997. *Realistic Evaluation.* London: Sage.

Payne, Stanley L. 1951. *The Art of Asking Questions.* Princeton, NJ: Princeton University Press.

Pedler, M., ed. 1991. *Action Learning in Practice.* Aldershot Hauts, UK: Gower.

Pelto, Pertti J. and Gretel H. Pelto. 1978. *Anthropological Research: The Structure of Inquiry.* Cambridge, UK: Cambridge University Press.

Perakyla, Anssi. 1997. "Reliability and Validity in Research Based on Transcripts." Pp. 201-20 in *Qualitative Research: Theory, Method and Practice*, edited by David Silverman. London: Sage.

Percy, Walkcr. 1990. *The Message in the Bottle*. New York: Noonday.

Peris, Fritz. 1973. *The Gestalt Approach and Eye Witness to Therapy*. Palo Alto, CA: Science and Behavior Books.

Perrone, Vito, ed. 1985. *Portraits of High Schools*. Carnegie Foundation for the Advancement of Teaching. Lawrenceville, NJ: Princeton University Press.

_____. 1977. *The Abuses of Standardized Testing*. Bloomington, IN: Phi Delta Kappa Educational Foundation.

Perrone, Vito and Michael Quinn Patton with Barbara French. 1976. *Does Accountability Count Without Teacher Support?* Minneapolis: Minnesota Center for Social Research, University of Minnesota.

Peshkin, Alan. 2001. "Angles of the Vision: Enhancing Perception in Qualitative Research." *Qualitative Inquiry* 7 (2): 238-53.

_____. 2000a. "The Nature of Interpretation in Qualitative Research." *Educational Researcher* 17 (7, October): 17-22.

_____2000b. *Permissible Advantage? The Moral Consequences of Elite Schooling*. Mahwah, NJ: Lawrence Erlbaum.

_____. 1997. *Places of Memory: Whiteman's Schools and Native American Communities*. Sociocultural, Political, and Historical Studies in Education. Mahwah, NJ: Lawrence Erlbaum.

_____. 1988. "In Search of Subjectivity—One's Own." *Educational Researcher* 29 (9, De-cember): 5-9.

_____. 1986. *God's Choice: The Total World of a Fundamentalist Christian School*. Chicago:University of Chicago Press.

_____. 1985. "Virtuous Subjectivity: In the Participant-Observer's I's." Pp. 267-68 in *Exploring Clinical Methods for Social Research*, edited by David N. Berg and Kenwyn K. Smith. Beverly Hills, CA: Sage.

Peters, Thomas J. 1987. *Thriving on Chaos: Handbook for a Management Revolution*. New York: Knopf.

Peters, Thomas J. and Robert H. Waterman, Jr. 1982. *In Search of Excellence: Lessons From America's Best-Run Companies*. New York: Harper & Row.

Pettigrew, Andrew M. 1983. "On Studying Organizational Cultures." Pp. 87-104 *in Qualitative Methodology*, edited by John Van Maanan. Beverly Hills, CA: Sage.

Philliber, Susan. 1989. Workshop on Evaluating Adolescent Pregnancy Prevention Programs, Children's Defense Fund Conference, Washington, DC, March 10.

Pietro, Daniel Santo. 1983. *Evaluation Sourcebook For Private and Voluntary Organizations*. New York: American Council of Voluntary Agencies for Foreign

Service.

Pike, Kenneth. 1954. *Language in Relation to a Unified Theory of the Structure of Human, Behavior.* Vol. 1. University of California: Summer Institute of Linguistics. Repub-lished in 1967, The Hague, the Netherlands: Mouton.

Pillow, Wanda S. 2000. "Deciphering Attempts to Decipher Postmodern Educational Research." *Educational Researcher* 29 (5, June-July): 21-24.

Pirsig, Robert M. 1991. *Lila: An Inquiry Into Morals.* New York: Bantam.

————. 1984. *Zen and the Art of Motorcycle Maintenance: An Inquiry Into Values.* New York:Bantam.

Polanyi, Michael. 1967. *The Tacit Dimension.* Reprinted 1983. Magnolia, MA: Peter Smith.

————. 1962. *Personal Knowledge.* Chicago: University of Chicago Press.

Porter, Michael E. and Mark R. Kramer. 1999. "Philanthropy's New Agenda: Creating Value." *Harvard Business Review* 78 (6, November-December): 121-30.

Potter, J. 1996. *Representing Reality: Discourse, Rhetoric and Social Construction.* London:Sage.

Powdermaker, Hortense. 1966. *Stranger and Friend.* New York: Norton.

Preskill, Hallie and R. T. Torres. 1999. *Evaluative Inquiry for Learning in Organizations.* Thousand Oaks, CA: Sage.

Preskill, Stephen and Robin Smith Jacobvitz. 2000. *Stories of Teaching: A Foundation for Educational Renewal.* Englewood Cliffs, NJ: Prentice Hall.

Preskill, Stephen L. and Hallie Preskill. 1997. "Meeting the Postmodern Challenge: Pragmatism and Evaluative Inquiry for Organizational Learning." Pp. 155-69 in *Evaluation and the Postmodern Dilemma.* Advances in Program Evaluation, Vol. 3, edited by L. Mabry. Greenwich, CT: JAI.

Pressley, Michael and Peter Afflerbach. 1995. *Verbal Protocols of Reading: The Nature of Constructively Responsive Reading.* Mahwah, NJ: Lawrence Erlbaum.

Private Agencies Collaborating Together (PACT). 1986. *Participatory Evaluation.* New York: Private Agencies Collaborating Together.

Program Evaluation Division (PED). 2001. *Early Childhood Education Programs: Program Evaluation Report.* Report No. 01-01. St. Paul, MN: Office of the Legislative Auditor.

Punch, Maurice. 1997. *Dirty Business: Exploring Corporate Misconduct.* London: Sage.

————. 1989. "Researching Police Deviance: A Personal Encounter With the Limitations and Liabilities of Fieldwork." *British Journal of Sociology* 40 (2): 177-204.

————1986. *The Politics and Ethics of Fieldwork.* Qualitative Research Methods Series, Vol. 3. London: Sage.

————. 1985. *Conduct Unbecoming: Police Deviance and Control.* London:

Tavistock.

Putnam, H. 1990. *Realism With a Human Face*. Cambridge, MA: Harvard University Press.

_____. 1987. *The Many Faces of Realism*. LaSalle, IL: Open Court.

Radavich, David. 2001. "On Poetry and Pain." *A View From the Loft* 24 (6, January): 3-6, 17.

Ragin, Charles C. 2000. *Fuzzy-Set Social Science*. Chicago: University of Chicago Press.

_____. 1987. *The Comparative Method: Moving Beyond Qualitative and Quantitative Strategies*. Berkeley: University of California Press.

Ragin, Charles C. and Howard S. Becker, eds. 1992. *What Is a Case? Exploring the Foundations of Social Inquiry*. Cambridge, UK: Cambridge University Press.

Raia, Anthony and Newton Margulies. 1985. "Organizational Development: Issues, Trends, and Prospects." Pp. 246-72 in *Human Systems Development*, edited by R. Tan-nenbaum, N. Margulies, and F. Massarik. San Francisco: Jossey-Bass.

Ramachandran, V. S. and Sandra Blakeslee. 1998. *Phantoms in the Brain: Probing the Mysteries of the Human Mind*. New York: William Morrow.

Reed, John H. 2000. "Paying for Interviews." Posting on EvalTalk Internet listserv of the American Evaluation Association, September 1. Posted from Arlington, VA: TecMRKT Works.

Reichardt, Charles S. and Thomas D. Cook. 1979. "Beyond Qualitative Versus Quantitative Methods." Pp. 7-32 in *Qualitative and Quantitative Methods in Evaluation Research*, edited by Thomas D. Cook and Charles S. Reichardt. Beverly Hills, CA: Sage.

Reichardt, Charles S. and Sharon F. Rallis, eds. 1994. *The Qualitative-Quantitative Debate: New Perspectives. New Directions for Program Evaluation* 61 (spring). San Francisco: Jossey-Bass.

Reinharz, Shulamit. 1992. *Feminist Methods in Social Research*. New York: Oxford University Press.

Rettig, Kathryn, Vicky Chiu-Wan Tam, and Beth Maddock Magistad. 1996. "Using Pattern Matching and Modified Analytic Induction in Examining Justice Principles in Child Support Guidelines." Pp. 193-222 in *The Methods and Methodologies of Qualitative Family Research*, edited by Marvin B. Sussman and Jane F. Gilgun. New York: Haworth

Rhee, Y. 2000. "Complex Systems Approach to the Study of Politics." *Systems Research and Behavioral Science* 17 (6, November-December): 487-91.

Rheingold, Howard. 2000. *They Have a Word for It: A Lightheated Lexicon of Untranslatable Words and Phrases*. 2d cd. Louisville, KY: Sarabande.

_____. 1988. *They Have a Word for It: A Lightheated Lexicon of Untranslatable Words and Phrases*. Los Angeles: Tarcher.

Ribbens, Jane and Rosalind Edwards. 1998. *Feminist Dilemmas in Qualitative Research: Public Knowledge and Private Lives*. London: Sage.

Richardson, Laurel. 2000a. "Evaluating Ethnography." *Qualitative Inquiry* 6 (2, June): 253-55.

_____. 2000b. "Writing: A Method of Inquiry." Pp. 923-48 in *Handbook of Qualitative Research*. 2d ed., edited by Norman K. Denzin and Yvonna S. Lincoln. Thousand Oaks, CA: Sage.

Richardson, Miles. 1998. "Poetics in the Field and on the Page." *Qualitative Inquiry* 4 (4, December): 451-62.

Riessman, Catherine Kohler. 1993. *Narrative Analysis*. Newbury Park, CA: Sage.

Rist, Ray C. 2000. "Influencing a Policy Process With Qualitative Research." Pp. 1000-17 in *Handbook of Qualitative Research*. 2d ed., edited by Norman K. Denzin and Yvonna S. Lincoln. Thousand Oaks, CA: Sage.

_____. 1977. "On the Relations Between Educational Research Paradigms: From Disdain to Detente." *Anthropology and Education Quarterly* 8:42-49.

Robinson, C. A., Jr. 1949. *Alexander the Great, the Meeting of East and West in World Government and Brotherhood*. New York: Dutton.

Rog, Deborah. 1985. *A Methodological Analysis of Evaluability Assessment*. Unpublished doctoral dissertation, Vanderbilt University, Nashville, TN.

Rogers, B. L. and M. B. Wallerstein. 1985. *PL 480 Title I: Impact Evaluation Results and Recommendations*. A.I.D. Program Evaluation Report No. 13. Washington, DC: U.S. Agency for International Development.

Rogers, Carl. 1977. *On Personal Power*. New York: Delacorte.

_____. 1969. "Toward a Science of the Person." In *Readings in Humanistic Psychology*, edited by A. Sutich and M. Vich. New York: Free Press.

_____. 1961. *On Becoming a Person*. Boston: Houghton Mifflin.

Rogers, Everett. 1962. *Diffusion of Innovations*. New York: Free Press.

Rogers, Patricia J., Timothy A. Hacsi, Anthony Petrosino, and Tracy A. Huebner, eds. 2000. *Program Theory in Evaluation: Challenges and Opportunities. New Directions for Evaluation* 87 (fall). San Francisco: Jossey-Bass.

Ronai, Carol Rambo. 1999. "The Next Night Sows Rature: Wrestling With Derrida's Mimesis." *Qualitative Inquiry* 5 (1, March): 114-29.

Rorty, Richard. 1994. "Method, Social Science, and Social Hope." In *The Postmodern Turn: New Perspectives on Social Theory*, edited by Stephen Seidman. Cambridge, UK:Cambridge University Press.

Rose, Dan. 1990. *Living the Ethnographic Life*. Qualitative Research Methods Series, Vol. 23. Newbury Park, CA: Sage.

Roseanne. 2001. "What I've Learned." *Esquire* (March): 194.

Rosenblatt, Paul C. 1985. *The Family in Business*. San Francisco: Jossey-Bass.

Rosenthal, Rob. 1994. *Homeless in Paradise: A Map of the Terrain*. Philadelphia: Temple University Press.

Rossi, Peter H., Howard E. Freeman, and Mark W. Lipsey. 1999. *Evaluation: A Systematic Approach*. 6th ed. Thousand Oaks, CA: Sage.

Rossi, Peter H. and W. Williams, eds. 1972. *Evaluating Social Programs: Theory, Practice*, and Politics. New York: Seminar Press.

Rossman, Gretchen B. and Sharon F. Rallis. 1998. *Learning in the Field: An Introduction to Qualitative Research*. Thousand Oaks, CA: Sage.

Rubin, Herbert J. and Irene S. Rubin. 1995. *Qualitative Interviewing: The Art of Hearing Data*. Thousand Oaks, CA: Sage.

Rudestam, Kjell E. and Rae R. Newton. 1992. *Surviving Your Dissertation*. Newbury Park, CA: Sage.

Ruhleder, Karen. 2000. "The Virtual Ethnographer: Fieldwork in Distributed Electronic Environments." *Field Methods* 12 (1, February): 3-17.

Ryan, Gery W. and H. Russell Bernard. 2000. "Data Management and Analysis Methods." Pp. 769-802 in *Handbook of Qualitative Research*. 2d ed., edited by Norman K. Denzin and Yvonna S. Lincoln. Thousand Oaks, CA: Sage.

Sacks, Oliver. 1985. *The Man Who Mistook His Wife for a Hat*. New York: Summit.
_____. 1973. *Awakenings*. New York: Harper & Row.

Safire, William and Leonard Safire. 1991. *Leadership*. New York: Fireside.

Salmen, Lawrence F. 1987. *Listen to the People: Participant-Observer Evaluation of Development Projects*. New York: Oxford University Press for the World Bank.

Sanday, Peggy Reeves. 1983. "The Ethnographic Paradigm." Pp. 19-36 in *Qualitative Methodology*, edited by John Van Maanen. Beverly Hills, CA: Sage.

Sanders, William. 1976. *The Sociologist as Detective*. 2d ed. New York: Praeger.

Sandmann, Lorilee R. 1989. *Educational Program Development Approaches Associated With Eastern Caribbean Extension Programs*. Unpublished doctoral dissertation, University of Wisconsin-Madison.

Sands, Deborah M. 1986. "Farming Systems Research: Clarification of Terms and Concepts." Pp. 87-104 in *Experimental Agriculture, Farming Systems Series*. Vol. 22. Cambridge, UK: Cambridge University Press.

Sands, G. 2000. *A Principal at Work: A Story of Leadership for Building Sustainable Capacity of a School*. Unpublished Ed.D thesis, Centre for Leadership, Management and Policy, Faculty of Education, Queensland University of Technology, Brisbane, Australia.

Schein, Edgar H. 1985. *Organizational Culture and Leadership*. San Francisco: Jossey-Bass.

Schensul, Jean and Margaret D. LeCompte, eds. 1999. *Ethnographer's Toolkit*. 7 vols. Walnut Creek, CA: AltaMira.

Schlechty, P. and G. Noblit. 1982. "Some Uses of Sociological Theory in Educational Evaluation." In *Policy Research*, edited by Ron Corwin. Greenwich, CT: JAI.

Schmidt, Mary R. 1993. "Alternative Kinds of Knowledge and Why They Are Ignored." *Public Administration Review* 53 (6): 526-31.

Schoggen, P. 1978. "Ecological Psychology and Mental Retardation." Pp. 33-62 in *Observing Behavior.* Vol. 1, Theory and Applications in Mental Retardation, edited by G. Sackett. Baltimore: University Park Press.

Schon, D. A. 1987. *Educating the Reflective Practitioner: Toward a New Design for Teaching and Learning in the Professions*. San Francisco: Jossey-Bass.

————. 1983. *The Reflective Practitioner: How Professionals Think in Action*. New York: Basic Books.

Schorr, Lisbeth B. 1988. *Within Our Reach: Breaking the Cycle of Disadvantage*. New York: Doubleday.

Schultz, Emily, ed. 1991. *Dialogue at the Margins: Whorf, Bakhtin, and Linguistic Relativity*. Madison: University of Wisconsin Press.

Schultz, Stephen J. 1984. *Family Systems Therapy: An Integration*. Northvale, NJ: Jason Aronson.

Schutz, Alfred. 1977. "Concepts and Theory Formation in the Social Sciences." In *Understanding and Social Inquiry*, edited by F. R. Pallmayr and T. A. McCarthy. Notre Dame, IN: University of Notre Dame Press.

————. 1970. *On Phenomenology and Social Relations*. Chicago: University of Chicago Press.

————. 1967. *The Phenomenology of the Social World*. Evanston, IL: Northwestern University Press.

Schwandt, Thomas A. 2001. *Dictionary of Qualitative Inquiry*. 2d rev. ed. Thousand Oaks, CA: Sage.

————. 2000. "Three Epistemological Stances for Qualitative Inquiry: Interpretivism, Hermeneutics, and Social Constructivism. Pp. 189-214 in *Handbook of Qualitative Research*. 2d ed., edited by Norman K. Denzin and Yvonna S. Lincoln. Thousand Oaks, CA: Sage.

Uchitelle, Louis. 2001. "By Listening, Three Economists Show Slums Hurt the Poor." *New York Times*, February 18, p. B4. U.S. General Accounting Office (G AO). 1998. Emerging Drug Problems. Washington, DC: General Accounting Office.

————. 1992. *The Evaluation Synthesis*. Washington, DC: General Accounting Office.

————. 1991. *Designing Evaluations*. Washington, DC: General Accounting Office.

————. 1989. *Prospective Methods: The Prospective Evaluation Synthesis*. Washington, DC: General Accounting Office.

————.1987. *Case Study Evaluations*. Transfer Paper 9. Washington, DC: General Accounting Office.

United Way of America. 1996. *Measuring Program Outcomes: A Practical Approach*. Alexandria, VA: Effective Practices and Measuring Impact for United Way of America.

Uphoff, Norman. 1991. "A Field Guide for Participatory Self-Evaluation." Special issue, *Evaluation of Social Development Projects. Community Development Journal* 26 (4): 271-85.

van den Hoonaard, Will C. 1997. *Working With Synthesizing Concepts: Analytical Field Research*. Qualitative Research Methods Series, Vol. 41. Thousand Oaks, CA: Sage.

Van Maanen, John, ed. 1998. *Qualitative Studies in Organizations*. Thousand Oaks, CA: Sage.

_____. 1988. *Tales of the Field: On Writing Ethnography*. Chicago: University of Chicago Press.

Van Manen, Max. 1990. *Researching Lived Experience: Human Science for an Action Sensitive Pedagogy*. New York: State University of New York.

Vesneski, W. and Kemp, S. 2000. "Families as Resources: Exploring Washington's Family Group Conferencing Project." Pp. 312-23 in *Family Group Conferencing: New Directions in Community-Centered Child and Family Practice*, edited by G. Burford and J. Hudson. New York: Aldine de Gruyter.

Vidich, Arthur J. and Standford M. Lyman. 2000. "Qualitative Methods: Their History in Sociology and Anthropology" Pp. 37-84 in *Handbook of Qualitative Research*. 2d ed., edited by Norman K. Denzin and Yvonna S. Lincoln. Thousand Oaks, CA: Sage.

Von Bertalanffy, Ludwig. 1976. *General System Theory: Foundations, Development, Applications*. New York: George Braziller.

Von Oech, Roger. 1998. *A Whack on the Side of the Head: How You Can Be More Creative*. New York: Warner.

Wadsworth, Yoland. 1993a. *How Can Professionals Help Groups Do Their Own Participatory Action Research?* Melbourne, Australia: Action Research Issues Association.

_____. 1993b. *What Is Participatory Action Research?* Melbourne, Australia: Action Research Issues Association.

_____. 1984. *Do It Yourself Social Research*. Melbourne, Australia: Victorian Council of Social Service and Melbourne Family Care Organization in association with Alien and Unwin.

Wagoner, David. 1999. "Lost." *Traveling Light: Collected and New Poems*. Champaign: University of Illinois Press.

Waldrop, M. M. 1992. *Complexity: The Emerging Science at the Edge of Order and Chaos*. New York: Simon & Schuster.

Walker, Joyce. 1996. "Letters in the Attic: Private Reflections of Women, Wives and Mothers." Pp. 9-40 in *The Methods and Methodologies of Qualitative Family Research*, edited by Marvin B. Sussman and Jane F. Gilgun. New York: Haworth.

Wallace, Ruth A. and Alison Wolf. 1980. *Contemporary Sociological Theory.* Englewood Cliffs, NJ: Prentice Hall.

Wallerstein, Immanuel. 1980. *The Modern World System.* San Diego, CA: Academic Press.

Walston, J. T. and R. W. Lissitz. 2000. "Computer-Mediated Focus Groups." *Evaluation Review* (5, October): 457-83.

Walters, Jonathan. 1992. "The Cult of Total Quality." *Governing: The Magazine of States and Localities*, May, pp. 38-42.

Warren, Marion K. 1984. *AID and Education: A Sector Report on Lessons Learned.* A.I.D. Program Evaluation Report No. 12. Washington, DC: U.S. Agency for International Development.

Waskul, D., M. Douglass, and C. Edgley. 2000. "Cybersex: Outercourse and the Enselfment of the Body." *Symbolic Interaction* 23 (4): 375-97.

Wasserman, Gary and Alice Davenport. 1983. *Power to the People: Rural Electrification Sector Summary Report.* A.I.D. Program Evaluation Report No. 11. Washington, DC: U.S. Agency for International Development.

Wasson, C. 2000. "Ethnography in the Field of Design." *Human Organization* 59 (4, winter): 377-88.

Watkins, Jane Magruder and David Cooperrider. 2000. "Appreciative Inquiry: A Transformative Paradigm." *OD Practitioner* 32 (1): 6-12.

Watkins, K. E. and V. J. Marsick. 1993. *Sculpting the Learning Organization.* San Francisco: Jossey-Bass.

Watson, Graham and Jean-Guy Goulet. 1998. "What Can Ethnomethodology Say About Power?" *Qualitative Inquiry* 4 (1, March): 96-113.

Wax, Rosalie H. 1971. *Doing Fieldwork: Warnings and Advice.* Chicago: University of Chicago Press.

Webb, Eugene J., Donald T. Campbell, Richard Schwartz, and Lee Sechrest. 1966. *Unobtrusive Measures: Nonreactive Research in the Social Sciences.* Chicago: Rand McNally.

Webb, Eugene J. and Karl E. Weick. 1983. "Unobtrusive Measures in Organizational Theory: A Reminder." Pp. 209-24 in *Qualitative Methodology*, edited by John Van Maanen. Beverly Hills, CA: Sage.

Weidman, Emmaline. 1985. *Dancing With a Demon: A Heuristic Investigation of Jealousy.* Unpublished doctoral dissertation, Graduate College, The Union Institute, Cincinnati, OH.

Weiss, Carol. 1972. *Evaluation Research: Methods of Assessing Program Effectiveness.* Englewood Cliffs, NJ: Prentice Hall.

Weiss, Carol H. and Michael Bucuvalas. 1980. "Truth Test and Utility Test: Decision

Makers' Frame of Reference for Social Science Research." *American Sociological Review* (April): 302-13.

Weiss, Heather B. 2001. "Strategic Communications: From the Director's Desk." *The Evaluation Exchange* 7 (1): 1.

Weiss, Heather B. and Jennifer C. Greene. 1992. "An Empowerment Partnership for Family Support and Education Programs and Evaluations." *Family Science Review* 5 (1, 2, February/May): 145-63.

Wheatley, Margaret. 1992. *Leadership in the New Science*. San Francisco: Berrett-Koehler.

White, Michael and David Epston. 1990. *Narrative Means to Therapeutic Ends*. New York: Norton.

Whitehead, Alfred N. 1958. *Modes of Thought*. New York: Capricorn.

Whiting, Robert. 1990. *You Gotta Have Wa*. New York: Vintage.

Wholey, Joseph S. 1994. "Assessing the Feasibility and Likely Usefulness of Evaluation." Pp. 15-39 in *Handbook of Practical Program Evaluation*, edited by J. Wholey, H. Hatry, and K. Newcomer. San Francisco: Jossey-Bass.

_____. 1979. *Evaluation: Promise and Performance*. Washington, DC: Urban Institute. Whyte, William Foote, ed. 1989. *Action Research for the Twenty-First Century: Participation, Reflection, and Practice*. Special issue of American Behavioral Scientist 32 (5, May/June).

_____. 1984. *Learning From the Field: A Guide From Experience*. Beverly Hills, C A: Sage.

_____. 1943. *Street Corner Society*. Chicago: University of Chicago Press.

Wildavsky, A. 1985. "The Self-Evaluating Organization." Pp. 246-65 in *Program Evaluation: Patterns and Directions*, edited by E. Chelimsky. Washington, DC: American Society for Public Administration.

Wilkinson, Alec. 1999. "Notes Left Behind." *The New Yorker*, February 15, pp. 44-49.

Williams, Brackette F. 1991. *Stains on My Name, War in My Veins: Guyana and the Politics of Cultural Struggle*. Durham, NC: Duke University Press.

Williams, Walter. 1976. "Implementation Analysis and Assessment." In *Social Program Implementation*, edited by Walter Williams and Richard F. Elmore. New York: Academic Press.

Wilson, E. 0.1998. "Back to the Enlightenment: We Must Know, We Will Know." *Free Inquiry* 18 (4): 21-22.

Wilson, Paul. 1999. "The First Laugh." Translation of a speech by President Vaclav Havel upon receiving the Open Society Prize awarded by the Central European University in Budapest in 1999. *The New York Review of Books* 46 (20): 59.

Wilson, Stacy. 2000. "Construct Validity and Reliability of a Performance Assessment Rubric to Measure Student Understanding and Problem Solving in College Physics:

Implications for Public Accountability in Higher Education." Doctoral dissertation, University of San Francisco. *Dissertation Abstracts International* AAT 9970526.

Wirth, Louis. 1949. "Preface." In *Ideology and Utopia*, by K. Mannheim. New York: Harcourt Brace Jovanovich.

Wispe, L. 1986. "The Distinction Between Sympathy and Empathy: To Call Forth a Concept, a Word Is Needed." *Journal of Personality and Social Psychology* 50:314-21.

Wolcott, Harry F. 1992. "Posturing in Qualitative Inquiry." Pp. 3-52 in *The Handbook of Qualitative Research in Education*, edited by M. D. LeCompte, W. L. Milroy, and J. Preissle. New York: Academic Press.

————. 1990. *Writing Up Qualitative Research*. Qualitative Research Methods Series, Vol. 20. Newbury Park, CA: Sage.

————. 1980. "How to Look Like an Anthropologist Without Really Being One." *Practicing Anthropology* 3 (2): 56-59.

Wolf, Robert L. 1975. "Trial by Jury: A New Evaluation Method." *Phi Delta Kappan*, November.

Wolf, Robert L. and Barbara L. Tymitz. 1978. "Whatever Happened to the Giant Wombat: An Investigation of the Impact of the Ice Age Mammals and Emergence of Man Exhibit." Washington, DC: National Museum of Natural History, Smithsonian Institute.

Worthen, Blaine R., James R. Sanders, & Jody L. Fitzpatrick. 1996. *Program Evaluation: Alternative Approaches and Practical Guidelines*. Reading, MA: Addison-Wesley.

Wright, H. F. 1967. *Recording and Analyzing Child Behavior*. New York: Harper & Row.

Yin, Robert K. 1999a. "Rival Explanations as an Alternative to 'Reforms as Experiments.' " In *Validity and Social Experimentation: Donald Campbell's Legacy*, edited by Leonard Bickman. Thousand Oaks, CA: Sage.

————. 1999b. "Strategies for Enhancing the Quality of Case Studies." Presentation at Health Sciences Research conference, Qualitative Methods in Health Sciences Research. Bethesda, MD: Cosmos.

————. 1994. *Case Study Research: Design and Methods*. Applied Social Research Methods, Vol. 5. Thousand Oaks, CA: Sage.

————. 1989. *Case Study Research: Design and Methods*. Rev. ed. Newbury Park, C A: Sage.

Youngson, Robert. 1998. *Scientific Blunders: A Brief History of How Wrong Scientists Can Sometimes Be*. New York: Caroll & Graf.

Zaner, R. M. 1970. *The Way of Phenomenology: Criticism as a Philosophical Discipline*. New York: Pegasus.

Index

D

G

Generalizations　類推性
　　action research　行動研究
　　analytic induction　分析歸納法
　　core principles of　核心原則
　　from evaluations　從評鑑類推
　　in formative evaluations　形成性評鑑中
　　lessons learned　學得課題
　　logical　邏輯
　　naturalistic　自然主義／自然式
　　skepticism about　懷疑論
　　sampling issues　取樣議題
　　See also Purposeful sampling; Sample size
　　time-limited　時間限制
　　gestalt　格式塔
Goal-free evaluation　無目標評鑑
Goals-based evaluation　目標本位評鑑
Going native　在地化
Grand Canyon　大峽谷
autoethnography from　自傳俗民誌
Group interview　團體訪談
Grounded theory　紮根理論
　　analytical process　分析歷程
　　influence of　影響
　　terminology　術語
　　objectivist　客觀性
　　theoretical sampling　理論性取樣
　　theory bits　一丁點理論
Guidelines for fieldwork, 331　實地工作指導原則

H

Harmonizing values　調和價值
Heisenberg uncertainty principle
　　希斯伯格測不準定理
Hermeneutics　詮釋學
　　hermeneutic circle　詮釋學循環
Heuristic inquiry　啟思研究
　　analysis process　分析歷程
German alternative tradition　德國傳統
　　See also Phenomenology
History　歷史
　　life　生活
Holistic perspective　完形取向
　　in analysis　分析
　　in evaluation　評鑑中
　　in systems analysis　系統分析中
　　through stories
Humanistic values　人本價值
Humanizing evaluation　人本評鑑

Human subjects protection　人類參與者的保護
　　See also Confidentiality; Ethics;
　　　Informed consent Humanity, common　人性
Hypnosis　催眠
Hypotheses　假設
　　analytic induction　分析歸納法
　　grounded theory　紮根理論
　　logic model　邏輯模式
　　null　虛無
　　rival　對立
　　testing qualitative　考驗質性的
　　working　形成中

I

Ideal-actual comparison　理想-實際比較
Ideal types　理想類型
Ideologically-oriented inquiry　意識型態導向研究
　　See also Critical change criteria; Orientational
　　　quali¬tative inquiry
Illuminative evaluation　闡明性評鑑
Impact evaluation.　影響評鑑
See Outcomes
Impartiality　公正性
Implementation evaluation　實施之評鑑
Inaction research　不行動研究
Inclusion　融合
Independent judgment　獨立判斷
　　See also Credibility; Integrity; Rigor Indigenous
　　concepts　概念
Individualized outcomes　個別化成果
　　reports of　研究報告
　　results mapping　結果地圖
Inductive:　歸納
　　analysis　分析
　　and deductive　演繹
　　methods　方法
　　theory generation　理論建立
Infiltration approaches　滲透法
Informal conversational interviews　非正式會話訪談
Informal interactions　非正式互動
Information-rich cases　資訊豐富的個案
　　See also Purposeful sampling
Information systems　資訊系統
　　qualitative
Informed consent　知會的同意
　　See also Confidentiality; Human subjects
　　protection
Inner perspectives　內在視角
Insight　洞察力

summary exhibit 摘要表例
Purposes: 研究目的
alternative inquiries 選替性研究
analysis 分析
criteria and 準則
distinctions 區分
research typology of 研究類型架構
summary exhibit 摘要表例
contrasting 對照
in grounded theory 紮根理論中
reconciling 調解
sampling differences 取樣差異
See also Paradigms; Purposeful sampling
triangulating 三角檢證

Q

Qualitative and quantitative: 質性和量化
combining 結合
Qualitative applications 質性的應用
summary 摘要
Qualitative data 質性資料
as a strategic theme 策略性主題
defined 界定
essence of 本質
omnibus field strategy 綜合性實地策略
status 地位
Qualitative traditions 質性傳統
Quality 品質
assurance 保證
assessing 評量
control 控制
enhancement 提升
improvement 改善
meanings 意義
of life 生活品質
Quality of data 資料的品質
autobiographical 自傳
enhancing 提升
See also Criteria; Qualitative and Quantitative
Quantitative and qualitative. 量化和質性
See Qualitative and Quantitative
Queer theory 酷兒理論
Questions, interview 問題，訪談
clarity of 釐清
control 控制
cross-cultural 跨文化
focus group 焦點團體
neutral 中立的
one shot 一擊中的

open-ended 開放式
options summary 選項摘要
prefacing 開場白
presupposition 先前假定
probes 探問
role playing 角色扮演
sequencing 序列
singular 單一的
support 支持
types of 類型
why? questions 為什麼問題
wording 措詞
Questions not answers 未回答之問題
Quotations from interviews 訪談之引述
examples 實例
review by interviewees 受訪者之檢視
transcribing 逐字稿謄寫

R

Racism 種族主義
Rapid reconnaissance 迅速偵察
Rapport 共融關係
Reactivity 反作用力 / 回應力
Realist theory 唯實理論
grounded theory and 紮根理論
transcendental 先驗性
Reality: 實在
basic research 基礎性研究
bracketing 放入括弧
changing 改變
constructed 建構的
expression of 表述
feeling dimension of 感受面向
hermeneutic 詮釋學
phenomenological 現象學
language and 語言
multiple constructions of 多元建構
objective 客觀的
Reality-oriented inquiry 實在導向研究
Reciprocity 互惠性
Recording data 記錄資料
Reflection 省思 / 省察
critica 準則
Reflexivity 反思 / 反省思考
analytic 分析式
autoethnographic 自傳俗民誌
being reflective 省思的
diagram 圖表
example of 實例
focused 焦點

國家圖書館出版品預行編目資料

質性研究與評鑑/Michanel Quinn Patton原著； 吳芝儀、李泰儒 譯
－－初版－－
嘉義市：濤石文化，2008【民97】
　　　面；　　　公分
參考書目：面
含索引
譯自：Qualitative research & evaluation methods, 3th ed.
978-986-84387-1-2　（平裝）

1.社會科學　2.質性研究　3.研究方法

501.2　　　　　　　　　　　　97017882

質性研究與評鑑
Qualitative Research & Evaluation Methods -- 3rd edition

原　　　　著：Michanel Quinn Patton
譯　　　　者：吳芝儀、李奉儒 譯
出　版　者：濤石文化事業有限公司
責 任 編 輯：徐淑霞
封 面 設 計：白金廣告設計
地　　　址：嘉義市台斗街57-11號3F-1
登　記　證：嘉市府建商登字第08900830號
電　　　話：(05)271-4478
傳　　　真：(05)271-4479
戶　　　名：濤石文化事業有限公司
郵 撥 帳 號：31442485
印　　　刷：鼎易印刷事業有限公司
初 版 一 刷：2008年9月
I S B N：978-986-84387-1-2
總 經 銷：揚智文化事業股份有限公司
電　　　話：(02)2664-7780
定　　　價：新台幣800元
E-mail　　：waterstone@pchome.com.tw
http://www.waterstone.url.tw/

淦石文化

濤石文化